DMITRY GLUKHOVSKY

GESCHICHTEN AUS DER HEIMAT

DMITRY GLUKHOVSKY

GESCHICHTEN AUS DER HEIMAT

Aus dem Russischen von
Christiane Pöhlmann, Franziska Zwerg
und M. David Drevs

HEYNE ‹

Genaue Angaben zu den Originaltiteln und Übersetzungen
finden Sie am Ende des Buches.

Sollte diese Publikation Links auf Webseiten Dritter enthalten,
so übernehmen wir für deren Inhalte keine Haftung,
da wir uns diese nicht zu eigen machen, sondern lediglich auf
deren Stand zum Zeitpunkt der Erstveröffentlichung verweisen.

Penguin Random House Verlagsgruppe FSC® N001967

Deutsche Erstausgabe 10/2022
Redaktion: M. David Drevs
Copyright © 2022 by Dmitry Glukhovsky
Copyright © 2022 dieser Ausgabe und der Übersetzungen
by Wilhelm Heyne Verlag, München,
in der Penguin Random House Verlagsgruppe GmbH,
Neumarkter Straße 28, 81673 München
Printed in Germany
Umschlaggestaltung: DAS ILLUSTRAT, München,
unter Verwendung eines Motivs von Shutterstock.com / Triff
Satz: Schaber Datentechnik, Austria
Druck und Bindung: GGP Media GmbH, Pößneck
Agreement by www.nibbe-literary-agency.com

ISBN 978-3-453-27414-3

www.diezukunft.de

INHALT

Vorwort: Was ist mit Russland passiert? 7

Alles hat seinen Preis 15
From Hell 31
Vor der Flaute 57
Eine gute Sache 77
Sibirische Weisheit 105
Die wichtigste Nachricht 121
Utopia 139
Eine für alle 159
Die Erscheinung 173
Am Boden 193
Ex Machina 213
Appell 241
Futter für thailändische Welse 267
Telefonjustiz 293
Oppenheimer 319
Ein Jahr wie drei 345
Die Offenbarung 371
Schwefel 397
Die Reform 413
Tango 419

Nachweise 443

VORWORT

WAS IST MIT RUSSLAND PASSIERT?

Seit dieser Krieg im Februar 2022 begonnen hat, haben mir viele Leserinnen und Leser aus der Ukraine geschrieben. Sie schickten mir Fotografien von U-Bahnhöfen aus Kiew und Charkiw, die sich bei russischen Artillerie- und Bombenangriffen in unterirdische Bunker und Städte verwandelten und in denen Menschen zum Teil wochen- und monatelang hausten. Sie schrieben mir: »Sehen Sie, Dmitry, Sie haben das alles vorausgesagt. Wir leben jetzt in Ihrem Buch *Metro 2033*.«

Natürlich habe ich – wie wir alle – diesen Krieg nicht voraussehen können. Sicher, ich habe mir schon immer gern apokalyptische Szenarien ausgemalt, aber dabei nie wirklich daran geglaubt, dass eine so ungeheuerliche Barbarei, eine so sinnlose Grausamkeit im 21. Jahrhundert möglich sein könnte und dass sich ein Volk so einfach von unsäglichen Propagandalügen in die Irre führen lässt. Doch dieser Krieg ist tatsächlich ausgebrochen und dauert nun schon viele Monate an. Und begonnen hat ihn Russland, mein Heimatland.

Wie und wann hat sich diese unheilvolle Wandlung vollzogen? Wie konnte aus dieser Weltmacht, die einst mit dem Totalitarismus brach, freiwillig ihre Panzerarmeen aus Europa abzog und sich mit großer Begeisterung den Vereinigten Staaten und dem Westen öffnete, wieder ein Schurkenstaat werden, der für die übrige Welt nichts als Zorn empfindet?

Wie konnte es dazu kommen, dass dieses Volk, das der ägyptischen Gefangenschaft entkommen war und bereits der Freiheit entgegenging, mitten in der Wüste auf einmal die Peitsche zu vermissen begann und von allein zu seinen Aufsehern zurückgekehrt ist?

Wann haben eigentlich diese seltsamen, hässlichen Dämonen von Russland Besitz ergriffen, die es nun zwingen, unkontrolliert um sich zu schlagen, wüste Verwünschungen und absurde Anschuldigungen auszustoßen und wutschnaubend seinen Nachbarn an die Gurgel zu gehen? Und was sind das für Dämonen?

Jeder russische Schriftsteller, der etwas auf sich hält, macht sich irgendwann einmal Gedanken über das »Schicksal des Vaterlands«. Denkt darüber nach, warum in Russland immer alles anders ist »als bei normalen Leuten«. Und sucht darin nach den Spuren jenes besonderen (und besonders steinigen) Weges unserer leidgeprüften Heimat, der uns aus der Finsternis zum Licht führt, auf dem aber sowohl unserem Volk als auch allen uns umgebenden Völkern Leid widerfährt. Auch ich habe darüber immer wieder nachgedacht.

Meine ersten *Geschichten aus der Heimat* sind in Russland 2010, also vor zwölf Jahren, als Buch erschienen, einige weitere wurden dann in den folgenden Jahren in Zeitungen und Zeitschriften sowie online veröffentlicht. Seitdem hat meine Heimat so manches durchgemacht, aber die Diagnose, die ich meinem Land damals stellte, hat sich im Wesentlichen als richtig erwiesen – auch wenn ich natürlich keine Vorstellung davon hatte, wie gefährlich die Krankheit war, die es ausbrütete, und auf welch unverantwortliche Weise sie im Laufe der Zeit verschleppt wurde. Diese Krankheit hat einen Namen: Mythomanie. Mythomanie einerseits im Sinne einer obsessiven Faszination für Mythen, mit denen die harte, hässliche, unerträgliche, oft genug auf tragische Weise erbärmliche Wirklichkeit verschleiert werden soll – und andererseits in psychologisch-medizinischem Sinne, Mythomanie als das unbeherrschbare Verlangen zu lügen und sich zu verstellen, selbst wenn die Lüge offensichtlich und für alle zu erkennen ist, ja selbst dann noch zu lügen, wenn einem daraus nur Nachteile entstehen.

Man mag sich heute fragen, wie Russland bloß von einem demokratischen Staat zu einer totalitären, neosowjetischen Diktatur werden konnte. Die Antwort auf diese Frage lautet: Russland ist nie eine Demokratie gewesen und ist heute auch keine totalitäre Diktatur. In Wahrheit ist mein Land in den dreißig Jahren seit dem Zerfall der Sowjetunion stets eine durch und durch korrupte Bananenrepublik – vergleichbar mit gewissen lateinamerikanischen und afrikanischen Staaten – gewesen und bis heute geblieben, nur dass es statt Bananen Öl und Gas verkauft und damit den Rest der Welt erpresst. Die Leute, die durch Zufall ans Ruder der Macht gekommen sind, allesamt Versager und absolutes Mittelmaß, haben sich am wunden Euter dieser einst so bedeutenden Weltmacht festgekrallt und sie bis auf den letzten Tropfen gemolken. Und genau diese Günstlinge des Schicksals, diese selbst ernannten Zaren versuchen, sich nun mit allen ihnen zur Verfügung stehenden Mitteln zu verewigen und das Volk von der sakralen Natur ihrer Macht zu überzeugen. Gerade weil sie sich bewusst sind, dass ihre Macht reiner Zufall ist, sind sie jetzt so peinlich bemüht, ihren eigentlich völlig nackten Hintern mit heldenhaften Mythen zu verhüllen. Anfangs versuchten sie sich noch wie ein progressiver, moderner, demokratischer Staat zu gerieren. Jetzt mühen sie sich ab, unsere Bananenrepublik als schaurigen Wiedergänger einer Sowjetunion stalinscher Prägung zu inszenieren. In Wirklichkeit aber ist beides nur stümperhaftes Herumkleistern an einer Staatsfassade, die aus windigem Gipskarton besteht, und dient nur dazu, die tatsächlich in Russland ablaufenden Prozesse zu übertünchen: Prozesse der Fäulnis, des Zerfalls, der fieberhaften Plünderung, bei der sich jeder möglichst viele Bruchstücke des Volkseigentums in die eigenen Taschen steckt.

Fassaden waren schon immer der wichtigste Teil des russischen Staatsaufbaus, und schon immer hat sich das, was auf diesen Fassaden dargestellt war, vom Kern des Gebäudes deutlich unterschieden. Seit den Zeiten jener »Potemkischen Dörfer«, die einst – einer Legende zufolge – ein diensteifriger Fürst entlang der Reiseroute Katharinas der Großen irgendwo in der Pampa errichten ließ, bis zum heutigen Tag, da russische Panzer in der Ukraine mit sowjetischer Symbolik dekoriert werden, weil sie dort angeblich immer noch in einem fortdauernden Großen Vaterländischen Krieg kämpfen – stets versucht Russland etwas vorzugeben, anstatt etwas zu sein.

Es ist eine unendliche Geschichte von Betrug und Selbstbetrug, in der die Macht das arme, rechtlose, letztlich ja nur nach menschenwürdigem Leben trachtende

Volk schamlos belügt. Sie zeigt, warum ein Volk unmöglich so leben kann, warum dieser Zustand sein Überleben gefährdet. Denn da ist ja angeblich diese historische Mission, der das Volk alles andere opfern muss, so wie es ihre Eltern und Großeltern taten. Schließlich sind wir umringt von Feinden, »drohende Wolken verdunkeln das Licht«, wie es schon vor einem Jahrhundert in einem Revolutionslied hieß, das auch heute noch immer wieder in der russischen TV-Propaganda erklingt. Die Großartigkeit und Bedeutung Russlands wird zur Rechtfertigung für die Wertlosigkeit des Lebens der russischen Bürgerinnen und Bürger.

Und so erzählt die Macht den Menschen immer wieder dasselbe Märchen, verachtet sie dabei für ihre Unterwürfigkeit und Leichtgläubigkeit, obwohl sie immer wieder auch selbst – gleichsam selbstvergessen – daran glaubt; und die Menschen wiederum, die doch angeblich alles für bare Münze nehmen, verspotten die Macht für ihre Janusköpfigkeit. Wie man bei uns sagt: »Eigentlich weiß doch jeder Bescheid.«

Politische Witze, die einen unter Stalin den Kopf kosten konnten, hatten in den Nullerjahren als Gattung ausgedient, feiern heute aber ein Comeback. Ebenso das allegorische, metaphorisch maskierte Sprechen über die wahre Lage der Dinge: darüber, dass der viel beschworene »besondere Weg« Russlands in Wahrheit auf einen Abgrund zuführt.

Auch ich habe für mein Sprechen über das Schicksal meines Vaterlands das Genre der literarischen Metapher, des literarischen politischen Witzes gewählt und ihn wie ein Mosaik aufgebaut: In jeder der hier veröffentlichten Geschichten wird, wie in Splittern eines zerbrochenen Spiegels, ein winziges Stück meines Landes ersichtlich. So erzählt »From Hell« vom Ressourcenfluch, der zugleich Russlands größte Stärke und Schwäche ist. »Eine gute Sache« sowie einige andere Geschichten thematisieren den unausrottbaren Schimmel der Korruption, die den gesamten russischen Staatskörper befallen und dessen lebenswichtige Organe durch ihr eigenes Pilzgeflecht ersetzt hat. In »Die wichtigste Nachricht« geht es um die Beziehungen russischer Journalisten zur Macht und zur Wahrheit, während die mit »Utopia« betitelte Story aufzeigt, wie Russland auf Europa blickt. »Ex Machina« erzählt vom kaputten System der Wahlen, »Die Offenbarung« vom kaputten System der sozialen Lifte. In »Eine für alle« werden rings um diese maroden staatlichen Institute hochherrschaftliche Fassaden errichtet, und in »Tango« erfahren wir, wer diese Fassaden konstruiert. »Am Boden« und einige weitere Geschichten handeln von den heutigen Herrschern in Russland, »Ein Jahr wie drei« und »Schwefel« von jenen, die von ihnen beherrscht werden. All diese Erzählungen ergänzen einander, berühren sich an ihren Rändern, und ihre Handlungslinien überschneiden sich. Das heißt, Sie werden wohl alle Geschichten lesen müssen – am besten in der Reihenfolge, in der sie hier abgedruckt sind. Womöglich ist es sogar richtiger, dieses Buch nicht als Sammlung von Erzählungen, sondern als Metaroman zu begreifen, dessen Protagonist das russische Leben ist.

Und ja, dies ist ein Zerrspiegel, gut möglich also, dass Sie manchmal den Eindruck haben werden, etwas Komisches zu sehen. Oder etwas Grausiges, das Ihnen aus dem Reich hinter den Spiegeln entgegenstarrt. Doch auch das ist Russland: meine unglückliche, unfassbare Heimat, in die ich möglicherweise nie mehr zurückkehren kann. Mein Land, dem ich in seinem sinnlosen Kampf gegen den Rest der Welt keine Niederlage wünsche, sondern Heilung, Austreibung der Dämonen, die von ihm Besitz ergriffen haben, Buße für das, was es der Ukraine angetan hat und antut, und Aussöhnung mit sich selbst.

Dmitry Glukhovsky
August 2022

ALLES HAT SEINEN PREIS

Der Plow war wieder mal ziemlich fad, aber nach drei Monaten hatte sich Abdurrahim daran gewöhnt. Hätte er zu Hause in Ponghos irgendwem erzählt, dass man Plow auch mit hornigen Hühnerbeinen machen konnte, an denen genauso wenig Fett war wie an Abdurrahims Waschbrettbauch, man hätte ihn ausgelacht. Echter Plow hatte klebrig zu sein und musste von gelbem Hammelfett triefen, und gegessen wurde er natürlich nicht mit spröden Plastikgabeln, sondern man formte den Reis erst mit den Fingern zu Kugeln, so groß wie Kinderfäuste, und schob sich diese dann genüsslich in den Mund. Aber wie sollte man hier an ordentliches Hammelfleisch kommen – in dieser schmutzigen, rauchverpesteten Stadt?

Für Abdurrahim war Moskau winzig: ein Quadratkilometer Fläche, wenn's hochkam. Klar, dort hinter der drei Meter hohen Betonmauer erstreckte sich Russlands Hauptstadt, so weit das Auge reichte, doch der Weg dorthin war Abdurrahim und seinen Landsleuten versperrt. Nur zum nächsten Zigarettenkiosk ließen sie ihn an der Pforte durch. Er wusste, wie man mit Wachleuten umging. In seiner fernen, sonnigen Heimat hatte er – eher aus Versehen und jugendlicher Naivität – gesessen und erinnerte sich noch gut an die wichtigste Regel von damals: Wie du mir, so ich dir. Ansonsten aber reichte Klein-Tadschikistan nur bis zu dieser Mauer, und Abdurrahims Sprachkenntnisse waren zu dürftig, um sich aus der Umklammerung der reizbaren, ewig hungrigen Milizionäre herauszureden, die ständig um die Jahrhundertbaustelle herumpatrouillierten, auf der Suche nach leichter Beute. Einmal hatte der Schweißer Farukh aus der dritten Brigade versucht, ein Stück Hammelfleisch an der Pforte vorbeizuschmuggeln, doch die Security nahm es ihm ab, und der Ärger, den die gesamte Brigade dafür bekam, war weitaus heftiger gewesen als der für das Haschisch, das man eine Woche zuvor bei ihnen entdeckt hatte. Es gab viele Regeln hier, und nicht von allen hatte man die Bauarbeiter in Kenntnis gesetzt. Aber egal, dann eben Plow mit Huhn. Oft bestand ihr Mittagessen ja nur aus labbrigen Nudeln im Pappbecher oder glibberigen, schwer aufzugabelnden Würstchen, weshalb Abdurrahim jetzt kein Theater machte.

Dass es heute Plow gab, hatte durchaus einen konkreten Anlass: Die gesamte Brigade wurde auf ein neues Objekt verlegt. Im Zentrum des spektakulären neuen Geschäftsviertels Moskau City ragte der Wolkenkratzer Pamir auf. Hoch wie das gleichnamige Gebirge, schien er den brüchigen, löchrigen Moskauer Himmel zu stützen. Die obersten Stockwerke waren so gut wie nie zu sehen, denn das schier unendliche Bauwerk war meist bis zur Mitte in dichte Wolken gehüllt. Auch wenn der Name einen vertrauten Klang hatte, war dem heimwehkranken Abdurrahim nicht ganz wohl, wenn er an seine künftige Arbeitsstätte dachte.

»Der kürzeste Weg zum Himmel«, scherzten die Arbeiter düster. Man flüsterte einander zu, dass sich auf dem Pamir, den ein Vorgebirge aus dreigeschossigen Wohncontainern umgab, praktisch täglich ein Unfall ereignete. Eine Bestätigung hierfür gab es nicht: War der Einsatz auf der Pamir-Baustelle zu Ende, so wurde man – um die Visaregularien einzuhalten – zurück nach Zentralasien gebracht und später auf anderen Objekten beschäftigt. Eine seltsame Regel war das, doch es gab noch seltsamere. Dafür aber bekam man auf dem Pamir doppelt so viel Lohn wie anderswo.

Eigentlich hätte der dünne Hühnerplow leicht verdaulich sein müssen, doch wollte sich Abdurrahims Magen in jener Nacht einfach nicht beruhigen. Er träumte, dass er den Pamir bis ganz nach oben erklimmen wollte. Immer weiter stieg er die Treppe hinauf, doch es war kein Ende in Sicht. Und dann hörte er jemanden sagen, es sei aussichtslos, denn der Wolkenkratzer sei ein lebendiges Wesen und wachse ständig weiter ...

Der Sekretär huschte beflissen um den Wagen herum, packte den Griff und zog an der Tür – sie war so schwer wie die eines Banktresors. Krotow, der auf dem breiten Rücksitz seines zweifarbigen Maybach eingenickt war, blickte ihn mit trüben Augen an, gähnte und streckte sich. Das verdammte Model von der *Vogue*-Titelseite hatte ihn vergangene Nacht so heftig bearbeitet, dass er fast geneigt war, seine abschätzige Meinung gegenüber Fotomodellen zu revidieren. Das Mädchen hatte sich Mühe gegeben, offenbar hatte ihr jemand gesteckt, dass er auf der *Forbes*-Liste erneut etwas weiter nach oben geklettert war.

Für morgen war ein Besuch von Vertretern des Projektmanagements und der Aufsichtsbehörde auf der Baustelle des Business Centers geplant, und damit sich die übliche Verkostung seiner schottischen Reserven nicht in ein unangenehmes Gespräch über die Erhöhung der Tarife zur Absicherung der behördlichen Zuneigung verwandelte, musste Krotow vor Ort mal eben schnell für Ordnung sorgen. Und bei dieser Gelegenheit auch einen Blick auf die neue Technik werfen. Der Tross aus Polieren und Objektleitern, der sich hinter dem Kernteam von Security-Mitarbeitern rings um den düster dahinschreitenden Krotow herzog, löste sich kurz vor dem Pamir auf. Dem zentralen Wolkenkratzer widmete der Chef stets besondere Aufmerksamkeit, und dort herrschten auch besondere Regeln. Als »Baustelle in der Baustelle« wurde der Pamir von einem eigenen Leitungsbüro betreut, und nur Auserwählte durften den Zaun hinter dem Zaun passieren.

In Krotows Tasche begann ein mit Saphiren besetztes Mobiltelefon zu klingeln. Die Standardmodelle dieses Geräts verfügten über eine Spezialtaste, über die man mit einem Concierge verbunden wurde, der sämtliche Anfragen bearbeitete, und zwar in jedem Winkel der Welt. Für Krotow hatte man diese magische Taste auf die Nummer seines eigenen Sicherheitschefs umgestellt – dieser war nämlich problemlos in der Lage, sämtliche Fragen binnen einer halben Stunde zu klären.

»Geht das nicht auch mit Linienmaschinen?«, knurrte Krotow ins Mikrofon. »Kraftstoffkrise? Wozu haben wir dann diese Anteile gekauft?«

Er stand jetzt vor mehreren Reihen verchromter Aggregate, die eine mehrsilbige deutsche Modellbezeichnung und ein konservativ anmutendes Logo trugen. »Na gut, scheiß drauf, schickt sie mit dem Jet. Oder noch besser, wartet noch ein paar Tage, bis sich genug für eine Chartermaschine angesammelt hat, irgendeine Iljuschin-76, meine Bombardier ist mir zu schade dafür ... Egal, die müssen sich eben gedulden – was bleibt ihnen auch anderes übrig? Sollen sie von mir aus doch die Billigware der Inder kaufen, ohne Zertifikate, mit Steinen!«

»Das sind sie, Arkadi Petrowitsch«, formte der Sekretär lautlos mit den Lippen und deutete diskret auf den verchromten Maschinenpark.

»Nein, da vergammelt überhaupt nichts, also wirklich!«, kläffte Krotow ins Telefon und versetzte der stumm neben ihm stehenden Maschine vor lauter Ungeduld eine schallende Ohrfeige. »Schluss jetzt, das ist so beschlossen, und damit basta. Das mit den Staaten regeln wir morgen. Mach's gut, ich hab hier noch ein zweites Gespräch. Ja? ... Hallo. Und, habt ihr das ganze Netz gekauft? Für Ljalja zum Jubiläum? Die Marke ändern? Ich hatte da neulich eine Idee ... Lass es uns Bio-Organika nennen ... oder noch besser: nur Organika. Die machen künftig ausschließlich auf vegetarisch, das ist jetzt hip, und von all dem Fleisch kriegen die Leute sowieso nur das Kotzen. Muss Schluss machen, da ruft grad noch wer an. Hallo? Mein Gott, kauf ihn doch einfach mit Haut und Haaren, sorry für die Anspielung. Wie viel kriegt denn der Professor da, Schmiergeld und Geschenke mit eingerechnet? Gib ihm zwanzig im Monat, dann bringt er dir noch seine Studenten mit ... Klar holen wir das wieder rein! Innerhalb einer Woche.«

Abdurrahims Bauchgefühl hatte ihn nicht getrogen. Gleich am ersten Tag teilte man seine Brigade auf verschiedene Ebenen auf, und wie er so durch sein Stockwerk – das zweiundsechzigste – ging, staunte er, dass der von außen so geleckte, elegant glänzende Turm in seinem Inneren einen chaotischen und halb verfallenen Eindruck machte. Es sah aus, als ob man mit dem Innenausbau irgendwann mal begonnen, diesen dann aber unvermittelt – und zwar schon vor ziemlich langer Zeit – wieder abgebrochen hätte. Hier und da wuchsen bereits erste Rigipsplatten den nackten Beton empor, sogar die eine oder andere Steckdose war schon montiert. An anderen Stellen wiederum hatten diese ersten Lebenszeichen gegen die riesigen, vom Boden bis zur Decke aufgemalten Tic-Tac-Toe-Partien und den beißenden Uringestank keine Chance. Die anderen Arbeiter auf diesem Stockwerk machten einen eigenbrötlerischen und verschrobenen Eindruck, woraus Abdurrahim schloss, dass die Marihuanapakete aus dem kasachisch-kirgisischen Tschui-Tal ihre Adressaten offenbar doch erreichten. Den ganzen Tag über gab es nichts zu tun, und nachdem er fünf Stunden vor einem Panoramafenster mit Blick über fast ganz Moskau gehockt hatte, warf Abdurrahim gelangweilt das Handtuch und ging freiwillig zum Polier. Dieser erkundigte sich träge, ja fast mitleidig, warum Abdurrahim es so eilig habe, steckte sich an seiner abgebrannten Kippe die nächste an und fuhr fort, in dem Kreuzworträtsel herumzukritzeln. Doch kaum hatte

Abdurrahim sich wieder in der bequemsten aller menschenmöglichen Haltungen niedergelassen und sich erneut in den Anblick der Hauptstadt vertieft, als aus dem Mobiltelefon des Poliers die herzzerreißenden Gesänge des Ferghana-Tals ertönten. Die verstreut rings um ihren Chef herumlungernden Faulenzer horchten plötzlich auf, wie Hunde vor dem Gassigehen, und auch der Polier selbst straffte sich, als er das immer wieder unterbrochene Jaulen aus seinem zerkratzten Handy vernahm.

Eine Minute später erhielt Abdurrahim endlich seine erste Aufgabe: Er sollte die Spalten zwischen der nicht besonders sauber montierten Rigipsverkleidung und den Deckenplatten verfugen. Zwei weitere Minuten später, als er die wackelige Leiter – die komischerweise mitten in aufgewickelten Kabelbündeln stand – erklommen hatte und sich den offenen Fugen und seinem inneren Frieden näherte, fuhr ihm ein gewaltiger Stromstoß vom linken Bein durch seinen ganzen Körper bis ins rechte und setzte seiner Bauarbeiter-Karriere ein jähes Ende.

Der 7er-BMW mit der raubtierhaften Front und dem bedrohlichen Geheimdienst-Kennzeichen kam auf dem gepflegten Gästeparkplatz von Moskau City zum Stehen, ließ gemächlich Dampf durch seine Kiemen ab und sträubte seine Haifischflossen. Neben ihm rollten großspurig zwei kaufmännische 500er-Benze mit dreist aufgestecktem Blaulicht ein. Auf ihren Nummernschildern prangte das Unantastbarkeit verleihende Trigrammaton »A … MR«, das nur die Dienstfahrzeuge höchster Staatsbeamten erhielten. Die Fahrer rauchten schweigend, legten die Köpfe zurück und versuchten, einen Blick auf den Gipfel des Pamir zu erhaschen.

Von oben, aus dem achtundsiebzigsten Stockwerk, blickte ein feiner älterer Herr auf sie herab. Er trug einen unvorstellbar teuren dunkelblauen Anzug, ein seidenweiches Hemd mit eingesticktem persönlichem Monogramm und Manschettenknöpfen aus 750er-Gold und polierter roter Emaille, die wie echte Generalssterne aussahen.

»Auf dem Ihnen überantworteten Gelände häufen sich in letzter Zeit Unfälle. Die Führung ist beunruhigt«, sagte der Mann nachdenklich und nippte an seinem 1958er Glen Garioch.

Krotow breitete die Arme aus.

»Hin und wieder passieren nun mal Pannen.«

»Das geht zum üblichen Tarif.« Der Mann mit den Generalsmanschetten zuckte mit den Schultern. »Jeder Todesfall, der sich auf Ihren Objekten ereignet, kostet hundertneunzigtausend – sofern nichts davon öffentlich bekannt wird. Mit jeder Pressemeldung erhöhen sich Ihre monatlichen Zahlungen um drei Prozent. Wir gehen hier schließlich ein erhebliches Imagerisiko ein.«

»Was ich nicht verstehe«, mischte sich ein pummeliger, rotwangiger Mann mit Brille ein, dem seine englische Krawatte sichtlich Atemprobleme bereitete, »warum setzen Sie ausgerechnet Kirgisen auf dem Bau ein? Ich hätte keine Lust, im höchsten Gebäude Eurasiens zu arbeiten, wenn ich wüsste, dass es von Leuten erbaut wurde, die bei sich zu Hause nur in Jurten leben. Dabei könnten Sie es sich doch leisten, gewissenhafte deutsche Arbeiter anzuheuern, bei dem Budget, das Sie zur Verfügung haben.«

»Natürlich könnten wir das ... haben wir zuerst auch gemacht. Aber die saufen zu viel Bier, die Leber ist bei denen komplett im Arsch«, erklärte Krotow fahrig. »Außerdem arbeiten bei uns keine Kirgisen, sondern Tadschiken. Die trinken nicht.«

»Eine Arbeitsschutzmaßnahme also?« Der Mann mit der Brille nickte verständnisvoll. »Ja, das mit Ihren Deutschen hat mich anfangs auch ein wenig gewundert. Aber die Tadschiken bei Ihnen sind gut gepflegt, im Gegensatz zu denen von dem Pseudo-Stalinbau am Leningrader Prospekt ...«

»Ich bitte Sie«, antwortete Krotow mit einem Schmunzeln. »Bei uns machen diese Leute erst mal eine dreimonatige Reha. Praktisch eine Entschlackungskur für den ganzen Körper. Am Ende sind die putzmunter und durchtrainiert, die reinste Augenweide.«

»Es ist eine Freude, mit jemandem zusammenzuarbeiten, der so modern und reflektiert an die Sache herangeht«, kommentierte der dritte Gast, ein hochgewachsener, hagerer Mann mit schmalem Schädel und schlecht kaschierter Glatze, mit breitem Lächeln.

»Na ja, wissen Sie ... Es sind doch auch Menschen, wie wir alle.« Krotow breitete die Arme aus und fügte aus irgendeinem Grund hinzu: »Zum Glück!«

Allahu Akbar!

Sein Kopf drohte zu zerplatzen, Mund, Nase und Kehle waren erfüllt von einem widerlichen, bittersauren Geschmack – aber er lebte. Abdurrahim nahm all seine Kraft zusammen, hob den Kopf vom Kissen und blickte sich um. Er lag auf einer Transportliege, völlig nackt, nur mit einem einsamen Laken bedeckt, auf dem noch ausgewaschene Blutflecken zu erkennen waren. Einige Schritte entfernt befand sich ein großer OP-Tisch, über den sich drei Menschen in grüner Chirurgenkluft beugten. Was war bloß passiert?

Abdurrahim erinnerte sich an seinen Spatel, die Leiter, die Kabel ... Der Stromschlag hätte ihn beinahe das Leben gekostet, aber offenbar hatte man ihn gerettet. Wahrlich, die russische Medizin wirkte Wunder! Wenn ihm dasselbe zu Hause – selbst in der Hauptstadt Duschanbe – widerfahren wäre, hätte man ihn noch vor Sonnenaufgang verscharrt, um keine Fliegen anzulocken.

Schon wollte er sich bei den Ärzten bedanken, doch da merkte er, dass er noch nicht sprechen konnte. Es war Allah, der in diesem Moment seine schützende Hand über ihn hielt, denn als Abdurrahim erkannte, was sich dort zutrug, lief es ihm kalt über den Rücken.

Auf dem OP-Tisch lag, schwer in einen Plastiktrichter atmend, der wiederum über einen biegsamen Schlauch mit einem elektrischen Blasebalg verbunden war, der Fliesenleger Fahraddin. Der arme Kerl schien übel dran zu sein: Die Kleidung der Ärzte, die an ihm herumfuhrwerkten, war blutverschmiert. Abdurrahim schloss die Augen und bat den Allmächtigen, er möge Fahraddin unversehrt aus dieser misslichen Lage befreien. Was ihm wohl widerfahren war? Er war doch nicht etwa vom Turm gestürzt?

»Leberrr!«, sagte einer der Ärzte – Abdurrahim kannte das Wort nicht –, und sogleich ertönte ein schmatzendes Geräusch.

Abdurrahim spitzte die Ohren. Ein Ausländer?

»Umdrehen!«

Nein, es war doch Russisch. Er musste die Sprache einfach noch fleißiger lernen, um wirklich alle Wörter zu verstehen, nicht nur die vom Bau.

»Nieren!«, befahl der Chirurg mit stählerner Stimme, und Abdurrahim öffnete ein Auge.

Dieses Wort kannte er nur zu gut: Tadschikische Nieren waren bei der Miliz und bei den Skinheads äußerst beliebt. Erstere zielten mit ihren Gummiknüppeln danach, Letztere mit ihren selbst gebastelten Messern. Einer der Assistenten zog jetzt einen Plastikcontainer mit Griff, eine Art tragbaren Kühlschrank, unter dem Tisch hervor, und der Chirurg legte vorsichtig etwas hinein.

»Umdrehen!«

Abdurrahim starrte jetzt gebannt mit beiden Augen auf das Geschehen. Ihn fröstelte, Schweiß lief seinen Rücken hinab, und sein Herz pochte immer wilder. Eine Säge kreischte auf, Knochen brachen, und der Brustkorb öffnete sich. Erschöpft wischte sich der Chirurg mit dem Ärmel die Stirn.

»Herz!«

Der bis dahin regelmäßig piepsende Sensor gab nun einen dünnen, kläglichen Dauerton von sich. Kurz darauf versenkte der Arzt einen zuckenden Klumpen in dem diensteifrig hingehaltenen Container.

»Der Rest ist so lala«, kommentierte er phlegmatisch. »Der kann ins Kühlhaus, her mit dem Nächsten.«

»Entschuldigung, wo ist hier die Toilette?«, fragte der Mann mit der Glatze, erhob sich aus seinem Sessel und wandte sich an den Brillenträger: »Wie wär's, Slawik, gehen wir eine Runde?«

Krotow folgte dem sich entfernenden Duo mit besorgtem Blick.

»Nun denn, Arkadi Petrowitsch«, sagte der General und löste sich endlich vom Fenster. »Lassen Sie uns ernsthaft miteinander reden. Sie haben da ein bemerkenswertes Business. Aber Sie haben doch nicht wirklich gedacht, dass – um im Bilde zu bleiben – die Organe des Inneren, hehe, davon nichts mitbekommen?«

»Was wollen Sie?«

»Wirklich ein bemerkenswertes, einträgliches, klug arrangiertes Business. Meine Leute haben mir da ein paar interessante Informationen zukommen lassen ...« Der General griff in seine Brusttasche und zog einen Notizblock heraus. »In Tadschikistan leben heute sieben Millionen zweihundertelftausend Menschen. Die letzten Angaben sind von Juli, mittlerweile dürften es sogar noch mehr geworden sein, denn das Land hat eine hohe Geburtenrate, genauer gesagt drei Komma vier Kinder pro Elternpaar – in Ihrem Geschäft müssen Sie ja genauso präzise sein, nicht wahr? Gott bewahre Tadschikistan – eine Geburtenrate, viermal so hoch wie die Sterberate! Die Bevölkerung des Landes wächst jedes Jahr um zwei Prozent. Das Gas wird ihnen irgendwann ausgehen, ihre Ölquellen werden versiegen, aber die Tadschiken selbst werden ewig leben. Sie sind sozusagen selbst ihre einzige natürliche Ressource, deren Reserven ständig weiterwachsen. Und da kommen nun – genau zur rechten Zeit – Sie mit Ihrem Knowhow ins Spiel.«

»Ich ...«

»Keine Widerrede, Arkadi Petrowitsch.« Der General drohte dem schweißüberströmten Krotow sanft mit dem Finger. »Ständig hören wir, der Wert eines Menschenlebens sei unschätzbar. Unsinn: Alles hat seinen Preis. Was für eine großartige Idee, genau dieses virtuelle Kapital zu Geld zu machen! Meine Leute haben mir da ein paar interessante Informationen zukommen lassen.« Er blätterte in seinem Notizblock. »Die Zahlen einiger Industrieländer, insbesondere Japan und USA. Nieren: im Schnitt einhunderttausend Dollar pro Stück, zwei von demselben Spender sind seltsamerweise teurer, gleich zweihundertfünfzigtausend. Eine Leber: zwischen einhundertfünfzig- und dreihunderttausend. Für ein Herz kursieren Preise bis zu dreihundertfünfzigtausend Dollar. Und dann noch die Milz und all der andere Kleinkram. Was kommt also raus, wenn wir all das zusammenrechnen? Sechshunderttausend für einen kompletten Organsatz, plus/minus, vorausgesetzt, alles kommt zügig und unbeschadet beim Patienten an. Minus drei Monate à siebenhundert Dollar Arbeitslohn für so einen Organsatz, minus das Bakschisch für die Einwanderungsbehörde, minus die Lieferkosten – die sind vermutlich der größte Posten, aber en gros dürfte es billiger kommen. Und das Ganze dann im Schnitt zwanzig Mal pro Tag. Großartig! Wirklich elegant, Arkadi Petrowitsch. Wer braucht da noch ein Bauunternehmen?«

Krotow bekreuzigte sich und trat ans offene Fenster.

Abdurrahim rannte splitterfasernackt den Korridor entlang – so schnell war er in seinem ganzen Leben noch nie gelaufen. Er flog an geschäftig brummenden, chromglänzenden Aggregaten vorbei, in denen, wie in kleinen Badekabinen, die Leichen fast all seiner

Kameraden aus der Brigade frisch gehalten wurden, raste an endlosen Reihen von Kühlkammern entlang, an deren Klappen wie an Bürotüren irgendwelche Namensschilder angebracht waren, sprang über Transportbahren hinweg, schubste Wachleute beiseite, die gar nicht erst dazu kamen zu reagieren ... In der Ferne begann sich ein Lichtfleck abzuzeichnen – eine Balkontür. Wenn er Glück hatte, gab es dort eine Feuerleiter. Und dann würde ihn niemand mehr aufhalten können, niemand!

Der Windstoß, der sein Gesicht traf, war ungewöhnlich frisch für diese schwindsüchtige Stadt. Er war in einem der obersten Stockwerke des Pamir. Ein flockiges Wolkenmeer erstreckte sich vielleicht fünfzig Meter unter ihm, hier oben, wo er jetzt stand, strahlte die Sonne hingegen wie zu Hause im Ferghana-Tal, und der Himmel schien tatsächlich ganz nah zu sein.

Eine Feuerleiter war nirgends zu sehen. Dies war nur ein Aussichtsbalkon, eine Art Raucherecke. Den Ausgang zum Korridor versperrten bereits die Wachleute, hinter denen er schemenhaft Menschen in grüner Kleidung erkannte.

Mit der Geschicklichkeit eines Affen erklomm Abdurrahim die hohe Brüstung und erstarrte. Er stellte sich vor, wie es sein würde, in das Wolkenmeer einzutauchen.

»Na, na, machen Sie mir keine Dummheiten!« Der General hob beschwichtigend die Hand. »Ich bitte Sie, wir sind doch keine Unmenschen.«

Krotow, der bereits ein Bein aus dem Fenster geschwungen hatte, hielt erwartungsvoll inne.

»Fünfzig Prozent vom Umsatz sowie freiwillige Sachspenden« – der General zwinkerte ihm zu –»an die Veteranenstiftung der Sondereinsatzgruppen. Dort findet Ihr Angebot sicher reißenden Absatz.«

»Fünfzig?«, fragte Krotow misstrauisch.

»Das ist doch ein christliches Angebot, oder? Der Präsident hat uns ja ausdrücklich verboten, die Geschäftswelt zu belästigen – das haben Sie doch auch gehört, oder? Leben und leben lassen, das ist unser Motto.«

»Ich bin nicht ...«

»Glauben Sie mir, von der Zusammenarbeit mit uns können Sie nur profitieren. Was machen Sie zum Beispiel derzeit mit Ihren Abfällen? Also mit all dem, was nach der Organentnahme übrig bleibt?«

»Wir ...«

»Keine Sorge, war nur eine rhetorische Frage. Meine Leute haben mir auch dazu Informationen zukommen lassen. Sie haben eine Schawarma-Kette aufgekauft, und dort verwerten Sie das Zeug. Ich bitte Sie, Arkadi Petrowitsch: Das geht doch nur bis zur ersten ernsthaften Kontrolle gut. Wir dagegen arbeiten schon lange und erfolgreich mit dem Mikojan-Fleischkombinat zusammen. Die werden nicht kontrolliert, das dürfen Sie mir glauben.«

Krotow nickte mechanisch, wischte sich die Hände an den Hosenbeinen trocken und ging zu seinem Schreibtisch zurück. Währenddessen kamen auch die beiden Beamten von der Toilette wieder – sichtlich aufgeräumt scherzten sie miteinander und boxten einander in die Seite.

»Erstaunliche Toiletten haben Sie da«, bemerkte der Brillenträger.»Der Touchscreen und das Bidet mit der automatischen Strahlsteuerung! Sie sind Ihrer Zeit voraus, Arkadi Petrowitsch, ohne Scherz!«

»Sagen Sie mal, Arkadi Petrowitsch«, schaltete sich der Glatzkopf ein. »Wollen Sie nicht zu uns in die Partei? Wir brauchen doch auch frisches Blut!«

Und zwinkerte ihm zu.

Krotow nickte ergeben. Schon wollte er sich für die Einladung bedanken, doch da ...

... huschte etwas Großes, Schwarzes draußen vor dem Fenster vorbei, begleitet von einem gellenden Schrei, der sogleich wieder verstummte. Arkadi Petrowitsch zuckte zusammen und ging in die Hocke, die Beamten tauschten Blicke.

Der General zog einen kleinen Bleistift hervor und vermerkte etwas in seinem Notizblock.

»Das geht zum üblichen Tarif«, versicherte er Krotow. »Nun entspannen Sie sich doch. Ende gut, alles gut!«

FROM HELL

»Michail Semjonowitsch! Wachen Sie auf! Es gibt da etwas ...«

Der Assistent schüttelte Professor Gotlib an der Schulter. Der drehte sich ächzend auf die andere Seite. Was konnte es auf dieser sinnlosen, stümperhaft durchgeführten Expedition schon geben? Höchstens blutgierige Schnaken, die imstande waren, eine Kuh in zehn Minuten komplett auszusaugen. Mücken, groß wie eine wohlgenährte Promenadenmischung. Schweiß und Wodka. Staub, Dreck und Steine. Mehr nicht.

Was hatte er sich da auf seine alten Tage bloß eingebrockt?

»Hau ab«, schnauzte Gotlib den Assistenten an, doch dieser gab nicht auf.

»Michail Semjonowitsch! Der Bohrer ist durchgestoßen! Und wir haben etwas gefunden!«

Der Professor öffnete die Augen. Durch die Zeltplane drangen die ersten Strahlen der aufgehenden Sonne. Am Kopfende seiner Schlafstatt lag ein angebrochenes Päckchen Analgin, daneben stand ein geschliffenes Wasserglas. Dort lag auch das Schreibheft mit seinen theoretischen Ausführungen.

Sobald die Expedition vorbei war, würde Gotlib diese karierten Seiten schreddern, sie dann mit Sonnenblumenöl anmachen und verspeisen. Schade um all die vergeudete Zeit. Brächte er den Mut auf, seine Theorien in der Akademie der Wissenschaften vorzustellen, würden ihm seine wissenschaftlichen Opponenten seine Notizen anders verabreichen: rektal.

»Michail Semjonowitsch!« Der Assistent klang jetzt verzweifelt. »Die Leute haben die ganze Nacht durchgearbeitet. Sie haben Sie extra so lang wie möglich schlafen lassen, aber als ihnen klar wurde, was sie da gefunden haben ...«

Der Professor war endlich wach.

»Was haben sie denn gefunden?«

»Wir wissen es nicht!«

Gotlib setzte sich auf, schlang fröstelnd die Arme um seine behaarten Schultern und atmete tief durch.

»Also gut. Geh schon mal vor. Ich komm gleich nach, muss mich nur schnell anziehen.«

Die hatten doch nicht wirklich das gefunden, weshalb diese idiotische Expedition überhaupt stattfand? Wegen dieser Expedition hatte er sich mit seiner Frau zerstritten. Hatte eine Verschlechterung seiner chronischen Prostatitis und seines Wirbelsäulenleidens in Kauf genommen, obwohl er im Verlauf der letzten zwanzig Jahre einigermaßen gelernt hatte, friedlich mit beiden zu koexistieren. Wegen dieser Expedition hatte Gotlib beschlossen, die geruhsame Büroarbeit aufzugeben und sich erneut ins Feld hinauszuwagen. Und wozu?

Na, doch wohl deswegen, weil dieser ziemlich erfolgreiche und anerkannte, russisch-sowjetische Doktor der geologisch-mineralogischen Wissenschaften namens Professor Michail Semjonowitsch Gotlib mit seiner Lage ganz und gar nicht zufrieden war.

Gotlib zog die Hose an, setzte sich die Brille auf die Nase – was ihn wie Kissinger aussehen ließ –, stülpte sich das Mückennetz über den Kopf und drückte seine schweren Beine in die Gummistiefel. Die ganze Feldromantik konnte ihm gestohlen bleiben! Die Last des Alters: Je weniger man imstande war, den Schädel hin und her zu drehen, desto mehr verging einem die Lust, sich in der Welt umzusehen. Außerdem war sein Büro doch so bequem und gemütlich! Dort war es warm, es gab weder Zecken noch Mücken, das Klo war zehn Schritte den Gang runter, und wenn man sich einen Tee machen wollte, musste man niemanden losschicken, um Wasser aus dem Fluss zu holen.

In diesem Büro hatte er auch seine bislang wichtigste Entdeckung gemacht: eine möglicherweise neue Bruchstelle in der Erdkruste. Wenn er mit seiner Hypothese recht hatte, würde das heutige Staatsgebiet Russlands in nur drei bis vier Millionen Jahren auseinanderbrechen – und es würden zwei neue Kontinente entstehen! Eine Frage von gesamtstaatlicher Bedeutung.

Aber für so einen Affront würden ihn die Hohepriester der Akademie sofort kreuzigen. Es sei denn, er legte irgendwelche Beweise vor. Gesteinsproben zum Beispiel. Zeugnisse von Prozessen, die sich bereits jetzt vollzogen, wenn auch in großer Tiefe.

Einen Tag nach seinem Jubiläum – er hatte seinen Fünfundsiebzigsten gefeiert – traf er endlich den Entschluss. Mit größter Sorgfalt berechnete er den Standort, wo sich der gesuchte Punkt befinden musste, verabredete sich mit einem alten Freund, der es als Experte für geologische Prospektion bis zum Direktor eines Bergbaukonzerns gebracht hatte, machte eine staatliche Finanzierung klar, verkrachte sich mit seiner Frau, packte einen halben Koffer voller Medikamente, wälzte sich drei Tage lang im Zugabteil herum, ratterte weitere drei Tage lang mit einer Minsk M1A (dem Sowjetklassiker unter den Motorrädern, im Volksmund »Ziegenbock« genannt) über Stock und Stein – und hing nun bereits seit einem halben Jahr in der sibirischen Pampa herum. Ohne auch nur das Geringste erreicht zu haben.

»Wahnsinn, Professor! Schauen Sie sich das an!«

Hatten sie etwa ein Stück von einem Mammut ausgebuddelt? Oder von einem Trilobiten? Gotlib schlug die Zeltbahn beiseite, schlurfte an den Security-Leuten vorbei hinter den Palisadenzaun – es gab in der Taiga außer Mücken und Zecken ja noch anderes, deutlich größeres Getier – und blieb am Eingang zum Schacht stehen.

Ringsum standen Arbeiter und Geologen, auch ein Wachmann hatte hier mit einer Doppelflinte Stellung bezogen. Die Leute flüsterten verängstigt miteinander und deuteten mit ihren Fingern ...

Was war da bloß? Gotlib drängte sich durch die Menge ins Innere des Kreises.

In der Mitte lag, mit ihren riesigen, ledrigen Flügeln zuckend, eine widerliche Kreatur. Unter dem zerquetschten, platten Schädel hatte sich eine Lache aus schwarzem Blut gebildet. Die grünen Augen mit ihren schmalen, horizontalen Pupillen blickten starr, aber die Lider senkten und hoben sich noch, und auch der Brustkorb des Wesens weitete sich hin und wieder mit einem tiefen Seufzer.

»Den hat Nikita abgeschossen«, teilte der Assistent mit und deutete mit dem Kopf auf einen der Wachleute – der offensichtlich gern mal einen zu viel im Tee hatte.

»Ich dachte erst, das is 'n Hörnchen«, stotterte Nikita und wischte sich die Hände an seinem Seemannshemd ab. »Na ja, so 'n Eichhörnchen halt.«

Der Professor näherte sich der Kreatur und drückte das Gummiende seines Stocks dagegen.

»Wo ist das hergekommen?«, fragte er.

»Aus dem Schacht.«

Das kam von einem der Arbeiter. Gotlib wandte sich nach der Stimme um.

»Und wie, mit Verlaub, ist es in den Schacht gekommen?«

»Es ... war schon vorher da«, antwortete der Mann. »Wir haben es befreit.«

»Ausgeschlossen«, entgegnete der Professor bestimmt. »In einer Tiefe von drei Kilometern? Das ist unwissenschaftlich!«

Die Bestie zuckte zusammen, hob den Kopf und richtete ihre waagerechten, ziegenartigen Pupillen, die so gar nicht zu der widerwärtigen Fratze passen wollten, auf Gotlib. Das Maul öffnete sich, gespickt mit unzähligen rasiermesserscharfen Haifischzähnen, und die Kreatur ... begann zu lachen.

Es war ein grässliches, unmögliches Geräusch: halb Pferdewiehern, halb Hammelblöken, und in einer so tiefen Tonlage, wie sie keine menschliche Kehle hätte erzeugen können. Als das Wesen ausgelacht hatte, kippte der Kopf wieder zurück, und es krepierte. Nur wenige Minuten später stieg die Sonne endgültig hinter dem Hügel auf. Als ihre Strahlen auf den Kadaver trafen, begann sich dieser qualmend aufzulösen.

»... unwissenschaftlich«, wiederholte Gotlib, während er durch seine angelaufene Brille auf die braune Pfütze starrte.

»*Russland unterstützt Iran bei AKW-Bau*«, verlautbarte die Nachrichtenzeile, die unten über den Bildschirm kroch. Der Sprecher bewegte die Lippen, doch die Fernseher waren stummgeschaltet.

Weiß der Teufel, was das schon wieder soll, dachte der Professor kopfschüttelnd. Lohnt sich das für uns? Für die paar Milliarden? Verstehen die nicht, dass der gesamte Nahe Osten draufgeht, wenn es dort knallt? Aber trotzdem danke für die Information. Lenkt mich wenigstens ein bisschen ab.

Besonders in diesen Minuten erzwungenen Nichtstuns, während er darauf wartete, dass sein Flug aufgerufen wurde, kam Michail Semjonowitsch kaum mit all den sorgenvollen Gedanken, die ihn in letzter Zeit heimsuchten, zurecht.

Dem Abflug aus dem verfluchten Irkutsker Flughafen sah er mit einiger Nervosität entgegen. Seit sie jenes seltsame Wesen entdeckt hatten, schien auf der Expedition ein merkwürdiger Fluch zu liegen: Der Wachmann war im Suff ertrunken; die Schachtarbeiter waren am Ende der nächsten Schicht in die Taiga abgehauen und dort spurlos verschwunden; einer der Geologen war über Nacht mondsüchtig geworden und plötzlich, schlafwandelnd und mit einem Beil bewaffnet, vor dem Zelt des Professors aufgetaucht.

Dass dies ein unheilvoller Ort war, hätte man aber schon früher erkennen können.

Zum Beispiel als sich herausstellte, dass sich genau an der Stelle, wo Gotlib seine Probebohrungen machen wollte, bereits ein alter Schacht befand. Wer diesen wann ausgehoben hatte, ließ sich nicht mehr feststellen, spätestens musste es aber zur Zeit des Sibirieneroberers Jermak gewesen sein, also irgendwann im 16. Jahrhundert. Im Schacht waren sie auf Knochen gestoßen – vollkommen ausgebleicht, aber zweifelsohne von Menschen.

Der Vorarbeiter, einer aus der lokalen Bevölkerung, bat den Professor daraufhin mit finsterer Miene um ein vertrauliches Gespräch. Darin warnte er ihn, dass man hier besser nicht bohren solle, wenn Gotlib aber darauf bestehe, so seien seine Leute nur zum doppelten Tarif dazu bereit. Der Professor handelte den Preis um siebzig Prozent herunter, und dem Vorarbeiter gelang es tatsächlich, seine abergläubischen Kollegen mit diesem Kompromiss umzustimmen. Vielleicht aber hätte Gotlib besser auf ihn hören sollen ...

Dann war da die Geschichte mit dem geflügelten Wesen, für die sich einfach keine vernünftige Erklärung fand.

Und dann ...

Und dann hing der Bohrer plötzlich über einem Abgrund. Einem riesigen, grenzenlosen Hohlraum. Man hätte es als eine Art Grotte bezeichnen können – wenn man außer Acht ließ, dass es in dieser Tiefe eigentlich keine Grotten geben konnte. Schon allein diese Entdeckung garantierte dem Professor gewissermaßen Unsterblichkeit.

Nur: Wie sollte er das jetzt beweisen – nachdem der Vorarbeiter mit einer Kiste Dynamit in den Schacht eingestiegen war und sich in einem Kilometer Tiefe in die Luft gejagt hatte?

Jetzt gab es da nichts mehr, was als Beweis hätte dienen können.

Ganz zu schweigen von der eigentlichen, wahrhaft erschütternden Entdeckung, die sie kurz darauf gemacht hatten. Der Professor, ein Atheist sowjetischer Prägung und – es ging ja gar nicht anders – Kosmopolit, hielt ein kleines Heiligenbild umklammert. Nein, das durfte er mit keiner Silbe erwähnen.

»Irkutsk-Moskau, Boardingkarten bereithalten!«, verkündete eine Wasserstoffblondine in konservativer Uniform pampig.

Gotlib presste verstohlen das Heiligenbild an seine Lippen. Es wäre ihm peinlich gewesen, hätten ihn seine Kollegen dabei ertappt, wie er eine Ikone küsste. Obwohl angeblich sogar Einstein gläubig gewesen war ... Na und, sollten sie es doch sehen! In diesem speziellen Fall war es wirklich nicht verkehrt, sich vor dem Flug noch mal abzusichern.

Und was erwartete ihn in Moskau? Wo sollte er sich hinwenden, mit dieser dünnen Beweislage? Was waren all die Zeugenaussagen der Geologen noch wert, wenn die Hälfte des Teams in Zwangsjacken die Heimreise antrat? Das Einzige, was Gotlib jetzt noch vorweisen konnte, waren Audiodateien: Sie hatten nämlich Mikrofone an Echolote montiert und in den Abgrund hinabgelassen. Vorausgesetzt, dass die Dateien auf dem Heimflug nicht beschädigt wurden, verfügte er jetzt über Aufnahmen von grausigem – erschreckend menschenähnlichem – Geschrei, vermischt mit dem Brüllen irgendwelcher Ungeheuer.

Das war ein bisschen zu dürftig, um die gesamte Wissenschaft auf den Kopf zu stellen. Sicherlich nicht ausreichend, um Gotlibs Entdeckung zweifelsfrei zu untermauern.

Dabei hatte er doch die Unterwelt entdeckt!

»Opa, Telefon für dich!«, rief Alissa.

»Danke, Liebes, komme schon!«

Michail Semjonowitsch riss sich nur unwillig von seinem alten PC los. Er dachte einen Augenblick nach, dann druckte er die Seite aus, legte sie auf den Stapel und beschwerte diesen mit einem Bruchstein aus Selenit. Er hatte bereits ein ziemlich beeindruckendes Paket zusammen.

Es würde sein Kreuzzug gegen die Akademie der Wissenschaften werden. Die alten Sesselfurzer sollten auf dem Scheiterhaufen der Inquisition brennen! Und eine Inquisition war jetzt unvermeidlich. Aber dazu brauchte man ja nur die Stoßrichtung einer gewissen heute noch agierenden Organisation, die sich in Sachen Hexenjagd bestens auskannte, leicht zu verschieben.

Er musste nicht weit gehen: aus seinem Arbeitszimmer, vollgestopft mit Mineralienproben und vollgehängt mit Landkarten (in dem aber trotzdem noch genügend Platz war für ein rumänisches Doppelbett, Spanplatte in Nussbaumoptik) in das andere, das Wohnzimmer sozusagen (weil dort der Fernseher stand und ein aserbaidschanischer Teppich ausgelegt war, wenn auch ansonsten überall dieselben Mineralien und Landkarten herumlagen bzw. -hingen).

»Gotlib«, meldete er sich.

»Michail Semjonowitsch«, knisterte aus dem Hörer eine leblose Stimme. »Wir raten Ihnen, Ihre Arbeit unverzüglich einzustellen.«

»Was zum Teufel?«, entrüstete sich der Professor. »Wer spricht da?«

»Hier ist die Alexejew-Klinik für Psychiatrie«, raschelte es bedrohlich am anderen Ende der Leitung. »Einer Ihrer Kollegen ist derzeit bei uns in Behandlung ...«

»Ihr macht mir keine Angst!«, brüllte Gotlib. »Hört ihr? Ihr macht mir keine Angst!«

Aus dem Hörer drang leises Lachen.

Alissa, die gerade, begleitet vom TV-Programm, aus den Bänden der Großen Sowjetischen Enzyklopädie von 1935 ein Haus für ihre Puppen baute, starrte ihren Opa erschrocken aus großen, blauen Augen an.

»*Moskau wendet sich entschieden gegen die Verhängung von Sanktionen gegen Nordkorea*«, tönte der Fernseher durch die Stille. »*Das nordkoreanische Volk, so das russische Außenministerium in einer Erklärung, habe das uneingeschränkte Recht auf eine eigene, friedliche Nutzung der Kernkraft. Pjöngjang habe immer wieder deutlich gemacht, dass es sich dem Friedensprozess verpflichtet fühle, und habe sich als zuverlässiger, berechenbarer Partner erwiesen.*«

Was soll das, dachte Gotlib genervt. Dass die jetzt auch noch hier weitermachen ... Aber vor allem, wo unsere Leute schon wieder ihre Nase reinstecken! Wozu brauchen die das bloß?

»Michail Semjonowitsch«, brachte sich die Stimme in Erinnerung. »Sollten Sie auf die Idee kommen, mit Ihrem Manuskript irgendwohin zu gehen, lassen wir Sie sofort von einer Ambulanz abholen.«

»Sie können mich nicht einschüchtern!«, entgegnete Gotlib.

»Oh doch, können wir«, versicherte die Stimme.

Dann tutete es nur noch.

»Opa«, fragte Alissa und berührte sein Knie. »Geht's dir gut?«

»Na ja ... Nicht besonders.«

Gotlib war unfähig, sich aus dem Sessel vor dem Fernseher zu erheben.

»*Im Leben der Rentnerin Nina Nikolajewna ist alles in Ordnung.*« Die Kamera fuhr durch eine geräumige Dreizimmerwohnung. »*Diesen Monat wird jedoch ihre Rente um sieben Komma drei Prozent erhöht. Es wird also alles noch viel besser!*« Eine ältere Dame kam ins Bild. Straff und rosig saß sie in ihrer putzigen, gemütlichen Küche und genoss sichtlich ihren Tee.

»Opa«, sagte Alissa mit ernster Stimme. »Ich möchte dich was fragen. Warum ist im Fernseher immer alles so bunt? Warum geht es dort allen so gut? Gibt es das denn überhaupt?«

»*In diesem Jahr werden die Mittel zur Unterstützung der Wissenschaft um siebzehn Prozent erhöht*«, versprach die Glotze in diesem Moment. »*Unser Korrespondent Iwan Petrow hat im Raumfahrt-Forschungszentrum der Stadt Koroljow vorbeigeschaut und sich die neuesten Technologien vorführen lassen. Die berühmte Gagarin-Zentrifuge wird hier zur Therapie von Wirbelsäulenleiden verwendet ...*«

»Das, liebe Alissotschka, hat damit zu tun«, antwortete Gotlib zerstreut, »dass der Fernseher ein Fenster ist, das in eine andere Welt führt. In das magische Land hinter den Spiegeln. Da sieht alles fast genauso aus wie hier, nur ist alles anders. Dort sind alle Menschen glücklich, und alles gelingt ihnen. Und alle haben genug Geld.«

»Das ist aber unwissenschaftlich.«

Alissa rümpfte die Nase, und der Professor seufzte.

»Eine andere Erklärung gibt es nicht.«

»Opa«, fuhr das Mädchen nach einer Weile fort, »kann man irgendwie in dein Land hinter den Spiegel gelangen? Nur für eine Minute?«

»Man muss dafür nur sehr, sehr fleißig lernen«, log Gotlib. »Also dann, mein Liebes, ich geh noch ein wenig arbeiten ...«

»*Inzwischen ist in Russland das weltweit größte Erdgasvorkommen entdeckt worden*«, verkündete der Nachrichtensprecher. »*Die Reserven des Gasfelds Sachalin-4 belaufen sich nach vorläufigen Schätzungen auf über 1,5 Billionen Kubikmeter. Wie das Unternehmen Gazprom mitteilte ...*«

Das ist es, dachte Gotlib finster. Hätte er doch von der Tektonik die Finger gelassen und wäre stattdessen von der geologischen Erkundung in den Erdgassektor gewechselt. Dann säße er jetzt nicht in dieser schäbigen Zweizimmerwohnung in Tschertanowo fest, sondern lebte in einer herrschaftlichen Villa an der Rubljowka und bekäme keine Anrufe aus der Klapsmühle, sondern von der Präsidialverwaltung – um ihm Orden zu verleihen für seine Verdienste um die Heimat. Auch unter Geologen soll es ja glückliche Menschen geben.

Doch für Michail Semjonowitsch war es jetzt zu spät, an diesen Türen anzuklopfen. Das Leben war vorbei, sämtliche Entscheidungen hatte er bereits vor Jahrzehnten getroffen. Es blieb ihm nichts anderes übrig, als zu kämpfen. Auf seinem Recht zu beharren. Es zu beweisen. Selbst wenn er keine Beweise hatte.

Alissa aber blieb noch lange bei ihren Puppen sitzen. Dann stand sie auf und ging zum Fernseher hinüber, um nachzusehen, was sich auf der anderen des Apparats befand. Vielleicht ja eine kleine Tür?

»Im Zuge eines einzigartigen, erstmals in dieser Form durchgeführten Tiefbohrexperiments stellte unser Forschungsteam fest, dass bei Perforation der Erdkruste in einer Tiefe von mehr als dreitausend Metern – entgegen allen bis dato angestellten Prognosen sowie der allgemein vorherrschenden Meinung – weder eine äußere noch eine mittlere noch eine innere Erdkruste aus metamorphem oder magmatischem Gestein zutage tritt. Stattdessen öffnen sich in der genannten Tiefe gigantische Hohlräume, die das Habitat einer überaus eigenartigen Fauna darstellen. Wir haben somit allen Grund anzunehmen, dass unser Team auf jenen Ort gestoßen ist, der in der Mythologie verschiedener Völker als ›Hölle‹ bezeichnet wird.«

Kein schlechter Einstieg, oder?

Dazu 130 Seiten Bericht vom Verlauf der Expedition, ein paar Fotos (von miserabler Qualität) sowie Audioaufnahmen und Gesteinsproben. Gotlib ließ noch einmal den Blick über das Ergebnis seiner Arbeit schweifen, dann packte er alles sorgfältig in seinen abgenutzten Aktenkoffer und blickte aus dem Fenster.

Direkt gegenüber dem Hauseingang parkte ein Intensivtransportwagen – ein nagelneues Importfahrzeug, beige lackiert und an den Seiten orange gestreift.

Normalsterbliche wurden mit so einem Prachtstück nicht abgeholt, damit kutschierte man die Gerechten ins Paradies ... oder in die entgegengesetzte Richtung. Der Wagen galt doch nicht etwa ihm?

Der Professor dachte fieberhaft nach, dann rüttelte er Alissa wach (zum Glück war seine Frau gerade Brot kaufen, konnte also nicht dazwischenfunken), half seiner Enkelin beim Anziehen, packte ihr den Schulranzen auf den Rücken (sie kam demnächst in die Vorschule) und stopfte seinen Bericht mit den Fotos dort hinein. Die Gesteinsproben verteilte er auf seine Manteltaschen, zog sich seinen Schal bis über die Nase und trippelte mit dem schlaftrunkenen Mädchen die Treppe hinunter. Vielleicht konnte er ihnen so vorgaukeln, dass er das Mädchen in den Kindergarten brachte. Verzeih mir, kleine Alissa.

Er trat hinaus in die große weite Welt und peilte sofort die Haltestelle an.

Der ITW sprang mit aufblitzenden Scheinwerfern an und folgte ihm langsam.

Sie erreichten gerade noch ein Sammeltaxi, das eben losfahren wollte. Der Rettungswagen kroch ihnen im morgendlichen Stau hinterher. Seine Frontscheibe war blickdicht verdunkelt.

Sie erreichten die Metrostation, tauchten in die Menge ein, ließen sich mit der Menschenmasse durch den Fleischwolf beim Rolltreppenschacht drehen, drängten sich irgendwie zum Bahnsteig durch und bestiegen den erstbesten Zug. Hektisch sah sich Gotlib nach allen Seiten um. Die Gesichter der Fahrgäste waren wie immer, zugeknöpft, in sich versunken. Wie es aussah, waren sie entkommen. Fürs Erste war alles gut.

Jetzt nur noch die Akademie erreichen, zur verein-
barten Zeit den Vortrag halten, sich den Opponenten
gegenüber irgendwie rausreden – danach konnte wegen
ihm alles in Flammen aufgehen. Hauptsache, sie ließen ihn ans Rednerpult. Sollten sie ihn anschließend
ruhig abholen und in die Alexejew-Klinik bringen.
Oder gleich an einen noch aus Sowjetzeiten berüchtigten Ort: das Serbski-Institut für forensische Psychiatrie.

Plötzlich klingelte das Mobiltelefon in seiner Tasche. Seine Frau! Sie war sicher schon vom Einkauf zurück, hatte die Wohnung leer vorgefunden, er hatte ja
nicht mal einen Zettel hinterlassen ... War also besser,
wenn man ihn ins Serbski-Institut steckte, da kam sie
nicht an ihn ran. Andernfalls würde sie ihm wegen
Alissa das Leben zur Hölle machen. Und das vollkommen zu Recht.

Aber wieso hatte er auf einmal in der U-Bahn Empfang, noch dazu auf dieser gottverlassenen Linie? Offenbar war es seiner Frau sehr dringend. Jemand anders konnte es nicht sein, denn nur sie kannte diese
Nummer. Gotlib zog das Handy aus der Manteltasche.
Unbekannte Rufnummer.

»Natalja?«, schrie er ins Telefon und schirmte den
Mund mit einer Hand gegen das laute Schlagen der
Gleise ab.

»Michail Semjonowitsch.« Eine unbekannte, markige
Baritonstimme übertönte die Kakofonie des U-Bahn-
Waggons. »Entschuldigen Sie die Störung. Ich rufe im
Auftrag von Gazprom an.«

»Von wem?«, fragte der Professor mit aufgerissenen
Augen.

»Von Gazprom«, wiederholte der Fremde. »Wir würden Ihnen gern anbieten, für uns zu arbeiten.«

»Mir? Warum ausgerechnet mir?«

»Wir haben von Ihrem einzigartigen Tiefbohrexperiment gehört«, erläuterte der Anrufer bereitwillig. »Daher sind wir der Meinung, dass Sie uns als Berater wertvolle Dienste leisten könnten. Würde Sie so ein Angebot interessieren?«

»Ich ...« Gotlib wechselte das Ohr – er glaubte, den brennend heißen Atem des Fremden zu spüren. »Ja, natürlich interessiert mich das!«

»Sagen Sie, Michail Semjonowitsch«, bat die Stimme schmeichelnd, »könnten Sie nicht bei uns im Büro vorbeikommen? Wir tagen hier gerade und diskutieren Ihre Kandidatur. Neben ein paar anderen. Aber wenn Sie, sagen wir, in einer halben bis einer Stunde hier eintreffen könnten, würden wir die anderen Anwärter gar nicht erst berücksichtigen ...«

»Tut mir leid, ich kann jetzt nicht!«, schrie Gotlib. »Ich bin unterwegs zu einem wichtigen Vortrag.«

»Michail Semjonowitsch.« Die Stimme klang jetzt strenger. »Wir würden wirklich gern noch vor Ihrem Vortrag mit Ihnen reden. Habe ich Ihnen schon gesagt, wie viel ein Berater bei uns verdient? Das Gehalt beträgt in der Regel fünfzehntausend Dollar im Monat, ein Experte Ihres Kalibers allerdings ...«

»Ich kann nicht«, sagte Gotlib bestimmt. »Erst der Vortrag, dann komme ich zu Ihnen. Anders geht es nicht.«

»Das glauben Sie«, entgegnete der Unbekannte.

Plötzlich erwachte der Professor wie aus einer Trance.

»Woher haben Sie eigentlich diese Nummer?«

»Von Ihrer Gemahlin, Michail Semjonowitsch«, antwortete der Mann hörbar grinsend. »Sie lässt Sie übrigens herzlich grüßen.«

Gotlib spürte, wie Eiseskälte sein Inneres erfasste. Warum zum Teufel ist der Empfang hier unten bloß so gut, fragte er sich erneut.

»Es ist ja unsere ureigene Interessens- und Einflusssphäre«, fuhr die Stimme fort, gleichsam als Antwort auf seine unausgesprochene Frage, aber dann auch wieder nicht. »Sie brauchen sich also nicht zu wundern, Michail Semjonowitsch. Wir sehen uns.«

Wollte ihn da jemand unter Druck setzen? In der Sowjetzeit, ja, damals hatten sie noch gewusst, wie man das macht!

Kommt nicht infrage, redete Gotlib sich zu. Erst der Vortrag, wie geplant, dann alles andere. Die Ehefrau retten, den Versuchungen widerstehen, gegen die Psychiater ankämpfen – all das konnte warten. Den Musen galt es ohne Hast zu dienen.

Er wusch sich mit kaltem Wasser in der schäbigen Toilette (die Mitglieder der Akademie nutzten diese auch als Raucherecke), nahm seine Enkelin an der Hand und machte sich auf in den Kampf.

Der Saal war halb leer.

»Da unten hat jemand einen Zettel ausgehängt, dass der Vortrag ausfällt!«

Professor Sinizyn, einer von Gotlibs wenigen Verbündeten in diesem Schlangennest, breitete die Arme aus.

»Das hätten die wohl gern«, kommentierte Gotlib finster. »Bitte passen Sie einstweilen auf das Mädchen auf, Pjotr Iwanytsch.«

Michail Semjonowitsch trat ans Rednerpult, blickte tapfer der vielköpfigen akademischen Hydra entgegen, legte störrisch den Kopf in den Nacken und begann.

»Liebe Kolleginnen und Kollegen! Mein heutiger Vortrag entspricht nicht mehr ganz dem eigentlich angekündigten Thema. Was ich Ihnen heute berichten werde, ist noch revolutionärer als gedacht. Wie einige von Ihnen wahrscheinlich wissen, habe ich vor Kurzem eine Expedition ins Gebiet Irkutsk unternommen, zu der von mir vermuteten Bruchstelle, die der Beginn einer neuen tektonischen Plattengrenze sein könnte.«

Ein Flüstern erhob sich im Auditorium.

»Doch dann haben meine Mitarbeiter eine erstaunliche Entdeckung gemacht. Viele von ihnen haben dies mit ihrem Verstand bezahlt, manche sogar mit ihrem Leben. Im Zuge eines einzigartigen, erstmals in dieser Form durchgeführten Tiefbohrexperiments stellte unser Forschungsteam fest, dass bei Perforation der Erdkruste in einer Tiefe von mehr als dreitausend Metern ...«

Seine Kehle fühlte sich trocken an. Im Saal herrschte gebanntes Schweigen.

»Liebe Kollegen ... Freunde ... Wir haben die Unterwelt entdeckt!«

Hinter dem dicken Glas seiner Kissinger-Brille kniff Gotlib die Augen zusammen. Einundzwanzig, zweiundzwanzig ...

»Schande!«, brüllte jemand. Wahrscheinlich Akopjan.

»So was hören wir uns nicht länger an!«

Das war Schmeschkewitsch.

»Das ist eine Provokation!«

Lasutkin.

Gotlib holte tief Luft und rief:»Ich bitte Sie, hören Sie sich den Vortrag bis zum Ende an!«

»Dem gehört der Titel aberkannt!«

»Pseudowissenschaft!«

»Obskurantismus!«

»Werft ihn aus der Akademie!«

Die Ausrufe der Akademiemitglieder fühlten sich an wie die Schmutzklumpen, die damals, auf dem Weg zur Expedition, der vorausfahrende Lkw gegen die Windschutzscheibe des »Ziegenbocks« gespritzt hatte. Gotlib nahm die Brille ab (seine Sicht hatte sich verschlechtert, als hätten sie ihn tatsächlich angespuckt), rieb sie mit einem Taschentuch sauber, pflanzte sie wieder auf und beugte sich über sein Manuskript.

»Welche Beweise haben Sie?«

Das war Sinizyn, der ihm aus der ersten Reihe zu Hilfe eilte. Danke, alter Freund.

»Unser Team hatte umfangreiche Belege gesammelt. Da wir jedoch unseren Zielort übereilt verlassen mussten, sind fast alle Materialien verloren gegangen.«

»Und was ist mit Ihrem Schacht zur Hölle?«, hakte jemand aus der letzten Reihe nach.

»Zu unserem Bedauern ist der Schacht bei einer Explosion fast zur Gänze eingestürzt ... Aber ich bin bereit, den Ort anzugeben, wo wir die Bohrung durchgeführt haben, und nötigenfalls auch eine neue Expedition zu leiten, eine Expedition der Akademie der Wissenschaften ...«

»Sie Clown!«

Tomaschewski, ganz sicher.

Gotlib verstummte und hob die Augen. Im Saal waren nur noch drei Zuhörer zurückgeblieben.

»Haben Sie gehört? Hugo Chávez will Kolumbien den Krieg erklären«, flüsterte sein Freund Sinizyn dem komatösen Akademiemitglied Sidorow zu. Offenbar hatte man in der Hektik vergessen, diesen auf seiner Bahre aus dem Saal zu rollen. »Und dann angeblich sogar ganz Lateinamerika. Überall wird die bolivarische Staatsordnung eingeführt. Und wir verkaufen ihm zehn Frachter voll mit Kalaschnikows, dazu noch Hubschrauber. Fehlt nur noch, dass wir ihm U-Boote liefern. Mir will das einfach nicht in den Kopf: Wozu machen wir das? Doch nicht wegen des Geldes?«

Der arme Sidorow rollte nur mit den Augen. Mehr konnte er sowieso nicht bewegen.

Ein Desaster.

Moment. Wo war Alissa?

Gotlib ließ seinen Aktenkoffer stehen, rannte von der Bühne zu Sinizyn hinunter und schüttelte ihn heftig.

»Wo ist meine Enkelin? Wo ist Alissa?«

Sinizyn lächelte ihn selig an – als hätte man ihn soeben lobotomiert.

»Die ist vorhin von ihrem Vater abgeholt worden. Er wollte mit ihr ein Eis essen gehen, solange Opa noch mit dem Vortrag beschäftigt ist.«

»Sie Trottel! Alissas Vater ist in Australien!«

Keuchend rannte er auf den Gang hinaus. Zwei menschliche Umrisse – Alissas schmale, winzige Silhouette und ein finsterer, massiver, gleichsam aus Basalt gehauener Körper – entfernten sich gerade am anderen Ende.

Erst auf der Straße holte er sie ein. Der Hüne forderte das Mädchen gerade auf, in einer schwarzen Limousine Platz zu nehmen, die so lang und streng war wie das Leben eines Parteifunktionärs.

»Halt! Warten Sie!«, schrie Gotlib.

Der Basaltmann hielt höflich inne und ließ den Professor näher kommen.

»Wir wären ohne Sie doch gar nicht losgefahren, Michail Semjonowitsch«, sagte der Unbekannte mit bekannter Stimme. »Wollen Sie auch gleich einsteigen?«

Er sah rundum europäisch aus: blitzsauberer Anzug, hyperkorrekte Krawatte, das Gesicht harmlos. Oder besser: emotionslos. Und glatt, ohne Falten.

»Ich fahre nirgendwo ...«, begann Gotlib, doch der andere unterbrach ihn besorgt:

»Die Kollegen wollten Ihnen also nicht glauben? Haben sie Sie ausgelacht?«

»Ist mir egal, ob man mir glaubt oder nicht!«, log der Professor. »Es geht mir nicht um Anerkennung, sondern um die Wahrheit!«

»Ich glaube Ihnen«, sagte der Mann ruhig. »Denn ich weiß, dass Sie recht haben. Die Unterwelt existiert, und ich bin bereit, Ihnen etwas darüber zu erzählen.«

»Aber Sie sind doch nicht ...«

Gotlib umklammerte das Heiligenbild in seiner Manteltasche.

»Nein, natürlich nicht«, antwortete der Mann mit einem Lächeln. »Ich arbeite bei Gazprom. Ich war es auch, der Sie heute angerufen hat.«

Aus dem Innenraum des Wagens drang plötzlich fröhliches, vollkommen unangebrachtes Hundegebell. Ein überaus sympathischer schwarzer Pudel tollte dort im Fond herum und leckte mit seiner roten Zunge über Alissas Hand.

»Du bekommst von uns genauso ein Hündchen geschenkt«, sagte der Basaltmann lächelnd, was bei dem Mädchen entzücktes Kreischen hervorrief.

»Opa! Lass uns zu denen fahren!«

Die gut hundert Pfund schwere Tür schloss sich mit einem weichen Schmatzen, und die Limousine fuhr so sanft an, als schwebte sie über dem Boden.

»Sie haben in allem recht, Michail Semjonowitsch«, sagte der Mann. »Und zweifelsohne würden wir Ihnen diese großartige Entdeckung gönnen, nur leider gibt es einen klitzekleinen Haken an der Geschichte: Die Entdeckung ist schon lang vor Ihnen gemacht worden.«

»Was reden Sie da?«, empörte sich Gotlib. »Das ist doch völliger Unsinn! In diesem Fall hätten wir doch längst eine Art Kreuzzug angefangen, ein Armageddon hätten wir angerichtet mit modernen Waffen, in Schutt und Asche hätten wir sie gelegt mit unseren atomaren Sprengköpfen ... Weiß doch sowieso niemand bei uns im Land, wohin mit der ganzen Kernenergie!«

»Also wirklich, Michail Semjonowitsch, was sind denn das für extreme Ansichten?«, entgegnete der Mann tadelnd. »Wir leben doch im 21. Jahrhundert. Im Zeitalter der Globalisierung und des freien Handels! Und Sie wollen mir was von Kreuzzügen erzählen. Das wäre doch reinste Barbarei ...«

»Wie bitte?«

»Aber natürlich. Sie haben doch sicher in den Nachrichten von Sachalin-4 gehört? Anderthalb Billionen Kubikmeter neue Gasreserven ... Da sieht man, wie sich unsere Partner bemühen, Ihre Seite des Vertrags zu erfüllen.«

Gotlib nahm die Brille ab.

»Was für ein Vertrag?«

»Ein Vertrag zur Direktlieferung von Erdgas aus der Unterwelt an die PAO Gazprom. Nun gut, auf dem Papier steht da natürlich ein anderer Name als juristische Person, aber ja, unser Partner ist tatsächlich ebenjener.« Der Basaltmensch kraulte dem Pudel sanft das Fell.

»Warum ausgerechnet Gas?«, versuchte der Professor zu scherzen. »In der berühmten Oper heißt es doch ›Hell erglänzt der Höll' Metall‹, wenn ich mich nicht irre?«

»Die gehen da unten eben auch mit der Zeit. Als wir Gold brauchten, haben sie uns mit Gold versorgt. Dann mit Öl. Und jetzt ist eben ein umweltfreundlicherer Energieträger in Mode, also liefern sie uns Gas. Alles, was das Erdinnere so hergibt ... Gräbt man nämlich noch tiefer, so stellt sich heraus, dass es dort überhaupt keine Grenzen gibt. Das Wichtigste ist also, dass man sich handelseinig wird.«

Nach Schwefel roch es in dem Wagen nicht. Nur nach teurem französischem Parfum und ein bisschen nach Havanna-Zigarren. Wahrscheinlich ließ es sich der Fahrer manchmal gut gehen.

»Und wie sind Sie sich mit denen handelseinig geworden?«, wagte Gotlib nach einer langen Pause zu fragen. »Haben Sie Ihre Seele verkauft?«

»Aber, Michail Semjonowitsch!« Der Mann schüttelte den Kopf. »Was denn für eine Seele? Gazprom ist doch ein staatseigener Konzern. Also hat die Regierung einfach bestimmte Verpflichtungen übernommen. Im Wesentlichen internationaler Natur. Sowie ein paar innenpolitische.«

»Mein Gott, warum bin ich nicht von selbst darauf gekommen! Wenn man nur ein bisschen nachdenkt, lässt sich unsere Geschichte ja gar nicht anders erklären ... Welche Verpflichtungen sind das denn? Ich hoffe, es macht Ihnen nichts aus, dass ich ›mein Gott‹ gesagt habe?«

»Ich bitte Sie. Dies ist ein multikonfessionelles Land«, antwortete der Mann beruhigend. »Was Ihre Frage betrifft: Es gibt eine gewisse Zahl an Projekten, die wir, wenn man so will, im Namen unserer Partner durchführen.« Erneut strich er dem Pudel übers Fell. »Die Zusammenarbeit mit dem Iran, mit Nordkorea, mit einigen arabischen Staaten ... Im Energiebereich, mitunter auch in Sicherheitsfragen.«

»Aber das ist doch ...« Gotlib stöhnte auf. »Was die vorhaben, wird also doch im Armageddon enden!«

Der Mann lächelte unverwandt.

»Denken Sie lieber an etwas Schönes.«

Der Wagen hielt vor einem hübschen, von Obstbäumen eingerahmten Landhaus. Entlang der Auffahrt zum Eingang drängten sich TV-Teams, die Kameras im Anschlag. Dort wartete auch schon die von Stylistinnen aufgemöbelte Gattin des Professors mit schmachtendem Blick.

»Wo sind wir? Wer sind all diese Leute?«, fragte Gotlib und reckte besorgt den Hals.

»Wir sind in Barwicha. Dies ist Ihr künftiges Zuhause. Und all die Reporter waren auf Sie, weil Sie soeben mit dem Staatspreis der Russischen Föderation ausgezeichnet worden sind.«

»Wofür denn?«, fragte Gotlib verwundert. »Wenn ich das richtig verstehe, darf ich von meiner Entdeckung niemandem etwas sagen?«

»Korrekt. In unserem Land werden täglich Entdeckungen gemacht, von denen niemand erfahren darf. Das ist also gar nicht weiter schlimm.« Der Mann klappte einen Ordner auf. »Hier hätte ich drei bahnbrechende wissenschaftliche Entdeckungen zur Auswahl, die eben erst freigegeben wurden. Suchen Sie sich eine aus und übernehmen Sie die Urheberschaft. Haben Sie gestern das mit der Gagarin-Zentrifuge in den Nachrichten gesehen? Erst vor Kurzem wurde die Geheimhaltung dazu aufgehoben – also bedienen Sie sich! Morgen werden Sie dann im Fernsehen gezeigt.«

»Hurra!«, rief Alissa freudestrahlend. »Wir kommen ins Land hinter den Spiegeln!«

»Für die Finanzierung Ihrer künftigen geologischen Forschungen stellt Gazprom natürlich ein Förderprogramm bereit«, ergänzte der Mann und streckte die Hand nach dem Türgriff aus.

Die Journalisten flogen auf den Wagen zu wie die Mücken in der Taiga auf einen Geologen, der mal kurz austreten will.

»Sagen Sie mal«, fragte Gotlib, »Gazprom finanziert nicht zufällig auch Forschungsprojekte im Bereich der Sternkunde?«

Der Mann lachte diskret.

»Nein, damit befassen wir uns nicht. Am Himmel gibt es für uns nichts zu holen.«

»Sehr gut.«

Michail Semjonowitsch nickte zufrieden und öffnete die Wagentür.

Er nahm seine Enkelin fest an der Hand und bahnte sich entschlossen den Weg durch die dicht gedrängte

Reporterschar, fort von der Villa. Auch seine Ehefrau gabelte er an geeigneter Stelle auf.

»Und das Land hinter den Spiegeln?«, schluchzte Alissa. »Und mein Hündchen?«

»Wir kaufen dir 'ne Katze«, entgegnete der Professor knapp.

»Professor Gotlib!«

Ein Korrespondent des Wichtigsten Kanals stellte sich ihm in den Weg.

»Verraten Sie uns Ihre Pläne für die Zukunft! Mit sechsundsiebzig macht man zwar eigentlich keine großen Sprünge mehr – aber wer weiß?«

»Ich wechsle von der Geologie zur Astronomie«, gab Gotlib Auskunft. »Mir scheint, am Himmel gibt es noch so manches zu entdecken. Sagen Sie, wo ist hier die nächste Metrostation?«

VOR DER FLAUTE

Alles, was man von Iwanows Fenster aus sehen konnte, war ein schier unermesslicher Ballon mit der Aufschrift »Vorwärts, Russland!« – so gigantisch, dass er die Aussicht auf die Stadt komplett blockierte.

Wladimir Bogow schaute auf diesen Ballon, blinzelte, versuchte den Kloß im Hals herunterzuschlucken und brachte doch kein Wort hervor.

»Tut mir wirklich leid, Wolodja«, sagte Iwanow und seufzte beflissen. »Nimm's nicht persönlich.«

Bogows Körper war in Grabeskälte erstarrt. Diese Gangster-Floskel. Gleich würden sie ihm Betonschuhe verpassen und ihn in den Hudson des Vergessens werfen. Diese gangsterhafte Leichtigkeit und Gnadenlosigkeit, mit der sie ihn abgeurteilt hatten. Sie hatten gar nicht erst versucht ihn einzuschüchtern, sondern einfach beschlossen, sofort mit ihm abzurechnen, ohne irgendeine Erklärung, wo und wann er welche Fehler gemacht hatte ... als hätte er ihnen all die Jahre nicht treu gedient. Ihnen? Dem Volk!

»Erschieß mich lieber«, sagte Bogow zu Iwanow.

Dieser lächelte kalt. »Na, na, wozu denn gleich so dramatisch? Das Leben geht weiter.«

»Wenn der Moderator der erfolgreichsten Sendung

von CTV gefeuert wird?«, stieß Bogow leidenschaftlich aus. »Was soll da noch weitergehen?«

»Der ehemals erfolgreichsten Sendung«, korrigierte ihn Iwanow.

»Ja, ich hab's gesehen, die Quoten sinken ... Aber das ist saisonal bedingt! Schon letztes Jahr war im April nichts los. Aber ich dachte, ab September ...«

»Der Mensch denkt, Gott lenkt.«

Iwanow strich devot über das weiße Telefon mit dem Wappen auf seinem Schreibtisch. Es war umstellt mit frischem Obst und Blumen. Sofort sank Bogow zusammen und hörte auf, in seinen Betonschuhen zu zappeln.

»Die Anordnung kam also von ganz oben?«

»In unserem Land gießen Anordnungen von ganz oben das kollektive Unbewusste in eine juristische Form«, erläuterte Iwanow. »Es hat eine Umfrage des Allrussischen Meinungsforschungsinstituts gegeben. Die Leute sollten angeben, was sie von Wladimir Bogows Sendung ›Duell‹ halten. Ob die Sendung dem Kanal CTV nützt. Und was sie von Bogow überhaupt halten.«

Iwanow kramte in den Papierstapeln auf seinem schier endlosen Schreibtisch herum, fand das gesuchte Dokument – es trug das Logo des Meinungsforschungsinstituts – und räusperte sich.

»Soll ich vorlesen?«

»Lies!«, sprach Bogow erregt, als würde er seine eigene Hinrichtung befehligen.

»Na gut, ich lese vor ... Augenblick ... Ach ja, hier: Die Mehrheit der Teilnehmenden ist der Ansicht, dass Wladimir Bogows Sendung ›Duell‹ ihren anfänglichen Reiz verloren hat ... Läuft seit acht Jahren – dreiundsechzig Prozent. Probleme wirken konstruiert – siebzig Prozent. Kein echter Konflikt – achtundfünfzig Prozent. TED-Ergebnisse vorhersagbar – sechzig Prozent. Moderator kommt zu intellektuell rüber – neunzig Prozent. Mit einem Wort: zu langweilig. Kein Adrenalin.«

»Aber meine Zuschauer mögen eben ...«

»Wolodja!« Iwanow wedelte mit den Umfrageergebnissen. »Du hast keine Zuschauer. Wir haben Zuschauer. Und unseren Zuschauern gefällt eben das neue Programmkonzept von CTV, das auf Spannung setzt. Unseren Zuschauern gefallen Storys, in denen ein Bullterrier ein Baby auffrisst. Sie interessieren sich für Splatter. Sie wollen einem Zwerg live dabei zusehen, wie er unter den Rock von Superstar Alla Pugatschowa kriecht. Sachen eben, die aktuell sind und das pralle Leben zeigen. Du dagegen, was hast du unseren Zuschauern noch zu bieten?«

»Ich könnte ...«

Bogow atmete geräuschvoll ein, während er krampfhaft versuchte sich etwas auszudenken.

»Wolodja! Deine Sendung ist ein Splitter des alten CTV. Sicher, dieser Splitter sitzt nah am Herzen des Senders – aber gerade deswegen müssen wir ihn jetzt entfernen! Unsere neue Programmpolitik basiert auf drei Pfeilern: Sex, Tod und Geld. Und da fällst du mit deiner ewigen intellektuellen Nachdenklichkeit völlig aus dem Rahmen.«

»Gib mir noch einen Tag! Ich krieg das hin. Morgen kriegst du von mir ein überarbeitetes Konzept, das sich perfekt in die Politik des Senders einfügt. Ein Programm, das das ganze Land sehen will! Echte Konflikte, superspannende Themen ...«

In seiner Stimme lag eine solche Verzweiflung, dass Iwanow, der sich innerlich bereits zu diesem schwer errungenen Sieg gratulierte und die eigene Entschlusskraft und Standfestigkeit pries, im letzten Augenblick ins Wanken geriet.

»Du weißt, es hängt nicht von mir ab«, antwortete er gedehnt. »Sobald du das Konzept hast, mail es mir. Die da oben« – er hob den Finger zur Decke – »werden es sich ansehen. Und dann eine Entscheidung treffen.«

»Ja, ja«, sagte Bogow eilfertig. »Versprich mir nur, dass du es ganz sicher weiterleitest. Ich krieg das hin, ganz bestimmt ...«

»Also dann, bis morgen allerspätestens«, sagte Iwanow und grinste. »Für deinen Platz gibt es nämlich schon eine Menge Interessenten, alles so junge Wilde, die noch keiner kennt.«

Bis tief in die Nacht tigerte Bogow durch sein Loft und feilte an seinem Rettungsplan. Beugte sich über sein Notebook, schrieb halbherzige, kleinmütige Ideen auf und löschte sie sogleich wieder, klatschte sich auf die Wangen und wusch sich mit eiskaltem Wasser, machte sich Kaffee und ließ selbigen auf der Herdplatte stehen, bis er verdampft war, weil ihm wieder irgendein neuer Gedanke gekommen war, der im ersten Augenblick genial erschien, doch fast sogleich wieder von der Säure des Zweifels zerfressen wurde.

Ein echtes Rebranding muss das werden, hämmerte er sich ein. Seine Sendung brauchte einen Energieboost. Die Leute wollten mehr Konflikte? Kein Ding, Bogow wusste, wie man ein Programm dramatischer machte. Nicht spektakulär genug? Er würde ihnen Bilder bieten, die sie niemals vergaßen! Auch den Titel konnte man ändern, damit allen sofort klar war: Schluss mit lustig, jetzt geht's zur Sache! Keine »Duelle« mehr, weg mit dem höflichen Getue, jawoll!

Aber worum sollte es eigentlich gehen? Für den Piloten seiner runderneuerten Sendung brauchte es ein Hammerthema. Eines von globaler Bedeutung, das staatstragend war, aber gleichzeitig verständlich und relevant für alle. Sex? Nicht staatstragend genug. Tod? Zu viel Konkurrenz ...

Vom vielen Nachdenken erschöpft, schaltete Bogow die Spätnachrichten ein. Dort lief gerade der Wirtschaftsblock: Man sah den Premierminister, wie er eine neue Generation von Heißluftballons begutachtete, die erst vor Kurzem in Betrieb genommen worden waren. Diese Giganten aus Segeltuch füllten sich mit dem segensreichen Wind des Westens, erwachten zum Leben, richteten sich auf, so wie das Land selbst sich von den Knien erhob – und wie sie sich zusehends aufblähten, erinnerten sie an überhebliche, unvorstellbar große Zecken.

Nur einen Wimpernschlag später schwebte über den weiten Feldern des Wolgagebiets ein Dutzend Heißluftballons dahin, jeder davon rund dreihundert Meter hoch, und der Westwind trieb sie voran ...

»Das Wirtschaftswachstum beträgt in diesem Jahr über sieben Prozent«, verkündete der Reporter, während er begeistert den Ballons nachsah. »Die bis zur nächsten Dekade geplante Verdopplung des BIP wird somit schon fünf Jahre früher erreicht werden!«

Mit nachtschwarzen Gedanken schaltete Bogow den Fernseher aus und holte sich eine Flasche Wodka aus dem Tiefkühlschrank. Er fühlte sich wie ein Zugfahrgast aus Solikamsk oder irgendeinem anderen Provinznest, den die Miliz auf seinem Weg nach Moskau mitten in der Pampa gerade in dem Moment aus dem Zug geworfen hatte, als sich die schemenhaft glänzende Hauptstadt mit all ihrem pulsierenden Leben zum ersten Mal in der Ferne abzuzeichnen begann.

Doch Bogow kam nicht dazu, sich zu besaufen. Einer mitfühlenden Zugbegleiterin gleich, erschien ihm auf einmal die Muse und ließ gnädig lächelnd ein Eisentreppchen herab, und so begann Bogow urplötzlich einen ganzen Strom von Ideen in seine Tastatur zu hämmern, bis er endlich, über den losen Schotter des Gleisbetts stolpernd, den schon wieder anrollenden blauen Waggon der Hoffnung erreichte, mit einem Satz auf das Treppchen aufsprang und, keuchend, puterrot, erschöpft, aber glücklich ins Zuginnere schlüpfte.

Mit allerletzter Kraft bändigte er den soeben entfesselten Hirnsturm, sortierte die Früchte seiner Kreativität in einem Worddokument und klickte schließlich auf »Senden«.

»Hast du den Apfel dabei?«, fragte Iwanow streng.

Bogow nickte aufgeregt.

»Natürlich!«

Er zog die reife Antonowka hervor und reichte sie Iwanow. Dieser rieb den Apfel an seinem Jackett glänzend, hebelte mit seinem goldenen Brieföffner einen Schnitz heraus und legte diesen vorsichtig neben das weiße Telefon mit dem Wappen. Nicht ohne Befriedigung nahm Bogow zur Kenntnis, dass seine Opfergabe heute die erste war. Die Wanduhr zeigte neun Uhr morgens.

»Ich hab gehört, dass manche die Schale noch mit aromatischen Ölen benetzen, angeblich soll das helfen«, fügte er beinahe flüsternd hinzu, während er immer wieder heimliche Blicke auf den Apparat warf.

Iwanow verzog das Gesicht.

»Alles heidnischer Aberglaube. Kommen wir lieber zur Sache. Dein Flehen ist erhört worden. Du bekommst eine letzte Chance. Lass uns das Konzept Punkt für Punkt durchgehen.«

Bogow bekreuzigte sich ekstatisch.

»Zunächst das, was positiv bewertet wurde«, begann Iwanow. »Erstens: Das mit dem neuen Titel ist eine gute Idee. ›Keilerei‹ macht, finde ich, wesentlich mehr her als ›Duell‹. Da ist deutlich mehr Wumms dahinter, das riecht nach Blut und Schweiß und ist ganz klar näher am Volk.«

Bogow schlug bescheiden die Augen nieder.

»Die neue Gestaltung des Studios ist auch super. Kostet zwar ein bisschen, ist es aber auf jeden Fall wert. Ein mit Schlamm gefüllter Ring, in dem politische Kontrahenten gegeneinander antreten – wirklich klasse. Eine Sache nur: Du schlägst vor, dass die Protagonisten in Ringertrikots antreten sollen. Ich persönlich fände klassische Business-Anzüge besser, dass kontrastiert besser. Außerdem könnten wir nach jeder Runde Punkte zählen ... und wer eine Runde verloren hat, muss ein Kleidungsstück ausziehen. So kriegen wir auch das weibliche Publikum.«

»Hervorragende Idee«, stimmte Bogow zu, und Iwanow begann zu fantasieren:

»Beim Thema ›Freiheit des Wortes‹ könnten wir zum Beispiel Irina Chakamada von den Demokraten gegen Swetlana Chorkina – du weißt schon, die ehemalige Kunstturnerin – von Einiges Russland antreten lassen. Also, wirklich, das Konzept ist super, Respekt!«

Bogow errötete.

»Ich hatte gestern so was wie eine Eingebung.«

»Jetzt zum unangenehmen Teil«, fuhr Iwanow fort. »Für die Pilotfolge hast du dir ein ganz schön riskantes Thema ausgesucht. Hast du keine Angst, dass das außer Kontrolle geraten könnte? Wir senden live!«

»Aber die wollen doch mehr Konflikte! Und echte Probleme!«

»Kann schon sein. Aber lohnt es sich, das Volk mit apokalyptischen Prophezeiungen in Unruhe zu versetzen – ausgerechnet jetzt, wo unser Land endlich die lang ersehnte Stabilität erreicht hat? Warum willst du die Menschen zwingen, sich mit unnötigen Fragen zu beschäftigen?«

»Weil das Quote bringt«, antwortete Bogow bestimmt.

»Da hast du recht«, gab Iwanow zu. »Na gut, wie du willst ... Aber eins muss klar sein: Wenn dir das aus dem Ruder läuft, hab ich dich nie gekannt und bin dir nie begegnet. Du hast ja nichts mehr zu verlieren ...«

Bogow zog entschlossen die Brauen zusammen.

»Ich übernehme die volle Verantwortung!«

»Geh schon, mach dich bereit.« Iwanow erhob sich aus seinem Sessel und drückte Bogow die Hand.

Kaum hatte dieser das Büro verlassen, warf Iwanow aus den Augenwinkeln einen Blick auf das weiße Telefon, beugte sich über die Sprechanlage und bat seine Sekretärin:»Arinotschka, sei so gut und schick jemanden los, mir ein aromatisches Öl besorgen. Nein, nein, keine Vaseline – wozu denn, Dummchen?«

Auf den Sendetermin bereitete sich Bogow vor wie auf ein Duell, wie auf seinen letzten Kampf. Er büffelte zwei Nächte hindurch wie ein Schüler Informationen zur wirtschaftlichen Situation im Land, die ihm sein Redaktionsteam zusammengestellt hatte, beaufsichtigte höchstpersönlich die Arbeiter, die den Ring mit Schlamm befüllten, massierte den beiden Kontrahenten wie ein Trainer die Schultern und versuchte sie scharfzumachen, indem er beiden erzählte, der andere habe neulich bei der Premiere von Lungins Historienfilm *Für den Zaren* über ihn gelästert.

Und dann, als das Studio bereits voll besetzt mit ausgewählten Zuschauern war – nicht irgendwelchen Hutzelweibern für fünfzig Rubel pro Sendung, sondern gepflegten Frauen und Männern mittleren Alters für zweieinhalb Tausend –, ließ Bogow sein geliebtes »Auf in den Kampf, Torero!« aus der Bizet-Oper einspielen, zog sich ein frisch gebügeltes weißes Hemd an und atmete tief durch. Es ging los!

»Augenblick noch!«, rief ihm Iwanow zu, der gerade die Garderobe betrat.»Hier, das soll ich dir mitgeben ...«

Er öffnete die Faust. Auf seiner Handfläche kam ein winziges Samtkästchen zum Vorschein – so eines, in dem normalerweise Eheringe präsentiert werden. Bogow klappte vorsichtig den Deckel auf ...

»Was ist das?«

Er drehte einen beinahe mikroskopisch kleinen, fleischfarbenen In-Ear-Kopfhörer in seinen Fingern.

»Deine Innere Stimme«, antwortete Iwanow ehrfürchtig. »Nur für die Dauer dieser Sendung. Damit empfängst du Anweisungen von der Person, die in der Administration unsere Belange vertritt. Solltest du also irgendwann die Orientierung verlieren, hör einfach auf deine Innere Stimme.«

Bogow nickte wortlos und setzte sich die winzige Innere Stimme vorsichtig ins Ohr. Dann salutierte er vor Iwanow und verließ die Garderobe.

»Herzlich willkommen zu ›Keilerei‹, ich bin Ihr Gastgeber Wladimir Bogow! Zehn Jahre lang haben Sie auf die Fortsetzung dieses Zweikampfs gewartet, und heute geht Ihr Wunsch in Erfüllung! Meine Damen und Herren, begrüßen Sie mit mir die beiden Gegner! In der linken Ecke des Rings: das politische Superschwergewicht, der unangefochtene Vorsitzende der LDPR – Wladimir Wolfowitsch Schirinowski!«

Das wohldressierte Studiopublikum spendete dem für seine cholerischen Ausfälle berüchtigten Nationalisten tosenden Beifall.

»In der rechten Ecke: nach schwerer Verletzung und mehrjähriger Pause seit seinem Debakel bei der letzten Duma-Wahl zurück in der Arena der großen Politik: Boris Ne-e-emzow!«

Das wohldressierte Studiopublikum spendete dem redlichen, aber glücklosen Demokraten dünnen Applaus.

»Für diese grandiose Revanche haben wir ein besonders heikles Thema gewählt! Ein Thema, das im Fernsehen sonst nie diskutiert wird ...«

»Ähem ...«, machte die Innere Stimme.

»... weil sich niemand traut, es anzugehen!«, wand sich Bogow heraus. »Niemand, außer uns! Doch bevor unsere beiden Kontrahenten hier im Ring aufeinander einprügeln, sehen wir uns zunächst folgenden Einspieler an, den unser Reporter vorbereitet hat!«

Über dem Ring kam nun eine Leinwand in Sicht, deren unterer Rand fast bis zu der schlammigen Brühe hinabreichte.

Die Projektion begann, und die weiße Leinwand verwandelte sich in einen tiefblauen Himmel, an dem zu sinfonischer Musik gigantische Heißluftballons dahinschwebten. Kurz darauf begann eine schmeichelnde Off-Stimme: »Seit zehn Jahren boomt Russlands Wirtschaft. Die Zahlungen an den Haushalt erhöhen sich jährlich um durchschnittlich zehn Prozent, das BIP um sieben Prozent. All dies ist vor allem der Entwicklung und Inbetriebnahme hypermoderner Heißluftballons zu verdanken. Indem sie sich die meteorologisch günstige Konjunktur zunutze macht, gelingt es unserer Regierung heute nicht nur, ihren sozialen Verpflichtungen vollends nachzukommen, sondern auch jedes Jahr die Gehälter der Staatsbediensteten um durchschnittlich zwanzig Prozent sowie die Renten um achtzehn Prozent zu erhöhen ...«

Auf der Leinwand kamen gigantische Werkhallen in Sicht, in denen Arbeiterinnen und Arbeiter ameisengleich Ballonhüllen zusammennähten, Probefüllungen durchführten, Hightech-Kondenswassertöpfe testeten und kilometerweise flexible Balgschläuche zusammenklebten.

»Im Windschatten der Luftindustrie erfährt die Ballonbau-Branche derzeit einen unglaublichen Boom; hier entstehen gerade Hunderttausende von Arbeitsplätzen. Ihre Gewinne fließen in Forschung und Entwicklung, an den Fahrzeughersteller AwtoWAS sowie in den Straßenbau.«

Vor dem Logo des Ministeriums für wirtschaftliche Entwicklung – einem stilisierten Heißluftballon vor einem doppelköpfigen Adler – erschien der Kopf eines bärtigen Mannes. Er sprach über die Wachstumsprognosen für die kommenden zwei Jahre.

»Und nun begeben wir uns auf die weiten Felder des Wolgagebiets ... und schauen uns an, wie das Herz der russischen Wirtschaft schlägt. Da Heißluftballons als strategische Objekte klassifiziert sind, werden hier nur selten Gäste zugelassen. Dennoch ist es dem Kamerateam von ›Keilerei‹ gelungen, mit einem dieser Heißluftballons mitzufliegen. Und hier zeigen wir Ihnen, woher in unserem Land das ganze Geld kommt!«

Die Innere Stimme in Bogows Ohr schnaubte nervös.

»Werfen wir einen Blick ins Innere von so einem Heißluftballon!«, schlug der Reporter vor, und schon präsentierte sich dem Publikum eine Computergrafik vom Querschnitt der Ballonhülle. »Diese Ballons werden aus hochfestem synthetischen Segeltuch gefertigt und haben auf der Innenseite eine besondere Kondensationsbeschichtung. Aus der Menge an Material, das für die Herstellung eines einzigen Ballons benötigt wird, könnte man Leggins für die komplette Bevölkerung Liechtensteins nähen!«, sagte er voller Stolz. »Die fertigen Ballons werden auf Schwerlasttransportern zum Ort ihrer dauerhaften Entfaltung gebracht. Hier werden sie mit mehreren Mi-26-Helikoptern angehoben und auf enorme Rahmen gesetzt. Diese Rahmen sind so konstruiert, dass die Ballons möglichst effizient die von Westen kommenden Luftströmungen aufnehmen können. Bereits nach wenigen Minuten sind sie komplett gefüllt ...«

»Was für ein Prachtstück ...«, raunte die Innere Stimme kaum hörbar, als ein mächtiger Ballon mit den herrschaftlichen Farben der russischen Trikolore und der Aufschrift »Peter der Große« über die Leinwand schwebte. »Unter dem Einfluss des Westwinds bildet sich an der Innenwand der Ballons stetig Geldkondensat. Dieses fließt auf natürliche Weise nach unten ab – in einen Trichter, der wiederum mit einem extrem biegsamen Wellrohr verbunden ist. Diese Rohre verschwinden direkt im Boden, wo sich das Geldkondensat in gewaltigen Auffangbecken sammelt. Und dort verwandelt es sich sogleich in Banknotenpäckchen. Die jüngste Errungenschaft der Luftindustrie ist die Herstellung neuer Fünftausenderscheine aus Kondensat. Von hier aus fließt das Geld dann weiter an die Zentralbank, in den Haushalt der Russischen Föderation, auf den Aktienmarkt, an die staatlichen und privaten Banken sowie schlussendlich – über Kredite oder Löhne – in die Taschen der Bürger.«

Das gesamte Studio starrte gebannt auf die Leinwand wie bei einer Séance des berühmten Hellsehers Wolf Messing. Einige Zuschauer hatten unwillkürlich die Fäuste zusammengeballt. Andere schluckten beinahe reflexartig.

Plötzlich begann einer dieser titanischen Ballons an Luft zu verlieren!

»Was aber, wenn unser Wohlstand nicht ewig anhält?«, unkte der Reporter.

Die Zuschauer stöhnten entsetzt auf und begannen verwirrt zu flüstern. Bogow schmunzelte, zufrieden mit der erzielten Wirkung.

»Das war jetzt grenzwertig«, ließ sich die Innere Stimme vernehmen.

»Das Wort hat Boris Nemzow!«, donnerte Bogow. Nemzow, der ein halb aufgeknöpftes Leinenhemd trug und einen braun gebrannten, gut erholten Eindruck machte, krempelte seine Hosen hoch, machte einen ersten vorsichtigen Schritt und holte weit aus: »Stand heute sind in unserem Land etwa zwanzigtausend solcher Heißluftballons in Betrieb.«

»Dreiundzwanzigtausendneunhundertdreißig«, fuhr Bogow dazwischen.

»Der Mistkerl will schon wieder unsere Erfolge kleinreden«, zischte die Innere Stimme.

»Und sie sind alle nach Westen geöffnet«, fügte Nemzow hinzu und stieg angewidert in das Schlammbecken.

»Was passt Ihnen auf einmal nicht am Westen?«, fragte Schirinowski, machte einen großen Schritt nach vorn und versank gleich bis zum Knie im Matsch. »Ich dachte, Sie mögen die ...«

»Was tut das zur Sache?« Nemzow krempelte nun auch die Ärmel hoch und begann Schirinowski zu umkreisen. »Es geht hier nicht um mich, sondern um unseren Staat ...«

»Sie haben sich längst verkauft! Die bezahlen Sie doch dafür, dass Sie hier Unruhe stiften! Eindeutig!«, rief Schirinowski, stürmte auf einmal los und rammte Nemzow seinen Kopf in den Bauch, sodass dieser ächzend auf den Hintern fiel.

»Erlauben Sie mal! Warum ...« Nemzow erhob sich und wischte sich den Schlamm ab. »Warum sind bei uns sämtliche Windfallen – all diese Heißluftballons – ausschließlich nach Westen ausgerichtet? Wozu dieses kurzsichtige Verhalten?«

»Wohin sollen die denn sonst gucken? Der Wind hat bei uns schon immer von Westen nach Osten geweht, da beißt die Maus keinen Faden ab.« Schirinowski kam wieder näher. »Oder haben Sie vielleicht ein paar Kröten übrig, um diese Rahmen nach allen Seiten hin aufzustellen? Dann teilen Sie doch mal ein bisschen was mit dem Staat! Verkaufen Sie Ihre Villa in Antibes! Aber nein, stattdessen machen seine Kinder Urlaub in Miami! Wie praktisch, denn dann können sie da drüben gleich auf Arbeitssuche gehen! Arschloch!«

Mit einer geschickten Bewegung schleuderte Schirinowski Nemzow eine Handvoll Schlamm in die Augen.

»Liebe Zuschauer!« Bogow sprach jetzt direkt in die Kamera. »Sie können einen der beiden Kontrahenten unterstützen, indem Sie die Telefonnummern anrufen, die Sie auf Ihren Bildschirmen eingeblendet sehen. Sie zahlen nur für einen Anruf in die Dominikanische Republik! Ja, und bislang ... bislang in Führung liegt, mit einem Vorsprung von dreißig Prozent: Wladimir Schirinowski!«

»Aber was passiert, wenn sich der Wind plötzlich dreht?«, wandte Nemzow hustend und spuckend ein. Es klang ziemlich kleinlaut. »Vielleicht kommt er ja irgendwann mal aus Osten? Diese ... Diese Windfallen hätte man doch wenigstens drehbar konstruieren können, auf irgendwelchen Scharnieren ... dann könnte man sie nach dem Wind ausrichten.«

»Jetzt wäre es sinnvoll, diesem hysterischen liberalen Gelaber etwas entgegenzusetzen«, suggerierte Bogows Innere Stimme, und dieser fuhr sogleich dazwischen: »In den gesamten zehn Jahren, in denen die Windrichtung beobachtet wird, ist das noch nie vorgekommen!« In diesem Augenblick übernahm Schirinowski die Initiative – womöglich hatte ihn seine eigene Innere Stimme aufgefordert, etwas zu unternehmen. Also ging Wladimir Wolfowitsch zur entscheidenden Attacke über und begann, wieder und wieder auf Nemzows Nase einzuprügeln.

»Wollen Sie uns Angst einjagen? Das Volk einschüchtern? Wir lassen uns nicht einschüchtern! Unsere Renten steigen und steigen! Unsere Soldaten kriegen Wohnungen! Wir haben Medizin! Und den Kosmos! Ballett! Nanotechnologien! Wir sind das Volk, das den Faschismus besiegt hat!«

»Aber warum ...«

»Break! Es gibt eine Frage an die beiden Kontrahenten von einem der Schiedsrichter!« Bogow war sich im Klaren, dass ein vorzeitiges Ende des Kampfes die Quote vermiesen würde. »Das Wort hat der Dichter Igor Perepjolkin.«

Perepjolkin, ein hagerer, schlecht gekleideter Mann mit eingefallenen, schuppenbepuderten Schultern, erhob sich von seinem Sitz. Weil er meist deprimiert aus der Wäsche blickte, wie ein Alkoholiker aussah und stark stotterte, lud man ihn gern als Vertreter liberaler Werte in politische Talkshows ein. Jetzt aber hielt sich Perepjolkin erstaunlich gerade und machte einen beinahe selbstbewussten Eindruck. Bogow stutzte. War das eine Provokation?

»Äh, äh ... S-s-sagen Sie mal ...« Perepjolkin klang aufrichtig interessiert. »W-w-was ist, w-wenn ... d-d-der Wind ga-ga- ... g-ganz abflaut?«

»Jetzt aber.« Die Innere Stimme gab nun klare und deutliche Anweisungen. »Bereit machen zum Ausblenden. Wir haben zwei Folgen von *Cop Wars* in petto, die können wir stattdessen zeigen ...«

Bogow begriff: Seine Show befand sich an einem kritischen Punkt. Also hörte er einfach nicht mehr hin und ging selbst zum Angriff über.

»Was reden Sie denn da? In unserem Land hat der Wind schon immer geweht!«

»Sogar noch vor Peter dem Großen und Iwan dem Schrecklichen«, pflichtete ihm Schirinowski bei. »Seit der Gründung des Russischen Reiches hat man hier Luft zu Geld gemacht! Und dass der Wind irgendwann mal aufhört, kann nur ein Schädling behaupten! Oder ein Feigling!«

Damit stieß er sich vom Beckenrand ab, nahm Anlauf und rammte Nemzow mit voller Wucht den Ellenbogen ins Gesicht.

»Moment, wartet noch mit der Serie«, kommentierte die Innere Stimme gönnerhaft.

»Die Luft ist die Grundlage für das Wohlergehen unseres Staates und unseres Volkes! Sie ist unersetzlich!«, rief Bogow glühend vor Begeisterung, sprang selbst über den Beckenrand und lief zu Nemzow hinüber, der zusammengekrümmt im Schlamm lag.

»Was kann ich dafür? Ich hab doch gar nichts gesagt ...«, murmelte dieser, die Arme über den Kopf gehoben, um das Gesicht vor weiteren Schlägen zu schützen.

»Der Wind hat geweht, der Wind weht, und der Wind wird immer wehen!«, rief Schirinowski, schwang sich rittlings auf Nemzow und drückte dessen Gesicht in den Schlamm. »Söldner und Volksfeinde wie Sie sorgen nur für Verwirrung! Und warum? Weil sie darauf spekulieren, irgendwann mal selbst mit so einem Ballon zu fliegen!«

»Laut Ergebnis der Zuschauerabstimmung ist der Sieger ... Wladimir Wolfowitsch Schirinowski!« Bogow packte Schirinowskis Pranke mit ihren blutig geschlagenen Knöcheln und riss sie in die Höhe. Dann versetzte er dem geschlagenen Gegner einen Tritt, worauf dieser mit einem kaum vernehmbaren Stöhnen reagierte. »Boris Nemzow geht als Verlierer vom Platz!«

»Bist noch mal davongekommen«, flüsterte ihm die Innere Stimme ins Ohr.

»Ich danke Ihnen!«, schrie Bogow. »Ihnen allen, die sich diese Sendung angesehen haben! Es gibt genug Luft für alle! Atmen Sie tiefer!«

»Danke an alle!«, näselte der Regisseur durch die Lautsprecher. »Die Sendung ist im Kasten.«

Entkräftet, aber glücklich, setzte sich Bogow auf den Beckenrand und zündete sich eine Zigarette an.

Iwanow kam näher und tätschelte ihn zärtlich am Hinterkopf.

»Zwölfeinhalb Prozent. Marktanteil dreißig. Fünfzigtausend Anrufe in die Dominikanische Republik. Natürlich kriegst du deinen Anteil.«

Bogow lächelte müde und breitete die Arme aus.

»Wladimir Petrowitsch, irgendwie atmet der nicht mehr.« Ein Mitarbeiter stieß mit dem Fuß gegen Nemzow, der noch immer mit dem Gesicht im Schlamm lag.

Bogow kratzte sich im Nacken.

»Scheiße, vor lauter Überschwang ... Aber was für Zahlen«, sagte er dann, blickte mit halb geschlossenen Augen in die Ferne und nahm einen tiefen Zug, wie nach einem Orgasmus.

»Die Wettervorhersage für morgen, den 1. Juli 2008. In Moskau wird es sonnig, die Temperaturen tagsüber plus zwanzig, nachts plus fünfzehn Grad. Auf dem gesamten Staatsgebiet Russlands weht morgen ein starker Westwind, der auch die ganze Woche über anhalten wird ...«

»Von nun an wird der Wind ewig wehen«, sagte Bogow, zwinkerte sich im Rückspiegel zu und wechselte zu einem Musiksender.

EINE GUTE SACHE

»Versager!«, kreischte Natascha.

Anton duckte sich reflexartig.

Nach drei Mal fünfundvierzig Tagen Militäreinsatz in Tschetschenien hatte er ein instinktives Gespür für drohende Gefahr entwickelt: Sein Körper reagierte unabhängig von seinem Bewusstsein und mit beträchtlichem Vorlauf.

Das geschliffene Wasserglas schlug direkt über seinem Kopf gegen die Wand und explodierte. Winzige Splitter streiften Antons Wange und prasselten wie Hagel auf den Boden. Er richtete sich wieder auf, schnippte ein paar Glassplitter von seinem einfachen Männerimbiss – Kochwurst auf Roggenbrot – und räusperte sich unerschütterlich.

»Nichts bringst du zustande, überhaupt nichts!«, schrie sie.

Nataschas Falsett ließ das staubige Geschirr in der Anrichte leise klirren, der Porzellanhund auf dem Brett im Flur nickte, und die schmucklosen Magnete mit den Städtenamen Suchumi, Kislowodsk und sogar Grosny – Letzterer war selbst gebastelt – rutschten am Kühlschrank hinab.

In der Pause, die entstand, als Natascha der Atem ausging und sie keuchend nach Luft schnappte, bevor sie zur nächsten Runde ansetzte, war das anbiedernde Murmeln des Fernsehers zu hören, der aus luftiger Höhe – einem Herrscher gleich – auf das Geschehen herabblickte. Auf dem fettverkrusteten Bildschirm flimmerten wohlgenährte Gesichter; offenbar lief gerade die allabendliche Politikanalyse.

Zweihundertvierzig Milliarden, dachte Anton. Zwei. Hundert. Vierzig.

Im Zimmer nebenan war Sascha wach geworden und begann jetzt zu schreien. Der kleine Kerl tat ihm leid. Sollte er rübergehen und ihn beruhigen?

Anton erhob sich von dem wackeligen Hocker, fand sich aber sogleich vor dem Geschirrschrank wieder. Nichts war überflüssig in dieser Küche. Sechs Quadratmeter. Er spuckte nach den Bildschirmpolitikern – und traf, zappte weiter und fand sich plötzlich der rostfreien Schauspielerlegende Leonid Kanewski gegenüber. Anton nickte Kanewski zu wie einem alten Freund. Öffnete den Schrank, holte ein frisches Glas heraus, setzte sich wieder, schenkte sich ein. Und schloss die Augen.

»Was musstest du dir auch diesen Beruf aussuchen, verdammt? Siebzehntausend Rubel! Ich trau mich gar nicht, das vor meinen Schulfreundinnen zuzugeben!«

Anton ertastete auf dem von Schnitt- und Stichwunden übersäten Tischtuch das ihm zustehende belegte Brot und biss hinein. Die warme und verdächtig gummiartige Wurst ließ sich nur widerwillig kauen. Einen Augenblick lang glaubte Anton Nataschas Zunge im Mund zu fühlen, wie sie ihn küsste. Was man sich nicht alles einbildet, wenn man hungert ... Seit Monaten schon ignorierte sie ihn im Bett. Erteilte ihm eine Lektion. Bestrafte ihn dafür, dass seine Karriere so schleppend verlief.

Währenddessen stiefelte Kanewski in der Glotze herum und exhumierte als Moderator einer Dokuserie berühmte Verbrecher aus Sowjetzeiten, aber auch seinen eigenen Ruhm, der ja im Grunde genauso alt war. »*Damals schien Korruption etwas Unerhörtes zu sein*«, fabulierte Kanewski gerade im Brustton der Überzeugung. »*Gerade deshalb traf jene Ermittlung auf so ein großes Echo. Die leitenden Untersuchungsbeamten waren* ...« Dann verstummte er und starrte durch die Fettschicht auf dem Bildschirm auf die Küchenszenerie. Anton seufzte und schenkte sich nach. In Gegenwart des legendären, kampferfahrenen Majors zu trinken fühlte sich gleich weniger einsam an.

Der Weinbrand erzeugte ein behaglich-dumpfes Rauschen im Kopf, wie die Brandung des Schwarzen Meeres. Anton begann auf einer Luftmatratze über grünes Wasser zu treiben, auf schaumbekrönten Wellen zu schaukeln, allein mit seinen Gedanken.

»Prinzipien hat er, na toll!«, sirrte Nataschas Stimme wie eine Mücke durch das beruhigende Flüstern der Brandung, bohrte sich wie Zahnschmerz in seinen Kopf. »Alle anderen leben normal, nur dieser Spinner hat Prinzipien!«

»Alles Schweine, Genosse Tomin«, sagte Anton zur berühmtesten Rolle des Schauspielers Kanewski.

Er ließ den Kopf auf die Arme sinken, zog sich zurück von seiner wütenden Frau, seinem flennenden Sohn, vom russischen Staat, von seinem ganzen idiotischen Leben und schlief ein. Und ihm träumte, diese ganze, unerträgliche Welt sei mit Mann und Maus untergegangen, keine einzige Kreatur habe ein Ticket für die Arche Noah bekommen, und nur er allein, Anton, plätschere unentwegt auf seiner Luftmatratze über dunkles Wasser dahin, plitsch-platsch ...

Und als sein löchriges Floß endlich am Festland anlegte, stellte sich heraus, dass es erneut der Ararat war – wo alles begonnen hatte. Die fast leere Flasche mit dem angeblich armenischen Brandy ragte vor ihm auf, und das offenbar für Farbenblinde gestaltete Etikett mit der Zeichnung des berühmten Gebirgszugs nahm für einen Augenblick Antons gesamtes Sichtfeld ein.

Der Himmel vor dem Fenster war bedeckt, der Morgen des folgenden Tages bereits angebrochen. In Antons Seele hingegen war es kein bisschen heller geworden. Im Hof kratzte der ängstliche kirgisische Hausmeister mit seinem Besen über den Asphalt, gelbe Blätter fielen von den Zweigen – wahrscheinlich hatten sie gehofft, schnell auf dem Boden aufzuschlagen, damit alles gleich vorbei war, aber stattdessen schwebten sie ganz sachte hinab, um dort unten einen langsamen, qualvollen Tod zu sterben.

Am liebsten hätte er sich jetzt einen Stahlreif um den Schädel gelegt und diesen zusammengezogen, damit sein Kopf nicht mehr anschwoll oder in tausend Stücke explodierte. Der Ararat schimmerte vor ihm, die einzige Rettung. Anton setzte die Flasche an und trank sie in einem Zug aus. Dann lauschte er: In der Wohnung herrschte unheilvolle Stille. Deutlich hören konnte man dagegen den Fernseher in der Küche der Nachbarn im zweiten Stock, das sehnsüchtige Heulen des rachitischen Schäferhunds im fünften und den Studenten aus der Wohnung nebenan, der offenbar gerade den frühmorgendlichen Anwandlungen einer zufälligen weiblichen Bekanntschaft entgegenkam ...

Doch all diese gewohnten Geräusche, deren Mix einen ebenso unauffälligen Hintergrundcocktail bildete wie das Brummen des Kühlschranks, waren jetzt nur deshalb zu hören, weil in Antons Wohnung kein einziger Laut zu vernehmen war.

»Natascha?«

Er packte die Tischplatte, zog sich in die Höhe und schleppte sich in den Flur.

An der Garderobe hing wie ein schlaffes Segel nur die Kunstlederjacke seiner eigenen Uniform, Nataschas Sachen hingegen – die Daunenjacke, der Mantel, die Schals – waren verschwunden.

»Natascha!«, rief Anton besorgt. Keine Reaktion.

Saschas Bettchen leer. Das Klappsofa – ihr Ehebett – nicht mal ausgezogen. Nataschas Handtasche nirgends zu sehen. Nichts war mehr da. Anton ging ins Badezimmer, drehte an dem quietschenden Ventil, ließ kaltes Wasser einlaufen, richtete sich auf ... und starrte auf die Abschiedsnotiz auf dem Spiegel – ein Post-it, das an genau der Stelle klebte, wo Anton seine eigene Stirn sah. Darauf stand nur ein Wort:»Scheidung«.

Anton wusch sich eiskalt zur dumpfen Begleitung der Wasserrohre, schabte sich die Borsten vom Gesicht und setzte sich auf den Rand der vergilbten Badewanne. Es war, als hätte man ihm einen Arm abgesägt. Ein Arm, der sich nicht mehr wieder annähen ließ – Wundbrand. Sie hatten die Operation so lang hinausgezögert, wie es nur ging, und nun war das Gewebe bereits erkennbar abgestorben und stank auch schon.

Aus dem Wohnzimmer erklang das näselnde Läuten seines Mobiltelefons mit dem Titelsong einer alten sowjetischen Krimiserie: »*Gefährlich und beschwerlich, so ist unser Dienst*«. Die Melodie hatte Anton irgendwann mal von Hand eingegeben.

Er zuckte zusammen: Das war sie! Was sollte er bloß sagen? Dass alles bald vorbei sein würde, dass er diesen einen großen Fall noch abschließen müsse, dann würden sie ihn endlich befördern, und er bekäme sicher eine Prämie und eine Gehaltserhöhung ... Halt noch ein wenig aus, nur ganz wenig, Natascha!

Er stürzte ins Wohnzimmer, fischte sein Telefon aus der Hosentasche, das alt, schwer und klobig war wie eine Tokarew TT-33, und schaute auf die winzige Anzeige ...

»Jawohl, Kirill Petrowitsch, hab verschlafen ... Ja, tut weh ... Bin schon unterwegs. Jawohl.«

Er nahm das Wurstbrot in Augenschein. Stellte erste Anzeichen von Zersetzung fest und warf es weg. Zog die Jacke vom Haken, auf deren Schulterklappen das Hauptmanns-Viergestirn prangte, und warf die Wohnungstür hinter sich zu. Eine einfache Holztür – aber es war egal, dass ihre Wohnung im Erdgeschoss lag: Bei ihnen gab es sowieso nichts zu klauen. Durch den hakenkreuzverschmierten Hausflur schlitterte Anton in den Hof hinaus.

Er versuchte sich zusammenzureißen und kaufte am Kiosk eine Packung Zigaretten. In seiner Brieftasche waren noch neunhundertzweiundsechzig Rubel. Bis zur nächsten Auszahlung waren es zehn Tage. Für

Nudeln würde es reichen, für Pelmeni nicht. Egal, dann eben Nudeln. Mit Ketchup und Salz schmeckt das doch wunderbar. Und zur Not geht es auch mit Salz allein.

Das Auto, ein schäbiger, rostiger, einäugiger Lada Samara 2109, bekam erst einen tuberkulösen Hustenanfall, zuckte dann wie einer, der längst den Löffel abgegeben hat, dem man aber in der Notaufnahme zur Sicherheit noch ein paar Elektroschocks versetzt – aber schließlich sprang es doch an, Gott sei Dank!

Und so kroch Anton hinaus in die große Stadt – vorbei an dem fetten, rotgesichtigen Verkehrspolizisten, der an dieser Ecke immer die Kleintransporter abzockte, die ins Zentrum zu gelangen versuchten.

Du Hure, sagte Anton zu dem Mann. Angeblich steckten solche Typen zweihunderttausend pro Schicht ein. Dabei war der gerade mal Oberleutnant! Also noch das Basismodell eines Knete-Empfängers, noch fast auf der alleruntersten Evolutionsstufe in der Diensthierarchie, der war noch nicht mal ein Kleintier, höchstens ein Ameisensoldat. Eine Arbeiterbiene. Die einfach mit ihrem gestreiften Körperteil vibrierte und damit süßen Nektar einsammelte. Einen Teil davon behielt sie als Nahrung für sich selbst, den Rest gab sie nach oben weiter. Wie viele davon auf den Straßen im Einsatz waren! Und wenn es nur die Verkehrspolizei wäre ... Die Beamten waren ja genauso, alle, durch die Bank. Egal, wer! Sie alle forderten ihren Zehnten. Und alle gaben etwas nach oben weiter.

Anton hatte irgendwann mal gelesen, dass das jährliche Bestechungsvolumen in Russland zweihundertvierzig Milliarden Dollar betrug. Bei einem Staatshaushalt von dreihundert Milliarden. Seither fand der

Polizeihauptmann keine Ruhe mehr: Woher kam diese unfassbare Menge an Geld? Was bauten die sich da für einen verdammten Bienenstock zusammen? So viel konnten die doch gar nicht in sich hineinfressen, das war rein physisch unmöglich!

Zweihunderttausend pro Schicht, brüllte Anton dem Verkehrspolizisten entgegen, und schwerer, dumpfer Hass loderte in ihm auf. Wozu brauchst du all das Geld? Du hässlicher Sack kriegst doch sowieso keine rum! Die Fensterscheiben seines Neuner-Lada waren dabei natürlich fest verschlossen. Der Verkehrspolizist sah nur, dass sich Antons Lippen bewegten, und grüßte ihn militärisch, halb im Scherz.

Einmal waren Anton und Natascha, von einem späten Besuch kommend, an dem Arschloch vorbeigefahren, und der hatte sie doch tatsächlich angehalten und neugierig herumgeschnüffelt, sodass Anton schließlich den Ausweis hervorziehen musste, um dem Typen klarzumachen, mit wem er es zu tun hatte. Seitdem hielt dieser Anton für einen Freund, ja beinahe für eine Art Schützling, und lächelte ihm stets wohlwollend zu, nicht ohne dabei verschwörerisch zu zwinkern.

Einmal hatte Anton zum Urologen gemusst, der ihn zu Beginn des Termins noch siezte, nach der rektalen Prostatauntersuchung dann aber aus irgendeinem Grund zum Du überging. Die unfreiwillige Nähe zu dem Verkehrspolizisten löste bei Anton ganz ähnliche Empfindungen aus wie jene lang zurückliegende Episode.

Auf der Petrowka ging es noch langsamer voran als auf dem Boulevardring: Was hier störte, waren die in zwei

Reihen dicht an dicht geparkten, unanständig teuren Autos. Früher hatte es hier auch nachts so ausgesehen, doch dann war der Diaghilev Night Club, Hort der Sünde und Krebsgeschwür im Moskauer Eremitage-Garten, unter den aufmerksamen, hasserfüllten Blicken der Stadtverwaltung im Haus gegenüber eines Tages in Flammen aufgegangen. Gott sei Dank, dachte Anton, umso besser. Das Getümmel vor dem Club war ja doch immer ziemlich nervig gewesen, wenn er wieder mal als Letzter das Büro verließ. Also jeden Abend, um genau zu sein.

Petrowka 38. Da wären wir.

Er ließ den Wagen mit eingeschaltetem Warnblinker stehen, klemmte einen Zettel mit seiner Handynummer unter den Scheibenwischer und ging gebückt zum Eingang.

Wie sehr – und wie lang! – Anton davon geträumt hatte hierherzukommen ... Schon damals, als er noch in Tula Dienst schob, als er an der Polizeihochschule studierte, dann den Antrag auf Versetzung nach Moskau stellte und sich dabei auch zu besonders gefährlichen Einsätzen bereit erklärte ... Und dann hatte er es geschafft, endlich. Das halbe Leben hatte er darauf verwendet. Von dessen zweiter Hälfte waren dann noch drei weitere Jahre draufgegangen, in denen er Akten sortierte, bis man ihm schließlich diesen ersten echten Fall anvertraute. Wenn er damit Erfolg hatte, war ihm die Beförderung zum Oberermittler sicher, das hatten sie ihm versprochen.

Und dann würde, nach dieser langen, schier unendlichen, jeglichem Usus widersprechenden Nacht, durch die ihn allein das schwache Glimmen seiner vier Hauptmannssterne geleitet hatte, auf Antons Schulterklappen endlich der Morgenstern des Majors erstrahlen ... der betörende Stern des Glückes.

Er musste nur diesen Fall noch zu Ende bringen.

Wie sich herausstellte, war dieser Fall jedoch seltsam, irgendwie ungut. Alles hatte mit einem Tadschiken begonnen, der auf der Baustelle des nächsten Jahrhundert-Wolkenkratzers in den Tod gestürzt war, eigentlich eine Routinesache. Doch dann ...

Allen Gesetzen der Physik zum Trotz gelangte Anton, je tiefer er grub, je weiter er in den Kaninchenbau seiner Ermittlungen eintauchte, immer weiter nach oben. Dieser Fall brachte ihn in Höhen, wo sich einem der Kopf drehte und die Luft kalt und dünn war. Fast ganz bis zu den Himmelsbewohnern ging es hinauf. Und wie die da oben kassierten! Und welche Summen! Und wofür!

Aber man wächst ja nur mit seinen Aufgaben, will sagen mit gefährlichen Fällen, redete sich Anton ein.

Kaum hatte er die ersten spannenden Erkenntnisse gesammelt, als sich Oberst Kirill Petrowitsch Tschestnokow seiner annahm. Dieser erklärte dem dreißigjährigen Hauptmann, er habe künftig ausschließlich an ihn persönlich Bericht zu erstatten. So sollte verhindert werden, dass diese wichtigen Informationen irgendwelchen »Ratten« in die Hände fielen.

Und Anton erstattete Bericht. Kirill Petrowitsch zog finster die Brauen zusammen, nickte und verlangte, der Hauptmann solle seine Ermittlungen fortsetzen und dabei absolute Geheimhaltung wahren. Aber selbst wenn Anton jemandem erzählt hätte, was sich tatsächlich hinter den spiegelnden Fassaden jener Wolkenkratzer zutrug, die von außen allein den Himmel reflektierten, es hätte ihm niemand geglaubt. Am Ende hätte man ihn wahrscheinlich gefeuert und in die Klapse gesteckt. Wie man das eben so macht.

Die Mappe mit den Unterlagen lag einstweilen – schwer und gewichtig – in Antons Safe. Der Hauptmann mästete sie in einer Art heiligem Furor mit immer neuen Fotos, Zeugenaussagen, Abhörprotokollen ... Schon bald würde die Mappe ihre kritische Masse erreichen, und es würde eine Kettenreaktion einsetzen, die es unmöglich machte, es weiter geheim zu halten. Das Ding würde in die Luft gehen wie sonst was. Und danach wäre nichts mehr so wie zuvor.

Oberst Kirill Petrowitsch, der Anton machen ließ, ihn anhörte und sich nie in seine Ermittlungen einmischte, war der Einzige, dem er sich anvertrauen konnte. Er wusste, was zu tun war.

»Du gibst den Fall ab, Lomakin«, sagte Kirill Petrowitsch trocken.

»Wie bitte? An wen?«

Anton starrte den Oberst panisch und verständnislos an, wie ein Goldfisch, den man aus seinem Aquarium in ein Schnapsglas versetzt hat.

»An mich. Ich kümmere mich um alles Weitere.«

Der Oberst tupfte sich mit seinem karierten Taschentuch die Glatze ab, die sich exakt dort gebildet hatte, wo der Rand seiner Offiziersmütze verlief. Anton sprang von seinem Sitz auf und stotterte los:

»Aber Kirill Petrowitsch ... Genosse Oberst ... Ich bin doch schon fast ... Es sind doch nur noch ... Wissen Sie, auf wen ich alles gestoßen bin? Das sind Leute, die ...«

»Ich weiß, was das für Leute sind. Mach dir keine Sorgen, Antoscha. Du bekommst einen neuen, verantwortungsvollen Bereich. Du wirst einen großen Kleidermarkt abschö... äh, dort für Recht und Ordnung sorgen.«

»Aber ... was ist mit meinem Fall? Wer führt die Ermittlungen zu Ende? Lassen Sie mich wenigstens die Übergabe selbst durchführen, ich muss dem Kollegen doch alles erklären. Da steckt so viel Arbeit drin, Kirill Petrowitsch! Und bei den Razzien wäre ich natürlich auch gern ...«

»Es wird keine Razzien geben, Anton.« Der Oberst legte dem erregten Hauptmann väterlich die Hand auf die Schulterklappe und drückte ihn sanft zurück auf den Stuhl, zu Boden. »Es wird keine Razzien geben. Die Akte wird geschlossen, auf meine Anweisung.«

»Aber ... Da ist doch ... Sie haben doch selbst gesehen ... all die Namen? Von denen, die sich schmieren lassen?«

»Ja, das hab ich. Klangvolle Namen sind das. Ich werde mal in der Direktion für interne Sicherheit anrufen, die machen das mit ihren eigenen Ressourcen. Was sollen wir mit all der schmutzigen Wäsche anfangen? Ist ja nicht unsere Wäsche, sondern die von nebenan, hehehehe ... Sollen die doch selbst mit ihren Wendehälsen abrechnen. Und du, Lomakin, bekommst eine Prämie für besonderen Diensteifer.«

Der Oberst zog eine Schublade auf, nahm einen prall gefüllten Umschlag heraus und drückte ihn dem zur Salzsäule erstarrten Kriminalbeamten in die Hand.

»Da, feiere das mit deiner Frau. Und dann ... wartet der Klamottenmarkt auf dich! Ach ja, und leg dir einen neuen fahrbaren Untersatz zu, ein bisschen was Solideres. Diese Kleinkrämer respektieren dich erst ab einem Audi A6. Ja, so dreist sind die inzwischen, am Ende fordern sie noch, dass wir jemanden anderen schicken, der mehr Autorität ausstrahlt!«

Der Oberst schob Lomakin auf den Flur hinaus und schloss die Tür, wenn auch nicht mit lautem Knall, so doch mit deutlichem Effekt.

Anton lehnte sich an die Wand, beruhigte seinen Atem, blinzelte ein paar Mal und schlitzte dann den Umschlag mit dem Schlüssel seiner Mietwohnung auf. Von dem Geld darin konnte er diese auf einen Schlag kaufen. Und es blieb noch genug für ein »solideres« Auto übrig. Anton wurde schwarz vor Augen. Langsam glitt er an der Wand zu Boden.

So viele ausländische Banknoten auf einem Haufen hatte er zuletzt in Investigativ-TV-Reportagen oder in Mafiafilmen gesehen. Es war völlig ausgeschlossen, dass ein einfacher Polizist in dieser unvollkommenen Welt solche Prämien bekam.

Anton kratzte erneut an der Tür des Obersten.

»Kirill Petrowitsch, bitte, nehmen Sie das wieder zurück ...«

»Mach keine Fisimatenten, Lomakin«, parierte der Oberst mit stählerner Stimme.

»Ich kann das nicht.«

Anton hielt immer noch den Umschlag in der ausgestreckten Hand, aber der Oberst kam nicht einen Schritt näher.

»Wenn schon, dann wenigstens auf die ehrliche Tour. Eine Gehaltszulage vielleicht. Oder eine Beförderung, sofern ich sie verdient habe. Aber das hier ...«

»Ach, du gehst also aufs Ganze, Hauptmann?«, antwortete Kirill Petrowitsch kalt, doch in seiner Stimme lag auch Respekt. »Du willst also noch den Major dazu? Na gut, du kriegst deinen zusätzlichen Stern. Aber das Geld behältst du, verstanden? Ist ja nicht so, dass die anderen Kollegen alle bis zur Hüfte durch die Scheiße waten, beide Arme mit Blut beschmiert, und nur du allein darfst hier in der Paradeuniform herumstolzieren. Nein, mein Lieber. Das Geld behältst du mal schön. Und jetzt geh und besauf dich.«

Erneut schloss sich die Tür vor der Nase des Majors in spe, aber diesmal endgültig.

Wie konnte das nur passieren, fragte sich Anton, während er hoffnungslos in der erstarrten Blechlawine des Gartenrings feststeckte.

Das entsprach überhaupt nicht den Regeln. Das Geld hatte er bekommen, damit er mit seinen Ermittlungen aufhörte und sie für immer vergaß. In seinem ganzen Leben – genauer gesagt: seinem halben Leben plus drei weiteren Jahren – hatte er noch nie Bestechungsgeld angenommen. Weder die versifften Kopeken der Gastarbeiter noch die nassen Fünfhundertrubelscheine der schnauzbärtigen Aserbaidschaner auf den Obst- und Gemüsemärkten noch die weiß gepuderten Dollar der kunstvoll tätowierten Mafiosi, mit denen diese sich Schaschlik in die Untersuchungshaft zu bestellen versuchten. Noch nie.

So komisch es auch klang: Anton glaubte daran, dass man als Polizist ehrlich zu sein hatte. Und so idiotisch es auch klang: Anton glaubte ebenfalls daran, dass zu dieser Ehrlichkeit gehörte, dass ein Polizist ausschließlich von seinem Polizistengehalt lebte. Aus irgendeinem Grund glaubte er, auf seine Prinzipientreue stolz sein zu können.

Natascha hingegen pfiff auf seine Prinzipien. Sie besaß ihre ganz eigene Werteskala, auf der gutes Essen und schicke Kleidung eben weiter oben standen.

Aber jetzt kam er aus der Sache nicht mehr raus, oder? Er hatte das Geld genommen. Ende Gelände. Aber wie hätte er es nicht annehmen können – von seinem eigenen Vorgesetzten? Eine Prämie. Zumindest so was Ähnliches wie eine Prämie. Vielleicht bedeutete das ja, dass er es noch mal bei ihr versuchen konnte? Sie anrufen, es ihr sagen ... Sie hatte doch so sehr davon geträumt, mal in die Türkei zu reisen anstatt wieder nach Suchumi. Jetzt war die beste Jahreszeit dafür. Wenn er Natascha sagte, wie viel er bekommen hatte, würde sie das Thema Scheidung sofort vergessen.

Langsam und zäh ging es vom Gartenring aus weiter zum Rjasanski-Prospekt, wo alles komplett erstarrte.

Anton fürchtete auf einmal, er könne plötzlich aus diesem Traum erwachen, und öffnete das Handschuhfach. Der Umschlag war immer noch da. Aufgebläht wie eine Wasserleiche. Wie der abgestürzte Tadschike. Wie all die anderen ewig stummen Tadschiken, Usbeken und Vertreter sonstiger ethnischer Minderheiten ...

Wie viel war da jetzt drin, in dem Handschuhfach? Wie viel bot man ihm für all diese Menschenleben? Ihm, dem Polizeihauptmann, hatte man das einfach so rübergeschoben. Da, friss, Arschloch. Stopf dir das Maul damit. Und wenn du's runtergewürgt hast, komm einfach vorbei und hol dir Nachschub. Das war was anderes, als den Gastarbeitern ab und zu mal hundert

Rubel abzuzwacken. Das hier konnte mit einem Schlag ein ganzes Leben verändern. Von Grund auf. Als würde man noch einmal als anderer Mensch und unter anderen Umständen geboren und dürfe den letzten, gescheiterten Lebensversuch einfach vergessen und auf Neustart gehen.

Dem kleinen Sascha würde er eine echte Rennbahn kaufen. War natürlich jetzt noch zu früh, aber in einem Jahr würde er sicher viel Spaß damit haben.

Anton zog sein Mobiltelefon heraus und wählte Nataschas Nummer. Diese ließ ihn zwanzig Töne lang warten, bevor sie sich herabließ.

»Was ist?«

»Natascha ... Natascha, ich bin's. Mit guten Nachrichten. Ich hab 'ne Prämie bekommen. Und befördert haben sie mich auch.«

»Wer ist das?«, fuhr plötzlich eine tiefe, pöbelhafte, reichlich selbstbewusste Stimme dazwischen. »Dein Ex?«

Anton rastete komplett aus, krallte sich mit blutleeren Fingern ins Lenkrad – gleichsam in die Kehle dieses plötzlich aufgetauchten Rivalen – und zischte hasserfühlt ins Telefon: »Wie, ›Ex‹? Was für ein Ex?! Wer bist du denn? Warte nur, dich werd ich ... Ich bring dich um, du Schwein, hast du kapiert?! Ich spiel Fußball mit deinem Schädel ... Ist dir eigentlich klar, mit wem ... Natascha! Bist du denn völlig durchgedreht? Du hast sie ja nicht mehr alle! Was soll der Scheiß!«

»Anton«, entgegnete seine Frau mit fester und ruhiger Stimme. »Ich hab jetzt einen anderen. Ich liebe dich nicht mehr. Ich brauche einen echten Mann. Leb wohl.«

Ganz kalt sagte sie das. Mit jedem Wort schnitt sie ein Stückchen mehr von dem ab, was sie verband. Wobei sie diese Einschnitte selber wahrscheinlich gar nicht spürte. Sie fühlte überhaupt nichts mehr, das begriff Anton jetzt. Gestern noch hatte sie ihm zuhören wollen, war bereit gewesen, sich mit ihm zu streiten, aber da war er eingepennt. Und heute war es bereits zu spät. Wundbrand.

»A... Aber was ist mit Sascha? Er ... Ich bin doch sein Vater!«

»Er wird dich vergessen«, antwortete sie gleichgültig. »Ich will, dass ihn ein echter Kerl großzieht. Einer, der eine Familie ernähren kann.«

»Wer ist dieser Typ? Für wen hast du mich ...?«, brüllte Anton in den Hörer, doch dieser antwortete nur mit einem »Biep Biep Biep«.

Wie konnte er sich damit abfinden? Klar, wenn dich deine Frau verlässt, weil du nicht genug verdienst, dann tut das weh. Aber wenn sie einen anderen hat und du begreifst, dass sie dich mit diesem anderen vergleicht, und du somit die Gelegenheit bekommst, dich selbst mit diesem Mistkerl zu vergleichen – dann ist das unerträglich. Die Schlampe hat sich also irgendeinen Geschäftsmann geangelt. Irgendeinen Oligarchen, dem das System noch nicht die Zähne gezogen hat ... Der aus Antons Sohn einen Krämer machen wird ...

Sein Kopf dröhnte, er bekam keine Luft mehr, auf der Windschutzscheibe sah der Polizeihauptmann nicht mehr das Straßengeschehen, sondern Vergeltungsszenen, die sich zwischen ihm, seiner untreuen Gattin und deren Freier abspielten. Die Fahrer ringsum hupten, beschimpften Anton, der sich in seinem Lada nicht vom Fleck rührte. Ein paar Mal kurbelte er sogar das Seitenfenster herunter, schrie Unflätigkeiten aus seiner Deckung heraus und fuchtelte mit seiner Dienst-Makarow herum.

Schließlich erreichte Anton sein Wohnviertel. Eben wollte er in die spinnennetzartige Kreuzung einbiegen, in deren Mitte für gewöhnlich der fette Verkehrspolizist saß, als sich plötzlich ein Schalter in ihm umlegte. Er hatte etwas Erstaunliches erblickt.

Aus dem weißblauen Dienstwagen des Verkehrspolizisten, einem 110er-Lada, dessen Scheiben jetzt angelaufen waren, stieg eine junge, schlanke Frau aus und zupfte sich ihr Kleid zurecht. Dann ging sie zur Fahrerseite hinüber, beugte sich herab und begann die widerliche Fresse des Kollegen zu küssen. An dessen Arbeitsplatz, wohlgemerkt.

»Ach, jetzt lassen wir die Flittchen also schon am helllichten Tag hierherkommen?«, sagte Anton in Richtung des Verkehrspolizisten. »Das ist ja wohl der Gipfel der Dreistigkeit. Bravo, bravissimo.«

Da richtete sich die junge Frau auf und drehte sich zu Anton um.

Natascha.

Anton stürzte auf die Straße, ließ das Auto einfach auf der mittleren Spur stehen, rannte quer durch den Fahrzeugstrom auf den 110er zu, zog den Mann vom Fahrersitz und begann dessen Gesicht mit den Fäusten zu malträtieren. Natascha heulte, versuchte ihn loszureißen, doch vergeblich.

Als Anton schließlich müde wurde, fiel er von dem Mann ab wie eine mit Blut vollgesaugte Mücke und wischte seine aufgeschürften Hände an der weißen Motorhaube ab. Natascha näherte sich ihm und verpasste ihm eine schallende Ohrfeige. Dann setzte sie sich neben ihrem durchgeprügelten Liebhaber auf den Boden, nahm ihn in die Arme und blickte Anton direkt in die Augen.

»Ich hasse dich. Du bist ein Versager und bringst überhaupt nichts zustande. Deinen Sohn siehst du nie mehr wieder.« In der Nähe erhob sich Sirenengeheul. Anton brach in Tränen aus.

Aus der Untersuchungshaft kam er nach kurzer Zeit wieder frei.

»Wir lassen unsere Leute nicht hängen«, sagte Kirill Petrowitschs Stimme im Hörer.

Sascha sollte jetzt also von dieser fetten Spinne großgezogen werden, dieser korrupten Sau, diesem Kleptomanen mit der roten Fresse ... Was würde der ihm beibringen? Wie man die Frauen anderer Leute fickt? Oder wie man Kleintransporter ausnimmt?

Anton murmelte tonlos: »Wer sind ›wir‹?«

Schon raste er wieder durch das freie, gerade erst erwachende Moskau, zurück zur Petrowka. Flog die Treppe hinauf, trat mit dem Fuß die verschlossene Tür zu Kirill Petrowitschs Büro ein und knallte den nach Schwefel stinkenden Umschlag auf den Tisch.

Der Chef war gerade nicht am Platz. Stattdessen wachte die Uniformjacke des Obersten, die über der Rückenlehne des Bürosessels hing, über den Schreibtisch.

Sollte er gleich hier sein Kündigungsschreiben aufsetzen? »Ich bitte um Entlassung ... möchte nichts mehr mit dieser Organisation, mit Ihnen persönlich, mit diesem System, diesen Verhältnissen, diesem Land, dieser Zeit zu tun haben ...«

Was zum Henker ...

Er zog die Schublade auf, fegte etliche in der Zwischenzeit aufgelaufene Berichte und Notizen beiseite ... Da war sie.

Die Mappe. Der Oberst hatte sie noch nicht verbrannt.

Anton packte sie, kramte noch ein wenig in der Schublade herum und fügte seiner Akte noch einige Berechnungen hinzu, die offenbar aus Tschestnokows Feder stammten. Dann salutierte er vor dem leeren Platz mit der Uniform, trat an dem erstaunten Wachpersonal vorbei aus dem Gebäude, setzte sich in seinen vom Moskauer Straßenstaub bleigrau bepuderten Lada, machte die Luken dicht und schoss wie eine 9-mm-Patrone aus dem Lauf der Petrowka hinaus, geradewegs auf sein Ziel zu.

Zwanzig Minuten später begann sein Telefon erneut die Hymne der legendären TV-Serie aus den Siebzigern *Ermittlungsteam ZnaToKi* zu spielen. Der Oberst.

»*Wenn bei uns mal irgendwer und irgendwo ...*«, sang Anton heiser zur Begleitung der Titelmelodie und nahm den Anruf entgegen.

»Was machst du da?«, zischte Tschestnokow im Hörer. »Begreifst du überhaupt, was du da machst?«

»Jawohl, Genosse Oberst«, antwortete Anton wie aus der Pistole geschossen und leckte sich über die trockenen Lippen.

»Der Fall ist abgeschlossen! Du bist dafür nicht mehr zuständig ... und hiermit entlassen!«

»... *auf krummen Pfaden wandelt* ...«, sang Anton weiter.

»Hast du noch alle Tassen im Schrank?!«, knurrte Tschestnokow tief und Furcht einflößend wie ein Wachhund im Straflager.

»... *Dann stell'n wir uns dem unsichtbaren Kampf* ...«, antwortete Anton.

»Wir treten dich in den Staub!« Rasend vor Wut riss der Wachhund an seiner Kette. »In den Dreck!«

»Sie sind für den Fall nicht mehr zuständig«, sagte Anton seelenruhig. »Die Ermittlungen gehen weiter.«

Er nahm die Batterie aus dem Handy, damit ihn niemand orten konnte, parkte den Wagen in einem versteckten Hinterhof, legte sämtliche Unterlagen in eine Plastiktüte, überprüfte das Magazin seiner Makarow, warf einen Blick in seine Brieftasche, die so trostlos war wie ein Kinderheim in Chabarowsk, und machte sich auf den Weg zur Metro. Ein Mehrfachticket für zehn Fahrten, siebenhundertzweiundsechzig Rubel und acht Patronen. Gerade genug, um diesen Fall abzuschließen.

Nach der ersten Fahrt und fünfzig Rubel hatte Anton den General in der Tasche, der bei einem seiner Routinebesuche auf der Baustelle unbedachterweise auf die Idee gekommen war, aus dem fünfzigsten Stockwerk auf Moskau herabzupinkeln. Zwei weitere Fahrten und achtunddreißig Rubel später war jener Abgeordnete an der Reihe, der außer dem Jahrhundertbauwerk noch ein gemütliches Bordell am Kusnezki Most »betreute«. Weitere drei Fahrten und hundertfünf Rubel später gesellten sich ein Mann aus dem Rathaus, einer aus dem Ministerium und eine Frau aus der Föderalen Verbraucherschutzbehörde dazu. Noch eine Fahrt, und ein Beamter aus der Föderalen Migrationsbehörde ergänzte die Kollektion. (Hier gelang es Anton, etwas Geld zu sparen.) Blieb nur noch Kirill Petrowitsch selbst, den Anton nach eingehendem Studium der Unterlagen vom Zeugen zum Beschuldigten hochstufte. Ihm würde er in der Nähe seines luxuriösen Wohnhauses auflauern müssen. Hundertneununddreißig Rubel. Drei Fahrten. Eine schwer erkämpfte Beute.

Anton zog den Sack vom Kopf des letzten der sieben Angeklagten. Kirill Petrowitsch blinzelte mit seinen Schweinsäuglein in dem grellen Licht, dann starrte er ihn mit einer Mischung aus Verblüffung und Angst an. Der angegraute Playboy, dessen Manschettenknöpfe wie Generalssterne aussahen, und der bebrillte Spargeltarzan mit der Abgeordnetenflagge am Revers wiegten sich stöhnend hin und her. Die beiden anderen Männer in ihren modischen grauen Dreiteilern – ihre Krawatten hatten sie im Mund, und auf den Hosen breiteten sich dunkle Flecken aus – zuckten ängstlich zusammen. Die sowjetisch aussehende Tante mit dem dicken Hintern streckte Anton ihre mit Klebeband gefesselten Hände entgegen. Ihre Handflächen waren groß und angeschwollen, die Finger kurz und fleischig, weshalb ihre Hände wie Baggerschaufeln aussahen. Der Letzte der sieben, der einen gebildeten Eindruck machte, obwohl er die Uniform des Föderalen Migrationsdienstes trug, blickte apathisch zu Boden.

»Dann ist also endlich die ganze Zelle an einem Ort versammelt«, sagte Anton zufrieden. »Sie alle sind angeklagt wegen ... wegen Korruption. Bestechlichkeit. Verschleierung von Indizien und Protektion krimineller Geschäfte. Mit einem Wort: wegen Käuflichkeit.«

»Das ist doch Wahnsinn«, flüsterte der Oberst.

»Sämtliche Beweise liegen vor.«

Anton legte den Inhalt seiner Mappe vor seinen Gefangenen auf den Boden. Am Ende waren es sieben kleine Stapel – für jeden Einzelnen von ihnen hatte er hinreichend belastendes Material.

»Was willst du?«, krächzte Kirill Petrowitsch.

»Dass alles ehrlich abläuft.« Anton ging in die Hocke, zog seine Makarow aus dem Gürtel, lud durch und entsicherte die Waffe. »Wer kann etwas zu seiner Rechtfertigung sagen?«

Der Mann mit den Generalsmanschettenknöpfen begann hektisch zu blöken. Anton ging zu ihm hinüber und zog den Lappen aus seinem Mund.

»Das ist Selbstjustiz!«

»Was bleibt mir denn anderes übrig?«, fragte Anton müde zurück. »Vielleicht ist das ja die einzige wirklich gerechte Justiz in unserem Land. Aber keine Sorge, es hat alles seine Ordnung. In meiner Waffe sind acht Kugeln: die Höchststrafe für alle. Je eine Kugel für jeden von Ihnen – wegen Bestechlichkeit, so wie in China. Na ja, und die letzte dann für mich, wegen Überschreitung meiner Amtsbefugnisse – und wegen Mord.«

»Was bringt dir das?«, fragte der Grauhaarige heiser und schüttelte den Kopf.

»Mein kleiner Beitrag zur Korruptionsbekämpfung«, antwortete Anton ernst. »Wenigstens einer von all diesen Fällen in unserem Land soll seinen Abschluss finden.«

»Damit änderst du doch überhaupt nichts«, murmelte der Oberst.

»*Das ist wohl unser Schicksal, deins und meins ...*«, sang Anton leise und setzte den Lauf seiner Pistole an die Stirn des grauen Stutzers.

»Halt! Warte ... Wir haben Geld, viel Geld ... Wir geben dir ...«

Anton legte den Kopf zur Seite und betrachtete nachdenklich die Schweißtropfen, die über das zuckende Gesicht des Grauhaarigen liefen. Dann zog er die Makarow wieder zurück.

»Sag ... Sag, wie viel du brauchst«, haspelte der Mann mit den Generalsknöpfen. Er glaubte, eine Schwäche Antons auszumachen. »Eine Million ... oder auch zehn ...«

Anton machte eine unwirsche Bewegung mit der Pistole.

»Beinah hätt ich's vergessen«, sagte er. »Was mich nämlich interessiert: Wozu so viel?«

»Was meinen Sie damit?«, fragte der Graue ratlos.

»Zweihundertvierzig Milliarden Dollar – allein im letzten Jahr! Was wollt ihr damit anfangen? Eine Weltverschwörung finanzieren? Frankreich kaufen? Ganze Städte unter dem antarktischen Eis errichten?«

Eine seltsame, angespannte Stille trat ein. Die beiden Dandys mit den Krawattenknebeln hörten auf, kläglich zu stöhnen, die Baggerschaufelfrau gab Ruhe, Oberst und General tauschten besorgte Blicke. Und Anton beschlich auf einmal das unerklärliche Gefühl, dass all seine Mutmaßungen doch nicht grundlos gewesen waren, dass er tatsächlich durch Zufall auf ein tiefes Geheimnis gestoßen war – ein uraltes, gefährliches, furchtbares Geheimnis.

Der General schwieg noch eine Weile, doch dann gab er sich einen Ruck.

»Was soll's, du willst dich ja sowieso erschießen ... Also, hör zu. Wir sind keine Menschen.«

Anton blinzelte und steckte die Pistole ein.

»Vor einigen Jahrhunderten hat sich unser Geschwader wegen eines Navigationsfehlers in diesem Randgebiet der Galaxis verirrt«, begann der graue General. »Wir mussten auf eurem Planeten notlanden. Keines unserer Raumschiffe funktionierte mehr. Mit den auf der Erde verfügbaren Technologien war es damals unmöglich, unsere Schiffe zu reparieren. Aber wir begannen Ressourcen zu sammeln ... Und jetzt, da Wissenschaft und Technik hier endlich das nötige Niveau erreicht haben, hat die entscheidende Phase unseres Rettungsplans begonnen. Mit dem Geld, das du erwähnt hast, finanzieren wir die Reparaturarbeiten. Nur noch diese eine, letzte Kraftanstrengung, und wir können euren Planeten endlich wieder verlassen.«

Die anderen Angeklagten starrten den General wortlos und verblüfft an.

»Wer ist ›wir‹?« Mehr brachte Anton nicht hervor.

»›Wir‹ sind diejenigen, die euch kontrollieren und euch Anweisungen geben«, antwortete der Graue schlicht.

»Alles Lügenmärchen«, fuhr Tschestnokow plötzlich dazwischen. »Glaub dem Mann kein Wort. Die werden doch eigens für so was trainiert ...«

»Nein, er ist es, der hier lügt!«, schnarrte der General zurück. »Er will uns nur decken.«

»Bist du verrückt geworden?«, schrie Tschestnokow auf. »Welches Recht hast du ...!«

»Klappe halten!«, brüllte Anton. »Alle miteinander!«

Er ging zum Fenster und presste die Stirn gegen das kühle Glas. Sein Blick wanderte hinauf zu den Wolken, und auf einmal verspürte er ein heftiges Verlangen, auf ihnen spazieren zu gehen.

Anton drehte sich zu den Angeklagten um. Dann ging er vor dem General in die Hocke.

»Kann sein, dass du mir nur ein Märchen auftischst. Aber vielleicht besteht ja doch eine Chance, eine winzige, mikroskopisch kleine Chance, dass das alles wirklich stimmt. Dass du die Wahrheit sagst. Eine Chance von zweihundertvierzig Milliarden. Was dann?«

Er fuhr mit der Hand in die von der Makarow ausgebeulte Tasche. Der General kniff die Augen zusammen.

Aber anstatt der Pistole zog Anton seine Brieftasche hervor.

»Ich hab nur noch vierhundertdreißig Rubel«, sagte er und seufzte ein wenig schuldbewusst. »Nehmt das. Für die gute Sache.«

»Ich bitte Sie!«, antwortete der General verdutzt. »D-das ist doch nicht nötig ...«

»Das kannst du nicht verstehen.« Anton schüttelte schwer den Kopf. »Es steht mir nicht zu. Das ist doch ... euer Traum seit Jahrhunderten! Jeder andere würde ... Jeder Russe würde sein letztes Hemd dafür geben. Für so eine Sache ... Wenn auch nur die geringste Chance besteht, und sei es nur eins zu zweihundertvierzig Milliarden, dass ihr uns endlich in Ruhe lasst ... darf ich mir keinen Fehler erlauben!«

Anton bückte sich und schnitt das Klebeband auf, mit dem er die Handgelenke des Generals gefesselt hatte. Dann ging er zu den anderen Beamten hinüber, die völlig verdattert reagierten und ihr Glück gar nicht fassen konnten.

»Wir sind zwar keine Menschen, aber jemandem einfach so ein letztes Geld abzunehmen ...«, bemerkte der General taktvoll und ließ die zerknitterten Scheine in seinen Taschen verschwinden.

»Doch, doch, nehmt es nur«, sagte Anton mit fester Stimme. »Es ist nicht viel, schon klar. Aber wer weiß, vielleicht trägt mein Geld ja dazu bei, dass dieser Tag wenigstens um eine Sekunde näher kommt ... Also bitte, nehmt es. Nehmt es und macht euch vom Acker!«

Dann winkte er ab, drehte sich um und ging auf die Treppe zu.

Seine verkohlte Seele regte sich wieder, blühte wieder auf. Eine letzte U-Bahn-Fahrt war ihm geblieben – egal wohin, wenn es sein musste bis ans Ende der Welt.

SIBIRISCHE WEISHEIT

In letzter Zeit kam Ptscholkin einfach nicht zur Ruhe. Weder sein kräftezehrendes Arbeitspensum noch die allwöchentliche Steinigung im Büro des Premiers noch der Besuch im geheimen Bordell am Kusnezki Most (gleich gegenüber der FSB-Lobby) verhinderten, dass er sich nachts ewig im Bett wälzte, die Seidenlaken zerknitterte, die teilnahmsvollen Fragen seiner schläfrigen Gattin mit unwirschem Knurren bedachte – und am Ende doch wieder aufstand, um sich in der Küche einen Whiskey auf Eis zu holen.

Was ihn am Schlafen hinderte, war weder sein schlechtes Gewissen noch die nächtlichen Albträume noch all die hinterzogenen Steuern.

In einer Woche stand sein Fünfzigster an. Eine Zahl, die zu verstehen gab, dass einem weniger als die Hälfte seiner Zeit blieb – ausgehend von der durchschnittlichen Lebenserwartung im Land sogar deutlich weniger. Eine Zahl, die einen begreifen ließ, dass irgendwo da hinten das Greisenalter auf einen wartete, mit all seinen unausbleiblichen Attributen wie Haarausfall, Bluthochdruck, Rheuma, Einsamkeit und Demenz – und man von Glück sagen konnte, wenn einem der Krebs erspart blieb. In der Rückschau erschienen Ptscholkin die bisherigen 49 Jahre und 51 Wochen plötzlich wie eine Reihe dröger Momentaufnahmen von irgendwelchen Familienfesten und dienstlichen Anlässen. Eine ziemlich unansehnliche Reihe, wenn er ehrlich war – und auch nicht besonders lang.

Sicher, Ptscholkin war für diesen Anlass gewappnet. Wenigstens musste er sich nicht fragen: »Was hast du in deinem Leben überhaupt erreicht?« Erreicht hatte er viel: Er war Minister. Außerdem, nebenbei bemerkt, Vater zweier prächtiger, bereits erwachsener Söhne, die beide am Saint Martins College in London Kunst studierten. War das etwa kein Grund, glücklich zu sein?

Wie alle Regierungsmitglieder war Ptscholkin nicht gläubig. Eine Kirche betrat er nur, wenn die Pressestelle ihn darum bat. Da das Jenseits für ihn also nicht existierte, nahm er vom Diesseits, was er nur konnte. Philosophisch hielt er es mit den Hedonisten: Sein Ministerialressort war für ihn ein unerschöpflicher Quell der Lust.

Ptscholkin war dem Ruf der großen Politik gefolgt. Dieser Ruf hatte damals den gesamten ehemaligen Universitätsjahrgang des russischen Präsidenten erreicht, also auch ihn. Zuvor hatte er im Privatsektor Karriere gemacht, durchaus mit Erfolg. Sein Spezialgebiet, Krisenmanagement, erwies sich als günstige Wahl. Dabei ging es stets darum, im Haushalt eines bankrottgefährdeten Unternehmens geeignete Mittel für dessen Sanierung ausfindig zu machen – und dabei auch selbst nicht zu kurz zu kommen.

Erst jonglierte er virtuos mit den Haushalten kleiner Handelsfirmen, dann nahm er sich die Finanzplanung ganzer metallurgischer Betriebe vor und arbeitete sich anschließend in die Etats lahmender Großkonzerne ein. Für die ihm anvertrauten Unternehmen hatte Ptscholkin eine Art routiniertes Mitgefühl entwickelt, etwa so wie ein Chirurg für einen Patienten auf dem OP-Tisch. Sein Lebenslauf verzeichnete ausschließlich triumphale Erfolge, doch hatte Ptscholkin wie jeder Chirurg auch einen eigenen »Friedhof«. Was war schon dabei? Manchmal überlebte ein Patient die Operation eben nicht. Letztlich überwog die Zahl derjenigen, die überlebten, und so war Ptscholkins nächster Kunde stets ein wenig größer als der vorherige.

Der Sinn des Lebens bestand für Ptscholkin in einem Wort: Wachstum. Nach allen Regeln der Kunst erschloss er Finanzpläne und Haushalte, vom Agrarunternehmen über die Kohlegrube bis hin zur Erdölraffinerie – von Mal zu Mal wurden die Objekte größer. Und als vor ihm endlich, in goldenes und blutrotes Licht getaucht, der Fürst aller Haushalte – der Haushalt der Russischen Föderation – erschien, da wusste Ptscholkin: Sein Leben hatte sich gelohnt.

Seither waren einige Jahre vergangen.

Das Materielle interessierte Ptscholkin nicht mehr. Darauf, dass er nie in der Liste des *Forbes Magazine* auftauchte, hatte er immer selbst bestanden – es hätte seiner bescheidenen Natur widersprochen.

Seine Kinder konnten sich in London bis an ihr Lebensende mit Kunst befassen, ohne sich jemals um ihr tägliches Brot kümmern zu müssen. Das Gleiche galt für ihre Kinder. Und die Kinder ihrer Kinder. Und so weiter, bis ins siebte Glied.

Längst hatte man für einen Termin bei Ptscholkin mit einem halben Jahr Vorlauf zu rechnen. Seine Sekretärinnen, von einer elitären Modelagentur bereitgestellt, dienten ihm als willige Beischläferinnen.

Längst hatte Ptscholkin genug von St. Moritz und Miami und dem penetranten Heulen der Formel-1-Motoren in Monacos engen Gassen. Ihm war irgendwann klar geworden, dass es über ihm außer den endlosen, unbewohnten Weiten des blauen Himmels noch eine gläserne Decke gab. Höher hinauszukommen als dort, wo er bereits saß, war unmöglich. Und genau das schlug ihm jetzt aufs Gemüt.

Wie er so in langen, schlaflosen Nächten angesichts seines baldigen fünfzigsten Jubiläums auf seine steile Karriere zurückblickte, begann sich Ptscholkin auf einmal zu fragen: War das etwa schon alles?

Der weiße PAZ-Minibus hielt an und hupte näselnd.

Direkt vor Pronins Haus vorzufahren war ausgeschlossen: Dort klaffte in der Fahrbahn ein bodenloses Schlagloch, das bereits Dutzende von Radachsen ins Jenseits befördert hatte.

Semjon rauchte zu Ende, drückte die Kippe am Deckel einer Dose lettische Sprotten aus, machte drei große Sprünge und fand sich am Einstieg des Busses wieder. Der Fahrer nickte ihm finster zu, dann setzte sich der Bus mit einem Ruck in Bewegung und wackelte durch die Straßen der hölzernen Altstadt von Irkutsk, als würde er sich durch ein Minenfeld manövrieren. Als er alle anderen aufgegabelt hatte, lenkte der Fahrer das Gefährt aus der Stadt hinaus.

Jetzt konnte man sich noch mal in die Wattejacke einkuscheln und weiterschlafen: Bis zum Zielort waren es noch gut anderthalb Stunden Fahrt, erst auf einer anständigen, kurz vor der letzten Regionalsitzung des Staatsrats instand gesetzten Straße, dann weiter über lose Betonplatten und schließlich auf der breiten Schneise, die die riesigen Räder der Forwarder hinterlassen hatten, durch einen Wald.

Semjon kannte sich mit seiner Arbeit aus und liebte sie. Ihr hatte er sein ganzes Leben gewidmet, soweit er zurückdenken konnte, mit Ausnahme des Armeediensts und zweier Gefängnisstrafen wegen bösartigen Rowdytums und Diebstahls. Sprachlich war Semjon eher unbeholfen, und hätte man ihn gefragt, warum er diese mechanische, eintönige Maloche weder gegen einen Job am Verkaufsstand seines ehemaligen Schulfreunds eintauschen wollte noch gegen gut bezahlte Schwarzarbeit für Moskauer Bonzen, die sich Zweitvillen errichteten, er hätte es nicht erklären können.

Er hatte mit dieser Arbeit begonnen, als man überall noch mit der Druschba-Kettensäge und ohne Ohrenschützer zu Werke ging und das Rücken noch mit antiquierten T4-Kettentraktoren erledigte. Doch je mehr das Land auf die Beine kam, desto häufiger kamen sowohl Ohrenschützer als auch hochwertige finnische Sägen zum Einsatz.

Und schließlich machte die heimische Holzbeschaffungsindustrie ihren entscheidenden Entwicklungssprung: Die Firma, für die Pronin arbeitete, erwarb amerikanische Harvester. Diese sechsrädrigen Monster mit gewaltigen Fällköpfen an ausklappbaren Kranarmen waren grellrot lackiert und verschlangen einen ganzen Hektar Wald in gerade mal drei Arbeitsschichten.

Der stellvertretende Direktor ließ seinen zweifelnden Blick über das Häuflein Arbeiter schweifen, das sich vor der glänzenden, noch blitzsauberen Maschine versammelt hatte. Am Ende blieb er an Semjon hängen: Dessen Hautfarbe erschien nicht ganz so erdbraun wie die der anderen, das Weiße seiner Augen war weiß und seine Hände zitterten nicht. Außerdem hatte er ein anständiges Gesicht, das weder von der Schwermut des Trinkers noch von Klassenhass gezeichnet war. Es war Semjons inneres Gleichgewicht, das die Aufmerksamkeit der Umstehenden auf sich zog.

»Pronin«, sagte der Stellvertretende, nachdem er sich mit dem Vormann flüsternd beraten hatte. »Willst du lernen, wie man mit dieser Maschine arbeitet?«

Und Semjon nickte voller Würde.

Ptscholkins S-Klasse raste mit aufgesetztem Blaulicht und dem magischen Regierungskennzeichen »A ... MR« auf dem Seitenstreifen dahin. Mitunter ließ der Wagen ein kurzes, aggressives Hupen ertönen, um unachtsame Verkehrspolizisten von der Fahrbahn zu verscheuchen.

Der Minister lümmelte im Fond und las zum dritten Mal den Leitartikel des *Kommersant*. Der Sinn des Beitrags blieb ihm dennoch verborgen, denn zwischen all die Analysen und Kommentare der Zeitungsexperten drängten sich mit zäher Beharrlichkeit Gedanken an Ewiges und Unvergängliches.

In dieser Nacht hatte Ptscholkin kein Auge zugetan. Die wenigen schlaflosen Stunden hatten ihm genügt, um all die vergangenen Jahre seines Lebens noch einmal Revue passieren zu lassen, doch er blickte dieses Mal nicht als Beteiligter, sondern als Richter auf seine Taten, nicht aus einem menschlichen Blickwinkel, sondern aus der Vogelperspektive. Die ganze Zeit über ließ ihn diese eine Frage nicht los, wollte einfach nicht Ruhe geben, bereitete ihm unentwegt Kopfzerbrechen: Gab es in dieser Welt wirklich nichts Höheres als Regierungs-Nummernschilder und die Französischen Alpen? Hatte er, Ptscholkin, bei der Pariser Tour d'Argent etwa schon den Gipfel gastronomischer Genüsse erklommen? Und den Gipfel erotischer Lust in diesem sagenhaften Hotel in Las Vegas? Und den Gipfel irdischer Macht, als man ihm die Leitung des Ministeriums andiente und er endlich den Haushalt aller Haushalte erschließen durfte?

Glücklich, wer seinen Gipfel erst im hohen Alter erreicht und sodann aus luftiger Höhe geradewegs in den Abgrund der Ewigkeit hinabsinkt. Wehe dem, der bereits mit fünfzig alles erreicht hat und sich nun zu Tode langweilt. Vielleicht war es ja am besten, wenn es so lief wie bei Michael Jackson, dachte Ptscholkin bedrückt, während er mit halbem Ohr Nachrichten hörte.

Einer plötzlichen Eingebung folgend, wies er den Fahrer an, einen Umweg zur Christ-Erlöser-Kathedrale zu machen.

Am Fuß dieses weißmarmornen Felsmassivs angekommen, hob er den Kopf, spähte zu den Kuppeln hinauf, seufzte tief und schickte sich an, die Hand für das Kreuzzeichen zu heben ... Doch seine Hand gehorchte ihm nicht und blieb schlaff wie eine Peitsche an seiner Hüfte hängen.

»Nein, dann schon lieber Yoga«, murmelte Ptscholkin.

Als er im Ministerium ankam, sperrte er sich in seinem Büro ein, verscheuchte sogar jene Sekretärin, die eigentlich gerade seine Lieblingsgespielin war, und vergrub das Gesicht in den Händen.

Was war bloß mit ihm los?

Und wie kam es, dass ihm Dinge, deren Sinn und Bedeutung ihm bis dato vollkommen klar gewesen waren, auf einmal so nichtig und leer erschienen? Dass sogar sein bisheriger Lebensinhalt, das Erschließen von Haushalten, in seinen Augen für einen Augenblick ihre sakrale Bedeutung verlor?

»Wozu das Ganze?«, flüsterte er kleinlaut.

Die Sprechanlage begann zu knacksen, und Ptscholkins Lieblingsgespielin maunzte, der Erste Stellvertretende kratze bereits an seiner Tür. Ptscholkins erster Impuls war, ihn zum Teufel zu schicken, doch dann zögerte er: In Momenten wie diesen hatte er Angst, ganz allein mit sich selbst zu bleiben. Der Erste Stellvertretende lächelte devot, kam behutsamen Schrittes näher und blickte dabei stets zu Boden. Er war es, der Ptscholkin stets die Dokumente zur Unterschrift brachte – jene Dokumente, die dem Minister halfen, das eigene Leben und das seiner Stellvertreter zu organisieren. Meist trafen sich ihre umherirrenden Blicke dabei im Augenblick der Unterzeichnung, und das erratische Lächeln des Ersten Stellvertretenden fand seine Spiegelung im Gesicht des Ministers. Doch nun waren Ptscholkins Augen schwarz und tot – wie zwei ausgetretene Zigarettenkippen, von vorn gesehen.

Ptscholkins Montegrappa (eine limitierte Edition) schwebte bereits über dem Papier, das fügsam jenen Namenszug erwartete, mit dem er schon so manche Milliarde an befreundete Unternehmer oder Offshore-Firmen verschoben hatte, doch auf einmal kamen dem Minister Zweifel. Dieselbe Hand, die sich zuvor nicht hatte regen wollen, um die Brust mit dem Kreuzzeichen zu segnen, verweigerte ihm erneut den Dienst. Mit einem dumpfen Laut, als wäre ein Sargdeckel zugeklappt, landete der Montegrappa auf der Eichentischplatte.

»Was haben Sie, Filipp Andrejewitsch?«, fragte der Erste Stellvertretende besorgt. »Sie sehen ja richtig krank aus!«

»Ich brauch mal frische Luft, Denis«, antwortete Ptscholkin schwach. »Wir haben nicht gerade irgendwelche Reisen geplant?«

»Wird organisiert!« Der Erste Stellvertretende nickte eifrig. »Wie wär's mit Irkutsk? Da testen die Forstbetriebe gerade ganz neue Maschinen, aus Amerika. Die sollen viel effizienter sein, und auch umweltschonender.«

»Vor mir aus, dann eben Irkutsk«, willigte Ptscholkin träge ein und stöhnte: »Mir hängt das alles hier zum Hals raus!«

Mit einer einzigen, kaum merklichen Bewegung, dem flüssigkristallinen Terminator T-1000 nicht unähnlich, glitt der Erste Stellvertretende vom Schreibtisch des Chefs zur doppelten Eingangstür und verschwand dahinter. Einen Wimpernschlag später drang aus dem Vorzimmer seine Stimme heran – sie klang jetzt herrisch, ja sogar bedrohlich: »Ja, ja, die Presse auch! Und macht mir den Flug klar, aber dalli! Morgen früh! Ohne Wenn und Aber!«

»Keine Presse ...«, wollte Ptscholkin da einwenden, doch sagte er es so leise, dass sein Wunsch nicht gehört wurde.

Den Rest des Tages verbrachte er in einer Art Nebel, ohne ein einziges wichtiges Dokument zu unterzeichnen. Er sagte, er sei krank, empfing niemanden und schickte die Sekretärin los, sie solle ihm im Buchladen Fotobände mit Ansichten von Tibet und den Solowki-Inseln sowie mit Weltraumaufnahmen des Hubble-Teleskops besorgen.

»Es muss da doch noch etwas geben ...«, flüsterte er, drückte die Stirn gegen die kalte Fensterscheibe und starrte, ohne wirklich etwas zu sehen, auf das geschäftige Treiben der Hauptstadt zu seinen Füßen. Als die Sekretärin schweißgebadet unter ihrer Last ins Vorzimmer zurückkehrte, war Ptscholkin bereits aus dem Büro verschwunden.

Zu Hause schluckte er eine Schlaftablette und legte sich ins Bett.

Er wünschte sich nichts sehnlicher, als dass der morgige Tag möglichst bald – oder aber nie mehr – anbrechen möge. Irgendwie hatte er das Gefühl, dass sich all seine Probleme schon irgendwie von selbst lösen würden.

Während sich die Schlaftablette allmählich in dem Whiskey auflöste, erzeugte sie eine Tintenwolke, die zuerst Ptscholkins Bewusstsein und dann die ganze Welt einhüllte.

Der Erste, der den PAZ-Minibus am nächsten Tag auf der Schlagfläche empfing, war der Generaldirektor der Firma. Im Hintergrund dampfte noch sein schlammbespritzter Rechtslenker-Landcruiser nach einer Tour de Force durchs weglose Gelände.

Der Generaldirektor hatte graue Ringe unter den Augen und rauchte Kette.

»Männer!«, rief er noch im Näherkommen den verschlafenen Arbeitern zu, die gerade aus dem Bus stiegen.

Diese stutzten, genauso wie fast siebzig Jahre zuvor ihre Großväter und Großmütter gestutzt hatten, als sie nach Iossif Wissarionowitschs gewohnter, abfälliger Anrede»Genossen!« auf einmal sein angstvolles»Brüder und Schwestern!« hörten.

»Männer!« Der Generaldirektor musterte sie nervös.»Wir kriegen Besuch vom Minister. Er will sich unseren Betrieb ansehen. Die neuen Maschinen. Gegen Abend ist er da. Ich brauche einen von euch zum Vorführen ... Dich zum Beispiel.«

Sein knorriger Finger zeigte auf Pronin.

»Gute Wahl, Sergej Walentinytsch«, plapperte ihm sein Stellvertreter ins Ohr,»Den hab ich neulich erst für die neue Maschine bestimmt.«

»Recht so«, gab der Generaldirektor wohlwollend zurück.»Und dass mir heute Abend kein Chinese mehr auf dem Gelände rumläuft! Der Minister bringt nämlich das Fernsehen mit ...«

Als die TV-Teams schließlich auf der Schlagfläche eintrafen wie Herolde, um die Ankunft ihres Barons anzukündigen, war Pronin schon ziemlich sicher darin, einen halben Meter dicke Kiefern mit dem neuen Harvester zu fällen. Jedes Mal, wenn wieder ein neuer Baum sich neigte und ächzend zu Boden fiel, glitt ein Lächeln über Semjons Gesicht. Zufrieden dachte er, dass er niemals mehr eine andere Arbeit machen wollte. Notfalls war er sogar bereit, zwei Schichten hintereinander zu arbeiten. Sollen die blöden Chinesen doch an unserem Holz ersticken!

Während sich der Jet dem berüchtigten Irkutsker Flughafen näherte, der schon mehr Maschinen auf dem Gewissen hatte als jeder andere in Russland, wünschte sich Ptscholkin insgeheim eine Nebelbank herbei, oder dass der Pilot einen Fehler machte oder dass sich die Landebahn als zu kurz erwies. Doch nichts davon trat ein. Nur speiübel wurde ihm bei der Landung, aber nach all dem, was er während des Fluges zu sich genommen hatte, war dies mehr als nachvollziehbar.

»Danach machen wir einen Ausflug zum Baikalsee«, säuselte der Erste Stellvertretende, während er Anstalten machte, Ptscholkin in die von der Stadtverwaltung bereitgestellte Luxuskarosse zu verladen. »An der frischen Luft kriegen Sie ganz sicher den Kopf frei.«

Die existenzielle Schwermut war dem Minister jedoch bereits so sehr auf den Magen geschlagen, dass sich das Einsteigen ein wenig verzögerte.

Doch dann, als die Wagenkolonne so durch die geschützten Wälder des Baikal fuhr, brach in der von aller Übelkeit befreiten Ministerseele plötzlich etwas auf: Das Vorgefühl ... einer Offenbarung!

Ptscholkin richtete sich auf dem Rücksitz auf, rückte näher an den Fahrer heran, zwängte sich wie ein kleiner Bub zwischen den beiden Vordersitzen hindurch, versuchte die ständig anwachsende, bebende Unruhe in sich zu bändigen und begann den Mann am Steuer anzutreiben: »Steig aufs Gas! Schneller!«

Irgendetwas wird sich ereignen, sagte er zu sich. Etwas wird passieren. Diese sinnlose Reise ins ferne Irkutsk war kein Zufall. Es war das Schicksal selbst, das seine Seelenpein vernommen hatte und nun irgendwo die Antwort auf seine Frage bereithielt. Und Ptscholkin würde ihr Urteil anerkennen, so streng es auch ausfallen mochte.

Und so gruben sich die sieben Fahrzeuge der Kolonne durch das schlammige Erdreich, bis sie am Rand des Schlagplatzes zu stehen kamen. In dem vergeblichen Versuch, ihr teures italienisches Schuhwerk zu schonen, hüpften Ptscholkin und all seine Stellvertreter mit komischen Bewegungen von einer winzigen Trockenstelle zur nächsten. Ihnen nach scharwenzelten die Journalisten sowie die Führungsriege des Forstbetriebs, die eigens angetreten war, um den Minister zu empfangen.

Ptscholkin wurde an Harvestern und Forwardern vorbeigeführt, und der Generaldirektor tönte in einem fort, dass die neue amerikanische Technik die Produktivität um ein Vielfaches erhöhe und man in diesem Arbeitstempo in wenigen Monaten den gesamten Wald im Umkreis von Dutzenden von Kilometern rings um Irkutsk abarbeiten könne, wenn man denn nur die Genehmigung dafür bekäme, Filipp Andrejewitsch, die Genehmigung sei das einzige Problem ...

Doch Filipp Andrejewitsch Ptscholkin hörte ihm kaum zu – vielmehr horchte er in sich hinein. Wo war es? Das, was auf ihn wartete? Wie würde es sich ihm offenbaren? Würde sich der Himmel auftun? Oder ein Busch zu ihm sprechen?

»Und das hier ist unser bester Mitarbeiter!« Der Generaldirektor deutete auf den in der Kabine seines Harvesters thronenden Pronin. »Semjon ... äh, ja, Semjon.«

Als Ptscholkin unwillig den Blick hob, machte sein Herz einen Sprung. Das Gesicht des Arbeiters am Steuer der Maschine war anders als die Gesichter all der anderen Menschen, die dem Minister liebedienernd folgten.

Auf diesem Gesicht lagen weder Hast noch Unterwürfigkeit noch Nervosität. Der Mann blickte Ptscholkin ruhig, ja sogar gleichgültig an. Es war, als existiere er außerhalb jenes Koordinatensystems, in dem er als Minimalwert und der vor ihm stehende Minister als Maximalwert galt. Dies war nicht das Gesicht eines Forsttechnikers, sondern die gleichgültige Maske eines Orakels.

Und so kletterte Ptscholkin, zur Begeisterung der Kameraleute, in die Fahrerkabine des Harvesters.

»Wofür ist dieser Hebel?«, fragte der Minister Pronin beinahe anbiedernd und schalt sich sogleich dafür, dass er sich schämte, seine einfach alle Vorbehalte über den Haufen zu werfen und sofort zum Punkt zu kommen.

Pronin zuckte nur mit den Schultern und blickte dem Minister weiter aufmerksam ins Gesicht.

Dieser verstand die Haltung seines Gegenübers als unausgesprochene Frage: Bist du wirklich deswegen hier? Also fasste er sich ein Herz und fragte laut:

»Was ist der Sinn des Lebens?«

Seine Stellvertreter horchten auf, die Tonassistenten steckten ihre fluffigen Mikrofone an langen Angelruten in die Kabine, und Pronin belohnte Ptscholkin mit einem langen Blick. Dann öffnete das Orakel seine Lippen ...

»Sägen!«, sprach es laut und klar. »Erschließen!«

Und deutete mit einer weiten Handbewegung auf den bereits deutlich ausgedünnten Mischwald.

Die Menge lebte auf. Zustimmend raunten die Stellvertretenden Minister und Direktoren ebenso wie die Reporter mitsamt ihren Kameraleuten.

Ptscholkin schwieg. In seinem Bewusstsein flammten Universen auf und erloschen wieder, die Energien der Welt durchströmten ihn, und jene großen, bis dato umflorten Wahrheiten lüfteten nun fügsam ihren Schleier. Wie hatte er je bezweifeln können, dass seine Existenz von Anfang an einen tieferen Sinn in sich trug? Wer hatte ihm erlaubt, sich jemals etwas anderes zu wünschen als das, wozu ihn der Herrgott bestimmt hatte?

»Danke«, murmelte Ptscholkin heiser und fuhr sich mit der Zunge über die Lippen. »Sie haben mir neue Kraft gegeben. Jetzt kann ich weitermachen.«

Pronin hob lächelnd die Schultern und drückte aufs Gas. Und der gigantische Harvester mit den beiden winzigen Menschengestalten darin überquerte ohne Hast jene unendliche Waldschneise, die sich erst am fernen Horizont in der untergehenden Sonne auflöste.

DIE WICHTIGSTE
NACHRICHT

Dann schon lieber Galeerensklave, dachte Sascha.

Der saure, alkoholschwangere Atem des Kameramanns und des Tonassistenten hatten die Fensterscheiben des klappernden Lada anlaufen lassen. Hätte man sie mit dem Ärmel freigerieben, wäre draußen der gelähmte, mit qualmenden Fahrzeugen zugestopfte Dritte Verkehrsring zu sehen gewesen, dazu die im Smog versinkenden Betonschleifen der Aus- und Auffahrten und – irgendwo in weiter Ferne – die Türme von Moskau City, deren Spitzen in den Wolken steckten.

Sascha aber stellte sich vor, er sei wieder acht Jahre alt, die Winterferien seien angebrochen und er fahre im Zug zur Großmutter ins winzige Dorf bei Scharja im Kostroma-Gebiet. Und dass jenseits des vernebelten Fensters nicht irgendein verfluchter Dreier-Schiguli ihm den Weg versperrte, nicht Abertausende von Blechkarossen aneinandergepappt waren, sondern sich der Blick öffnete auf eine verschneite Bahnstation zwischen ausladenden Tannenbäumen. Und dass der Zug sogleich anführe und die überzuckerten, schmucken Tannen erst allmählich und dann immer schneller in der Ferne verschwänden und dann die Zugbegleiterin vorbeikäme mit dem Tee in diesen typischen Gläsern mit den Metallhaltern und den länglichen Zuckerpäckchen, auf denen genau so ein Zug aufgemalt wäre, und darin säße ebenfalls ein Junge vor einem angelaufenen Fenster, das er sogleich freireiben würde, um erneut auf verschneite Tannen zu blicken und Tee zu trinken mit exakt denselben Zuckerpäckchen und immer so weiter und weiter ...

Das Mobiltelefon klingelte.

Als Sascha die Nummer erkannte, lief es ihm kalt den Rücken hinunter. Er holte tief Luft und ging ran.

»Was soll der Scheiß?«, jaulte der Chefredakteur im Hörer.

»Wir stecken im Stau«, stotterte Sascha. »Nichts geht vorwärts.«

»Und das hast du nicht schon vorher gewusst? Ihr hättet halt früher losfahren müssen! Da vertraut man dir einmal im Leben eine Liveschalte von einem Top-Event an! Der Stellvertretende Vorsitzende des Staatsduma-Unterausschusses für Kommunalwirtschaft gibt eine Pressekonferenz zur Reinigung der Straßen von gefallenem Laub! Und was machst du? Ich schwöre dir, wenn du nicht in fünfzehn Minuten in der Duma bist, bist du tot! Dann kannst du den Zuschauern bis an dein Lebensende was von irgendwelchen Staus erzählen! Und zwar ehrenamtlich, denn Geld siehst du für deine Arbeit nie wieder, kapiert?!«

»Aber ...«

»Wenn du jetzt noch rumdiskutieren willst, kannst du gleich in dein Jaroslawl zurückfahren! Und die Reportage über die neugeborenen Eichhörnchenbabys bleibt dann der Höhepunkt deiner Karriere, hast du verstanden? In einer Viertelstunde bist du mit aufgebautem Ü-Wagen in Position und hängst am Satelliten, ist das klar?!«

»Ja, ist klar.«

Die Galeerensklaven damals hatten weniger Stress, dachte Sascha. Vor allem machten die sich keine Illusionen, irgendwann mal die Flucht zu ergreifen oder Aufseher zu werden oder sogar freie Bürger, denn die Zukunft war ihnen klar vorgezeichnet. Er dagegen ...

Seit zwei Jahren arbeitete Sascha im Nachrichtenressort des Wichtigsten Kanals als Praktikant. Seine große Hoffnung war, dass ihm sein Arbeitgeber irgendwann mal ein menschenwürdiges Gehalt zahlen würde, ihn über echte Ereignisse berichten ließ, ja vielleicht sogar auf Dienstreise schickte. Und irgendwann würde er dann auch mal ein tolles Feature einreichen oder exklusives Material auftreiben oder eine tadellose Liveschalte vom Ort einer Flugzeugkatastrophe hinlegen, und dann würde man endlich auf ihn aufmerksam werden. Und ihn zum Sonderkorrespondenten machen. Und dann ins Ausland schicken, Studio Paris ... oder New York! Und wenn er dann als gestandener Profi nach Moskau zurückkam, würde man ihn die Abendnachrichten moderieren lassen. Und ihm irgendwann sogar eine eigene politische Sendung geben! Natürlich, ohne echtes Exklusivmaterial, ohne diese eine Reportage, die das ganze Land und alle TV-Götter zu sehen bekamen, konnte es noch zwanzig, dreißig, vielleicht sogar vierzig Jahre dauern, bis es so weit war. Es sei denn, es geschah ein Wunder ...

Sascha kniff die Augen fest zusammen und wünschte sich von ganzem Herzen ein Wunder herbei.

Das Telefon klingelte erneut.

Sascha erkannte die Nummer wieder und schluckte. Vielleicht besser nicht rangehen? Nein, denn dann sah er sich schon auf dem Weg zurück nach Jaroslawl, zu den Eichhörnchen.

»Wo bist du?«, brüllte ihn der Chefredakteur an.

»Immer noch im Stau ... erst hundert Meter weiter«, log Sascha.

»Entweder stehst du in zehn Minuten mit aufgeklappter Antenne vor der Duma, oder du kannst dir gleich dein Ticket nach Jaroslawl kaufen!«

Der Chefredakteur legte mit Schmackes auf.

Schicksalsergeben spähte Sascha aus dem Wagen auf den vollkommen reglosen Verkehr. Die Duma würde er weder in zehn noch in zwanzig Minuten noch in einer Stunde erreichen. Schade, dass Praktikanten beim Wichtigsten Kanal keine Zyankalikapseln zustanden – dies wäre der geeignete Augenblick gewesen, auf eine zu beißen.

Es sollte wohl einfach nicht sein. Er würde nie eine eigene Politiksendung moderieren, den Generalsekretär der Vereinten Nationen in New York interviewen, den Präsidenten auf Auslandsreisen begleiten – oder wenigstens nach Irkutsk zur Sitzung des Staatsrats fliegen. Überhaupt würde er jetzt nie mehr aus Moskau rauskommen, und hier würde er wahrscheinlich in den Kasematten des Wichtigsten Kanals versauern, an irgendeinen vorsintflutlichen PC gekettet und dazu verdonnert, für den Rest seiner Tage auf irgendwelchen Tasten herumzuhacken, ohne jemals wieder das Tageslicht zu sehen ... Bis zur Rente. Bis er erblindete. Denn es war ja so: Von den Hunderten frisch geschlüpfter Praktikanten-Schildkrötenbabys, die in diesem Moment um die Wette auf den Ozean des Ruhms zukrochen, die endlosen Weiten der eigenen Karriere fest im Blick, würden nur einige wenige die rettende Brandungszone erreichen. Alle anderen ... nun, auf den Schicksalen der anderen ruhte jener berühmte Fernsehturm, der nicht umsonst den Namen Ostankino, »Ort der Überreste«, trug.

»Heilige Scheiße!«, rief da auf einmal der Fahrer und stieg auf die Bremse. »Heilige Scheiße!«

Sascha fuhr auf.

»Was ist?«

»Heilige Scheiße!«

Mehr brachte der Fahrer nicht hervor.

»Was denn?«

Hektisch begann Sascha an der quietschenden Kurbel zu drehen, um das Seitenfenster zu öffnen.

»Ja leck mich doch ...«, krächzte der Kameramann, der gerade aufwachte.

»Heilige Scheiße!«, stieß jetzt auch der Tonassistent hervor und starrte aus dem Wagen.

»Was ist denn, Herrgott noch mal?!«

Die Kurbel verkantete sich, Sascha stieß die Tür auf und stürzte auf den Asphalt hinaus.

Hier brodelte bereits eine unruhige Menge – niemand saß mehr im Auto. All die feststeckenden Fahrzeuge hatten mit einem Mal bunte Knospen getrieben, ihre Türen nach allen Seiten geöffnet, und Zehntausende Menschen waren zwischen ihnen ausgeschwärmt. Sie alle richteten ihre Blicke nach oben und nahmen etwas mit ihren Mobiltelefonen auf.

»Heilige Scheiße!«, ertönte es von überall aus der Menge.

»O mein Gott!«, flüsterte Sascha.

Direkt über ihm, als hätte jemand ein ganzes Stadtviertel aus dem Boden gerissen und in die Luft gehoben, hing am staubigen Moskauer Himmel, umspielt von hellen Lichtstrahlen – eine fliegende Untertasse! Sie war so völlig anders als alles Irdische und entsprach doch so sehr unseren irdischen Vorstellungen, dass kein Zweifel bestand: Ja, das war eines.

Ein außerirdisches Raumschiff.

Gemächlich und vollkommen geräuschlos sank es immer weiter herab und verdeckte nun schon den halben Himmel. Auf seiner Unterseite flossen Lichtströme hin und her und formten rätselhafte Zeichen, sogar der unfassbar riesige Rumpf des Objekts selbst schien in seltsamen Wellen zu pulsieren, als wäre seine Form in ständiger Veränderung begriffen. Sogleich wurde offensichtlich, wie unbarmherzig falsch all jene lagen, die UFOs für geheime Entwicklungen der vaterländischen Rüstungsindustrie hielten. Die vaterländische Rüstungsindustrie war von der Entwicklung eines solchen Apparats Hunderttausende Jahre entfernt.

Das Raumschiff kam immer näher. Es schien direkt auf Saschas Kopf, besser gesagt auf dem ganzen Dritten Ring landen zu wollen, wodurch es die jahrelange, fruchtbare Arbeit des Moskauer Oberbürgermeisters und anderer Baulöwen in einem einzigen Augenblick vernichten würde.

Die Menschen ringsum begannen nervös zu tuscheln, waren jedoch nicht bereit, ihre Autos im Stich zu lassen. Die meisten von ihnen schienen den heldenhaften Entschluss gefasst zu haben, bis zum bitteren Ende bei ihren Fahrzeugen auszuharren.

Sascha starrte wie gebannt auf das UFO. In diesem Moment steckte der Kameramann seinen Kopf aus dem Fenster des Autos und fragte gleichgültig: »Sag mal, soll ich dir was davon aufnehmen?«

Es traf Sascha wie ein Blitz. Da war sie, die Gelegenheit. Seine einmalige Chance. Das Wunder.

Er rannte zu dem Übertragungswagen, einem Kleinbus mit Satellitenantenne, der direkt hinter ihnen im Stau stand, und hämmerte wild gegen die Tür, auf der das Logo des Wichtigsten Kanals prangte: ein großes W in einem elegant geschwungenen Kreis.

»Wir gehen auf Sendung!«, schrie er die verschlafenen Techniker an. »Sofort alles fertig machen für eine Liveschalte! Verbindung zum Satelliten!«

Die Sendetechniker warfen einen Blick aus dem Wagen, bekreuzigten sich und begannen hektisch die Schutzhülle von der Satellitenantenne zu entfernen. Sascha warf einen Blick auf seine Uhr: Bis zu den Abendnachrichten um neun, wenn das ganze Land wie hypnotisiert vor dem Fernseher sitzen würde, waren es fünf Minuten. Er zog sein Telefon aus der Tasche und wählte die Nummer des Chefredakteurs.

»Bist du schon da?«

Es klang misstrauisch.

»Nein! Beim Sawjolowoer Bahnhof!«, antwortete Sascha, und um weiteren Fragen zuvorzukommen, haspelte er direkt weiter: »Hier landet gerade ein UFO! Ein UFO! Direkt auf dem Dritten Ring!«

»Ehrlich?«, kiekste der Chefredakteur.

»Pfadfinderehrenwort! Ich lasse gerade den Ü-Wagen fertig machen! Bis zu den Neun-Uhr-Nachrichten steht die Schalte! Aufnahmen von einer fliegenden Untertasse! Wir sind die Ersten! Exklusiv!«

»Wenn du meinst ...« Die Stimme des Chefredakteurs klang unentschlossen. »Ist das Ding denn auch wirklich echt?«

»Absolut! Ich schwör's dir, bei meiner Arbeit!«

»Na gut, was soll's! Wir bringen das!«, rief der Chefredakteur und ordnete sogleich an: »Überleg dir inzwischen, wie du die Story am besten rüberbringst. Mach die Kamera fertig und halte dich bereit, wir schauen einfach, wo wir dich im Ablauf unterbringen ...«

Sascha salutierte militärisch und spurtete zu seinem Aufnahmeteam zurück.

Der Kameramann, eigentlich ein Dauersäufer, verlegte inzwischen mit erstaunlichem Geschick die Kabel zwischen seiner Kamera, die auch schon auf einem Stativ befestigt war, und dem Ü-Wagen. Der Tonassistent kramte in seiner Gerätetasche nach einem passenden Mikrofon.

»Eine fliegende Untertasse hängt über dem Sawjolowoer Bahnhof in Moskau in der Luft ...«, murmelte Sascha vor sich hin. »Vor wenigen Augenblicken ist in Moskau neben dem Sawjolowoer Bahnhof ein UFO gelandet ... Unser Kamerateam vom Wichtigsten Kanal war als Erstes vor Ort ... Mein Name ist Alexander Ogurzow, und ich habe soeben ... wir haben soeben ... vergleichbar mit der Größe eines ganzen Stadtviertels ... des Luschniki-Stadions ... des Moskauer Kremls ... Soeben ...«

In etwa der Höhe eines dreißigstöckigen Hochhauses hielt das außerirdische Raumschiff plötzlich inne. Sein gewaltiger Leib öffnete sich und stieß etwas hervor, das sich am ehesten als leuchtendes, halb durchsichtiges Ei bezeichnen ließ. Das Ei sank in Spiralen herab und wurde schnell immer größer. Eine Minute später landete direkt vor Sascha auf dem heruntergekommenen Asphalt des Dritten Rings eine leuchtende Kapsel mit einer verschwommenen Silhouette darin.

Ein Alien! O mein Gott ...

Der erste dokumentierte Kontakt mit einem Vertreter einer außerirdischen Zivilisation ... und das live im Wichtigsten Kanal!

Die Kapsel zerfiel lautlos in zwei Hälften. Das Geschöpf, das daraus hervortrat, war nicht besonders groß: Sein massiger Kopf mit den riesigen schwarzen, ölig glänzenden Augen saß direkt auf dem schmächtigen Rumpf.

»Heilige Scheiße!«, flüsterte die Menge andächtig.

Der Außerirdische ließ zweifelnd seinen Blick über die zurückweichenden Erdbewohner schweifen. Offenbar suchte er nach Anzeichen intelligenten Lebens.

Todesmutig ging Sascha auf das Wesen zu und hielt das Mikrofon mit dem W in dem elegant geschwungenen Kreis vor sich. Der Kameramann folgte ihm auf dem Fuße und richtete sein Objektiv auf den Außerirdischen.

»Ein Interview, bitte!«, hauchte Sascha.

Der Außerirdische öffnete seinen Mund und stieß ein seltsames Gezwitscher aus, das außerhalb des für den Menschen hörbaren Spektrums begann und auch wieder endete. Dann blickte er Sascha abwartend an. Bis zum Beginn der Nachrichten blieben noch zwei Minuten.

»Herzlich willkommen in Russland!«, sagte Sascha vorsichtig.

Das Wesen neigte den Kopf zur Seite, schien einen Augenblick nachzudenken und begann dann mit menschlicher Stimme zu sprechen.

»Ich grüße Sie!«, kam es klar und deutlich und mit lupenreinem Moskauer Akzent. »Wir kommen in Frieden aus einer benachbarten Galaxie. Die Erde ist der einzige Planet mit intelligentem Leben, den wir mit unseren Raumschiffen erreichen können. Alle zehntausend Jahre besuchen wir euren Planeten und versuchen, mit eurer Zivilisation in Kontakt zu treten. Die künstlich erzeugte Raumkrümmung, dank derer wir diese Entfernung überbrücken können, ist mit gewaltigem Energieaufwand verbunden. Es dauert zehntausend Jahre, um die dafür notwendigen Energiereserven zu akkumulieren.«

»Heilige Scheiße!«, raschelte es in der Menge.

»Bedauerlicherweise«, fuhr das Wesen ungerührt fort, »war die Menschheit bei unserem letzten Besuch noch nicht für die Aufnahme von Beziehungen zwischen unseren Welten bereit, da sie noch nicht das erforderliche Entwicklungsstadium erreicht hatte. Dieses Mal scheinen wir mehr Glück zu haben ...«

»Hast du alles drauf?«, zischte Sascha dem Kameramann zu, während er dem Alien weiterhin lächelnd zunickte.

»Ich glaub, irgendwie hat's die Kassette gefressen«, antwortete der Kameramann.

»Wir wollen Ihnen eine wichtige Botschaft übergeben ...«, fuhr der Außerirdische fort.

Sascha beschloss, alles auf eine Karte zu setzen.

»Ich bin vom Wichtigsten Kanal. Wie wär's, wenn Sie live zur Bevölkerung Russlands sprechen ... praktisch zur ganzen Welt ... in ein paar Minuten? Dann kommt Ihre Botschaft sofort bei allen an!«

»Im Augenblick verwenden wir sämtliche Generatoren unseres Planeten ausschließlich dafür, die künstliche Raumkrümmung für unseren Rückflug aufrechtzuerhalten. Uns bleiben weniger als vierzig Minuten.«

»Schaffen wir!«, sagte Sascha im Brustton der Überzeugung und rief dem Kameramann zu: »Sergej, geh auf Live-Übertragung!«

Der Tonassistent umwickelte Sascha mit den nötigen Kabeln, klemmte ihm einen Kopfhörer ins Ohr und ein Ansteckmikro ans Jackett und hielt dem Alien an einem Galgen ein Mikrofon mit dem W-Logo hin. Der inzwischen vollends nüchterne Kameramann kontrollierte das Signal und zeigte mit dem Daumen nach oben.

»Okay, Satellitenverbindung steht, Studio empfängt unser Signal!«, meldete einer der Techniker aus dem Ü-Wagen in Saschas Ohr.

»Wir wären so weit! Könnt ihr uns sehen?«, fragte Sascha beim Studio nach und behielt dabei den Außerirdischen im Auge, doch dieser wartete geduldig neben ihm, ohne sich zu regen.

»Heilige Scheiße!«, kam es aus dem Studio zurück.

Die übrigen Ausrufe der Begeisterung gingen jedoch bereits in der dramatischen Auftaktmelodie der Abendnachrichten unter.

»Liebe Erdenbürger!«, begann der Außerirdische.

»Schsch ...«, fuhr Sascha dazwischen. »Augenblick noch ... Wir sind noch nicht dran!«

»Guten Abend zu den Wichtigsten Nachrichten!«, meldete sich die Moderatorin aus Ostankino. »Mein Name ist Jekaterina Alexejewa. Die wichtigste Meldung des Tages ...«

Sascha schloss die Augen, atmete tief ein und wieder aus und versuchte sein rasendes Herz zu beruhigen ... Das war es, sein Toulon! Oder sein Waterloo ...

»Der Vorsitzende der russischen Regierung ist heute persönlich in Pikaljowo eingetroffen«, fuhr die Moderatorin fort, »um für die angespannte Lage in der Stadt eine Lösung zu finden. Mit einem Bericht aus Pikaljowo unser Korrespondent Andrej Petrow.«

»Tut mir leid, Mann!«, ließ sich das Studio in Saschas Ohr vernehmen. »Der Premier, du verstehst schon ... Du kommst jetzt im Ablauf eins weiter hinten. Also, halte dich bereit!«

»... erklärte der Premierminister«, sagte der Korrespondent aus Pikaljowo, hinter den sieben Bergen. »Er traf sich mit Vertretern der Gewerkschaft der Zementwerke. Diese versicherten ihm, die Aktion sei nicht politisch motiviert und richte sich ausschließlich gegen die uneinsichtige Führung der Unternehmen und die leichtfertigen Oligarchen, die ...«

»Gleich, gleich.« Sascha zwinkerte dem Alien beruhigend zu. »Der Premier, Sie verstehen schon ...«

»... bemerkte der Chef des Ministerkabinetts«, fuhr Petrow fort. »Im Verlauf der Sitzung, bei der einige uneinsichtige Unternehmenseigner persönlich anwesend waren, kam es zu einer spontanen erzieherischen Maßnahme. Hier ein kurzer Ausschnitt ...«

»Bringt mir doch mal einen Monitor her«, bat Sascha die Techniker. Offenbar hatte sich in Pikaljowo tatsächlich etwas Außergewöhnliches zugetragen.

Auf dem Bildschirm erschien das entschlossene Gesicht des Premierministers und gleich darauf die blasse Miene eines schuldbewussten Oligarchen.

»Hosen runter, Artjom Borissowitsch«, sagte der Premier kalt und schnalzte mit dem Offiziersgürtel.

»Geht das nicht auch ohne Zuschauer?«, stammelte der Oligarch.

»Ganz im Gegenteil«, fuhr der Premier ungerührt fort. »Das Land muss wissen, wer seine Helden sind.«

»Krass«, kommentierte Sascha wohlwollend.

»Krass«, flüsterte die Menge, die sich rings um den Monitor versammelt hatte, ebenso wohlwollend.

»Au!«, machte der Oligarch. »Au! Au! Au!«

»Nun zu weiteren Nachrichten«, leitete Jekaterina Alexejewa mit charmantem Lächeln über.

Sascha räusperte sich und zwinkerte dem Außerirdischen aufmunternd zu. Auch dieser gab sich daraufhin so etwas wie einen Ruck.

»Der russische Präsident traf sich heute mit Matrosen der Ostseeflotte. Aus Kronstadt unser Korrespondent Anton Werschbizki.«

»Tut mir leid, Mann«, knackste das Studio in Saschas Ohr. »Der Präsident, du verstehst schon!«

»Der Präsident.« Sascha warf einen Blick auf den Außerirdischen und breitete die Arme aus. »Unser Allerheiligstes ...«

Der Außerirdische öffnete den Mund, wie um etwas zu sagen, brachte aber nur ein kurzes, unverständliches Zwitschern heraus.

»... der zugleich Oberbefehlshaber der Streitkräfte ist«, erläuterte Werschbizki derweil. »Die Begegnung fand auf ebenjenem Appellplatz statt, den einst auch Zar Nikolaus II. besuchte. Die Wohnverhältnisse der Matrosen in Kronstadt haben sich seither deutlich verbessert. Und der Präsident versprach heute, weitere Wohnungen für die Familien der Marineoffiziere errichten zu lassen.«

»Die Ostseeflotte war und ist für die russische Staatlichkeit von besonderer Bedeutung«, sagte der Präsident. »Und dies gilt auch in Zukunft, für alle Zeiten. Heute überreichen wir daher die Schlüssel zu ihren neuen Wohnungen an ...«

»Schaffen wir das noch?«, fragte der Außerirdische Sascha.

»Natürlich!«, antwortete dieser bestimmt.

»Der Präsident gab persönlich die erste Salve aus dem Hauptgeschütz des Zerstörers *Besuderschny* auf ein Manöverziel ab, das erfolgreich zerstört wurde. Anschließend kommentierte der Oberbefehlshaber die jüngsten Tests der neuen Bulawa-Rakete mit den Worten ...«

»Hör mal«, funkte das Studio dazwischen. »Da ist jetzt noch ein Beitrag mit dem Präsidenten eingeschoben worden, hab noch etwas Geduld, ja? Muss leider sein. Du kommst dann später dran.«

Quer über die Unterseite des Raumschiffs zogen rote Feuerstreifen. Der Außerirdische wurde jetzt sichtlich nervös.

»Noch am selben Nachmittag besuchte der Präsident eine der Petersburger Schulen«, ergänzte Jekaterina Alexejewa lächelnd. »Dort traf er sich mit Erstklässlern, die sich noch am Anfang ihres Weges in die unendliche Welt des Wissens befinden. Der Präsident versprach, alle russischen Schulen zu hundert Prozent mit Schulbüchern auszustatten, und brachte seine Besorgnis angesichts des Fehlens einheitlicher Standards im Fach Geschichte zum Ausdruck. Er erklärte, die Lehrmaterialien der Schulen müssten besonders streng kontrolliert werden, um völlig auszuschließen, dass die Kinder in Kontakt mit Geschichtslehrbüchern kommen, die unter dem Einfluss einer gewissen Ideologie geschrieben wurden. Lehrbücher müssten von unvoreingenommenen Experten erstellt werden, so der Präsident weiter, die ihr Fachgebiet mit großer Professionalität beherrschen. Es müsse verhindert werden, dass Revisionisten die Herzen unserer Kinder erobern. Man dürfe die Heldentaten des sowjetischen Volkes im Großen Vaterländischen Krieg keinesfalls mit den Verbrechen des Hitler-Regimes gleichsetzen.«

»Genau!«, brach es aus Sascha heraus.

»Genau!«, grollte die Menge zustimmend.

»Genau!«, sprach der Außerirdische automatisch nach, besann sich dann aber und erschrak.

»Die Zeit verrinnt«, sagte er zu Sascha. »Wir schaffen das nicht mehr. Unsere Energiereserven gehen zur Neige. Schon bald müssen wir wieder nach Hause fliegen!«

»Das hier ist jeden Augenblick zu Ende, und dann sind wir ganz sicher dran!« Sascha legte die Handflächen vor der Brust zusammen. »Nur noch ein klein bisschen Geduld!«

»Irgendwie kriegt der Präsident heute aber mehr Sendezeit als der Premier«, sagte der Kameramann nachdenklich.

»Ein wenig einseitig ist das schon«, stimmte jemand aus der Menge schüchtern zu.

»Das richten die sicher gleich«, kommentierte der Tonassistent nickend.

»Es bräuchte schon noch mal was über den Premier«, sagte jemand anders in der Menge. »Irgendwie ist da jetzt eine Lücke ...«

Sascha winkte ab.

»Nein, zuerst kommen wir.«

»Ogurzow! Du bist dran!«, verkündete das Studio aufgeregt. »Soundcheck! Sag was, damit wir dich einpegeln können.«

»Eins, zwei, drei«, stammelte Sascha. »Ein außerplanetares Raumschiff, so groß wie der Kreml, ist heute auf dem Dritten Verkehrsring gelandet ... die Außerirdischen versichern, dass ... Aber hören wir doch, was ... Live im Wichtigsten Kanal ... Erstmals.«

»Okay, das reicht!«

Jekaterina Alexejewas Brauen verzogen sich zu einem spitzen Dach.

»Und nun eine erstaunliche Meldung aus Moskau ...«

Sascha nickte dem Außerirdischen zu und sagte: »Also dann, lass mich nicht hängen!«

»Moment ... Verzeihung, soeben erhalten wir topaktuelle Bilder von der jüngsten Sitzung der russischen Regierung. Der Chef des Ministerkabinetts hat kurz nach den Ereignissen in Pikaljowo von seinen Untergebenen eine sofortige Reaktion gefordert ...«

»Hab ich's doch gesagt, dass sie das mit einer zusätzlichen Nachricht über den Premier ausgleichen werden!«, rief der Kameramann triumphierend.

»Ja, so ist es schon besser«, seufzte die Menge erleichtert.

Das noch immer über ihnen in der Luft hängende Raumschiff gab plötzlich einen langen, posaunenartigen Ton von sich, von dem sämtliche Fensterscheiben zu klirren begannen und man Gänsehaut bekam.

»Wir können nicht mehr warten«, sagte der Außerirdische niedergeschlagen. »Sonst ist die künstliche Raumkrümmung nicht mehr zu halten. Nur noch fünf Minuten.«

»Wie die Zeit verflogen ist«, sagte der Kameramann nachdenklich.

»Tja, man kann sich einfach nicht losreißen«, pflichtete ihm der Tonassistent bei.

»Wartet!«, flüsterte Sascha dem Alien erregt zu. »Das mussten die jetzt noch bringen, zum Ausgleich ... Das verstehen Sie doch?«

Der Außerirdische machte einen Schritt auf seine Transportkapsel zu, doch dann hielt er inne und kehrte mit nervösem Gezwitscher zu Sascha zurück.

»Ihr wisst ja gar nicht, was wir um euretwillen riskieren«, sprach er. »Ich begreift nicht, was hier auf dem Spiel steht ... Zehntausend Jahre!«

»Jetzt bringt uns schon endlich!«, flehte Sascha das Studio an. »Die sind doch gleich wieder weg! Sonst geht ihnen die Energie aus!«

»Haben wir mitbekommen«, bekam er zur Antwort. »Aber was sollen wir machen?«

»Damit ist unsere Sendung am Ende«, verkündete Jekaterina Alexejewa plötzlich. »Das waren die Wichtigsten Nachrichten, vielen Dank für Ihre Aufmerksamkeit! Im Anschluss: neue Folgen der beliebten Serie *Die Rache der Melkerin, oder das Recht auf Liebe.*«

»Sorry, Alter, dein Thema hat einfach nicht mehr in die Sendung gepasst«, meldete sich plötzlich der Chefredakteur in Saschas Ohr. »Es kamen halt lauter wichtige Meldungen dazwischen, das verstehst du doch! Aber vielleicht können deine grünen Männchen ja noch bis zur Mitternachtsausgabe bleiben, was meinst du?«

Sascha war außerstande, ihm zu antworten. Tränenüberströmt sah er der schimmernden Kapsel nach, als diese zu dem intergalaktischen Giganten hinaufflog. Dann setzte sich dieser vollkommen lautlos in Bewegung, schoss mit unvorstellbarer Geschwindigkeit in die Höhe und verschwand schließlich ganz aus dem bleischweren Moskauer Himmel, nur fort von der sündigen Erde, zurück zu seinem unendlich weit entfernten Heimatstern.

»Morgen hätte ich einen prima Einsatz für dich«, sagte der Chefredakteur in die Stille hinein und räusperte sich. »Mit dem Premier ins Kugellagerwerk. Wie wär's?«

»Mit dem Premier? Wirklich?« Sascha wischte sich mit dem Ärmel den Rotz ab und lächelte verzagt. »Das ist ja fantastisch!«

UTOPIA

Iwan Nikolajewitsch Antonow träumte davon, einmal im Leben Paris zu sehen.

Antonow liebte Frankreich von ganzem Herzen.

Jeder Russe liebt Frankreich, das hat er vom Sowjetmenschen geerbt. Würde man eine spontane Meinungsumfrage auf der Straße durchführen, welches Land auf der Stelle durch einen Atomschlag in Schutt und Asche gelegt werden solle, Frankreich wäre vermutlich das einzige, das am Ende noch existiert. Gegen Frankreich hat niemand etwas. Die Russen haben dem Land, warum auch immer, Napoleon verziehen, während Schweden keineswegs auf Gnade hoffen darf: Irgendjemand erinnert sich selbst heute noch an den Russisch-Schwedischen Krieg, und obwohl dieser viel weiter zurückliegt, sind Vorbehalte geblieben.

Womöglich liegt es daran, dass Frankreich für die Russen stets ein ersehntes Utopia gewesen ist, ein perfektes Zauberland, in dem nichts ist wie zu Hause. Wo alles elegant ist und es immer freundlich zugeht. Verführerisch und leidenschaftlich. Geschmackvoll und delikat. Wo es Freiheit gibt. Und außerdem Joe Dassin.

Von dem Tag an, da Iwan Nikolajewitsch ein eigenes Büro besaß, hingen hinter seinem Schreibtischstuhl unveränderlich zwei Fotos: Jean-Paul Belmondo mit Revolver und der Eiffelturm im Frühling, in einer für Wladiwostok recht sittsamen Schwarz-Weiß-Aufnahme.

Diese beiden goldgerahmten Fotografien wanderten mit ihrem Besitzer von Büro zu Büro: von dem Arbeitszimmer über der Sauna in das in der Festung außerhalb der Stadt, von dort aus weiter in das Office in einem gläsernen Businesscenter im Hafen und schließlich in das Büro im neuen Verwaltungsgebäude des Gouverneurs der Region Primorje. Dort gesellte sich ihnen ein drittes Foto hinzu: das Porträt des Präsidenten. Dieses hängte Iwan Nikolajewitsch aus Diensteifer auf, den Belmondo dagegen auf Geheiß seines Herzens.

Wie man sich unschwer vorstellen kann, war Iwan Nikolajewitsch dieses Ansehen nicht in die Wiege gelegt worden. Er war auch nicht von jeher in einem teuren Nadelstreifenanzug im gepanzerten Citroën C6 zur Arbeit gefahren, hatte nicht von früher Kindheit an Minister per Handschlag begrüßt, war nicht schon immer erster Klasse nach Moskau geflogen. Nein, es hatte Zeiten gegeben, da war auch er ein kleiner Junge gewesen, der meist schlicht Wanja genannt, manchmal jedoch auch hässlich beschimpft wurde.

Irgendwann hatte er angefangen, Sport zu treiben und sich neue Freunde zu suchen. Seitdem war er als Rambo bekannt. Wer ihn zuvor angepöbelt hatte, lernte nun schnell, seine Zunge im Zaum zu halten. Die Gesamtheit seiner ruhmreichen Taten brachte Rambo schließlich zehn Jahre im Lager unter verschärften Bedingungen ein. Dort durchlief er gewissermaßen eine Schule des Lebens, steckte mehrere schwere Verletzungen weg, lernte Autoritäten zu respektieren sowie strategisch zu denken – und wurde von Rambo zu Belmondo.

Er sah tatsächlich ein wenig aus wie der französische Schauspieler im Film *Außer Atem*. Dem Mann, dem die Ähnlichkeit zuerst aufgefallen war, hatte Iwan Nikolajewitsch prophylaktisch das Schlüsselbein gebrochen, sich dann aber, als ihm klar geworden war, dass es sich bei Belmondo lediglich um einen Nachnamen handelte, entschuldigt. Danach gewöhnte er sich so sehr an den neuen Namen, dass er schon bald vergaß, wie er früher genannt worden war.

Dort, im sibirischen Tschita, war auch seine Begeisterung für alles Französische geweckt worden. Für Joe Dassin, *Emmanuelle* und die Champs Élysées. Sogar die Sprache selbst faszinierte ihn, allerdings lernte er nur nachts und klammheimlich, damit seine Mitgefangenen ihm nicht auf die Schliche kamen, denn dergleichen konnten sie für ein Zeichen von Schwäche halten und ihn deswegen zur »Schwuchtel« degradieren.

Frankreich wurde für Belmondo zum Inbegriff der Freiheit. Sowohl der physischen als auch der metaphysischen. Er liebte das Land als Symbol. Als Image. Als Traum.

Als Belmondo aus dem Straflager entlassen wurde, beschloss er, seine kriminelle Vergangenheit hinter sich zu lassen und in den Fischhandel einzusteigen. Seine aufbrausende Art behielt er jedoch bei, und wenn ihn einer seiner früheren Bekannten aufsuchte und aus alter Gewohnheit Rambo nannte, dann war es gut möglich, dass Belmondos Assistenten diesen Bekannten zu der gigantischen Müllhalde in der Hermelinbucht außerhalb von Wladiwostok brachten – säuberlich portioniert und in Plastiktüten verpackt.

Die Jahre vergingen. Belmondo baute sein Geschäft weiter aus, importierte nun Autos mit Rechtslenkung aus Japan und exportierte russisches Holz. Eines schönen Tages trat man schließlich an ihn, einen der angesehensten Unternehmer der Primorje-Region, mit dem Vorschlag heran, seine Autorität doch in den Dienst des Staates zu stellen, der Partei beizutreten und stellvertretender Gouverneur zu werden. So wurde aus Belmondo wieder Iwan Nikolajewitsch, ganz wie es im Pass stand, wie damals, in der fernen, unschuldigen Kindheit. Als hätte er ein Reinigungsritual durchlaufen und nach Art einer Kobra die alte Haut abgeworfen, den alten Namen und Titel abgelegt ... Das gleiche Ritual durchlief auch seine persönliche Akte bei der Staatsanwaltschaft der Region und in der lokalen Zweigstelle des Innenministeriums.

Nur der FSB wusste seitdem um Iwan Nikolajewitschs komplizierten Lebensweg. Aber dafür war er ja auch der FSB: um alles über alle zu wissen und es bei Bedarf in Erinnerung zu bringen.

Kaum war Iwan Nikolajewitsch ein Mann des Staates geworden, änderte er sein Äußeres grundlegend, verabschiedete sich endgültig von seiner stürmischen Vergangenheit und befahl alten Weggefährten, diese ebenfalls zu vergessen. Sollte ihn dennoch jemand allzu hartnäckig an vergangene Zeiten erinnern, so brachten ihn Iwan Nikolajewitschs Sekretäre zu der mittlerweile legendären Müllhalde in der Hermelinbucht, wie gehabt säuberlich portioniert und in Plastiktüten verpackt, die inzwischen jedoch das Logo eines Supermarkts trugen, der Iwan Nikolajewitsch gehörte.

Nur in einem Punkt blieb Iwan Nikolajewitsch sich treu: Nach wie vor liebte er Frankreich. Diese alte Liebe brachte ihn sogar unter die Haube, denn er heiratete Emmanuelle. Selbige war nichts anderes als eine gewöhnliche Prostituierte, der ihr Schutzengel aber eingeflüstert hatte, sich diesen nostalgischen Künstlernamen zuzulegen, um etwas mehr herzumachen als eine Snezhana, Angela oder Kristina. Sobald sich Iwan Nikolajewitsch zu dieser Ehe entschlossen hatte, sorgte er für einen Sieg seiner Braut bei den Wahlen zur Miss Primorje, damit er in den Augen des Establishments nicht als ausgemachter Trottel dastand.

Das Porträt des ewig jungen Jean-Paul Belmondo hing unverändert in seinem Büro. Auf diese Weise bekundete Iwan Nikolajewitsch seine Entschlossenheit, den romantischen Idealen seiner Jugend im Geiste die Treue zu halten.

Denn so viel sich Iwan Nikolajewitsch auch herausnehmen konnte, er fand dennoch, dass es beklemmend sei in diesem Land, unfrei und eng. Zwischen dem Leben damals im Lager und seinem jetzigen in Wladiwostok sah er kaum einen Unterschied. Und es drängte ihn – drängte seine ganze Seele – nach echter Freiheit.

Selbst Emmanuelle konnte ungeachtet all ihrer Anstrengungen seine Sehnsucht nach einem französischen Akzent in der Liebe nicht stillen. Stets hatte Iwan Nikolajewitsch den Eindruck, dort, in Frankreich, wüssten die Menschen ohne Gegenleistung in einer Weise zu lieben, dass selbst das leidenschaftlichste Abenteuer in einer elitären Wladiwostoker Sauna noch unterkühlt erschiene. Und welche Gefühle man dort erst erwarten durfte, wenn man es sich etwas kosten ließ ...

Ach, Frankreich!

Dieser Muse diente Iwan Nikolajewitsch nach besten Kräften. So verzieh er großherzig einem abtrünnigen Killer, der vor ihm in die Fremdenlegion geflohen war, holte den Legionär nach Hause zurück und übte sich an drei Tagen in der Woche mit ihm in gebrochenem Französisch und handfestem Nahkampf. Iwan Nikolajewitsch besaß sämtliche Alben von Joe Dassin auf Vinyl, und Mireille Mathieu hatte bei feierlichen Anlässen sogar schon zweimal für ihn in seiner Sauna gesungen.

Nur in Frankreich selbst war der allmählich ergrauende Löwe noch immer nicht gewesen. Erst hatte man ihm seinen Pass verweigert, dann hielten ihn Geschäfte auf, dann bekam er kein Visum, dann kamen neue, dringliche Geschäfte, dann gab es erneut kein Visum ... Obendrein lag Wladiwostok geografisch nun einmal näher an Pattaya als an der Place Pigalle.

Trotzdem konnte sich Iwan Nikolajewitsch nicht von dem Traum verabschieden, eines Tages am Flughafen Charles de Gaulle zu landen und mit vollen Zügen die kristallklare französische Luft einzuatmen. Und als seine Akte beim Innenministerium eines Tages wie von Zauberhand gelöscht wurde, was ihm gewissermaßen einen Neustart ermöglichte, und er zudem diesen grünen Diplomatenpass erhielt, bei dem es für wohlerzogene Franzosen schlicht nicht *comme il faut* gewesen wäre, ihn durch eine Ablehnung zu verunstalten, da traf er seine Entscheidung.

»Am Wochenende also ... da will ich nach Paris«, teilte er dem Gouverneur mit, wobei er heimlich eine Validol lutschte.

»Nur zu, mein Guter, nur zu! Du hast das schon so oft geplant«, erwiderte der Gouverneur und bedachte Iwan Nikolajewitsch mit einem liebevollen Blick: Wenn ihn einer verstand, dann er.

»Ich bin ziemlich aufgeregt«, gestand Iwan Nikolajewitsch, knallrot angelaufen und sich die Glatze mit einem Seidentaschentuch abtupfend. »Ein Traum ist mir geblieben ... und jetzt soll er ... also, gewissermaßen ...«

»Du Glückspilz«, kommentierte der Gouverneur seufzend, löste einen einzelnen Schnitz aus einer geschälten Mandarine und legte ihn neben das weiße Telefon, auf dem anstelle der Wählscheibe der goldene Doppelkopfadler prangte. »Mein Traum ist bereits in Erfüllung gegangen. Seitdem ist mein Leben irgendwie langweilig.«

»Tja, Gouverneur wird man halt nur ein Mal im Leben, aber nach Paris, da kann man jeden Freitag fliegen«, sagte Iwan Nikolajewitsch und entblößte sein goldenes Gebiss. »Das wird nie langweilig! Da gibt es den Louvre, die Seine, Café-chantants und Kastanien, das Quartier Latin, und zur Not ist die Côte d'Azur ja auch nicht weit, wo die alten Kumpels von damals wohnen ...«

»Was soll das heißen, man wird nur ein Mal Gouverneur?«, fragte der Gouverneur mit finsterer Miene. »Was mich angeht, ich wäre einer zweiten Amtszeit durchaus nicht abgeneigt ... Sicher, der Mensch denkt, aber Gott lenkt«, schob er rasch hinterher, linste ängstlich auf das weiße Telefon mit dem Wappen und opferte ihm einen weiteren Mandarinenschnitz.

»Wie ich gehört habe, stellt manch einer ihm wohl auch ein Gläschen mit gutem französischen Cognac hin«, flüsterte Antonow und warf einen beredten Blick auf den Kremlapparat. »Angeblich hilft das.«

»Du bist einfach unverbesserlich, Belmondo, mit deiner Frankreich-Manie«, erwiderte der Gouverneur kopfschüttelnd. »Aber gut, meinetwegen!«

Der elegante Citroën C6 in der Farbe einer Provencenacht – den gleichen fuhr der französische Präsident Sarkozy – flog, eingerahmt von Jeeps mit Sechs-Liter-Motoren, durch die Straßen Wladiwostoks und schluckte alle Schlaglöcher und Gruben. Die Männer der Staatlichen Verkehrsinspektion bemerkten das exotische Auto – das einzige mit dem Steuer auf der linken Seite im Reich der Wagen mit japanischer Rechtssteuerung – stets schon von Weitem und salutierten in der Regel. Einige brachten sich auch mit einem Sprung in die Büsche am Straßenrand in Sicherheit, denn die Vorbehalte, die Antonow gegenüber den Angehörigen der Miliz hegte, waren allgemein bekannt. Iwan Nikolajewitsch selbst hatte es sich auf dem milchweißen Ledersitz bequem gemacht und befasste sich mit Staatsangelegenheiten.

»Sag ihm, dass er erledigt ist! Und wenn sein Schmierblatt die Sache noch einmal erwähnt, dann kriegt er von mir eine Aufenthaltserlaubnis für die Hermelinbucht«, sagte er seinem Gesprächspartner am anderen Ende der Mobiltelefonverbindung, während er seine Krawatte richtete. »Mach's gut, da kommt gerade ein neuer Anruf rein. Antonow am Apparat! ... Genau, darum geht's, die Zollangelegenheiten sind längst geklärt ... Was für ein Präsidentenerlass? Davon hab ich noch nie gehört. Bisher ging es auch immer ohne. Der Sonder... wer? Der Sonderbeauftragte? Des Präsidenten? Dem spendieren wir eine Behandlung der Extraklasse, Sauna mit hübschen jungen Dingern, das nehmen wir dann auf, da haben wir gleich ein weiteres Argument für unsere Gespräche ... Also dann, ich muss Schluss machen, da kommt schon der nächste Anruf. Antonow am Apparat! Tut mir leid, Puppe, aber ich fliege allein nach Paris. Und wenn du mich noch mal unter dieser Nummer anrufst, dann kriegst du von mir eine ... Schluss jetzt, da kommt ein anderer Anruf rein, Küsschen. Antonow! Ja, Alexander Petrowitsch! Selbstverständlich! Wir haben schon alles nach Indonesien transferiert, die ganzen dreihundert Millionen. Nein, niemand hört mit, die stehen alle auf meiner Gehaltsliste, sozusagen ... Jawohl, wird gemacht ... Danke. Alles Gute!«

In dieser Sekunde stieg sein Legionär auf die Bremse. Iwan Nikolajewitsch, der selbstverständlich nicht angeschnallt war, knallte mit der stoppeligen Wange gegen die Lehne des Fahrersitzes.

»Die sind ... wie aus dem Nichts ...«, erklärte der Legionär. »Die sind nicht von hier.«

Daraufhin würdigte Iwan Nikolajewitsch das Bild, das sich ihm bot, eines genaueren Blickes. Zwei Schigulis der Miliz standen einsam und verlassen mitten auf der Straße und vermasselten ihm seinen Triumphzug. Die Jeeps seiner Eskorte spuckten sofort etliche Kämpfer der Schnellen Eingreiftruppe in ihren graugrünen Tarnuniformen aus. Diese huschten zielsicher über den vom kürzlichen Regenschauer noch nassen Asphalt und kesselten die glücklosen Verkehrspolizisten ein.

»Kommen die von der Regionalverwaltung, oder was?«, fragte Antonow erstaunt, wobei er innerlich abwog, ob er Gnade vor Recht ergehen lassen sollte.

Die Tür des einen Schiguli flog auf, und ein dickwanstiger Mann mit hoher Uniformmütze wieselte auf den Citroën zu, ohne die bedrohlich starrenden Eingreifler in irgendeiner Weise zur Kenntnis zu nehmen. Ihm folgte ein Kameramann, der bisher verborgen am Straßenrand auf der Lauer gelegen hatte. Die Aufschrift »Bereitschaftsdienst« auf seiner schusssicheren Weste wies ihn als Mitarbeiter der landesweit ausgestrahlten Kriminalnachrichten aus.

»Dann wollen wir mal hören, was er will«, sagte Iwan Nikolajewitsch bloß.

»Milizgeneral Popow, Direktor der Staatlichen Verkehrsinspektion beim Innenministerium der Region Primorje. Wir führen die Operation Odysseus zum Kampf gegen illegale Sirenen durch. Haben Sie eine Erlaubnis für Sondersignale?«, fragte er den Legionär.

»Der muss neu sein, wahrscheinlich gerade erst ernannt«, wandte sich dieser betreten an Iwan Nikolajewitsch, wobei er die Frage des Generals geflissentlich ignorierte.

Antonow steckte sich eine argentinische Zigarre an und trommelte mit den Fingern eine Melodie von Joe Dassin auf die Armlehne aus karelischer Birke.

»Wen haben wir denn an Bord?«, fragte Popow und klopfte kühn mit seinem Stab gegen die von außen absolut blickdichte Scheibe des Citroën.

Der Kameramann der Kriminalnachrichten eilte näher heran und richtete sein Objektiv auf die hintere Wagentür. Die Kämpfer der Schnellen Eingreiftruppe wurden dagegen von kognitiver Dissonanz überwältigt und blieben apathisch stehen, wie Duracell-Hasen, denen die Batterie ausgegangen war.

Iwan Nikolajewitsch seufzte schicksalsergeben, und ließ mit gravitätischem Sirren die Scheibe herunter, um dem General in die rote Visage zu starren.

»In den Kofferraum mit dir!«, sagte er in gutmütigstem Ton. »Wir machen eine kleine Spazierfahrt!«

Iwan Nikolajewitsch brachte den General nicht um die Ecke, sondern begnügte sich mit einer unmissverständlichen Warnung: Er ließ ihn bis zum Hals an einem einsamen Strand eingraben und pinkelte auf den Generalskopf, damit dieser in Zukunft den gebührenden Respekt an den Tag legte. Dem Kameramann befahl er, alles aufzunehmen. Für sein Privatarchiv.

»Bei uns in Primorje gibt es nur ein Gesetz, und das gilt für alle«, knurrte Iwan Nikolajewitsch wie ein alter Oberlehrer, während er die Hose schloss. »Ob du nun General bist oder nicht.«

Die VIP-Lounge des Wladiwostoker Flughafens hatte Iwan Nikolajewitsch für sich allein. Die anderen Passagiere waren vorsorglich vertrieben worden, damit sie ihm ja nicht auf die Nerven fielen. Er schlug den *Kommersant* auf und begann, langsam und laut die Aufmacher zu lesen, wobei er die langweilige Tätigkeit immer wieder unterbrach, um sich mit einem zwei Fingerbreit eingeschenkten Whisky zu stärken. Der

Legionär, den Antonow als Dolmetscher mitnahm, stand am Fenster und vertrieb sich die Zeit damit, alle Fliegen, die gegen die Scheibe prallten, mit dem Finger zu zerquetschen.

Sobald das Gewitter abgezogen war, brachte man Antonow mit einem Wagen zur Boeing und führte ihn dort in eine separate Lounge, wo ihm für den acht Stunden langen Inlandsflug eine kostenfreie Bar zur Verfügung stand, dazu eine reizende Stewardess, die zu allem bereit war – für einen geringfügigen Aufschlag, versteht sich.

Zum Erstaunen aller beachtete Iwan Nikolajewitsch die Stewardess überhaupt nicht, und dem Legionär fehlte das nötige Kleingeld. Fast die gesamten acht Stunden wiederholte Antonow, die Zungenspitze hervorgestreckt, im Schweiße seines Angesichts die Konjugation der französischen Verben aus der 3. Gruppe. Als ihn dies ermüdete, bat er darum, man möge ihm die eigens mitgebrachte DVD von *Das Spielzeug* mit Pierre Richard einlegen.

Nach der Zwischenlandung auf dem Moskauer Inlandsflughafen Scheremetjewo bestellte Iwan Nikolajewitsch eine Suppe Julienne und einen Bordeaux zur Einstimmung auf das, was ihn erwartete. Eigentlich hatte er Froschschenkel bestellen wollen, doch der Kellner hatte ihm abfällig geantwortet, diese würde er vermutlich schneller in Paris serviert bekommen. Iwan Nikolajewitsch hatte ihm aufmerksam zugehört, dem Kellner anschließend in der Toilette den Kopf gegen das Waschbecken geknallt, ihm einen Fünfhunderteuroschein in den Mund gestopft, einen Kognak hinuntergestürzt und sich dann allmählich wieder beruhigt ...

»Leb wohl, Heimat!«, sagte Iwan Nikolajewitsch und stieß mit seinem Glas gegen das Bullauge, hinter dem nun das Rollfeld des Auslandsflughafens Wnukowo lag. »Wer weiß, ob wir uns je wiedersehen ... Schließlich fliege ich in die Freiheit!«

Bis zur französischen Hauptstadt war es ein Katzensprung, ein Flug von gerade mal dreieinhalb Stunden. Diese jedoch sollten zu den strapaziösesten Stunden in seinem Leben werden, seit er, nach zehn Jahren Straflager in Tschita, an die Tür des ersten Puffs geklopft hatte.

»Bist du schon mal in Paris gewesen?«, wollte er, ganz Mann von Welt, von dem neben ihm sitzenden Starjournalisten Wladimir Posner wissen, während er sich Champagner einschenkte.

»Das eine oder andere Mal«, antwortete Posner beleidigt.

»Für mich ist es das erste Mal«, gab Iwan Nikolajewitsch verschämt zu.

»Merkt man«, erwiderte Posner, um kurz darauf hinzuzufügen: »Das sag ich nie wieder, versprochen. Wenn Sie mich jetzt bitte loslassen würden.«

Auf den ersten Blick hätte Iwan Nikolajewitsch Frankreich glatt mit Moskau verwechseln können: nur Glas und Beton. Und noch im Flughafengebäude schrillten in ihm sämtliche Alarmglocken: Seinen Ausweis kontrollierte ein untersetztes schwarzes Weib! Schwarze, Araber und dergleichen waren im *Spielzeug* nicht vorgekommen ...

»Bist du sicher, dass wir hier richtig sind?«, nahm er den Legionär streng ins Verhör.

»Das ist die Heimat Voltaires«, versicherte dieser und blickte sich etwas verlegen um.

»*Merci et bienvenue en France*«, hieß die Frau Antonow lächelnd willkommen.

»Tut mir leid, dass ich keine Bananen dabeihabe«, erwiderte dieser auf Russisch, gleichfalls lächelnd. »Uh! Uh!«

»Vorsicht! Sie könnten sie beleidigen«, warnte ihn der Legionär.

»Versteht die mich überhaupt?«, murmelte Antonow verächtlich. »Wilde in den Staatsdienst einzustellen!«

Selbst die freie französische Luft unterschied sich kaum von der Moskauer. Rein gar nichts rührte sich in Iwan Nikolajewitschs Brust. Doch bevor er voreilige Schlüsse zog, wollte er Frankreich eine Chance geben. Denn nichts wünschte er sich sehnlicher, als dass Frankreich ihn verführte und ihm die erotischen Träume seiner Jugend zurückgab. Und wäre die hiesige Luft erst einmal prall vom Aroma der Leidenschaft und Wonne, käme sie ihm ja womöglich auch süßer vor ...

»Ins Moulin Rouge!«, befahl Iwan Nikolajewitsch dem Taxifahrer.

Er fuhr mit offenem Fenster und saugte den Anblick der vorbeifliegenden Pariser Straßen förmlich ein. Dunkle Schatten huschten über sein Gesicht. Erst an der Place Pigalle glätteten sich die Falten langsam wieder.

»Das stimmt schon eher«, ließ er sich mit einem gewissen Hochmut vernehmen.

Er steckte dem Taxifahrer fünfhundert Euro zu – kleiner hatte er es nicht – und bahnte sich durch etliche bereits vorfreudig schmachtende Touristengruppen seinen Weg zum Varieté.

»Folgendes, Chef!«, wandte sich Iwan Nikolajewitsch an den Geschäftsführer, der geradezu unschicklich braun gebrannt war, und steckte ihm einen Fünfhunderter in die Brusttasche. »Besorg uns einen guten Platz, damit ich die Glocken der Weiber gut sehen kann. Wir sind gerade erst aus Russland ausgebüxt. Ihr habt doch Frischfleisch, oder?« Er klopfte dem Geschäftsführer wie ein alter Stammkunde auf die Schulter, wobei er seinen Legionär mit einem eindringlichen Blick zum Dolmetschen aufforderte.

»*Je regrette, monsieur, mais vous devez faire la queue, comme tout le monde*«, erwiderte der Geschäftsführer bloß.

»*Je ne comprends pas!*«, blaffte ihn Iwan Nikolajewitsch an, und seine Finger formten ganz von allein den fast schon vergessenen Teufelsgruß. Diesem Kerl würde er die Augen ausstechen! Wann war ihm zum letzten Mal etwas abgeschlagen worden?

»Wir sollten uns besser anstellen«, gab der Legionär die Worte des Geschäftsführers in etwas sanfterem Ton wieder.

»Das letzte Mal habe ich mich für Knastplörre angestellt!«, knallte ihm Belmondo vor den Latz. »Das ist vielleicht eine Art hier!«, spie er mit gebleckten Zähnen aus. »Wie im Lager!«

»Die rufen gleich die Polizei«, brachte der Legionär besorgt hervor.

»Dann rufen wir den Konsul!«, brüllte Iwan Nikolajewitsch, wenn auch pro forma, denn sein Wunsch nach Einlass überwog den nach einer Prügelei deutlich.

In seiner Rachsucht wies der Geschäftsführer ihnen einen Tisch zu, von dem aus die Tänzerinnen nur vage zu erkennen waren. Fürs Erste spülte Antonow seine Wut mit Champagner hinunter.

»Was für hässliche Weiber! Und flach wie Bügelbretter!« Iwan Nikolajewitsch trank den Cristal direkt aus der Flasche und erhob sich von seinem Platz. »Und tanzen können sie auch nicht! Na, woll'n wir mal sehen, wie sie sich im Bett machen.«

Er stapfte Richtung Bühne, ein unaufhaltsamer Rammbock, der die vom Anblick der nackten Frauenbrüste beseelten Touristen aus Japan in Angst und Schrecken versetzte.

»Die da will ich, die Schwarze«, sagte er einem Security-Mann vom Varieté und deutete auf das knackige dunkelhäutige Showgirl in dem exotischen Kostüm aus Straußenfedern. »Der werd ich's besorgen. Ihr seid ja zu blöd dafür!«

»*C'est pas possible, monsieur!*«, erklärte der Security-Typ und breitete die Arme aus, um ihn aufzuhalten.

»*Je ne comprends pas!*«, unterstrich Iwan Nikolajewitsch abermals sein Unverständnis.

»*Ici, on n'est pas un bordel*«, stellte der Security-Typ, offensichtlich in seiner Ehre verletzt, klar.

Daraufhin schob Iwan Nikolajewitsch einen Stuhl dicht an die Bühne, um diese zu erklimmen. So hielt er es in seinem Stamm-Stripclub zu Hause auch. Er stopfte der zur Salzsäule erstarrten Tänzerin seines Begehrens einen Packen Fünfhunderteuroscheine in das strassbesetzte Höschen, langte nach ihrer ausdrucksstärksten Kurve und zog sie hinter sich her.

»*Je ne suis pas une pute!*«, protestierte die Tänzerin, der schwante, dass Iwan Nikolajewitsch sie mit einer Prostituierten verwechselte.

»*Je ne comprends pas!*«, erwiderte dieser aufrichtig verwundert.

Dem hinzueilenden Security-Typ zog Belmondo gekonnt die Flasche Cristal über den Kopf, zerschlug anschließend den rosengeschmückten Champagnerkelch und hielt seine Stellung noch zehn Minuten, nunmehr bereits von höheren Kräften in Gestalt der eingetroffenen Gendarmerie in die Ecke gedrängt. Dem Legionär fiel in letzter Sekunde ein, dass er in diesem Land womöglich noch arbeiten wollte, weshalb er es vorzog, keinen Beitrag zu dieser Auseinandersetzung zu leisten.

Schließlich gelang es, Iwan Nikolajewitsch Handschellen anzulegen und ihn mit kräftigen Tritten durch die Menge in den Polizeibus zu befördern.

»Nehmen Sie mir die Fesseln ab! Ich bin ein freier Mann!«, schrie Belmondo, das Haupt voll Blut, aber noch erhoben.

Die dunkelhäutige Tänzerin schaute ihm nach, und ein kaum erkennbares Verlangen lag in ihren braunen Rehaugen, während sie die Banknoten zählte.

Im Polizeirevier legte Iwan Nikolajewitsch einen Auftritt voller Würde hin. Für alle Fragen hatte er eine russische Antwort parat. Aus diesem Grund wollte das Gespräch nicht so recht in Gang kommen.

»*Pourquoi avez-vous agressé la danseuse?*«, erkundigte sich der Kommissar beispielsweise ganz unverfänglich nach dem Grund des Angriffs auf die Tänzerin.

»Ich verweigere jede Aussage, solange der russische Konsul nicht anwesend ist!«, entgegnete Iwan Nikolajewitsch stur.

»Confirmez-vous avoir frappé la personne de sécurité?«
Auch mit der Frage nach dem Angriff auf den Angehörigen des Sicherheitspersonals hatte der Mann keinen Erfolg.

»Ich genieße diplomatische Immunität!«, brüllte Iwan Nikolajewitsch.

Nicht viel besser verhielt es sich mit dem Hinweis, dass Iwan Nikolajewitsch aufgrund seines Verhaltens die Ausweisung drohe: *»Comprenez-vous qu'à cause de votre comportement vous serez déporté de la France?«*

»Was ziehst du hier eigentlich für eine Show ab?«, fragte Iwan Nikolajewitsch mit einem Mal ganz kumpelhaft.

In dem Moment klingelte das Telefon. Der Kommissar nahm das Gespräch an, wischte sich mit seinem Taschentuch über die Stirn und verstummte. Wie ein Mückensurren drangen an Iwan Nikolajewitschs Ohr die ersehnten Worte *»consul russe«*. Der Franzose linste nur verstohlen zu ihm hinüber.

»Auf allen vieren wirst du vor mir krauchen!«, stieß Iwan Nikolajewitsch aus und rieb sich genüsslich die Hände. »Dann überlegst du dir das nächste Mal nämlich vorher, was du tust, Bürschchen. Kannst ja noch froh sein, wenn man dich nicht auf der Stelle verhaftet!«

»Le consul russe est à Courchevel. Il aide à vos collègues plus riches et ne viendra pas. Quelques choses avec des putes mineures, cocaïne et armes à feu, comme d'hab«, setzte der Kommissar nun Iwan Nikolajewitsch völlig gelassen davon in Kenntnis, dass der russische Konsul sich gerade in Courchevel um minderjährige Prostituierte, Drogendealer und irgendwelche Schusswaffen –

kurzum das Übliche – kümmern müsse und mit seinem Eintreffen nicht zu rechnen sei.

»Kumpel! Ich habe noch zwanzigtausend in bar.« Belmondo fingerte eifrig in der Tasche seines Jacketts. »Die behältst du, ja? Zur Erinnerung an mich.«

»*On n'accepte pas des pot-de-vins ici*«, verbat sich der Kommissar jede Bestechung.

»*Je ne comprends pas*«, stieß Belmondo ehrlich entsetzt aus und vergaß für einen kurzen Moment sogar seinen Nationalstolz.

»*Pas de pot-de-vin!*«, wiederholte der Kommissar noch einmal, um dann hinzuzufügen, man sei hier schließlich nicht in Russland, sondern in Europa: »*Vous êtes en Europe, pas chez vous en Russie.*«

»Und ich werde alles dafür tun, dass mein Russland niemals in eure ver..., in eure arrogante EU eintritt!«, schrie Iwan Nikolajewitsch.

Mit Müh und Not kam er einen Tag später wieder frei. Der Legionär hatte sich an die Telefonnummer eines Anwalts erinnert, den er noch von einem früheren Auftrag her kannte. Eigentlich war der Mann auf Mordfälle spezialisiert, verdiente sich aber mit russischen Halblegalen und afrikanischen Herrschern im Urlaub ein Zubrot.

Zum Flughafen brachte ihn ein Citroën in der Farbe von Moskauer Smog, in dem Belmondo mit einer Miene, finsterer noch als das Butyrka-Gefängnis, durchgeschüttelt wurde, gefolgt von einem Polizeiwagen mit eingeschaltetem Blaulicht. Iwan Nikolajewitsch konnte froh sein, dass er keine Handschellen mehr zu tragen brauchte.

»Geht das nicht schneller? Zweihundert Sachen bringt der doch locker!«, platzte es aus Belmondo heraus, den das Flackern des Blaulichts im Rückspiegel ermüdete. »Eine Luft ist das hier ...«

»Schneller dürfen wir nicht, Iwan Nikolajewitsch«, murmelte der Legionär. »Hier sind höchstens achtzig erlaubt.«

»Diese Schufte! Unterdrücken meine persönliche Freiheit!«, zischte Belmondo böse. »Ich will nach Hause ...«

Die Businessclass war halb leer. Iwan Nikolajewitsch schaute von seinem geräumigen Platz aus voller Hass durch das Fenster auf Frankreich hinunter.

»Was soll das hier für eine Freiheit sein? Dies ist verboten, jenes ist verboten ...«, brummte er laut vor sich hin und sah zu den Sitznachbarn hinüber, damit irgendwer ihm beipflichtete, fand mit seinem Blick aber nur Posner, der kreidebleich von ihm abrückte. Der Starjournalist schien etwas sagen zu wollen, überlegte es sich dann aber und presste die Lippen fest aufeinander.

»Fraaankreich!«, zog Belmondo das Wort voller Verachtung in die Länge. »Jafickdichdoch! Das ist kein Land, das ist ein elendes Utopia!«

EINE FÜR ALLE

Das Dienstzimmer hatte sich Goldowski völlig anders vorgestellt. Er hatte den üblichen Eichentisch der Nomenklatura erwartet, der selbst einem Panzerangriff trotzen würde, das hochherrschaftliche Porträt von Sie-wissen-schon-wem in Öl und eingefasst in einen geschnitzten Goldrahmen, weiße Telefone mit Wappen für jene besonderen Verbindungen, Aschenbecher aus Marmor ...

Insofern war er angenehm überrascht. Skandinavischer Minimalismus, in einer Ecke ein überdimensionaler Flachbildschirm, ein elegantes MacBook im Aluminiumgehäuse auf einem gläsernen Designerschreibtisch. Sie-wissen-schon-wer schaute mit wachsamem Blick à la Lenin von der Wand, einen Simonow-Karabiner gegen die nackte Brust gepresst. Kurz, alles zeugte davon, dass der Besitzer dieses Büros nicht gerade auf der untersten Stufe der Karriereleiter stand.

»Sie sind ein hervorragender Spezialist«, sagte dieser nun ausdruckslos. »Ich kenne Ihre Arbeit zum Silikonhirn. Ausgesprochen originell. Das Gleiche gilt für die Hühnerkeulen. Meiner Ansicht nach sind Sie damit reif für eine echte Challenge.«

Goldowski hüstelte verlegen. Als er gestern Abend den Anruf erhalten hatte – eine unterdrückte Nummer, dazu der Name –, hatte er im ersten Moment geglaubt, seine Freunde würden ihm einen Streich spielen. Im zweiten war ihm der Schweiß ausgebrochen. Er hatte ihn rasch abgewischt und nur noch krampfhaft genickt. Die ganze Nacht hatte er sich im Bett herumgewälzt und versucht, sich auszumalen, was wohl der Gegenstand des Gesprächs, um das er gebeten worden war, sein könnte ...

»Schauen Sie nicht so!«, fuhr der Mann gelassen fort, dem der verständnislose Blick Goldowskis nicht entgangen war. »Es ist uns ein Anliegen, Talente aus den unterschiedlichsten Bereichen für uns zu gewinnen. Für uns arbeiten ehemalige FSB-Angehörige ebenso wie Ex-Soldaten oder Kräfte aus dem Privatsektor ... Den FSB habe ich schon erwähnt?«

Goldowski deutete ein vorsichtiges Nicken an. Der Mann hinter dem Glasschreibtisch nickte zurück und hüllte sich wieder in Schweigen. Als diskreter Pausenfüller fing nun die japanische Klimaanlage an zu surren.

»Wie ich zugeben muss«, fuhr der Mann schließlich fort, »hat man dort etwas eigenwillige Vorstellungen von Kreativität. Deshalb habe ich beschlossen, jemanden mit frischem Blick hinzuzuziehen. Die Aufgabe ist nicht ganz einfach. In den heutigen, durchaus komplizierten Zeiten müssen wir unser multinationales ...«, sein Blick huschte über Goldowskis Gesicht, »Volk enger zusammenrücken lassen. Dafür wäre der Trick mit einem kleinen ruhmreichen Krieg zwar bestens geeignet, käme jedoch zu früh. Die Prognosen für unsere Wirtschaft und soziale Stabilität deuten ...«, er blätterte in seinen Papieren, in denen ein roter Marker gewütet hatte, »in eine andere Richtung. Die Suche nach einer nationalen Idee läuft auf die altbekannte Devise von Rechtgläubigkeit, Selbstherrschaft und Volkstümlichkeit hinaus. Aber erstens ist nicht ganz klar, wie heutzutage, mit dem System QUAS Wahlen, diese sogenannte Volkstümlichkeit zu interpretieren ist, und zweitens schließt dieser Slogan unsere tschetschenischen, dagestanischen und auch kalmückischen Brüder aus ... Die Tschetschenen habe ich schon erwähnt?«

Goldowski nickte bedachtsam.

»Wir brauchen ein neues patriotisches Konzept. Wir brauchen neue Aufrichtigkeit in der Liebe zur Heimat. Vielmehr nicht einfach zur Heimat, sondern zu *der* Heimat! Wir brauchen ein Rebranding der Heimat selbst!«, erklärte der Mann, um dann geradezu beiläufig zu fragen: »Sie haben nicht zufällig die doppelte Staatsbürgerschaft?«

»Nein«, antwortete Goldowski und schüttelte heftig den Kopf, obwohl er diese Option in Betracht gezogen hatte.

»Das ist nur zu begrüßen. Es ist nämlich schon vorgekommen, dass wir Fachleute beschäftigt haben, die etwas über die Liebe zur Heimat ausarbeiten sollten, dann aber mit dem Gegenstand dieser Liebe durcheinandergeraten sind. Doch die Heimat ...« Der Mann hinter dem Glasschreibtisch hob den Zeigefinger wie ein Oberlehrer. »Die Heimat ist wie eine Frau. Wer noch eine zweite liebt, verrät die erste.«

Goldowski trug mit einem Bleistift etwas in das Designernotizbuch ein, das er mitgebracht hatte. Der Mann beobachtete ihn wohlwollend.

»Und damit kommen wir zu Ihrer Aufgabe. Lassen Sie sich etwas einfallen! Wir müssen den Patriotismus zu neuem Leben erwecken und ihn modernisieren! Verleihen Sie der Heimat Sex-Appeal! Finden Sie heraus, welche Bedeutung dieser Begriff in einer Welt, die von Internet und Global Village geprägt ist, überhaupt noch haben kann. Damit allein das Wort Heimat nicht nur die Hirne von rechtgläubigen Bannerträgern oder Kosakenatamanen stimuliert, sondern die Nervenzellen aller. Heimat muss Trend sein. Das Moskauer Künstlerzentrum Winsawod muss aus eigener Initiative patriotische Happenings organisieren. Rentner dürfen sich in ihrer Heimat nicht wie Fremde fühlen.« Er schnitt eine Zigarre an, doch bevor er sie anzündete, sah er Goldowski fest in die Augen. »Und selbstverständlich sollte dieses Konzept von Heimat allen etwas bieten. In erster Linie jedoch denjenigen, die unsere Budgets verabschieden. Unseren besten Kadern. Habe ich schon erwähnt, wo wir sie gewinnen?«

Goldowski nickte ein weiteres Mal schicksalsergeben.

»Lassen Sie sich also bis Montag etwas einfallen«, verlangte der Mann hinter dem Glasschreibtisch.

Der Fünflitermotor des BMW X6 erwachte mit einem tiefen Brummen zum Leben. Goldowski hing seinen Gedanken nach und ließ die Asche seiner amerikanischen Dunhill direkt auf den weißen Ledersitz fallen. Er hatte eine erprobte Methode: Wenn er in Gedanken die Marken und Produkte durchging, die zu einem Auftrag passten, strahlte vor seinem inneren Auge in der Regel ein Objekt ganz besonders hell. Auf ihm baute er dann sein Konzept und seine zukünftige Kampagne auf. Dafür musste er das vertraute Bild nur unter einem neuen Blickwinkel betrachten. Von Kokain ließ er in diesem Zusammenhang lieber die Finger, aber hydroponisch angebautes Cannabis hatte ihm schon oft gute Dienste geleistet.

Heimat, Heimat, Heimat ...

Die Heimat, sie beginnt mit dir und mir
Mit der Schule und dem Lesen ...

Goldowski fuhr aus den stickigen Gassen zum altehrwürdigen Viertel Kitai-Gorod, bog auf die Uferstraße ab und raste zur Bolschoi-Kamenny-Brücke. Rechts flogen rote Ziegelbauten an ihm vorbei, die goldenen Kuppeln glänzten matt und fingen die Spiegelbilder der niedrigen Wolken ein. Ein Mann in graublauer Uniform winkte schwarze Mercedes und Range Rover durch. Die Linie der Kremlmauern erinnerte mit ihrer bizarren Form an ein menschliches Herz. Die Herzklappen des Tores am Borowizki-Turm öffneten sich für die dunklen Konvois und schlossen sich hinter ihnen wieder ... Das Herz der Heimat schlägt gleichmäßig ... Ginge dieses Bild? Nein, besser den Kreml nicht zu sehr in den Fokus rücken. Lieber etwas Universelleres. Denn es sollte doch allen gefallen. Sollte also nicht nur der Kreml darin vorkommen, sondern auch das Moskauer Weiße Haus, in dem die Regierung saß ...?

Die Heimat! Kampf für die Heimat. Mutter Heimat ruft. »Soll'n andre doch grölen und nölen, mir wird sie immer die Seele ölen.« Wie viel er wohl für diese teambildende Maßnahme veranschlagen durfte? Das könnte durchaus ein Test für seinen eigenen Patriotismus sein ...

Nachdem er auch den letzten Verkehrspolizisten hinter sich gelassen hatte, bog Goldowski in den Neuen Arbat ein. Der Stau fing bereits beim Kino Oktober an.

Er würde sich weiter über den Kutusowski-Prospekt ziehen bis zur Auffahrt auf die Rubljowka und sogar noch über die schmale Asphaltspur hinaus, die sich als Straße ausgab und durch Luxussiedlungen wie Barwicha, Gora und Rasdory führte. Diese aufgequollenen, abnormen Siedlungen inmitten von kahlen Kiefernwäldern – hatten die eigentlich eine Chemotherapie hinter sich? – schafften es schlicht und ergreifend nicht, den Stahlfluss aufzusaugen.

Das war so dämlich ... Nur gut, dass ihm Bekannte nächste Woche einen Wisch vom Leiter der Rechtsabteilung der Veteranenorganisation der Spezialeinheit ALPHA zuspielen würden, damit könnte er dann über die Sonderspur jagen und müsste nicht mehr die Erniedrigung hinnehmen, Abend für Abend in den Straßen Moskaus herumzustehen. Und wenn er erst diesen neuen Auftrag meisterte ... Die Perspektiven, die sich ihm dann eröffneten, ließen Goldowski das Herz schneller schlagen.

Als er den Supermarkt Asbuka am Kutusowski-Prospekt erreichte, verlor er die Geduld und zwängte seinen SUV in eine Lücke zwischen zwei funkelnagelneuen, brünierten 7er-BMW. Glastüren glitten auseinander, er schlüpfte hindurch, lief unkonzentriert die Regale ab und packte willkürlich etwas in seinen Einkaufskorb. Einmal hatte er in diesem erstaunlichen Geschäft Weintrauben für zweihundert Dollar das Kilo eingepackt und es erst an der Kasse bemerkt. Sofort wollte er die Trauben aussortieren, tadelte sich aber noch im selben Atemzug dafür, wie ein Spießer auf jeden Cent zu achten, und unterdrückte den Impuls. Seitdem hatte er sich angewöhnt, Preise überhaupt nicht mehr zur Kenntnis zu nehmen und der Kassiererin einfach seine

Visa Platinum entgegenzustrecken, noch ehe diese alle Waren übers Band gezogen hatte.

Die Heimat? Was fiel ihm dazu ein? Endlos. Geliebt. Großzügig? Schon. Schließlich ist sie reich, sagte sich Goldowski, während er durchs Schaufenster beobachtete, wie ein 7er davonfuhr und sich ein Rolls-Royce ziemlich ungeschickt hinter seinen SUV klemmte.

Die Heimat. Goldowski blieb kurz stehen und schloss die Augen. Welche Bilder sah er da spontan vor sich? Rote Flaggen, Militärpolizei, ein Plakat »Nicht einen Schritt zurück!«, die Parade zum Tag des Sieges am 9. Mai ... Und aus irgendeinem Grund auch Weizen. Nein, Weizen ging nicht. Ein gelbes Weizenfeld unter azurblauem Himmel, das war doch die ukrainische Flagge. Damit schied Weizen aus. Schade. Ein frisch gebackenes Brot ... Das wäre ein gutes Bild gewesen!

Sofort knurrte sein Magen los. Normalerweise aß Goldowski irgendwo hinter dem Luxury Village der Rubljowka in einem netten kleinen Restaurant der Novikov-Gruppe, das akzeptable Preise und eine ausgesprochen gute Küche hatte. Aber heute würde er den widerwärtigen Freitagsstau nicht ertragen. Sei's drum – dann würde er halt wie ein echter Proletarier Sushi aus der Packung essen. Goldowski steuerte auf die Feinkostabteilung zu und bat den obligatorischen Burjaten im Kimono mit Firmenlogo um ein etwas größeres Menü.

Auch wenn noch gar nicht die Jahreszeit dafür war, spendierte er sich eine Schale Erdbeeren, dazu eine Flasche argentinischen Wein, Jahrgang Mitte der Neunziger, und die neueste *Forbes*, damit er etwas zum Lachen hatte. An der Kasse packte er alles aufs Band und kratzte sich die Nase.

Die Heimat ... Die Heimat, zum Teufel auch! Geliebt, ohne Frage – aber warum?

In seiner Tasche vibrierte das Smartphone. Eine Schweizer Nummer, die er nicht kannte.

»Maratik!«

Die Stimme der betrunkenen Frau entlockte ihm ein Lächeln. Alika ...

Wie von selbst wanderte seine Hand rasch zu dem Regal mit den extradünnen Kondomen.

»Marat! Maratik! Wann kommst du uns besuchen? Olga und ich haben solche Sehnsucht nach dir ...«, lallte Alika. »Die Skistöcke bringen uns auf allerlei Ideen, aber hier sind nur deutsche Plumpsäcke ... Kein einziges Gesicht, wo du zweimal hingucken würdest.«

Ob er nicht einfach alle fünfe gerade sein lassen und sofort nach Domodedowo fahren sollte? Er könnte den Wagen auf dem Flughafenparkplatz lassen, sich in die nächste Chartermaschine zwängen und schon morgen früh über die rote Piste knattern, um dann am Abend ein Après-Ski zu dritt zu organisieren.

Nein, ermahnte sich Goldowski, besser nicht. Die Heimat ruft.

Er seufzte schwer, redete sich mit einem Scherz heraus und beendete das Gespräch. Mit den prallen Papiertüten im Arm ging er zu seinem Wagen, wieder ausschließlich auf seinen Auftrag konzentriert.

Die Heimat ...
Die Heimat, sie beginnt mit dir und mir
Mit der Schule und dem Lesen
Mit den Genossen, die öffnen die Tür
Mit diesen Treuen und Guten ...

Apropos Tür öffnen … Im Haus gegenüber lebte tatsächlich jemand, der ihm vielleicht helfen konnte. Der Mann war Creative Director bei McCann und hatte immer etwas im Hause, beste Qualität, versteht sich, aus den Niederlanden. Mit diesem erstaunlichen Menschen hatte Goldowski durch Brainstorming schon mehr als eine Firmenbastion genommen. Sie kifften nach dem Prinzip »Eine Hand wäscht die andere«, und zufällig schuldete der Nachbar Goldowski noch einen kreativen Einfall.

Die große Schlange kroch langsam über den Kutusowski, funkelte mit Tausenden von Metallschuppen, wand sich träge zum Viertel Krylatskoje, rieb sich Seite an Seite mit dem Autobahnring, legte sich um Moskau und schien weder Anfang noch Ende zu haben.

Goldowski nahm das Sushi mit den Fingern aus der Packung, tunkte es in das Schälchen mit der Sojasoße und träumte von São Paulo in Brasilien. In dieser Stadt durfte man sich längst im Luftraum bewegen. Wer über die entsprechenden Mittel verfügte, brauchte sich nicht mit den von alten, stinkenden Autos verstopften, ohnehin lebensgefährlichen Straßen herumzuschlagen. Der hatte seinen privaten Helikopter, um von der Villa im Vorort direkt zum Dach des Hauses zu fliegen, in dem sich sein Office befand, von dort aus dann zu einem Geschäftsessen auf das Dach eines Towers, weiter zum Dach des Hotels, wo ein Empfang stattfand, anschließend zum Golfclub … Goldowski hatte einmal abends in der Lounge im obersten Stock des Edificio Italia gesessen und die zahllosen Glühwürmchen beobachtet, die zwischen den Bambussprossen der brasilianischen Wolkenkratzer herumschwirrten. Warum, hatte er sich gefragt, warum kann man das in Moskau nicht auch so handhaben? Warum kann es in unserem elenden Land nicht auch zugehen wie bei anständigen Menschen? Wozu all die Blaulichter, Sondersignale, Konvois und Kleinbusse mit privaten Spezialeinheiten? Weshalb erniedrigt man den einfachen Mann von nebenan, lässt ihn im Stau schmoren, führt ihm all den Firlefanz vor, zwingt ihn, andere vorzulassen, und provoziert seinen Klassenhass, wenn es doch überhaupt nicht nötig wäre, diesem einfachen Mann von nebenan jemals zu begegnen?

Kurz vor der Ausfahrt nach Krylatskoje gingen Goldowski die Zigaretten aus. Er hielt an einem Kiosk, versuchte ziemlich ungeschickt, über eine Pfütze zu springen, landete dabei aber knöcheltief im Dreck. Alles und jeden verfluchend, stellte er sich hinten in die lose Schlange aus Gastarbeitern und einheimischen Trinkern, in der es nur langsam vorwärtsging. Vielleicht hätte er gewartet, bis er an der Reihe war, doch ein stoppelbärtiger Aserbaidschaner in Jogginghosen wollte ihn unbedingt in ein Gespräch über Politik verwickeln, sodass er die Segel strich und den Rückzug antrat.

Als er um elf endlich sein Haus betrat, knirschte er vor Wut mit den Zähnen. Die Dusche stellte er auf Tropenschauer ein. Obwohl er kurz davor war, einen Tobsuchtsanfall zu erleiden, ging er schon wieder Bilder, Gedanken und Assoziationen durch ...

Lackdosen? Holzlöffel? Balalaika? Tolstoi? Jessenin? Turgenjews *Aufzeichnungen eines Jägers*? Schischkins Gemälde *Der Morgen im Kiefernwald* mit den putzigen Bären? Metallurgie? Industriemacht? Öl? Sotschi 2014?

Kursk 1943? Die Schlacht von Borodino? Afghanistan? Die Seeschlacht bei Tsushima? Die Aufhebung der Leibeigenschaft? Die Transsib? Die Moskauer Metro?

Was ist Heimat für mich? Was ist sie für die Fernsehzuschauer? Was bringt mich dazu, sie zu lieben? Was lässt mein Herz schneller schlagen? Wann kommen mir die Tränen?

Nichts. Leere. Irgendwie gibt es die Heimat, irgendwie aber auch nicht. Du brauchst bloß zu versuchen, sie in Worte zu fassen, sie beim Schlafittchen zu packen, als Extrakt zu destillieren, und schon löst sie sich auf wie ein Traum am Morgen.

Ich will nach Brasilien, dachte Goldowski und schloss die Augen.

»Du gehst das Ganze völlig falsch an.« Die geschwungene Philippe-Starck-Brille verlieh dem Gesicht seines Nachbarn einen hochnäsigen Eindruck, obwohl er eigentlich eine Seele von Mensch war. »Worum hat man dich gebeten? Du sollst die Leute dazu bringen, stolz auf ihre Heimat zu sein, ihre Stimmung heben und ihre Gefühle in Wallung bringen.« Er legte eine lange Pause ein. Stanislawski hätte das in seinen Inszenierungen nicht besser hingekriegt. Dann stieß er den süßlichen Rauch aus. »Dafür musst du nicht verstehen, was diese Heimat ist, denn darunter versteht sowieso jeder, was er will. Für den einen sind es der Mikrokosmos der geheimen Militärbasen von Jubileiny, für den anderen das idyllische Odinzowo.«

»Aber was verbindet uns?«, fragte Goldowski dämlich und nahm dem Nachbarn den Joint ab. »Was ist das eine Bild, das alle sehen?«

»Der Sieg!«, stieß der Nachbar aus und lachte schallend los.

»Komm schon ...«, jammerte Goldowski. »Ich meine das ernst.«

»Ich auch! Wenn jemand mit dir über die Heimat spricht, woran denkst du dann? Eben! An den Großen Vaterländischen Krieg! Ich genauso. Das ist die erste Assoziation. Da kannst du Gift drauf nehmen. Das ist klassische Konditionierung, das sind Jahre der Dressur, da ist der Speichel schon da, noch ehe du drüber nachdenken kannst.«

»Aber das hatten wir schon hundert Mal«, gab Goldowski etwas träge zurück.

»Das hatten wir schon hundert Mal, weil es funktioniert«, erklärte der Nachbar scharf. »Außerdem geht es um die Heimat! Warum also in die Ferne schweifen, wenn das Gute liegt so nah? Wie lautet deine Aufgabe? Du sollst erneuern! Wiederbeleben. Heimat zur Marke machen. Dafür muss sie in aller Munde sein. Gleichzeitig muss sie allen gefallen, von den Funktionären bis zu den Rentnern. Nimm doch mal das Bild einer Bäuerin, die vor einem Roggenfeld die Kühe melkt. Glaubst du, darüber redet irgendjemand?«

»Ich will etwas Neues.« Zusammen mit dem Rauch des Joints stieg ein Dschinn auf, wirkte aber keine Wunder. »Etwas, das auch ideologisch ...«

»Alles Neue ist nur gut vergessenes Altes«, fiel ihm der Nachbar kopfschüttelnd ins Wort. »Und unsere heutige Ideologie ... Die ist ... Das ist wie ...« Nun nahm der Nachbar einen Zug. »Das ist, als ob du dir Buntstifte schnappen und damit alte Schwarz-Weiß-Aufnahmen kolorieren würdest. Verstehst du, worauf ich hinauswill?«

Das Verständnis wollte sich nicht gleich einstellen, doch irgendwann lagen Goldowski und sein kreativer Nachbar auf der gleichen Welle. Goldowski kicherte begeistert, als ihm die gedankliche Tiefe des Bildes aufging.

Und da erfüllte ihm der Dschinn seinen Wunsch. Die Heimat, dieses strahlende Gebilde ohne Anfang und ohne Ende, grenzenlos wie der Stau vom Kreml zur Rubljowka, geliebt wie ein X6, undurchschaubar wie die Pläne der Regierung, verblasste mit einem Mal. Zerfloss vor seinen Augen. Und dann war sie da, die Entscheidung. Eine spontane, unerklärliche, nicht in Worte zu fassende, aber emotional zwingende, absolut unumstößliche Entscheidung. Da war es, das, was das Herz von Emos und Rappern, von Rentnern und Veteranen des FSB im Gleichtakt zum Schlagen brachte.

»Hör mal«, sagte Goldowski mit Reibeisenstimme und blinzelte seinen Nachbarn mit geröteten Augen an. »Wie wär's damit: Wir nehmen einfach *Siebzehn Augenblicke des Frühlings*, diesen ausgelutschten Schwarz-Weiß-Film über Stierlitz, den Nazispion, machen ihn zum Herzstück der Kampagne und kolorieren ihn nach!«

DIE ERSCHEINUNG

Brian Littrell schaute Katja völlig desinteressiert an, ja irgendwie sogar gequält. Die letzten Jahre waren nicht spurlos an ihm vorübergegangen. Und seit Katja den Weinbrand Marke Weißer Storch über ihm vergossen hatte, hatte der Sänger schwer nachgelassen. Littrell wurde nicht schöner, doch ein neuer Liebhaber war bei Katja einfach nicht in Aussicht.

Boygroups bestückte man nicht zufällig wie ein Schmuckkästchen mit je einem Vertreter pro Typus. Die amerikanischen Produzenten hatten die weibliche Seele längst logarithmiert und wussten daher: Wie die Jungs sangen, war völlig egal, Hauptsache, das Auge bekam was geboten. Von den Backstreet Boys gefiel Katja nur er, Brian. Deshalb schaute nur er von einem Poster, das einmal einem Mädchenmagazin beigelegt gewesen war – und natürlich blickte er nicht in die Kamera irgendeines unbekannten Fotografen, sondern direkt in ihre, Katjas, Seele.

Anfangs hingen noch alle fünf Backstreet Boys über Katjas Tisch. Aber dann hatte sie sich alles in Ruhe durch den Kopf gehen lassen und beschlossen, endlich eine Wahl zu treffen, und Brian danach vorsichtig mit einer kleinen Schere herausgeschnitten, während Nick Carter, AJ McLean, Howie Dorough und Kevin Richardson in den Mülleimer wanderten. Jetzt, da es nur noch Brian gab, war es viel leichter, ihn in die Tasche zu stecken und überallhin mitzunehmen. Oder ihn an die Lippen zu führen, wenn es Katja auf dem Höhepunkt der Wonne qualvoll nach einem Kuss verlangte.

Im letzten Jahr hatte Brian jedoch merklich abgebaut, und aus kleinen Fältchen waren tiefe Furchen geworden. Katja versuchte zwar unverdrossen, in seinen Augen die frühere Verwegenheit auszumachen, doch der Blick des Popidols wich dem ihren nun aus. Als ob Katja – die splitternackte, wunderbare Katja – für Brian nur das Vorprogramm gewesen wäre, auf das er sich nun nicht weiter konzentrieren wollte. Welche Frau das Hauptprogramm bestreiten sollte und schon hinter Katjas runden Schultern lauerte, wusste sie jedoch nicht.

So erkaltete auch ihre Leidenschaft für ihn.

Warum ausgerechnet Brian? Warum nicht irgendein Koljan oder Toljan? Warum nicht Alexej Semjonytsch? Woher kam diese Anspruchshaltung? Die Sehnsucht nach Exotik? Und diese Selbstaufopferung, die ja doch niemand würdigte?

Ganz einfach: Sie war in der falschen Stadt geboren worden. In Koslowka kamen bei zwölftausend Einwohnern auf zwei statistisch erfasste Männer drei leer ausgegangene Frauen, wobei sogar Trinker, Häftlinge und Veteranen Aufnahme in die Statistik fanden. Wie sollten all diese toten Seelen Katjas Wünsche und Sehnsüchte stillen? Und wenn in Koslowka doch einmal ein brauchbarer Mann auftauchte – ob nun mit Ring am Finger oder nicht –, entschied sich sein Schicksal, ohne dass man ihn davon in Kenntnis setzte, durch eine quasi offizielle Schlange, und nach der wäre Katja erst in etwa sechs Jahren an der Reihe.

In ihrer Unerfahrenheit war Katja anfangs sogar in die Disco im Kino Oktober gerannt, voller Hoffnung, dort einen aussichtsreichen Kandidaten vom Lieferwagenmontagekombinat oder wenigstens einen nicht ganz so grauenvollen Mitschüler aus einer der höheren Klassen kennenzulernen. Aber da hatte sie die Rechnung ohne die dortigen Wirtinnen gemacht. Diese hatten das alte Kino in eine Art Kindergarten verwandelt und betrachteten selbst die Jungen, die noch am Daumen lutschten, als ihr Eigentum. Sozusagen. Zweimal schon hatten diese Furien Katja das Gesicht blutig gekratzt, sodass sie am Ende keinen Fuß mehr ins Oktober setzte.

Nur einmal verzogen sich die Wolken, die ständig am Himmel über Koslowka hingen, und durch diesen Riss fiel ein Sonnenstrahl geradewegs in Katjas Hand. Direkt bei dem stadtbekannten Blumenbeet neben dem Laden »Glaskasten« schnappte sich Sanja Spiza sie und düste mit ihr in seinem Schiguli mit den dunkel getönten Scheiben davon. Er brachte sie an den Kuibyschewer Stausee, füllte sie mit Weißem Storch ab und kippte den rheumatischen Sitz nach hinten. So viel zur Liebe. Am nächsten Morgen suchte Sanjas Frau sie auf und versuchte, ihr eine Haushaltsschere mit grünem Griff in den Bauch zu rammen. Seitdem beschritt Katja den Weg der Sublimierung.

Dabei ließ sie sich keine Sekunde gehen, sondern kaufte sich schwarze Strumpfhosen, spendierte sich eine Dauerwelle, blondierte ihr Haar und fuhr einmal im Jahr der Mode wegen nach Tscheboksary. Doch die Verzweiflung stieg in ihr auf wie Galle, rückte unablässig zur Kehle vor, denn genau wie das Bild von Brian Littrell seine Farben verlor, so verblich auch Katjas Jugend: Er, Katjas langjähriger und einziger Trost, verblasste, sie verwelkte.

Eines Abends war es so weit: Sie konnte unter dem müden Blick seiner trüb gewordenen Augen nicht mehr kommen und erlitt einen grundlosen Heulkrampf. Sie verwischte die billige Schminke über ihrem ganzen Gesicht, sprang vom Bett auf, schnappte sich Brian und riss ihn in der Mitte durch. Dann noch einmal, wieder in der Mitte, und noch einmal, damit sie ja nicht der Versuchung erlag, ihn wieder zusammenzukleben.

Anschließend schlüpfte sie in ihre geliebten Bluejeans, zog den knallroten Angorapulli über, presste ihre Tasche an die Brust und lief hinaus auf die Straße. In der Dunkelheit stolperte sie, landete in einer Pfütze, rannte weiter bis zur Bushaltestelle, wartete auf den letzten weißen Linienbus mit der radebrechenden Schaffnerin und holperte über die Schlaglöcher von Koslowka zum Bahnhof, benannt nach einem der tristen Dörfer in der Umgegend: Tjurlema.

Wohin sollte sie fahren? Egal. Es gab eh nichts und niemanden, der auf sie wartete. Auf dem ganzen Bahnsteig brannten nur drei Laternen, je eine an den Enden und eine genau über dem Schild, das schon alles besagte: Tjurlema. Katja kam einfach nicht von hier weg. Wie viele Züge in dieser kühlen Augustnacht auch an ihr vorbeidonnerten, kein einziger hielt an diesem gottverlassenen Bahnhof. Helle Fenster huschten an ihr vorüber, hinter denen sie glückliche Menschen auszumachen meinte, die Tee tranken oder sich auf den Liegen ausstreckten. Die Züge verschwanden im Dunkel, während sie für alle Ewigkeiten allein auf diesem Bahnsteig stehen würde.

Sie trat an den Rand und spielte mit dem Gedanken, sich vor einen Zug zu werfen, malte sich dann aber aus, wie die Miliz sie am nächsten Tag von den Schienen kratzen würde. Und sie dachte an ihre Mutter. Was sollte in dem Fall aus ihr werden? So sah sie von dem Vorhaben ab, weinte alle Tränen, die sie hatte, und schlief auf der eisernen Bank ein.

Wo war sie? Etwa am Kuibyschewer Stausee ...? Sie saß auf einer Decke und wartete wohl auf jemanden. Auf einem Wachstuch fanden sich eine entkorkte Weinflasche, Sprotten in Öl und hart gekochte Eier. Kurzum, ein Picknick. Es war Morgen, ein Augustmorgen voller Zärtlichkeit. Was war in der vergangenen Nacht geschehen? Hatte sie jemanden kennengelernt, aber vergessen, wen? Denn irgendjemand musste sie ja hierhergebracht haben, an den Stausee.

Und warum stünden sonst zwei Gläser neben der Flasche? Warum würde sich Katja sonst fühlen, als wäre sie fünf und hätte heute Geburtstag, sodass sie schon beim ersten Augenaufschlag genau wusste: Dieser Tag würde nur aus Geschenken und Überraschungen bestehen.

Gleich würde jemand zu ihr kommen. Vielleicht war er sogar schon da gewesen, dann aber noch mal kurz weggefahren, würde nun aber jeden Moment zurückkommen ... Nur wer?

Katja sah zum Himmel hinauf. Er war strahlend blau, klar, irgendwie ein Himmel, wie er nie über Koslowka hing. Er war auch völlig wolkenlos, nur in unermesslicher Höhe schwebte ein einziges schneeweißes Wölkchen, fast wie der Schweif eines Düsenjägers. Für den Bruchteil einer Sekunde riss sich Katja von dem Anblick los, um zum Schilf am Ufer hinüberzuschauen. Dann sah sie wieder hinauf zu dem Wölkchen. Es war deutlich angewachsen und viel näher. Als wäre es zu ihr herabgesunken ...

Und das war diese Wolke in der Tat! Sie rückte jetzt ganz offen, immer schneller und schneller, an sie heran, sodass im Nu jeder Zweifel ausgeräumt war: Mit ihr hatte es eine besondere Bewandtnis. Schon berührte sie die Erde und hüllte fünfzig Schritte vor Katjas Decke das Riedgras in milchigen Nebel.

Katja stand auf, strich das Kleid glatt und trat unsicher einen Schritt vor. Sie wusste: Dort, im hohen Gras, da war jemand. Jemand? Von wegen! Das war mal wieder typisch für sie, dass sie mit ihrer Koketterie und Bescheidenheit etwas weder zu Ende dachte noch offen aussprach. Denn selbstverständlich wartete dort, hinter dem Vorhang aus Wolkendunst, mitten im Ried, Er. Ihr Held.

Gleich würde sich das Riedgras lautlos teilen. Dann würde sich strahlendes Licht auf die Lichtung ergießen, über den festgestampften Boden, in die dunklen Wasser des Stausees und in die voller Vorfreude klirrende Luft. Und auf diesem leuchtenden Pfad würde Er erscheinen, zunächst nur als Silhouette, die unerträglich grell strahlte, die fast schon in den Augen brannte und kaum zu ertragen war. Dann aber würde er verblassen, zu einem Geschöpf dieser Welt werden und sich – allein für Katja, nur ihretwegen – in einen Mann aus Fleisch und Blut verwandeln.

Er hielt auf Katja zu, und mit jedem Schritt wirkte Er vertrauter. Sein Gang, Seine Haltung, Seine ganze Figur – all das kannte Katja längst. Als sie dann endlich Sein Gesicht ausmachen konnte, schwanden ihr fast die Sinne. Da war Er!

Er beschenkte sie mit einem beruhigenden, selbstsicheren Lächeln. Wie ein verhuschtes Mäuschen suchte sie Zuflucht an Seiner breiten, muskulösen Brust. Zärtlich schirmte Er ihren Hinterkopf mit Seiner Hand ab, fuhr mit Seinen Fingern über ihren Nacken, den Hals, den Rücken ... Allmählich verlor Katja ihre Scheu. Seine Finger schienen von einer unsichtbaren Aura umgeben. Sobald Er sie damit berührte, stellten sich die winzigen Härchen auf Katjas Haut auf, und die Spur, die Seine Hand hinterließ, loderte wie in Flammen. Zitternd und nach Atem ringend, löste Katja ihr Gesicht von Seiner Brust, sah zu Ihm auf und öffnete erwartungsvoll die Lippen.

»Bürgerin!«, krächzte eine rauchige Stimme neben ihr. »Hören Sie mich?«

Die Bahnhofsuhr zeigte sechs Uhr morgens. Ein endlos langer Güterzug stand auf dem Gleis gegenüber, tauchte aus dem kalten Nebel auf und verschwand wieder in ihm. Er hatte den ganzen Bahnhof wie ein riesiger dunkler Phallus aufgespießt, sodass Katja nichts als Tanks voller Heizöl vor sich sah.

Mit einem glückseligen Lächeln auf den Lippen schmiegte sie ihre Wange wieder in ihre Hand, denn sie wollte nicht in dieser nasskalten Welt aufwachen.

»Bürgerin!«, wiederholte die Stimme über ihrem Kopf streng. »Gehen Sie hier der Prostitution nach?«

»Von wegen Prostitution«, widersprach Katja schlaftrunken. »Das ist Liebe.«

»Begleiten Sie mich auf die Wache!«

In dem kleinen Raum, in dem sich die Miliz eingerichtet hatte, blätterte die Farbe von den Wänden. Diese waren mit Steckbriefen übersät, darunter auch einer von Iwan Urgant, doch wie der Showmaster in diese zwielichtige Gesellschaft geraten war, blieb Katja ein Rätsel. Im Übrigen fielen ihr gleich der Teekocher und der sorgfältig in eine Plastiktüte eingepackte Gummiknüppel auf. Durch das durchsichtige Material ließ sich die Marke erkennen – ein Argument-1. Außerdem besaß er noch einen geriffelten Quergriff, der besonders gut in der Hand lag, und sah für diesen verschlafenen Bahnhof verdächtig neu aus. Fehlte eigentlich nur noch, dass er glänzte.

Der Milizionär war selbstverständlich ebenfalls eine Frau. In der wuchtigen, unvorteilhaft geschnittenen Jacke aus schwarzem Lederimitat und mit diesem kreuzdämlichen Schiffchen war sie zwar nicht gleich als solche erkennbar, dennoch handelte es sich ohne Frage um eine echte Frau. Sobald sie nämlich den Ausdruck von Zärtlichkeit und Wärme in Katjas verschlafenen Augen entdeckte, drehte sie ihr mit all der Grausamkeit weiblicher Eifersucht den Arm brutal auf den Rücken und schleuderte sie auf den Stuhl.

»Nachname! Vorname! Vatersname!«, keifte die Milizionärin.

Katja biss sich anfangs stur auf die Unterlippe, dann aber fügten sich Iwan Urgant an der Wand, der geriffelte Gummiknüppel und der Hass in der Stimme der Milizionärin plötzlich zu einem logischen Dreieck zusammen. Und statt ihre Peinigerin anzupöbeln, bemitleidete sie diese.

»Nachname! Vorname! Vatersname!«
Die Frau knackte mit den Knöcheln.
»Rodina, Jekaterina Sergejewna«, antwortete Katja mit der Sanftmut eines Jesus.
Daraufhin durfte sie gehen.

In der Speiseölfabrik, in der Katja seit ihrem Abschluss der Technischen Berufsfachschule arbeitete, war die Belegschaft ebenfalls rein weiblich. Da weit und breit kein Mann in Sicht war, herrschte eine derart einträchtige Atmosphäre, dass die Frauen sogar ihre Monatsblutung gemeinsam bekamen. Keine hatte Geheimnisse vor den anderen, vor allem deshalb nicht, weil keine einzige überhaupt irgendein Geheimnis hatte. In den Rauchpausen galt es als schätzenswerte Tradition, sich die eigenen Träume ebenso zu erzählen wie die letzte Folge von *Carmelita*, sollte eine der Frauen sie verpasst haben. Diesen Traum jedoch behielt Katja für sich. Den ganzen nächsten Tag schwieg sie, lächelte glücklich in sich hinein und flehte alle höheren Kräfte an, die abgerissene Geschichte möge in der nächsten Nacht ihre Fortsetzung finden.

In ihrem Mülleimer lugten zwischen zerrissenen Strümpfen flehend – und einzeln – die grauen Augen Brian Littrells hervor, die Katja keines Blickes würdigte. Nach der Begegnung mit dem Sendboten des Himmels hatte es ein Ende mit den Idolen des Westens.

Zur Einstimmung auf die Nacht schaltete Katja sogar eine Weile auf den Kanal Rus um, bei dem ihr sonst –

wie allen jungen Menschen – speiübel wurde. Lautlos schlich sie in die Küche, um sich einen Sektkelch zu holen, und wollte schon die Flasche Weißer Storch aus dem Schrank nehmen, hielt dann aber in der Bewegung inne. Wahre Gefühle mit moldawischem Weinbrand zu betäuben wäre frevelhaft, ja es wäre regelrecht widerlich.

So ging sie zum Entsetzen ihrer Mutter in den Hof, deckte sich mit Brennholz ein, heizte den Boiler an, nahm ein Bad, zog sich ein frisches Nachthemd über und schlief mit federleichtem Gemüt ein.

Er hatte ihren Ruf vernommen.

Das zweite Rendezvous fand am gleichen Ort statt, inmitten des flüsternden Rieds, auf dem von der untergehenden Sonne aufgeheizten Lehmboden. Katja hatte das Wachstuch wieder ausgebreitet – abermals fand sich darauf Wein, jetzt gab es dazu aber Salzkartoffeln und Fleischwurst. Dieses Mal würdigte Er ihre Bemühungen und teilte, bevor Er sie abermals eroberte, das Festmahl mit ihr – ein sicheres Zeichen aufkeimenden Glücks! Schmatzend kaute Er die Wurst und biss krachend wie jeder gewöhnliche Mensch auch in eine Salzgurke, während Katja, die vor lauter Glück schon den Verstand verlor, davon plapperte, beim nächsten Mal unbedingt Nudeln mit Hackfleisch und Zwiebeln für Ihn zu kochen. Denn es würde doch ein nächstes Mal geben? Er lächelte – so licht, wie damals in der Kirche – und nickte ihr schweigend zu.

Katja hielt Ihm scheu die Flasche Rotwein hin. Er hantierte geschickt mit dem Korkenzieher, zog den Verschluss mit genussvollem Schmatzen heraus und spen-

dete dem Gras einige granatapfelrote Tropfen. Anschließend spendete Er ihr Seine heiligen Sakramente.

»Was ist eigentlich in dich gefahren?«, wollte Katjas
Mutter von ihr wissen, als sie in die Küche spähte.
»Was meinst du?«
»Du singst! Laut! Schon seit zehn Minuten!« Die Mut-
ter riss die Schranktür in der Annahme auf, dort ein
halb geleertes Glas zu entdecken. »Trinkst du jetzt schon
am frühen Morgen?«
»Ma!« Katja lächelte ihre Mutter tadelnd an. »Ich bin
einfach nur verliebt ...«
»In wen willst du dich denn in diesem Kaff verliebt
haben?«, konterte die Mutter ungläubig.
»Das verrat ich nicht«, erklärte Katja entschieden.
»Er hat mich darum gebeten, es nicht zu sagen.«
Das war nicht gelogen. Sie hatte das verstanden. Und
selbst wenn das, was sie in den letzten beiden Tagen
erlebt hatte, einzig und allein ihrer durch die Einsamkeit aufgewühlten Fantasie entsprungen war, wenn sie
sich das alles nur eingebildet hatte, dann konnte sie in
puncto Unzufriedenheit doch nur festhalten: Sie war
zum zweiten Mal mit einer solch schlafwandlerischen
Leichtigkeit im ganzen Körper aufgestanden, als ob der
Held ihrer Träume sie tatsächlich verzaubert hätte.
Die gleiche Magie verlieh ihrem Aufgang, dessen
Türen mit zerschlissenem Kunstleder bezogen und mit
Urin- und Kratzspuren der Hauskatzen markiert waren,
dem Hof mit den morschen Bänken, an denen die un-
verwüstlichen, bösartigen alten Weiber förmlich an-
genagelt schienen, ja dem ganzen Koslowka einen überraschend menschlichen Anstrich. Der Himmel schien

heller, und in ihrem weißen Linienbus drang nicht länger der Ganovenchansonnier Michail Krug an ihr Ohr, sondern Madonna, und die Verkäuferin im Laden wünschte Katja nicht gleich hinter die Grenzen Tschuwaschiens, als diese sie bat, sich von ihrem Stuhl zu erheben und ihr etwas aus dem Regal zu reichen.

Auf der Arbeit kam ihr ebenfalls alles viel freundlicher und heiterer vor. Selbst als das allgemeine PMS im Anzug war, das jeden Monat in der Fabrik zum Ausbruch eines wahren Bürgerkriegs führte, kochten die Leidenschaften diesmal nicht ganz so hoch.

Die Erklärung dafür lag auf der Hand: Katja brachte mit ihrem Lächeln sämtliche Kolleginnen in der heimischen Speiseölerzeugung zum Strahlen, und diese bedankten sich dafür bei ihr mit dem gleichen Lächeln. Ein wenig fürchtete sich Katja vor der Frage, was eigentlich mit ihr los sei. Würde sie dann standhalten, nicht ins Wanken geraten? Doch der Kelch der Versuchung ging an ihr vorüber, gepriesen sei Er!

Abends flog sie beflügelt nach Hause, sah fern, eilte in den Hof zum Brennholzstapel und heizte ein. Danach hieß es: Ab in die Wanne mit dem abgeblätterten Lack, und noch schneller ab ins Bett! Schlafen. Träumen. Fühlen. Leben!

Auch in der nächsten Nacht erschien Er ihr. Ebenso in der Nacht darauf. Nie machte Er viele Worte, doch auf Worte konnte sie getrost verzichten. Ebenso auf Beweise. Denn Er verströmte Liebe. Er war Liebe. Geheime, unmögliche, illusorische Liebe. Wunderbare Liebe. Sittsam und zugleich verrucht.

Irgendwann trieb Katja, die sich bisher für eine Frau mit gesundem Menschenverstand gehalten hatte, Sein

Porträt auf und schmückte damit die Ecke, die früher für kommunistische Verlautbarungen reserviert gewesen war. Direkt über ihrem Bett. Ihre Mutter durfte ihr Zimmer nicht mehr betreten. Wenn Katja sich in ihre Zelle zurückzog, bekreuzigte sie sich und küsste anschließend schüchtern ihren himmlischen Bräutigam auf die blassen Lippen.

So verging eine Woche.

Und dann entlud sich der Himmel über Koslowka, der sich doch gerade aufklarte, in einem entsetzlichen Gewitter.

»Hatte ich nicht«, antwortete Katja leise.

»Dann warten Sie halt noch.«

Die Ärztin sah sie mit ihren kleinen Äuglein streng durch die dicken Brillengläser an.

»Ich habe schon gewartet«, erwiderte Katja hilflos.

»Dann haben Sie also doch!«, stellte die Ärztin fest und klopfte ungeduldig mit ihrem Stift auf den Tisch. »Meinen Glückwunsch.«

»Wozu?«

»Zumindest zu dem, was war. In unserer Gegend darf das bereits als echter Glücksfall gelten. Und so Gott will, dann auch zu dem, was kommt.«

»So Gott will«, wiederholte Katja automatisch.

»Das bedeutet, keinen Alkohol mehr«, teilte ihr die Ärztin geschäftig mit. »Dito Zigaretten. Schlaftabletten, Schmerzmittel oder Antibiotika sind ebenfalls tabu. Halten Sie sich möglichst viel an der frischen Luft auf.«

»Ja, bin ich denn allen Ernstes schwanger?«, fragte Katja zum dritten Mal innerhalb der letzten zehn Minuten.

»Nun passen Sie mal auf!« Die Ärztin warf ihr erneut einen stechenden Blick zu, der durch die Brillengläser noch verstärkt wurde. »Da draußen warten so viel Frauen, dass ich bis heute Abend um neun beschäftigt bin. Wenn ich denen jetzt sage, dass Sie schwanger sind, reißen die Sie vor lauter Neid in Stücke. Gehen Sie also getrost nach Hause.«

»Eine letzte Frage«, bat Katja rasch. »Die unbefleckte Empfängnis ... Gibt es die wirklich?«

»Aus der Literatur ist ein einziger Fall bekannt«, antwortete die Ärztin, schüttelte dabei aber müde den Kopf. »Bei Ihnen liegen die Dinge aber anders. Sie dürften Wodka und Sekt gemischt haben. Da vergessen manche Leute sogar, ob sie Männlein oder Weiblein sind. Und jetzt entschuldigen Sie mich!«

Katja wusste natürlich ganz genau, dass Wodka samt Sekt hier keine Rolle spielte. Vom Kreiskrankenhaus fuhr sie direkt in die Apostel-Johannes-Kirche in Karamyschewo, die in ihrer Gegend als die beste Bittkirche galt, und stellte eine Kerze für Ihn auf. Eine andere Erklärung konnte es doch gar nicht geben. Sollte es auch nicht. Und sie suchte auch nicht danach. Sie wollte unbedingt glauben, dass ihr – ja ihr! – das unwahrscheinlichste aller Wunder widerfahren war!

Da fiel auch nicht ins Gewicht, dass sie diese Liebe nie offen zeigen durfte. Oder dass ihr, wenn die Frucht dieser himmlischen Liebe erst einmal das Licht der Welt erblickt hatte, niemand glauben würde, von wem sie das Kind empfangen hatte. Den Jungen aber – und aus solchen Verbindungen gehen meistens Jungen hervor – würde ein erstaunliches und großes Schicksal erwarten!

Katjas Leben verlief nun in angenehm ruhigen Bahnen. Von der Arbeit, die sich überhaupt nicht mehr auf ihre Stimmung niederschlug, ging sie zu Fuß nach Hause – der frischen Luft wegen! –, vorbei an den alten Holzhütten von Koslowka, vorbei am Nikolai-Lobatschewski-Museum zu den vierstöckigen Häusern aus blassen Ziegeln, in den Laden mit der verführerischen Bezeichnung Happ-Happ und dann rasch nach Hause, damit sie ja um acht vorm Fernseher saß!

Lächerliche vierzig Minuten gönnte man ihr! Selbst im Gefängnis dauerte die Besuchszeit länger … Doch Katja gefiel diese Prise Leid sogar. Ihre aktuelle Rolle irgendwo zwischen Gottesmutter und Dekabristenfrau war für sie ein unerwartetes Geschenk, ein Lichtstrahl im Dunkel des Königreichs von Koslowka.

In vier Monaten würde ihre Welt abermals völlig auf den Kopf gestellt werden.

Es wurde immer schwieriger, ihren anwachsenden Bauch zu verbergen. Eines Tages wollte Katja deshalb sogar nach Tscheboksary fahren, um sich weitere Kleidung zu besorgen, sprang dann aber in einem Anfall von Trotz im letzten Moment von ihrem Platz im Bus auf und huschte hinaus. Warum die Schwangerschaft verbergen? Sicher, sie konnte keinen Vater vorweisen – trotzdem gab es nichts, dessen sie sich schämen musste. Außerdem hatte ihr Geliebter sie lediglich gebeten, das Geheimnis zu hüten, von wem sie schwanger war, nicht aber die Tatsache als solche.

Sollten sich ihre Kolleginnen ruhig das Maul zerreißen! Sollten sie doch vor Neid platzen!

Am nächsten Tag schminkte sie sich auffälliger als sonst und stöckelte zur Speiseölfabrik.

Wie ein frischer Wind fegte sie geradenwegs in den Umkleideraum, schepperte mit der Tür ihres Spinds, zog den Pullover über den Kopf und blieb nackt wie die Partisanin Soja Kosmodemjanskaja unter den schamlosen Blicken der SS-Schergen stehen, stolz und entrückt. Bitte, fällt euer Urteil!

»Seht euch das an, Mädels!«, rief Marina unter schallendem Gelächter aus. »Noch eine!«

»Das ist ja eine regelrechte Epidemie!«, meinte Alina.

Katja starrte ihre Kolleginnen fassungslos und beleidigt an. Und da sah sie es. Sie war längst nicht die Einzige, die mit nacktem Oberkörper dastand, die Hände stolz in die Hüften gestemmt. Auch Natascha, die Ukrainerin, und Tanka aus der Neustadt hatten dicke Bäuche. Alina und Marina mochten zwar über sie lachen, wagten es aber nicht, die weiten Overalls auszuziehen.

»Wer war das bei euch?«, fragte Katja wie vom Donner gerührt.

»Ich war in Tscheboksary ...«, sagte Natascha und senkte den Blick. »Da habe ich jemanden ...«

»Was geht dich das eigentlich an?«, wollte Tanka wissen.

»Also, ich ... Also, Mädels ... Ich freue mich doch bloß.«

»Und von wem ist deins?«, ging Tanka zum Gegenangriff über.

»Das darf ich nicht sagen.« Katja wühlte in ihrem Spind. »Das ist ein Geheimnis.«

»Ein Geheimnis muss natürlich gewahrt werden«, entschied Tanka und ließ entgegen allen Erwartungen von Katja ab. »Hier hat schließlich jede ihr Geheimnis – wir sind ein richtiges Geheimlabor! Du bist also nicht die Einzige mit geheimer Empfängnis.«

Damit war Katja mit ihrer seltsamen Schwangerschaft plötzlich überhaupt nicht mehr interessant. Jede – jede! – ihrer Kolleginnen trat genauso stolz hervor wie sie, und jede unterstrich ihren Status mit der gleichen Bereitwilligkeit.

So mit sich selbst beschäftigt, wie Katja in den letzten Monaten gewesen war, so abgelenkt von diesem unglaublichen Abenteuer, hatte sie überhaupt nicht mehr auf ihre Kolleginnen geachtet. Aber jetzt … Deshalb also hatten die allmonatlichen PMS-Schlachten in der Speiseölfabrik aufgehört! Der Mond hatte diese Frauen nicht mehr in seiner Gewalt. Seine verhängnisvolle Magie war durch den Zauber der Liebe gebrochen worden.

Aber von wem? Das blieb Katja ein Rätsel.

Eine Woche später kam es dann zu einem handfesten Skandal.

Als Katja im bereits bekannten Umkleideraum der Speiseölfabrik den Arbeitsoverall herunterzerrte, fiel ihr Blick mit einem Mal in den benachbarten Spind, der schamlos weit offen stand.

An der Innenseite der Tür prangte das Bild des Nationalen Führers von Russland, voller Liebe ausgeschnitten aus der *Komsomolskaja Prawda* und in eine durchsichtige Prospekthülle aus dem Schreibwarenladen gesteckt. Es war Tankas Spind …

In Katjas Ohren rauschte es. Dickes Blut schoss ihr in die Schläfen, ihre Hände zitterten wie wild, vor ihren Augen wirbelten flammende Schneeflocken. Lautlos

bat sie Ihn um Beistand und setzte sich auf die Bank ...
Dann fasste sie Mut, ging zu Tanka und verpasste ihr
eine Ohrfeige.

»Du Schlampe!«, schrie sie angewidert.

»Spinnst du jetzt völlig, du Idiotin?«, rief Tanka ihr
entgegen.

»Was ist denn los, Mädels?«, fragte die Vorarbeiterin.

»Wieso hängt Er bei dir?«, fragte Katja schluchzend.

»Hast du sie noch alle?«, keifte Tanka. »Hast du geglaubt, der gehört dir?«

»Mädels!« Die stämmige Vorarbeiterin zwängte sich
zwischen die beiden heulenden Furien und versuchte,
sie zu trennen, stolperte dabei aber über die Bank und
ging selbst zu Boden.

Aus ihrer Ledertasche fiel allerlei Krimskrams, der
sich wie ein Fächer auf dem Boden verteilte. Glutroter
Lippenstift, ein paar einzelne Münzen, Binden, das
Portemonnaie und zur Überraschung aller ein kleines
Bild des Nationalen Führers in einem aparten Rahmen
mit Blumen und Kätzchen.

»Du auch?«, fauchte Katja. »Wollt ihr euch über mich
lustig machen, oder was?«

»Hast du ihn etwa für dich gepachtet?« Die Vorarbeiterin rieb sich die Stellen, auf die sie gefallen war. »Immerhin arbeitet er. Und er trinkt nicht!«

»Stellt euch vor, Mädels, ich habe von ihm geträumt«,
gab Natascha, die Ukrainerin, zu und lief dabei knallrot an.

»Ja, eben!« Tanka schnappte sich die *Komsomolskaja
Prawda* vom Tisch. »Die haben eine Umfrage durchgeführt! Danach haben zwei Drittel aller Frauen im Land
im Traum schon Sex mit ihm gehabt!«

»Aber das ist doch ...« Katja wich etwas zurück und ließ sich kraftlos auf die Bank plumpsen. »Was ist das bloß ...?«

»Komm endlich zur Besinnung, Rodina!«, verlangte Tanka nun. »Was soll das Gezeter? Meine Güte, du hast davon geträumt, dass der Nationale Führer dich bespringt. Kein Wunder, so frustriert, wie du warst!«

»Aber von wem sind dann die Kinder?«, hauchte Katja, während sie sich behutsam über den Bauch strich.

»Von irgendwem werden sie schon sein«, antwortete Tanka.

Der weiße Linienbus näherte sich der Haltestelle. Katja stieg ein und nahm dicht hinter der Fahrerin Platz. Ihr Blick wanderte durch die tristen Straßen von Koslowka. Ihr Herz klopfte wild. An der Heckscheibe klebte ebenfalls ein kleines Bild des Nationalen Führers. Mit einem Mal fiel Katja ein, dass sie vor einem halben Jahr beim Empfang der stellvertretenden Bürgermeisterin von Koslowka ebenfalls sein Porträt gesehen hatte. Die ganze Wand hatte es eingenommen. Und auch in der Wachstube der Miliz hatte sie eines gesehen ...

Dann erreichte der Bus den einzigen Platz in Koslowka, der mit drei Sehenswürdigkeiten aufwarten konnte: dem Kaufhaus Komfort und zwei echten Reklametafeln. Die hiesigen Arbeiter strichen gerade zwei neue riesengroße Plakate glatt. Von beiden blinzelte Katja voller Zärtlichkeit der Nationale Führer an.

RUSSLAND! ICH LIEBE DICH! verkündeten die riesigen weißen Buchstaben auf einem. In einer Ecke des Plakats ließ sich das Logo der Partei erahnen. WIR

GLAUBEN AN SIE! hieß es auf der zweiten Reklame-
tafel mit dem Logo der Russisch-Orthodoxen Kirche.

Katja bekreuzigte sich und lächelte Ihm durch ihre
Tränen zu.

Zu Hause schaltete sie den Fernseher ein und glitt
unter seinem beruhigenden Gebrummel hinüber in den
Schlaf.

»... ein neues demografisches Programm des Nationalen
Führers, in Zusammenarbeit mit der Russisch-Ortho-
doxen Kirche«, flüsterte der Kasten. »Und jetzt zu den
Sportnachrichten ...«

AM BODEN

»Da hat sich irgendwas abgesetzt«, brummte Sergej Iljitsch.

»Was verlangen Sie denn?«, fragte die Verkäuferin und verschränkte die Arme vor der Brust. »Schließlich wollten Sie den billigsten.«

»Sie hat irgendwie recht, Iljitsch«, piepste Slawik aus der Nr. 2 im Hintergrund. »Lies das Etikett! ›Der Rustikale‹! Das sagt doch alles ...«

»Ich will wissen, was man uns Russen zu trinken gibt.« Sergej Iljitsch zog geräuschvoll den Rotz hoch und spuckte aus. »Ich verlange die Wahrheit!«

»Nehmen Sie halt nicht den«, sagte die Verkäuferin schnippisch. »Ich zwing Sie nicht! Von mir aus können Sie auch an einer Flasche Industriealkohol nuckeln!«

»Du musst das Zeug am Boden ja nicht mittrinken«, gab Slawik zu bedenken.

»Das ist eine Frage des Prinzips«, hielt Sergej Iljitsch dagegen und zog die blauen Synthetikhosen hoch, die ihm schon wieder die hageren Pobacken hinuntergerutscht waren. »Ob die uns für Vieh halten oder nicht.«

»Na, Sie haben's gerade nötig, Sie ...«, setzte die Verkäuferin an, winkte dann aber ab. »Das ist ein Zusatz.

Vitamine von der Birke. Schütteln Sie einmal gut, und dann runter damit.«

Das war kein K.o., natürlich nicht, aber einen Sieg nach Punkten durfte Sergej Iljitsch wohl für sich verbuchen. Slawik warf ihm daraufhin einen flehenden Blick zu: Können wir diesen Kater jetzt bitte endlich runterspülen? Und da Sergej Iljitsch es selbst kaum noch aushielt, nickte er der Verkäuferin nur streng zu, um ihr zu verstehen zu geben, dass er ihre Erklärung akzeptiert und für zufriedenstellend befunden hatte.

»Das macht dann hundert Rubel«, verlangte diese leicht pikiert.

»Geben Sie mir zwei«, knurrte Sergej Iljitsch resolut.

Schon im nächsten Augenblick klirrten die beiden Flaschen wie übermütige Glöckchen in der schwarzen Plastiktüte. Slawik hatte nur noch Ohren für die honigsüße Bimmelei, schwitzte und schluckte, doch Sergej Iljitsch schwadronierte immer noch.

»Ich wollte auf gar keinen Fall, dass die uns für irgendwelche Trunkenbolde hält«, knurrte er, während er rasch zum Eingang der vierstöckigen Mietskaserne humpelte. »Dann nehmen wir halt das billigste Zeug! Ja, und? Fangen wir deswegen einen Streit an? Nein! Weil ich ja gleich zwei Flaschen erworben habe ... Damit die gar nicht erst auf die Idee kommt, wir wären materiell eingeschränkt.«

»Du hast wirklich deinen Stolz, Iljitsch«, sagte Slawik, nachdem er seine verklebten Lippen mühevoll voneinander gelöst hatte. »Und vorausschauend war das auch. Was meinst du, wollen wir noch ein paar Würstchen kaufen?«

»Nicht nötig«, entschied Sergej Iljitsch. »Die lenken nur ab.«

Sie richteten sich auf dem Treppenabsatz zwischen dem ersten und dem zweiten Stock ein und stellten die beiden Flaschen auf das von Flecken übersäte Fensterbrett aus Beton. Ein durch und durch tristes Stillleben. Slawik, der in seinem Katzenjammer beinahe ohnmächtig wurde, stieß einen schweren Seufzer aus.

»Nun sieh dir das doch an, Iljitsch!«, verlangte er. »Ganz ohne was zu futtern! Sind wir denn Tiere? Lass mich wenigstens schnell am Kiosk Pedigree besorgen.«

»Von mir aus. Nimm aber das trockene Zeug«, erwiderte Sergej Iljitsch. »Dosen sind zu teuer.«

Während Slawik die Treppe runterstapfte, hielt sich Sergej Iljitsch eine der beiden Flaschen vors Gesicht und fing darin die roten Sonnenstrahlen ein, die durch das vollgespuckte Fenster fielen. Er schüttelte die Flasche ein wenig. Verzaubert wie ein kleiner Junge, der in einer Schneekugel ein echtes Gestöber rund um eine winzige Hütte entstehen lässt, beobachtete er den Wirbel aus kaum erkennbaren Flocken, die in diesem magischen Wodka trudelten.

»Was ist das bloß für ein Dreck da am Boden?«, wandte er sich an die abwesende Verkäuferin.

»Wissen Sie eigentlich, warum die Sowjetunion zerfallen ist?«

Jedes Wort des Mannes in Schwarz tropfte wie geschmolzenes Blei aus ihm heraus und versengte den Präsidenten.

In dem riesigen, pompösen Kabinett hing eine ungute, stickige Stille. Die grüne Lampe der Nomenklatura flackerte nervös. Der Präsident zappelte in seinem Lehnstuhl herum und trommelte mit den Fingern auf den Tisch. Fieberhaft überlegte er, was er tun sollte. Gerüchte verbreiten sich rasch im Kreml ...

»Das lag an einer Reihe außen- und innenpolitischer Faktoren«, brachte er schließlich hervor. »Dazu die extrem schwierige ökonomische Situation des Landes damals ...«

»Sie haben die Arbeit diffiziler Mechanismen beeinflusst, ohne vorher auch nur den Versuch unternommen zu haben, ihren Aufbau zu verstehen«, fiel ihm der Mann in Schwarz ins Wort. »Mehr noch! Sie als sogenannter Pragmatiker und Realist wollen nicht einmal anerkennen, dass es diese Mechanismen überhaupt gibt.«

»Wie haben Sie es überhaupt geschafft«, fragte der Präsident, während er sich verstohlen versicherte, dass er im Fall des Falles an den Alarmknopf käme, »ohne Anmeldung zu mir vorzudringen?«

»Was Sie getan haben, ist schlimmer als der Versuch, das menschliche Genom zu entschlüsseln«, fuhr der Mann fort. »Die Macht ist von Gott verliehen. Die mystische Substanz der Macht wurde den irdischen Herrschern vor über hundert Generationen anvertraut. Menschliche Seelen lassen sich nicht maschinell konstruieren, egal wie ausgereift die Technologie auch sein mag.«

»Über die Natur der Macht will ich ja gar nicht mit Ihnen streiten.« Der Präsident blickte zur Wand hinüber, an der das gestickte Porträt des Nationalen Führers hing. »Aber ...«

»Sie haben politische und ökonomische Faktoren genannt«, unterbrach ihn der Mann kopfschüttelnd. »Dem entnehme ich, dass Sie nicht die geringste Vorstellung davon haben, welche Bande das Land, das Sie regieren, vor dem Auseinanderfallen bewahren. Ferner haben Sie keinen blassen Schimmer davon, welche Kraft Ihnen garantiert, dass Ihre Untertanen Ihnen die Treue halten.«

»Das tut der FSB«, sagte der Präsident im Brustton der Überzeugung.

»Der auch«, räumte der Mann mit einiger Überwindung ein. »Aber Sie beziehen sich erneut einzig auf die irdische Macht. Mir dagegen kommt es auf die himmlische Macht an.«

»Ich will ganz offen sein«, gestand der Präsident mit einem Seufzer. »Ich begreife überhaupt nicht, wovon Sie reden. Und jetzt müssen Sie mich entschuldigen, Obama wartet auf mich. Könnten wir also zum Schluss kommen?«

»Sie haben sich an Gottes Werk vergriffen«, klagte der Mann in Schwarz ihn an. »Sie strecken die Seele mit Mechanik. Sie haben sich am Allerheiligsten vergangen, um ein zweifelhaftes Experiment an Ihren Untertanen durchzuführen!«

Der Präsident sprang von seinem Stuhl auf.

»Grundgütiger! Wovon, bitte, reden Sie da?«

Der Mann löste sich aus dem Schatten und trat entschlossen an ihn heran. Erst jetzt zeigte sich, wie alt und schrecklich er aussah. In diesem Moment bemerkte der Präsident auch die schmale Tür, die hinter einem der hellen Eichenholzpaneele mit Goldschnitzerei in der Wand verborgen war. Dahinter lag ein Geheimgang. Aus diesem war der Mann offenbar aufgetaucht.

Mit einem seiner dürren, knotigen Finger zeigte der Mann in Schwarz anklagend auf den Präsidenten.

Dann stieß er mit kehliger Stimme aus: »Womit versetzen Sie den Wodka?«

Beflügelt kehrte Slawik mit der Zuspeise für den Wodka und einer kostenlosen Zeitung zurück. Diese diente den beiden als improvisierte Tischdecke auf dem Fensterbrett. Sie stellten ihre Flaschen darauf, gesellten ihnen die Plastikbecher hinzu und vollendeten alles mit dem duftenden, braunen Trockenfutter. Damit konnte das Festmahl beginnen.

Von der aufgeschlagenen Zeitung schauten zu Sergej Iljitsch und Slawik aufmerksam die Mitglieder der Regierung auf. Sie umringten einen neuen Heißluftballon, produziert in einer einstigen Waffenfabrik. Der Ballon konnte sich sogar um die eigene Achse drehen.

»Die da!« Sergej Iljitsch stellte seinen Plastikbecher auf die Zeitung. »Die kann ich einfach nicht mehr sehen! Wie die das Land heruntergewirtschaftet haben!«

Er verschlang eine Handvoll Pedigree.

»Weiß doch jeder, dass einem die gebratenen Tauben nicht ewig in den Mund fliegen«, bekräftigte Slawik. »Dass irgendwann die Krise kommt und der Wind aus einer anderen Richtung pfeift.«

»Kein Wort glaub ich denen jetzt noch!«, stieß Sergej Iljitsch in bitterem Ton aus. »Gerade als es mit mir bergauf ging und ich Arbeit als Wachmann beim Bau gefunden hab ...«

»Und was ist jetzt bitte mit dem Stabilisierungsfonds?«, knurrte Slawik.

»Die Chemiefabrik haben sie dichtgemacht, im Traktorenwerk sind alle auf unbestimmte Zeit in Urlaub geschickt worden. Und die faseln noch immer was von Wirtschaftsaufschwung.«

»Nun schenk endlich ein, Iljitsch!«, verlangte Slawik nervös. »Dieses Vorspiel dauert mir zu lange ...«

»Hast ja recht, Slaw, tut mir leid. Ist halt mit mir durchgegangen. Ein Blick auf diese Visagen, und ich erkenne mich selbst nicht wieder.«

Sergej Iljitsch verzerrte das Gesicht vor Anstrengung, als er die Flasche aufschraubte. Dann schenkte er ein.

»Also los, runter damit!«

Sie stießen lautlos an. Slawik stürzte seine hundert Gramm hinunter und langte sofort nach dem duftenden Hundefutter.

»Wo waren wir stehen geblieben?«, brummte er heiser und wischte die Krümel von den Händen.

»Weiß nicht mehr«, antwortete Sergej Iljitsch mit einem glückseligen Lächeln.

Seine schlechte Laune legte sich bereits wieder.

»Ich auch nicht«, sagte Slawik.

Der Becher fand einen neuen Platz auf der Regierung samt Heißluftballon. Dafür war nun ein kleineres Foto von dem amerikanischen Präsidenten mit seinen strahlend weißen Zähnen zum Vorschein gekommen.

»Was hältst du von dem?«, wollte Slawik wissen und tippte mit dem Finger auf Obama.

»Der hat uns gerade noch gefehlt«, erwiderte dieser und schüttelte sich.

»Meine Stimme hätte er gekriegt«, gestand Slawik zur Überraschung seines Freunds.

»Fang erst mal an, bei uns deine Stimme abzugeben«, dozierte Sergej Iljitsch daraufhin. »Warum wählst du eigentlich nie?«

»Darum!«, trötete Slawik. »Was bringt das hier schon? Aber bei denen ... Die wollten einen Schwarzen, sind zur Wahl gegangen, und jetzt haben sie ihn. Das ist echte Demokratie!«

»Dann geh doch zu denen!«, stieß Sergej Iljitsch aus und ballte die Fäuste.

»Wieso? Mir gefällt es in unserer Heimat ganz gut!«, entgegnete Slawik. »Woanders will ich gar nicht leben. Mich würde bloß interessieren, warum es bei denen reicht, für einen Schwarzen zu stimmen, um ihn auf den Posten zu hieven, aber bei uns ohne Revolution rein gar nichts passiert.«

»Das ist das Schicksal unseres Landes!«, bemerkte Sergej Iljitsch und schnäuzte sich geräuschvoll.

»Die werden ihre Revolution schon noch erleben!«, ereiferte sich Slawik. »Wie wäre es sonst möglich, dass ...«

»Schenk lieber die nächste Runde ein«, unterbrach ihn Sergej Iljitsch. »Aber pass auf, dass dieser Bodensatz nicht ... du weißt schon, dieses Zeugs da unten, dass das nicht aufwirbelt ...«

Sie stießen an und tranken auf ex.

»Wo waren wir stehen geblieben?« Sergej Iljitsch blinzelte ein paarmal.

»Weiß nicht.« Slawik zuckte mit den Schultern.

Schweigend blickten sie hinunter in den Hof, wo ein paar Glatzen in Jogginghosen auf der verrosteten Schaukel beim Sandkasten saßen und an ihren Bierflaschen nuckelten.

»Die Jugend von heute kannst du auch vergessen«, sagte Sergej Iljitsch und spuckte aus. »Wir hätten uns so was mal trauen sollen. Da wagt man ja kaum noch, einen Fuß vor die Tür zu setzen!«

»In ihrem Alter, da war ich bei den Pionieren«, erklärte Slawik sofort.

»Eben! Die Pioniere hatten ihre Lager, die Komsomolzen den Ernteeinsatz, und auf den Straßen war niemand. Du konntest Tag und Nacht sicher herumspazieren«, bemerkte Sergej Iljitsch wehmütig. »Da herrschte noch Ordnung. Aber heute?«

»Unter Stalin war es eh nicht schlecht«, bemerkte Slawik.

»Alles haben sie kaputtgemacht«, sagte Sergej Iljitsch und schüttelte traurig den Kopf.

»Alles haben sie sich unter den Nagel gerissen«, sagten die beiden unisono.

»Aber ihre Häuschen an der Rubljowka, die haben diese Diebe natürlich alle«, spie Slawik voller Neid aus. »Und das einfache Volk, wo bleibt das?«

»Was willst du?«, murmelte Sergej Iljitsch giftig. »Unser Volk ist nun mal so. Es schweigt und schweigt, duldet und leidet ... Aber irgendwann geht es auf die Barrikaden.«

»Schenk noch mal ein, Iljitsch, ja?«, bat Slawik. »Meine Kehle ist schon ganz trocken.«

Ächzend öffnete Sergej Iljitsch die Flasche. Der Wodka plätscherte munter in die Plastikbecher.

»Also dann, runter damit!« Sergej Iljitsch leerte sein Glas. »Wo waren wir stehen geblieben?«

»Keinen Schimmer«, sagte Slawik, während er mit genüsslichem Knacken ein paar Pedigree verputzte und ins Leere starrte. »Hab's irgendwie vergessen.«

»Ich auch«, sagte Sergej Iljitsch und wischte sich mit dem Ärmel seines Flanellhemds über die Lippen. »Egal!«

»Ganz schön warm hier, oder?« Slawik stützte sich mit dem Ellbogen ab und öffnete das Fenster. »Lass uns noch einen nehmen, ja? Besser gleich als nie, sag ich immer ...«

»Das sagen die beim Stabilisierungsfonds auch immer«, erklärte Sergej Iljitsch und grinste. »Vielleicht stimmt's ja sogar ...« Er schenkte beiden gleich viel Wodka ein, ließ aber zwei Fingerbreit am Boden der Flasche, damit dieser verdächtige Satz ja nicht in die Becher gelangte. »Man lebt schließlich nur ein Mal!«

»Auf unseren Sieg!« Bei dem Toast nahm Slawik sogar Haltung an. »Auf unsere Panzer!«

»Auf die Heimat!«, donnerte Sergej Iljitsch.

Danach hüllten sich beide erneut in Schweigen.

Irgendwann warf Slawik seinem Freund einen langen, abwägenden Blick zu.

»Hör mal, Iljitsch ...«, sagte er dann. »Was, wenn die in der Glotze die Wahrheit sagen? Was, wenn's jetzt wirklich bergauf geht? Denn subjektiv ...« Er hickste. »Subjektiv geht es mir gerade besser. Irgendwie glaube ich fest daran, dass alles gut wird. Vielleicht stimmt es ja doch, dass wir das Tal durchschritten haben?«

Sergej Iljitschs Blick war längst nicht mehr so fest wie noch vor einer Weile, sondern schlingerte mittlerweile im Slalom über die Überschriften in der Zeitung, bis er an den beiden schon fast leeren Flaschen hängen blieb. In jeder war aber noch ein ordentlicher Schluck übrig.

»Wir haben das Tal noch nicht durchschritten, Slawik«, erklärte Sergej Iljitsch im Brustton der Überzeugung. »Aber wir können es schaffen.«

»Meinst du, wir sollten ...« – Slawik sog die Luft geräuschvoll ein und ging in Gedanken seinen dürftig gewordenen Wortschatz durch – »diesen Bodensatz da ...?«

»O ja.« Sergej Iljitsch brachte die Flasche mit Mühe vor seine Augen und starrte auf die winzigen Buchstaben des Etiketts, die jedoch wie Läuse davonkrabbelten. »Zusatz von Spurenelementen ... Diese Spurenelemente, Slawik ... aus Birke. Die werden wir jetzt ordentlich durchschütteln, damit wir sie besser verdauen.«

»Lieber nicht, Iljitsch«, widersprach Slawik nervös. »Wenn du mich fragst, bewegen sich die Dinger. Was, wenn das Eier von irgendwelchen Würmern sind? Oder Nanoroboter?«

»Du solltest weniger fernsehen, Slaw«, riet ihm Sergej Iljitsch väterlich. »In einem Wodka für hundert Rubel überlebt kein einziger Organismus. Und jetzt Schluss damit! Auf unsere strahlende Zukunft!«

»Gut, auf die Zukunft! Und abwärts damit!«

Slawik zog die Nase hoch und trank seinen Wodka auf ex.

»Geht runter wie Öl!« Die letzten Falten verschwanden von Sergej Iljitschs Stirn. »Und wie jetzt weiter?«

»Das war ich nicht«, stammelte der Präsident entsetzt. »Ehrenwort! Das war ich nicht! Selbstverständlich bin ich der Ansicht, dass unser Land modernisiert werden muss, dass wir rückständig sind, dass wir aufholen und ... Aber doch nicht so!«

»Wer sonst, wenn nicht Sie?«, fragte der Mann in Schwarz mit einem höhnischen Grinsen. »Wer könnte eine solche Aktion hinter Ihrem Rücken durchziehen?«

»Das war ... Das geht alles auf Chewbaccas Konto!«, platzte es aus dem Präsidenten heraus. »Der war's!«

»Ich ... Sie ... Ich sehe keinen Sinn darin, dieses Gespräch fortzusetzen.« Der Mann trat einen Schritt zurück. »Das Vaterland steht am Rand eines Abgrunds, und Sie wollen die Schuld in bester Tradition der sowjetischen Politik einer fiktiven Persönlichkeit in die Schuhe schieben. Chewbacca! Warum nicht gleich Karlsson vom Dach?«

»Der ist nicht fiktiv ... Den nennen wir nur so, unter uns. Aber ich rufe ihn jetzt gleich an.«

Der Präsident langte nach dem ungewöhnlich großen weißen Apparat mit dem Wappen.

Der Mann in Schwarz wartete vor der Tür, durch die er hereingekommen war. Der Präsident kritzelte mit einem Bleistift kleine Teufelchen auf die marmorne Tischplatte und presste das Ohr an den Telefonhörer.

»Verbinden Sie mich mit GosNano. Ja, direkt mit Anatoli Glebowitsch ... Hallo? Chewbacca? Gerade höre ich ... Wie konntest du das wagen? ... Das ist gelogen! Darum habe ich dich nie gebeten! ... Wie heißt das? ... *Was* kostet das? Wer ist damit schon in Kontakt geraten? Wie lange läuft dieses Programm schon? ... Nie im Leben glaube ich, dass du das selbst ausgeheckt hast! Komm sofort in den Kreml! ... Nein, besser, ich schicke jemanden, damit du den Kreml nicht mit Downing Street verwechselst ... Natürlich ist das eine Verschwörung!«

»Die Streckbank hilft in solchen Fällen immer«, belehrte ihn der Mann in Schwarz. »Auch das Pfählen bringt ganz gute Ergebnisse.«

»Sie müssen's ja wissen.« Der Präsident knallte den Hörer auf die Gabel und ließ sich in seinem Lehnstuhl zurücksacken. »Eine liberale Verschwörung! Das ist Amtsmissbrauch! Auf Staatskosten! Ein Anschlag auf das Allerheiligste ...«

Der Präsident starrte auf einen Punkt vor sich, ohne etwas zu sehen, und seine Lippen bewegten sich lautlos.

»Welche Erklärung hat er dafür?«, fragte der Mann in Schwarz.

»In der Fabrik sind wohl Nanoroboter entwickelt worden, die, sobald sie in den Körper eindringen, mit dem Blut durch die Adern wandern, bis sie das Großhirn erreichen. Dort nisten sie sich ein. Und dann folgen sie ihrem Programm und aktivieren die Hirnareale, die für das rationale Denken zuständig sind.«

»Großer Gott ...«, zischte der Mann entsetzt.

»Er ist ein Westler, dieser Chewbacca ... Deshalb vertritt er die Ansicht, dass wir den Westen nicht ohne einen Evolutionssprung unsererseits einholen können.«

»Aber ausgerechnet in den Wodka ... Was für ein Ketzer!«

»Eben!«, bestätigte der Präsident kraftlos. »Wodka ist doch eine Gefühlsessenz ...«

»Ein Glaubensextrakt!«, brachte der Mann in Schwarz den Satz zu Ende.

»Er wollte damit den Sklaven in jedem von uns vernichten ...«

»Doch stattdessen hat er eine Armee von Monstern geschaffen! Rationale Cyborgs ohne jeden Glauben! Dabei ist der Glaube die wichtigste Eigenschaft im russischen Menschen!«

»Was für ein Dummkopf ...«

Der Präsident schlug die Hände vors Gesicht.

»Verräter!«, korrigierte ihn der Mann in Schwarz. »Wer es wagt, einen völlig neuen Ton in die Sphärenmusik zu bringen, wer in den allerfeinsten Äther vordringt, wer mit modernen Technologien das Mysterium der Herrschaft von Auserwählten über die Hirne der Herde verhunzt, der ist ein Verräter.«

»Aber ich wollte Russland doch auch modernisieren ... Daraus einen fortschrittlichen Staat machen ...«

»Unsinn!« Der Mann richtete sich auf, die Hand um seinen langen Stock gelegt. Das raubtierhafte Gesicht mit den tiefen Falten kam dem Präsidenten mit einem Mal schrecklich bekannt vor. »Russland ist ein besonderes Land mit einem einmaligen Schicksal!« Seine Stimme hallte von der Gewölbedecke des präsidialen Kabinetts wider. »Es hat sich den kalten Gesetzen des Verstandes nie unterworfen, sein Wachstum und seine Entwicklung haben sich entgegen allen rationalen Erklärungen vollzogen! Weder mir noch Ihnen oder diesem Chewbacca erschließen sich die Mystik und die Kräfte, die dieses Land vor dem Untergang bewahren, die Russland beschützen und die unser blindes Land auf seinem heiligen Weg geleiten! Kein Verstand dies Russland erfasst ...«

»... an Russland kann man einzig glauben.«

Der Präsident bekreuzigte sich.

»Wie geht es jetzt weiter?« Der Mann in Schwarz trat ans Fenster, um in den Innenhof des Kremls und auf die Schüler, die sich um die Zarenglocke drängten, hinunterzuspähen. »Was soll jetzt nur aus ihnen allen werden?«

Sergej Iljitsch fing mit einem Mal an, sich derart wütend den Kopf zu kratzen, dass er sich fast die Haut aufriss. Slawik beobachtete ihn zunächst mit betrunkener Verwunderung, fing aber kurz danach ebenfalls an, sich zu kratzen.

»In mir drin juckt es furchtbar ...«, sagte er entsetzt.

»Slaw... Slawik ...« Sergej Iljitsch keuchte. Seine Pupillen erinnerten an einen Pistolenlauf. Blind tastete er umher. »Was ist das?«

»Wir ... wir verwandeln uns ... in jemand anderen ... in einen Alien ...«

»Slaw...« Sergej Iljitsch fiel auf die Knie und umklammerte den lackierten gusseisernen Heizkörper. »Was geht hier vor?«

»Wollen wir die Miliz rufen?«, flüsterte Slawik. »Sollen sie uns erschießen ...«

Die Flasche mit dem teuflischen Inhalt kullerte über die Treppe und zersprang.

»Die haben uns vergiftet ...«, hauchte Sergej Iljitsch.

Und für beide senkte sich Dunkel über die Welt.

»Der gesamte Wodka der Marke ›Der Rustikale‹ ist mit Nanorobotern versetzt. Es ist der billigste Fusel, nur hundert Rubel die Flasche«, erklärte der Präsident. »Darüber hinaus noch ein paar andere Marken. Insgesamt wurden bisher dreißig Millionen Flaschen verkauft. Noch einmal so viele sind bereits ausgeliefert. Und Dutzende von Fabriken im ganzen Land füllen in diesem Augenblick weitere ab!«

Fassungslos schüttelte der Mann in Schwarz den Kopf und lehnte die Stirn gegen das Fenster.

»Das ist das Ende«, sagte er dann.

»Nein ... Noch ist es nicht zu spät, um das Ruder herumzureißen!«, versicherte der Präsident. »Ich werde dem Alkoholismus den Kampf ansagen. Ich rufe das Projekt Nüchternheit ins Leben. Vielleicht führe ich ein Staatsmonopol auf Wodka ein, um auf diese Weise die Qualitätskontrolle zu sichern. Oder wir versuchen es mit Prohibition? Und unter diesem Deckmantel ...«

Der Mann in Schwarz rang sich ein trauriges Lächeln ab.

»Wissen Sie eigentlich, warum die Sowjetunion zerfallen ist?«, fragte er noch einmal.

»Nein«, antwortete der Präsident ehrlich.

»Der UdSSR ist ein gesamtgesellschaftlicher Kater zum Verhängnis geworden«, sagte der Mann voller Bitterkeit. »Ich habe Andropow damals gewarnt, dass der russische Mensch ohne Wodka verroht. Ohne ihn empfindet er ungehemmt die Schärfe der existenziellen Leere. Er wird aus einem Jahrhunderte währenden Dornröschenschlaf gerissen und wacht in einer Einzimmerwohnung mit zerfetzten Tapeten und durchgelegenem Sofa auf. Was soll er dann noch machen? Und wenn jetzt auf einen Schlag das ganze Land erwacht ...«

Der Präsident war bleich wie der in einem Duell tödlich verwundete Lermontow, aber entschlossen. Er schwankte, hielt sich jedoch auf den Beinen.

»Wir werden nicht untergehen«, beteuerte er. »Morgen rufe ich im Fernsehen eine gesamtrussische Anti-Alkohol-Kampagne aus. Selbst wenn wir dafür einen schrecklichen Preis zahlen müssen, selbst wenn es mich meinen Posten kostet und womöglich auch meinen Kopf ... Aber in einer Generation, wenn erst einmal all die unglücklichen Menschen gestorben sind, die von den Nanorobotern befallen wurden, wird der russische Mensch wieder ganz der Alte sein. Und Russland wird wieder seinen ureigenen Weg beschreiten. Den einzigen, der ihm bestimmt ist. Daran glaube ich! Fest!«

»Ich meinerseits würde vorschlagen, nicht zu warten, bis besagte Menschen von sich aus sterben ...«, murmelte der Mann in Schwarz.

Zum Glück hörte der Präsident die Worte nicht.

»Was soll ich bloß mit Chewbacca machen?«, fragte er sich unterdessen.

»Im Keller gibt es eine Streckbank«, antwortete ihm der Mann. Mit diesen Worten trat er an die Geheimtür heran. »Nach und nach werden Sie der Sache mit Sicherheit auch ohne mich Herr. Für mich wird es nämlich Zeit. Vielen Dank für die Audienz.«

»Warten Sie!«, rief der Präsident. »Wie war doch gleich Ihr Name?«

»Iwan Wassiljewitsch.«

»Also genau ... genau wie ...« Die Kehle des Präsidenten war völlig trocken, und er bekreuzigte sich ein weiteres Mal. »Aber wie kann das sein?«

»Zu meiner Zeit habe ich meine Seele verkauft, der Kurs war damals ausgesprochen günstig«, erklärte der Mann in Schwarz und bleckte die Zähne. »Bei anderer

Gelegenheit kann ich Sie dem Händler gern einmal vorstellen ...«

»Nein danke, nicht nötig«, sagte der Präsident und bekreuzigte sich schon wieder. »Aber Ihre Gedanken sind so modern ... und auch Ihre Sprache ...«

»Ich sehe fern«, antwortete der Mann schulterzuckend.

»Und Sie sind ... immer hier?«, fragte der Präsident schüchtern.

»Selbstverständlich. Ich kann mein Land doch nicht unbeaufsichtigt lassen. Und guten Menschen helfe ich gern mit meinem Rat.«

»Aber wie ... Die Zeiten sind heute doch ganz andere ... Russland ist ein anderes Land!«

Iwan Wassiljewitsch grinste verschlagen, ließ seine knöchernen Finger knacken und sah noch einmal zum Fenster hinaus.

»Geben Sie sich keinen Illusionen hin!«, sagte er leichthin. »Russland ändert sich nie.«

Daraufhin ging der Präsident zum Schreibtisch und griff nach seinen Zigaretten. In dem Moment fiel hinter ihm die Tür ins Schloss. Er wirbelte herum. In seinem Arbeitszimmer war niemand mehr. Sofort stürzte er zu der Geheimtür, doch die war spurlos verschwunden. Nicht einmal eine Fuge entdeckte der Präsident noch zwischen den sorgsam aneinandergefügten Wandpaneelen.

Er trat ans Fenster, riss es auf, gab dem Scharfschützen auf dem Erlöserturm, der sofort nervös nach ihm Ausschau hielt, mit einer beschwichtigenden Geste Entwarnung und sog tief die feuchte Moskauer Luft ein. Vom Roten Platz her drang ein gellender Schrei

an sein Ohr. Nein, er hatte sich das alles nicht eingebildet.

»Es geht los ...«, brachte der Präsident tonlos hervor.

Sergej Iljitsch richtete sich auf, klopfte sich die Hose
ab, starrte verständnislos auf die mit brauner Ölfarbe
gestrichene Wand, die vollgekotzten Betonstufen, das
mit unzähligen Kippen übersäte Fensterbrett, den tristen Hof voll leerer Flaschen und den bläulichen Jam-
merlappen in dem verdreckten Jackett über der Trai-
ningsjacke, in dessen Gesicht etwas Fremdes lag. Am
liebsten hätte er panisch aufgeschrien.

»Slawik«, sagte Sergej Iljitsch dann so leise, als wolle
er die Worte erst einmal im Mund vorkauen. »Was machen wir hier eigentlich?«

EX MACHINA

Schluss. Aus. Ende.

»Aber wieso?« Tschistjakow ließ sich auf den Stuhl sacken. »Wieso denn bloß?«

Er glotzte den Vorsitzenden der Wahlkommission mit einem stumpfsinnigen Fischblick an, bekam einen Schluckauf und kramte in den Hosentaschen nach seinem Beruhigungsmittel. Der Vorsitzende, ein massiger Funktionär mit einer Metallbrille auf der Nase, die ihn ein bisschen wie einen SS-Mann aussehen ließ, zuckte bloß mit den Schultern.

»Nehmen Sie es nicht persönlich, Sergej Wassiljewitsch«, sagte er leidenschaftslos, ja geradezu kalt. »Das sind nun einmal die Zahlen.«

»Diese Zahlen kann es überhaupt nicht geben! Woher sollen die kommen?«, stieß Sergej Wassiljewitsch ungläubig hervor. »Hier sind alle für mich ... Das Volk liebt mich! Die Menschen würden für mich Berge versetzen ...«

»Ein Fehler ist ausgeschlossen. Die Maschine hat diese Zahlen ausgespuckt.«

»Aber das ist doch ... Das ist mein Ende! Mein Todesurteil, begreifen Sie das denn nicht?«, jammerte Tschistjakow mit so piepsiger Stimme, als wäre er wieder ein fünfjähriger Junge.

»Nun übertreiben Sie mal nicht!«, ermahnte ihn der Vorsitzende und funkelte ihn hinter seinen Brillengläsern streng an. »Das Leben eines Menschen endet nicht mit dem Austritt aus ...«

»Haben Sie Erbarmen!«

Sergej Wassiljewitsch glitt zu Boden und kroch auf allen vieren vorwärts zum letzten und entscheidenden Gefecht.

»Ich kann da überhaupt nichts machen.«

Der Funktionär rührte sich nicht einmal. Weder half er Sergej Wassiljewitsch auf, noch brachte er sich vor ihm in Sicherheit. Ja, wenn er sich wenigstens abgewandt hätte! Aber nein, nichts. Sergej Wassiljewitsch kroch auf ihn zu wie ein von den Fritzen demolierter T-34, er aber, dieser Funktionär, rührte sich genauso wenig wie ein eingegrabener, neunzig Tonnen schwerer Faschisten-Panzer. Ließ ihn völlig ungerührt näher kommen ...

»Schämen Sie sich denn gar nicht?«, ging Tschistjakow zum Angriff über. »Ein verdienter Mitarbeiter, nicht mehr der Jüngste, der hier vor Ihnen ...«

»Abmarsch in die Rente!«, feuerte ihm der Funktionär entgegen.

Mit letzter Kraft schaffte Sergej Wassiljewitsch es bis zu den grauen Hosenbeinen des Glatzkopfs und krallte sich in den Stoff.

»Ändern Sie die Ergebnisse! Noch ist es nicht zu spät. Sie sind der Vorsitzende der Wahlkommission! Wenn einer das kann, dann Sie!«

»Sergej Wassiljewitsch!«, fuhr ihn der Vorsitzende an. »Die Partei hat die Wahl in unserer Region verloren. Ihnen bleibt nichts anderes übrig, als den Hut zu nehmen. Ihre Fehler wird ein anderer Beamter korrigieren. Das sage ich Ihnen jetzt zum letzten Mal.«

»Ja, Meine Güte, als ob wir das noch nie gemacht hätten!«, stammelte Sergej Wassiljewitsch verzweifelt, ein kriecherisches Lächeln auf den Lippen. »Bisher haben wir das doch auch immer vernünftig geregelt ... Wir brauchen doch bloß hier was dazuzugeben, da was wegzunehmen ... hier stimmt vielleicht ein ganzes Irrenhaus für uns, dort bekommen wir ein Gefängnis geschlossen hinter uns, ebenso das Leichenschauhaus ... Und erst die Studenten! Auf die können wir zählen! Oder die Rentner! Wir fallen mit einem Riesentross in die Dörfer ein und bringen humanitäre Hilfe, dann haben wir die im Nu in der Hand, ein Kinderspiel ist das, wir brauchen bloß ein paar Lebensmittel, und schon kriegen wir unsere Kreuzchen! Für Brot verkaufen die auf dem Land ihre Seelen, dabei wollen wir sie ja nicht mal ganz, nein, die können sie uns ruhig häppchenweise abtreten, alle vier Jahre ...«

»Alle fünf Jahre, laut neuer Gesetzgebung«, korrigierte ihn der Vorsitzende der Wahlkommission frostig.

»Dann packen wir noch Wodka und Dosenfleisch dazu, dann reicht es auch fünf Jahre!« Tschistjakow ließ nicht locker. »Halten Sie die Ergebnisse nur ein Weilchen zurück, Igor Borissowitsch ... Sagen Sie, man zählt noch. Schieben Sie es auf den menschlichen Faktor. Unterdessen bündeln wir alle Kräfte und besorgen uns die Stimmen. In einer Sonderaktion! Das klappt! Alles kommt wieder in Ordnung, mein Wort darauf!«

»Ausgeschlossen«, erwiderte der Vorsitzende kopfschüttelnd. »Das Volk hat seine Wahl bereits getroffen.«

»Mein Volk stellt sich nicht gegen mich!«, empörte sich Sergej Wassiljewitsch, der allmählich die Beherrschung verlor.

»Das ist nicht *Ihr* Volk, sondern das des Staates«, zügelte ihn der Funktionär. »Deshalb dient es auch einzig und allein den Interessen des Staates. Wenn das Volk gegen Sie gestimmt hat, dann heißt das ...«

Der Vorsitzende der Wahlkommission zuckte mit den Schultern und schaute demonstrativ auf seine Armbanduhr.

»Aber warum? Warum? Konnten Sie sich nicht immer auf mich verlassen? Warum tun Sie mir das an?«, krächzte Sergej Wassiljewitsch. »Was soll ich denn jetzt machen? Mich einmotten lassen? Dabei will ich dem Staat doch noch dienen! Was ist mit dem ›menschlichen Faktor‹? Oder einer kleinen ›Verzögerung‹, ginge das nicht ...? Bei Gottundallenheiligen, ich flehe Sie an! Es soll Ihr Schaden nicht sein! Ich hätte da eine kleine Datscha, drei Hektar im Grünen ...«

»Der menschliche Faktor scheidet aus«, fiel ihm der Funktionär ins Wort. »Heutzutage zählt die Maschine.«

»Aber Sie sind doch ein Mensch! Sie sind wichtiger als jede Maschine!«, widersprach Sergej Wassiljewitsch und sah den Vorsitzenden verständnislos von unten her an. »Wir ... wir wollen ja wohl nicht zulassen, dass irgendwelche seelenlosen Kästen über uns bestimmen?«

»Das ist kein seelenloser Kasten«, entgegnete der Vorsitzende, wobei er aus unerfindlichen Gründen einen entschuldigenden Blick in die hintere Zimmerecke warf. »Das ist die neueste staatliche Errungenschaft, das Qualitätssichernde Automatisierte System Wahlen. Das Nonplusultra der Wissenschaft.«

»Das ist bloß ein Computer! Eine Maschine!«

Sergej Wassiljewitsch sprang auf – sein Rücken knackte – und humpelte eiligst in die Ecke, in die der Vorsitzende eben geschielt hatte.

»Dem werd ich's zeigen!«, brüllte er. »Diesem Ding zeig ich's!«

Die von grauen Härchen überzogenen Fäuste des alten Mannes hämmerten auf das Chromgehäuse des Computers ein, bis das Blut seine Knöchel rot färbte. Der Kasten rührte sich keinen Millimeter von der Stelle. Das Monstrum musste mindestens einen Zentner wiegen.

»Ein vandalismusresistentes Modell«, sagte der Vorsitzende, und in seinem stahlharten Ton ließen sich der Stolz und der Hochmut eines Oppenheimer heraushören. »Sparen Sie sich die Mühe, Sergej Wassiljewitsch! Außerdem ist es bloß ein lokaler Computer. Der zentrale Server befindet sich in Moskau, an den kommen Sie nicht heran. Die alten Zeiten sind vorbei. Keine Mogeleien mehr, keine Bestechung, keine toten Seelen und Schmiergelder, keine Einmischung seitens des Geheimdienstes ... Von jetzt an läuft alles so tadellos wie ein Schweizer Uhrwerk. Absolut transparent.«

»Und darüber freuen Sie sich?«, fragte Sergej Wassiljewitsch kopfschüttelnd. »Wie können Sie sich da nur freuen, Sie von allen guten Geistern verlassener Mann? Das ist das Ende der Welt, wie wir sie kennen!«

Er dachte gar nicht daran aufzugeben. Und ein Rückzug war ihm auch nicht mehr möglich.

Sergej Wassiljewitsch lebte für die Macht, und die Macht hielt ihn am Leben, war sein Jungbrunnen. Sie war wie junges Blut für einen alten Vampir: Die Macht brachte sein Herz zum Schlagen, glättete seine Falten und verhinderte graue Haare. Würde man ihn der Macht berauben, dieser Halsschlagader, die breit war wie der Jenissej – er würde verschrumpeln und im Nu sterben, ohne je seine Auferstehung zu erleben.

Wie das Amt hieß, das er bekleidete, scherte ihn nicht die Bohne. Zu Sowjetzeiten bezeichnete man es so, heute anders, ja selbst die Partei war schon viermal umbenannt worden, doch noch immer spendete man die Sakramente nach demselben Prinzip, salbte den Zaren nach alter Gepflogenheit. Wer nur einmal dieses Abendmahls teilhaftig geworden war, konnte stets erreichen, dass er auch weiterhin im Amt blieb. Bisher jedenfalls.

Doch jetzt sollte damit plötzlich Schluss sein.

Sergej Wassiljewitsch hatte es nie nach Moskau gezogen. Wozu? Er hatte auf seinem angestammten Fleckchen Erde schon so viele Jahre verbracht, so alt wurden andere gar nicht, denn auch die hiesige Luft gab ihm, dem alten Vampir, Kraft. In seiner Region kannte er jeden Milizionär vom Rang eines Majors aufwärts mit Vor- und Vatersnamen und die alten Veteranen allesamt vom Sehen. Über jeden Politiker aus der Gegend, aber auch aus Moskau, der es auch nur ein einziges Mal gewagt hatte, Kritik an den Verhältnissen in seinem Hoheitsgebiet zu üben, führte er eine Mappe mit kompromittierendem Material.

Er konnte diese Wahl nicht verloren haben.

Niemals konnte er die Wahl verloren haben.

Niemals.

Gut, wenn er gegen die Kommunisten verloren hätte, aber gegen die ... Das würde ihn den Kopf kosten!

Sergej Wassiljewitsch verscheuchte seine lauthals plappernde Sekretärin und schloss seine Bürotür auf, öffnete diese jedoch nur einen schmalen Spalt und zwängte sich wie ein Dieb in sein Büro.

An der Wand hing eine Galerie aus immer gleichen Fotos: Sie zeigten ihn selbst sowie seine Untergebenen bei der Getreideernte, angefangen 1975 – als er den Karrieresprung vom Politoffizier zum Beamten gemacht hatte – bis zum letzten Jahr. Man hätte daraus problemlos einen Zeichentrickfilm montieren können. Einen kurzen und tristen. Den leeren Schreibtisch, der staubig wie der Exerzierplatz der Infanterie war, teilten sich eine Feldpostkarte und das weiße Telefon mit dem Wappen. Tschistjakow war zuletzt nur noch selten hier gewesen. Die Wahlen ...

Neben dem weißen Kremltelefon befanden sich eine inzwischen angefaulte Erdbeere und ein Gläschen mit vergorenem schwarzen Blut aus dem Geweih des Marals, Letzteres auf Anraten alteingesessener Kaukasier. In Sergej Wassiljewitsch kochte eine Wut hoch, die ihn fast ohnmächtig werden ließ.

»Sinka!«, schrie er. »Himmel, Arsch und Zwirn, wo steckst du schon wieder? Sinka!«

Die Sekretärin zog die Tür weiter auf, als er selbst es je gewagt hätte, und steckte den Kopf herein.

»Auf dich ist auch kein Verlass mehr! Wann hast du das Blut zum letzten Mal ausgetauscht? Das alte hier ist ja total geronnen! Gib's zu, du steckst mit denen unter einer Decke! Du bist auf meinen Tod aus!«

»Aber Sergej Wassiljewitsch«, erwiderte Sinka mit dümmlichem Lächeln. »Wozu brauchen Sie das jetzt noch? Wenn ich richtig verstanden habe, war's das doch, oder?«

»Das geht dich überhaupt nichts an, du Luder!«, schrie Sergej Wassiljewitsch seine Sekretärin an. »Das wollen wir erst mal sehen, ob's das war oder nicht! Deine Aufgabe ist es, dafür zu sorgen, dass der Apparat frisches Obst hat und das Glas mit dem Kaukasiergesöff voll bleibt, sonst hilft es nicht!«

»Wie wär's, wenn Sie ihn noch mit Goldstern einschmieren?«, zischte Sinka giftig. »Diesem Balsam aus Vietnam, mit dem Sie auch Ihre alten Knochen ...«

»Was bist du nur für eine Giftnatter geworden!«, stieß Sergej Wassiljewitsch fassungslos aus. »Dabei habe ich dich verhätschelt, an meiner Brust genährt ... Winzig warst du damals!«

»Wenn, dann habe ich Sie an meiner Brust genährt!«, spie Sinka aus. »Aber jetzt reicht's, länger lasse ich mir das nicht bieten! Auf Wiedersehen, Sergej Wassiljewitsch, mögen Sie in Frieden ruhen!«

Sie machte auf dem Absatz kehrt und fegte hinaus.

»Die Ratten verlassen das sinkende Schiff«, murmelte Sergej Wassiljewitsch. »Die Ratten ...«

Zögerlich blickte er zu dem Kremlapparat hinüber. Den Platz der Wählscheibe nahm eine Plakette mit einem goldenen Doppeladler ein. Man konnte damit niemanden anrufen, nur Anrufe entgegennehmen. Und versuchen, das Telefon mit Obst und Blut gnädig zu stimmen, bis es klingelte. Aber wie bei der Verbindung zu Gott war es eine Einbahnstraße. Von oben nach unten, in der Vertikalen.

Als Sergej Wassiljewitsch noch jung und dumm gewesen war, hatte er sich gelegentlich den Hörer ans

Ohr gepresst, ohne dass es geklingelt hätte, einfach so, aus Neugier, um zu lauschen. Am anderen Ende der Vertikalen summte es leise, fast wie das Freizeichen bei einem Apparat für Normalsterbliche, und doch anders, geradezu überirdisch, als würde ein Kastratenchor singen.

Ob er noch funktionierte?

Sergej Wassiljewitsch holte eine als Birkenscheit getarnte Flasche, hierzulande ein beliebtes Souvenir, aus dem Schrank, schenkte ein Glas ein und schob schüchtern, geradezu unterwürfig den Schnaps vor den Apparat.

Dieser schwieg.

Sergej Wassiljewitsch bekreuzigte sich, presste die Lippen auf sein Parteibuch und nahm den Hörer ab.

Nichts. Eine tote Leitung.

Als wäre die Verbindung von einem Granatsplitter zerfetzt worden. Ach, könnte er doch zu der Stelle hinkriechen, an der der Draht gerissen war, um die beiden Enden mit den Zähnen zusammenzudrücken und den Strom durch seinen Körper zu leiten ...

»Ich glaube das nicht«, sagte er trotzig, erfüllt vom Überlebenswillen eines Tieres. »Das glaube ich einfach nicht!«

Er erinnerte sich noch gut an den Tag.

»Das ist das QUAS Wahlen«, hatte der Vorsitzende der Wahlkommission ebenso feierlich wie niedergeschlagen verkündet.

Nicht der jetzige Vorsitzende, sondern der alte, Valentin Iwanytsch. Für ihn existierte der menschliche Faktor noch, um nichts in der Welt würde er daran glauben, dass die mühselige Plackerei schwieliger Hände durch die Fließbandarbeit einer Maschine ersetzt werden könnte. Unverbrüchliche Werte wie drei Hektar im Grünen samt einer Jagdhütte für den Sommer bedeuteten ihm noch etwas. Der Mann war Gold wert! Und was für ein Spezialist!

Sobald die Packer in den Blaumännern damals den Karton entfernt hatten, starrte Sergej Wassiljewitsch aus der hinteren Ecke ein Eisenkasten mit seinem einzigen roten Auge an.

»GAS Wahlen?«, wiederholte er.

In seiner Stimme klang grenzenloser Respekt für das gewaltige Energieunternehmen an. Alle Achtung, die hatten ihre Firma ordentlich ausgebaut.

»QUAS. Qualitätssicherndes Automatisiertes System«, korrigierte ihn Valentin Iwanytsch. »Eine staatliche Errungenschaft. Wird landesweit ausgerollt.«

»Und ... was soll das?«, stellte Sergej Wassiljewitsch eine schlichte Frage.

»Das ist eine Maschine. Die täuschst du nicht«, erklärte der damalige Vorsitzende. »Du gibst ihr den Stimmzettel, sie verleibt ihn sich ein und kennt danach alle Zahlen. Und die werden gleich nach Moskau weitergeleitet. Falsche Werte erkennt sie automatisch. Aber das ist nur eine Zwischenphase. Schon bald wird es ganz ohne Stimmzettel gehen: Dann stellst du dich vor die Maschine, drückst einen Knopf, und schon landet deine Stimme in der Zentralen Wahlkommission.«

»Na, dann kommt sie ja bald ganz ohne Menschen aus«, scherzte Sergej Wassiljewitsch unbedacht.

»Das wird sie«, bestätigte Valentin Iwanytsch mit todernster Miene. »Eine ganz neue Ära der Demokratie.«

»Und sie irrt sich nie?«, hakte Sergej Wassiljewitsch vorsichtshalber nach.

»Niemals.«

»Und Manipulationen sind dann nicht mehr möglich?«, fragte Sergej Wassiljewitsch mit dem Flüstern eines Spions, damit die Männer in den blauen Overalls ihn ja nicht hörten.

»Absolut unmöglich«, antwortete Valentin Iwanytsch betrübt.

»Aber es muss doch Möglichkeiten geben, ihr ... Interesse zu wecken?«, sondierte Sergej Wassiljewitsch das Terrain.

»Keine einzige. Das ist eine Maschine. Die hat keine Seele. Die hat noch nicht mal einen Verstand. Das sind alles ausschließlich statistische Algorithmen. Spielen Sie doch probehalber mal Solitär und versuchen Sie, dabei zu schummeln ...«

»Also mit der Technik, da stehe ich eh auf Kriegsfuß ...«, gab Sergej Wassiljewitsch zu. »Das macht meine Sekretärin. Aber mein Enkel, der versteht was davon.«

»Wahrscheinlich wird man mich entlassen, Sergej Wassiljewitsch«, sagte der Vorsitzende plötzlich. »Im Fall der Fälle, da geben Sie mir doch Rückendeckung, oder?«

»Reden Sie nicht solchen Unsinn, Valentin Iwanytsch!«, erwiderte dieser streng. »Maschinen werden uns Menschen niemals ersetzen! Noch haben wir den Kampf nicht verloren! Hast du gehört, du Schepperkasten? Wir kämpfen!«

Und Tschistjakow drohte dem QUAS Wahlen mit der Faust.

Das Tor ging geräuschlos auf, die Reifen des Mercedes knirschten über den Kies im Innenhof. Sergej Wassiljewitsch verließ seine Kommandobrücke im Fond und drückte den geschundenen Rücken mit einiger Mühe durch. Durch die Wipfel der Schiffskiefern, die eine Art Lattenzaun rund um das Grundstück bildeten, strich eine warme Brise. Über dem Schornstein kräuselte sich weißer Rauch, in der Luft hing der angenehme Geruch eines Lagerfeuers. Kaum erblickten die zwei kaukasischen Owtscharkas mit den kupierten Ohren ihr Herrchen, krochen die Hunde winselnd und nach Liebkosung heischend heran, so wie er selbst den lieben langen Tag an den Vorsitzenden der Wahlkommission herangekrochen war.

Es muss doch eine Möglichkeit geben, sagte sich Tschistjakow. Irgendeine.

Er stieg die Stufen zur Haustür hinauf und stapfte durch die Diele.

Sein Enkel – längst ein erwachsener Mann, der aber aus alter Gewohnheit in den Ferien hier bei ihm Zuflucht vor seinem Vater, einem General, suchte – saß vor einem Fernseher von schier unglaublicher Größe. Dort schlugen ein paar stählerne Roboter Menschen zu Brei. Das ist ein Zeichen, schoss es Sergej Wassiljewitsch durch den Kopf.

»Was guckst du denn da?«, fragte er seinen Enkel mit unverfälschtem Interesse.

»Den neuen *Terminator*«, murmelte dieser, ohne den Blick vom Bildschirm zu lösen. »Und wie war dein Tag so?«

Tschistjakow überging die Frage.

»Worum geht es da?«

»Interessiert dich nicht«, erklärte der Enkel. »Für dich hab ich *Wolga, Wolga* mitgebracht.«

»Wovon handelt dein Film?«, fragte Sergej Wassiljewitsch völlig ruhig noch einmal. Genau in dem Ton, in dem er zu seinen Hunden *Platz!* sagte.

»Von einem Aufstand der Maschinen. Cyborgs greifen die Menschheit an. Das ist schon der vierte Film, aber die Menschen verlieren die ganze Zeit.«

Tschistjakow zog umgehend sein Beruhigungsmittel aus der Hosentasche. Er hatte das Gefühl, dass sein Herz gleich seinen Brustkorb sprengte.

»Und wie hat das alles angefangen?«, fuhr er fort, nachdem er das Medikament geschluckt hatte.

»Also ...«, stieß der Enkel aus, drückte auf Pause und sah Sergej Wassiljewitsch leicht verdattert an. »Die Menschen haben irgendwie eine Art Supercomputer gebaut, der aus verschiedenen Servern besteht und Skynet heißt. Und irgendwie haben sie gedacht, dass er wie jede Maschine einfach so funktioniert, aber in ihm steckt irgend so eine künstliche Intelligenz. Das Ding steht also irgendwie auf eigenen Füßen. Als ob es ein eigenes Leben hätte. Und dann hat es den Menschen halt den Krieg erklärt. Also echt, Opa, das ist zu kompliziert für dich ...«

»Wie kommst du denn darauf?«, fragte Sergej Wassiljewitsch mit tonloser Stimme. »Ich verstehe das alles nur zu gut. Wie haben die Menschen gegen diese Cyberborgs gekämpft?«

»Es gab da halt so einen Helden«, antwortete der Enkel. »Der musste in der Vergangenheit diesen Supercomputer ausschalten, in dem das Leben entstanden war ... Und natürlich irgendwie die anderen Menschen warnen. Die Maschinen sind aber auch in die Vergangenheit gereist und haben versucht, ihm irgendwie in die Quere zu kommen, damit er seine Aufgabe nicht erledigen kann ... Also ... He, wo willst du jetzt schon wieder hin?«

Die Chartermaschine stand noch immer nicht bereit.

Korpulente Geschäftsleute – Holzhändler und Hüttenigenieure, beide nicht voneinander zu unterscheiden – fuchtelten empört mit ihren wuchtigen Uhren für mehrere Tausend Euro vor der Nase einer Dame vom Bodenpersonal herum und verlangten nach einer Erklärung.

Sergej Wassiljewitsch hielt sich abseits, hinter einer Regionalzeitung verschanzt. Würde ihn jemand erkennen, würde dieser entweder elendig katzbuckeln (falls er noch nicht im Bilde war) oder aber (falls er es doch schon war) demonstrativ von ihm abrücken, als hätte er die Pest ... Nein, mit Gemütlichkeit brauchte es Sergej Wassiljewitsch gar nicht mehr zu versuchen. Jeder wollte der beste Freund des Chefs von morgen, niemand der des Chefs von gestern sein. Das Gesetz des Dschungels ...

Die Dame vom Bodenpersonal klimperte mit den Wimpern, die groß und grell geschminkt waren wie die Flügel eines tropischen Schmetterlings. »Technische Defekte ... die Bordapparatur ... Ausfall des Navigationssystems ...«, drang es durch den Zeitungsschirm zu Sergej Wassiljewitsch.

Aha. Es geht also schon los.

Ob die Maschine Tschistjakow aus eigenem Antrieb als Feind abgespeichert hatte und ihn jetzt daran hindern wollte, in die Hauptstadt zu gelangen? Denn mit dem Zug würde er nach Moskau mindestens zwei Tage brauchen ... Dafür gibt es im Zug keine Elektrik, sagte sich Sergej Wassiljewitsch. Da wird sogar der Tee noch auf Kohlen gekocht. Die russischen Züge sind einfach, verständlich und zuverlässig wie ein Klappspaten.

Litt er unter Verfolgungswahn? Oder sollte er auf den Flug warten?

Die Bildschirme, die über den Ledersesseln im VIP-Bereich hingen, flackerten, bauten sich neu auf und teilten unisono mit:

Moskau – ENTFÄLLT

»Das glaubst du doch selbst nicht«, erklärte Tschistjakow der Maschine.

»Wir bitten die entstandenen Unannehmlichkeiten zu entschuldigen«, piepste die Dame vom Bodenpersonal ängstlich.

Anschließend zog sie sich mit einem besonders dreisten Businessman hinter die Kulissen zurück, um den moralischen Schaden persönlich wiedergutzumachen.

Sergej Wassiljewitsch erhob sich und verließ das Flughafengebäude im Eilmarsch, ohne nach links oder rechts zu schauen. Er hatte lediglich seine Aktentasche dabei, darin der Kulturbeutel und ein ganzer Packen Stimmzettel, die von der Opposition verschandelt worden waren. Dies war sein letztes verzweifeltes Argument. Im Mercedes zuckte der Fahrer zusammen, der sich genüsslich die Sonne hatte auf den Pelz brennen lassen.

Und wenn der auch ...?!, setzte Tschistjakow sein Selbstgespräch fort. Da ist doch ein Navigationsgerät eingebaut, in dieser faschistischen Konservendose. Ein intelligentes Manövriersystem ... Wahrscheinlich geht gerade der Befehl aus dem Kosmos ein, mit zweihundert Stundenkilometern in einen Laster zu rasen. Oder das Ding schleudert eine CD hervor und macht mich alten Kämpen damit einen Kopf kürzer. Auch nicht ausgeschlossen.

Sergej Wassiljewitsch entließ den Fahrer und hielt einen Lada an, dessen Tacho und Kilometerzähler längst nicht mehr funktionierten und mit Heiligenbildern von Maria und Nikolaus von Myra beklebt waren.

In letzter Sekunde erreichte er den Zug. Der Frau, die für seinen Waggon zuständig war, steckte er einen Fünftausendrubelschein zu, damit sie einen Platz für ihn fand. Bisher verlief alles nach Plan. Die Maschine hatte offenbar nicht mit diesem Schachzug seinerseits gerechnet und rechnete jetzt fieberhaft, um einen neuen Handlungsplan auszuhecken.

Aber bitte, sollte das Biest nur alles berechnen! Er würde es schon noch das Fürchten lehren!

»Glauben Sie, dass in einem Computer Leben entstehen kann?«, fragte Tschistjakow seinen Sitznachbarn, nachdem sie sich geschlagene zwei Stunden angeschwiegen hatten.

Dieser sah ihn aufmerksam an und strich sich das dünne Haar glatt. Die Räder ratterten gleichmäßig, die Teegläser klirrten in ihren Haltern auf dem Tisch.

»Ich bin Systemadministrator und arbeite für das Finanzamt.« Der Mann verstummte kurz. »Deshalb glaube ich daran.«

»Dann haben Sie vielleicht schon von der neuen staatlichen Errungenschaft gehört?«, stellte Sergej Wassiljewitsch aufgeregt die nächste Frage. »Dem System QUAS Wahlen?«

»Da kam mal etwas in den Nachrichten ... Wenn ich mich richtig erinnere, werden damit Stimmzettel aus Papier überflüssig, weil man in Zukunft seine Stimme per Knopfdruck abgibt, sodass keine Manipulationen mehr möglich sind«, sagte sein Gegenüber und nickte zufrieden. »Eine gute Sache.«

»Aber mal unter uns Administratoren«, fuhr Sergej Wassiljewitsch beinahe fiebrig fort, »kann sich Ihrer Ansicht nach in so einem System ein bösartiger Verstand einnisten?«

»Als Mitarbeiter des Finanzamts und damit als zutiefst rationaler Mann kann ich Ihnen versichern ...«, der Mann nippte an seinem Tee, »... dass in dieser Welt alles möglich ist.«

»Nur nicht diese Zahlen!«, spie Tschistjakow in all der Wut aus, die sich in ihm angestaut hatte. »Verstehen Sie? Es will mir einfach nicht in den Kopf, wie ... na ja, wie ein Mensch diese Wahlen verlieren konnte! Das muss die Maschine so entschieden haben! Täuschen kann man sie nicht, richtig? Aber was, wenn sie plötzlich zum Leben erwacht ist?«

»Haben Sie ... Hat denn jemand diese Maschine beleidigt?«, fragte der Mann, während er den Zucker ins Glas rieseln ließ. »Hätte sie einen Grund, Sie zu hassen?«

Ohne ein Wort zu erwidern, ging Sergej Wassiljewitsch seine Erinnerungen durch. Der Zug erreichte gerade einen halb verlassenen dunklen Bahnhof und hielt an.

»Wer hätte denn ahnen können, dass sie derart nachtragend ist«, presste Tschistjakow endlich heraus.

»Also ihr Gedächtnis ist hervorragend«, erwiderte sein Gegenüber und lächelte aus unerfindlichen Gründen in sich hinein. »Und jedes Jahr verdoppeln sich ihre Kapazitäten. Angeblich bringt man schon heute auf einem USB-Stick mehr unter als im Hirn eines Menschen!«

»Die haben es Ihnen ja wirklich angetan, diese Maschinen«, hielt Tschistjakow argwöhnisch fest.

»Warum auch nicht?«, erwiderte der Systemadministrator, und sein Lächeln wurde noch breiter. »Schließlich verbringe ich mein Leben mit ihnen!«

In dieser Sekunde quiekte sein Telefon, ein außergewöhnlich großes Ding mit breitem Display und zahllosen Tasten, im Grunde schon ein kleiner Computer. Der Mann schirmte das Display mit seinem Rücken gegen Sergej Wassiljewitsch ab, las die Nachricht und steckte das Smartphone wieder in die Tasche.

»Gehen wir doch in den Gang und rauchen eine, solange der Zug hält.«

Das Lächeln schien auf dem Gummigesicht des Mannes angeklebt und wollte einfach nicht von dort verschwinden.

»Ich rauche nicht«, brummte Tschistjakow.

»Dann kaufen wir uns eine Tüte geröstete Sonnenblumenkerne«, schlug der Nachbar weiter vor. »Oder ein Bier.«

Inzwischen ging es auf Mitternacht zu. Auf dem Bahnsteig war keine Menschenseele.

»Na gut, gehen wir«, sagte Tschistjakow zu seiner eigenen Überraschung.

Der Mann stapfte als Erster durch den schmalen Gang. Sämtliche Türen zu den Abteilen waren verriegelt, die kleinen Rollos heruntergezogen, sodass Sergej Wassiljewitsch den Eindruck hatte, nicht durch einen echten Zug, sondern durch eine Theaterkulisse zu laufen, wo man nur das Abteil, in dem die Handlung spielte, einsehen konnte ...

Ein Systemadministrator, hielt sich Tschistjakow noch einmal vor Augen. Der ist mit seinen Maschinen quasi verheiratet. Er weiß haargenau, dass in ihnen ein Verstand entstehen kann. Dann fragt er mich, ob ich sie, diese hochheilige Maschine, irgendwie beleidigt habe. Macht alle möglichen Andeutungen ... Dann schickt ihm jemand einen Befehl in seinen Minicomputer ... ein menschenleerer Bahnhof ... Aber er will Sonnenblumenkerne ... oder Bier.

Das Schwein ist ein Handlanger! Eine Marionette – das reinste Aas! Das weitere Szenario war klar: Er würde Sergej Wassiljewitsch unter dem Vorwand der Sonnenblumenkerne aus dem Zug locken, ihn im Gebüsch abstechen und – schwupps! – zurück in den Zug springen. Damit seine Heldentat in Moskau gewürdigt wird.

»Der Kiosk da drüben hat noch auf«, teilte der Systemadministrator entzückt mit, nachdem er einen Blick auf den Bahnhof geworfen hatte. »Sie begleiten mich doch, nicht wahr? Allein ist mir nicht ganz wohl bei der Sache. Und ohne Sonnenblumenkerne raste ich aus!«

Der Zug quietschte schon ungeduldig: Gleich würde er weiterfahren.

»Worauf warten Sie denn noch?«, drehte sich der Mann in der offenen Tür zu Sergej Wassiljewitsch zurück.

»O nein«, stieß dieser mit einem hässlichen Lachen aus. »Ich lass mich nicht abstechen!«

»Wie bitte?«

Bevor der Systemadministrator begreifen konnte, wie ihm geschah, traf Tschistjakow ihn mit einem Kinnhaken, dass er auf dem gerippten Fußboden des Vorraums landete, und stieß ihn hinaus auf den Bahnsteig. Offenbar schlug der Mann mit dem Kopf auf. Als er sich benommen wieder aufrappelte, entschwand der Zug bereits in die Nacht.

»Faschistenmarionette«, spie Sergej Wassiljewitsch verächtlich hervor und stapfte in sein Abteil zurück.

Dann die nächste Volte.

Unter dem Kissen des Ex-Nachbarn lag eine Zeitschrift, die auf einer Seite mit einem höchst interessanten Artikel aufgeschlagen war. Eine Reportage vom Tatort, um es einmal so auszudrücken: Der Gründer von Microsoft, Bill Gates persönlich, war nach Moskau gereist – und hatte der Zentralen Wahlkommission einen Besuch abgestattet!

Es gab Gerüchte, Microsoft habe ohne öffentliche Ausschreibung den Auftrag erhalten, Russlands Wahlbezirke sowie die Zentrale, wo die Stimmauszählung stattfand, mit den neuesten Informationssystemen auszustatten.

Donnerwetter! Das war also nicht bloß ein einzelner Computer, der rebellierte! Das war die Vorbereitung der amerikanischen Invasion! Sergej Wassiljewitschs Gedanken rotierten wie in einer Waschmaschine im Schleudergang.

Die Maschine hatte die für ihn so verhängnisvollen Zahlen also von den Amerikanern bekommen. Aber was wollten die ausgerechnet von ihm, dem alten Parteisoldaten, der ohnehin bald ausgemustert werden würde? Warum probierten sie ihre Höllenmaschine gerade an ihm aus? Gut, Tschistjakow liebte die Amerikaner nicht, daraus hatte er bei Sitzungen auch nie einen Hehl gemacht. Aber von Schirinowski bis zu Bin Laden mochte die sowieso keiner ... Selbst der Nationale Führer konnte sich einen gelegentlichen Seitenhieb gegen sie nicht verkneifen.

Ob ... ob sie Tschistjakow – wie im *Terminator* – also gar nicht für etwas aus dem Weg schaffen wollten, das er bereits getan hatte, sondern für etwas, das er in Zukunft tun würde?

Sergej Wassiljewitsch las den Artikel bis zur letzten Zeile, begriff davon aber nur, dass wer auch immer hinter der Expansion von QUAS Wahlen in Russland stand – sei es das System selbst, seien es ausländische Agenten –, diesen unsichtbaren Krieg gegen sein Land bereits gewonnen hatte. Die Eisenkästen mit den roten Augen hatten längst ganz Russland überschwemmt. In jeder Kreisstadt standen sie mittlerweile und erstatteten Moskau lautlos Bericht. Und ihrem eigenen Chef erstatteten sie ebenfalls Bericht: dieser gigantischen Rechenmaschine mit ihren Tausenden von Augen.

Es würde nicht mehr lange dauern, bis sie diesen kleinen Maschinen überall im Land den entscheidenden Befehl erteilte.

Sergej Wassiljewitsch blieb nur noch eine Möglichkeit: Er musste die Zentrale Wahlkommission in seine Gewalt bringen.

Die beiden Tage im Zug tat er kein Auge zu, sondern arbeitete akribisch einen Plan aus. In das Gebäude gelangen, alles ringsum verminen und eine Direktverbindung zum Präsidenten verlangen. Selbst wenn es da drinnen Kameras gab! Es war ja nur gut, wenn alle davon wussten.

Sergej Wassiljewitsch gab sich keinen Illusionen hin: Das war das Ende seiner Karriere. Doch nach allem, was er in den letzten beiden Tagen durchgemacht hatte, setzte er nun andere Prioritäten. Schließlich sah er jetzt klar, dass er sich im Krieg befand. In einem beispiellosen, unfassbaren Krieg. Und er, der Politoffizier a. D., der den Staub auf dem Exerzierplatz und in den Militärbüros gefressen hatte, wollte lieber als Held sterben als sich ruhmlos in den Ruhestand verabschieden.

Es ging jetzt nicht mehr um sein eigenes Wohlergehen. Ganz Russland war in Gefahr!

Am Kasaner Bahnhof tauchte Sergej Wassiljewitsch sofort in der Menge unter, zog den Hut tief in die Stirn und begab sich mit eiligen Trippelschritten zur Metro.

Die Maschine durfte nicht siegen! Er musste seine Vorgesetzten warnen und diese Maschine aufhalten, selbst wenn ihn dies das Leben kostete. Wenn ihm dies gelang, dann hatte er seine Aufgabe erfüllt. Dann hatte er das Land gerettet. Hatte die Russen gerettet ...

Das Drehkreuz am Eingang zur Metro schepperte knapp an seinem einstmals besten Stück vorbei. Tschistjakow schrieb auch das den Intrigen der künstlichen Intelligenz zu. Aber selbst wenn mich das Ding entmannt, bin ich noch Manns genug, mein Land zu retten ...

Er erreichte sein Ziel, die Pokrowka im Moskauer Stadtzentrum, suchte in der Straße die Wohnung seines Sohns und klingelte Sturm. Es war zwar erst sieben Uhr morgens, aber egal. Im Krieg ist alles erlaubt!

»Ich brauche TNT!«, überrumpelte er seinen verschlafenen Sohn, einen Muskelprotz mit Schnauzer. »Und Antipersonenminen! Sofort!«

»Wart mal, Paps ...«, brachte dieser blinzelnd und gähnend hervor. »Was für TNT?«

»Und einen Wagen, um alles zu transportieren. Den Rest schaffe ich allein«, erklärte Tschistjakow energisch. »Komm schon, mein Sohn, ich zähl auf dich!«

»Augenblick, ich guck mal unterm Bett nach, vielleicht ist vom letzten Geburtstag noch was übrig.«

Der General kratzte sich im Schritt und trottete in sein Zimmer.

Sergej Wassiljewitsch ließ sich auf einen Hocker plumpsen. Schlaf drohte ihn zu übermannen – doch das verhinderten die Worte, die durch die geschlossene Tür zu ihm drangen: »Er will irgendwas in die Luft sprengen. Kommen Sie schnell!«

»Judas!«, zischte Tschistjakow bitter.

Beschwerte sein Sohn sich bei der Tscheka? Holte er den Irrenarzt? Oder informierte er am Ende die Maschine?

Sergej Wassiljewitsch zog leise die Wohnungstür hinter sich zu und fuhr mit dem Fahrstuhl nach unten. Also dann ohne Sprengstoff. Sei's drum! Von jetzt an zählte jede Sekunde.

»In den Kartons ist Dynamit! Das ganze Gebäude ist in meiner Gewalt! Ich verlange eine direkte Leitung zum Präsidenten!«, schrie Sergej Wassiljewitsch in den

Lautsprecher, der angesichts der Herausforderung unangenehm krächzte.

Zahllose Pappkartons, vollgestopft mit Papier und untereinander mit Springseilen verbunden, nahmen das gesamte Foyer der Zentralen Wahlkommission ein. Auf jedem Karton lag ein Stimmzettel aus Tschistjakows Aktentasche. Das Security-Personal hatte die Kisten eigenhändig aus dem von Sergej Wassiljewitsch requirierten Transporter hereingetragen: Dieser hatte ihnen weisgemacht, er bringe Stimmen, die sich die Demokraten unter den Nagel gerissen hatten. An diese Geschichte nicht zu glauben wäre ein Verbrechen gewesen.

In das Rechenzentrum – also zur Maschine selbst – hatte man ihn selbstverständlich nicht gelassen. In den Kartons befand sich leider auch kein Sprengstoff. Was zum Teufel blieb ihm da noch? Nur eins: Alles auf eine Karte setzen und auf die Kraft seiner Worte vertrauen.

Die Miliz schloss nach und nach ihren Ring um das Gebäude, die Spezialeinheit ALPHA rückte an, Reporter klappten Satellitenschüsseln auf Übertragungswagen aus.

»Wenn ich will, geht das ganze Viertel hier hoch!«, jaulte der Lautsprecher. »Ich, Sergej Wassiljewitsch Tschistjakow, verlange eine direkte Leitung zum Präsidenten! Es geht um eine Information von staatstragender Bedeutung! Ich zähle jetzt bis zehn, danach jage ich die Wahlkommission und alles im Umkreis in die Luft ...«

Ihm antwortete einzig das Heulen der Sirenen.

»Eins!«, brachte Sergej Wassiljewitsch in bedrohlichem Ton hervor. »Zwei! Drei!«

Hätte er doch wenigstens eine Kapsel mit Zyankali in einem hohlen Zahn ...

»Vier! Fünf! Sechs ...«

Aber wahrscheinlich würde ihn eh gleich ein Scharfschütze mit einem Kopfschuss erledigen, und das war's dann ...

»Sieben! Acht ...«

Im Gebäude erlosch das Licht. Die Maschine hatte lange genug zugesehen ...

»Neun ...«

Die Tür wurde aufgerissen, und ein Gegenstand an einer Schnur glitt über den Boden zur Mitte des Foyers. Gas? Eine Bombe? Das Ding war weiß und ...

Ein Telefon! Ein weißes Telefon mit Wappen!

Der Apparat klingelte. Draußen verstummten die Sirenen mit dem gebührenden Respekt.

»Reden Sie!«, erklang die ruhige Stimme am anderen Ende der Vertikale.

»Genosse Präsident! Hier spricht Tschistjakow! Ich habe eine Verschwörung aufgedeckt! Das System QUAS Wahlen nimmt eigenständige Handlungen vor, die sich jeder Kontrolle von Land, Partei und Regierung entziehen!«, ratterte Sergej Wassiljewitsch aufgewühlt herunter. »Ziel ist es, das Wahlsystem zu diskreditieren und die Stabilität in unserem geliebten Russland zu vernichten!«

»Tschistjakow?«, sagte der Präsident erstaunt. »Sind Sie etwa derjenige, der ...«

»Ganz genau! Ebender!«, frohlockte Sergej Wassiljewitsch. »Ich habe zwei Erklärungen für diese Vorgänge! Erstens: Das System QUAS Wahlen handelt aus eigener Initiative, weil sich in ihm eine künstliche Intelligenz eingenistet hat! Zweitens: Das System QUAS Wahlen ist eigentlich ein feindlicher Agent, der die Öffentlichkeit beeinflussen soll und von amerikanischen Softwareentwicklern eingeschleust worden ist! Auf alle Fälle wird diese Maschine sich unberechenbar verhalten. Angesichts der bevorstehenden Präsidentenwahlen ... Frei und ehrlich werden die nicht mehr ... Sie ist völlig außer Rand und Band, Genosse Präsident!«

»Unsinn!«

Auf dem Dach des Gebäudes der Zentralen Wahlkommission bewegten sich leise und anmutig wie Balletttänzer Männer der Gruppe ALPHA. In Sergej Wassiljewitschs Brust und Stirn bohrten sich nadelfeine rote Strahlen. Und obwohl der alte Mann wusste, dass es bloß die in den Gewehren der Spezialeinheit eingebauten Lasermarkierer waren, die ihr Ziel abtasteten, glaubte er, die Maschine starre ihn verächtlich aus ihren tausend Augen an.

»Pass auf, Tschistjakow«, fuhr der Präsident mit gesenkter Stimme fort, »ich verrate dir jetzt ein Staatsgeheimnis. Das QUAS Wahlen kann nicht zum Leben erwachen. Dieses System gibt es nämlich gar nicht.«

»Wie bitte?«, stieß Sergej Wassiljewitsch hervor und kramte hektisch in seiner Hosentasche nach dem Beruhigungsmittel. »Was soll das heißen, das gibt es nicht?«

»Ach, diese technischen Details ... Wart mal, hier ist der Leiter der Zentralen Wahlkommission. Hör ihm gut zu!«

»Die Software dieser Maschine besteht aus einer Excel-Tabelle«, teilte eine andere Stimme dem Todgeweihten begeistert mit. Eine tiefe und gewichtige Stimme. »Eine ganz filigrane Arbeit! Was auch immer für Zahlen sie erhält, am Ende kommen stets exakt hundert Prozent heraus. Und das zählt sie selbst zusammen! Nehmen wir an, unsere Partei hat achtzig Prozent, dann haben die Kommunisten zehn Prozent und die Demokraten auch. Zusammen also glatt hundert! Aber wenn unsere Partei, nur mal als Beispiel, 79,5 Prozent hat und die Kommunisten 12,7 Prozent, dann rechnet sie ganz allein aus, wie viel die Demokraten haben. Die alten Zeiten sind endgültig vorbei! Wenn da die Zahlen aus den einzelnen Regionen bekannt gegeben wurden, gab's immer den gleichen Schlamassel. Mal waren es am Ende 103 Prozent, mal 98! Nie hat es gestimmt! Das war doch eine Schande für unser Land. Aber jetzt haben die Amerikaner alles für uns eingerichtet. Jetzt werden wir eine echte Demokratie westlichen Formats haben. Ohne Fehler und Skandale! Gates persönlich hat die Diskette vorbeigebracht und installiert. Die elektronische Abstimmung! Ohne Stimmzettel! Alles, was man braucht, sind zehn Knöpfe mit Zahlen, ein Komma und die Taste ›Eingabe‹ Das ist der Fortschritt, den hält niemand auf!«

»Aber ... Und ... Wozu brauchen Sie dann all diese Blechkisten im Land?«, hauchte Tschistjakow, der keinen einzigen klaren Gedanken mehr fassen konnte. »Was steckt in denen drin?«

»Damit es seriöser wirkt!«, erklärte der Leiter der Zentralen Wahlkommission. »Um die Angst der Vasallen zu schüren! In diesen Kisten, Tschistjakow, da ist ein Lämpchen. Eine LED-Leuchte, um einmal das neueste Wort der Technik anzubringen. Damit sind uns dreißig Jahre Stabilität im Land garantiert!«

»Bei uns wird jetzt immer alles mit hundert Prozent enden«, ergriff der Präsident wieder das Wort. »Also,

Tschistjakow, mach dir wegen der Wahlen keine Sorgen. Das regeln wir – nicht irgendein Gott in der Maschine.«

»Aber ...«, murmelte dieser mit trockener Zunge. »Aber wenn es diesen Gott nicht gibt ... Wer gibt dann die Zahlen ein?«

In der Leitung knirschte es, als würde jemand leise lachen.

Danach folgte Stille.

»Wenigstens die Zahlen geben doch wir ein?«, fragte Sergej Wassiljewitsch voller Hoffnung. »Also wir Menschen?«

»Aber sicher«, beruhigte ihn die Stimme. »Das machen unsere Leute.«

»Dann ändert sich also nichts?«, quäkte Sergej Wassiljewitsch besorgt, ganz im Ton eines Jungen, der um Trost bettelt. »Dann bleibt alles wie früher?«

»Selbstverständlich. Alles bleibt wie früher. Nichts ändert sich.«

Die roten Strahlen bündelten sich zu einer dicken Garbe, blieben reglos in der Luft hängen und starrten Sergej Wassiljewitsch direkt in beide Pupillen. Es war die Ewigkeit, der er ins Auge blickte, begriff der alte Mann.

»Gott sei Dank!« Sergej Wassiljewitsch senkte zufrieden die Lider. »Dann kann ich ja in Frieden sterben.«

APPELL

»So, mein Junge!«, knurrte die Tonne mit dem violetten Haar bedrohlich. »Lauf zu deinen neuen Freunden!«

Wanja schaute finster zu diesen erbärmlichen neuen Freunden hinüber. Ein Junge drosch gerade mit einem hölzernen Kochlöffel auf einen anderen ein, der dritte aß mit äußerster Konzentration und entrücktem Blick grauen Straßenstaub, den er in kleinen Mengen vom Boden aufsammelte.

»Mama«, sagte Wanja ganz leise, damit die neben ihm dräuende violette Megäre es nicht hörte, »lass mich nicht hier, Mama!«

»Jetzt hab dich nicht so!« Die Mutter lächelte Wanja aufmunternd, aber auch ein wenig mitleidig an. »Du bist doch schon ein richtiger kleiner Mann. Ganze drei Jahre bist du inzwischen. Da wird es Zeit, dass du deinen Dienst antrittst. Genau wie Papa und ich. Und dein Dienst ist dieser Kindergarten.«

»Mama«, hauchte Wanja verzweifelt und krallte sich an ihrem Kleid fest. »Könnte ich nicht gleich in Rente gehen? Wie Oma? Oder in Urlaub? Kann nicht heute für mich Sonntag sein? Dann kommen wir morgen wieder her ... Alles, nur nicht heute!«

»Aber, aber!«, murmelte die Erzieherin und schüttelte tadelnd die violette Mähne. »Ein so großer Junge, und benimmt sich wie ein kleines Kind! Sie können ruhig gehen, Anna Petrowna. Machen Sie sich keine Sorgen. Wir sind eine staatliche Einrichtung, Wanetschka wird es bei uns gefallen.«

In dem Moment gab der Junge, der bisher phlegmatisch Staub gefuttert hatte, einen Schrei von sich, der alles ringsum gefrieren ließ, schoss hoch und fegte in schwindelerregendem Tempo vor dem Haus hin und her.

»Äh ...«, brachte Wanjas Mutter heraus.

»Wir haben hier alle unseren Spaß«, erklärte die Erzieherin im kategorischen Ton des Sowjetischen Informationsbüros. »Gehen Sie nur!«

»Hab keine Angst!«, schärfte Wanjas Mutter ihm etwas unsicher ein. »Und soll ich dir verraten, was heute Abend auf dich wartet? Ein leckerer Kuchen mit Marmeladenfüllung!«

Mit diesen Worten ging sie. Wanja blieb an der Pforte zurück, niedergedrückt von der Schwere seiner Jahre und gebeutelt von den Wendungen, die das Leben für einen richtigen Mann bereithielt. Zum ersten Mal wollte er keinen Kuchen mit Marmeladenfüllung, sondern wünschte sich nur, möglichst schnell wieder abgeholt zu werden.

Doch schon fasste ihn diese violette Megäre bei der Hand und zog ihn vom Zaun weg, um ihn kopfüber in ein neues Leben zu stürzen.

Der Kindergarten war ganz anders als sein Zuhause: Laken kratzten, das Essen war wässrig, die Erwachsenen waren eiskalt.

Am erstaunlichsten waren jedoch die Gerüche. Noch nie zuvor hatte er so etwas gerochen. Bereits an der

Tür bombardierte der Kindergarten Wanja mit diesen unbekannten, scharfen und vielschichtigen Düften, mit denen er die Jungen fest an sich band. Ob diese Gerüche angenehm waren oder nicht, wusste Wanja beim besten Willen nicht zu sagen. Der Kindergarten roch halt so.

Nach einem grauenvollen Tag, der überhaupt kein Ende nehmen wollte, holte ihn seine Mama ab. Zu Hause wartete der Kuchen mit Marmeladenfüllung auf ihn. Am nächsten Tag brachte man ihn jedoch wieder in diesen Kindergarten, und einen weiteren Kuchen gab es nicht. Das Initiationsritual war vollzogen, es folgte die Routine des täglichen Dienstes.

Der schüchterne Stubenhocker Wanja fand sich nach und nach mit seinen unvermeidlichen, unzurechnungsfähigen Altersgenossen ab, lernte, die Erwachsenen anzulügen, mit dem Kochlöffel auf andere einzuschlagen und selbst Schläge wegzustecken. Schon bald schlief er trotz der kratzigen Laken ein, sah in den primitiven Mustern der Gardinen im Schlafsaal magische Dschungel, aß das wässrige, geschmacksneutrale Omelett, das merkwürdigerweise würfelförmig war, und auch den Reis mit den Fleischbällchen, die garantiert nicht von einem echten Tier stammten. Um eine Wette zu gewinnen, lernte er sogar, Straßenstaub zu schlucken.

Immerhin bekamen sie nachmittags Kuchen mit Milch. Außerdem gab es im Kindergarten einen hervorragenden Satz Zinnmatrosen. Die Verteidiger von Kronstadt. Leider verschwand dieser schon bald spurlos.

Ein ganz gewöhnlicher Kindergarten also.

Das war jetzt rund ein halbes Jahrhundert her, doch Wanja erinnerte sich noch immer an ihn.

»Jemand von der Präsidialverwaltung möchte Sie sprechen«, schnurrte ein samtweicher Bass aus dem Lautsprecher des Smartphones. »Vom Innenministerium.«

Iwan blieb reglos auf dem Klo sitzen, obwohl er eigentlich gerade hatte spülen wollen. Wenn solche Worte aus dem Telefon sprudelten, würde der Niagarafall im Klosett fast wie eine Rebellion klingen. Da er sich des für Toiletten typischen Echos schämte und fürchtete, dieses würde unweigerlich seinen Standort preisgeben, deckte er das Telefon mit der Hand ab, als er vorsichtig hustete.

»Wir würden Sie gern zu einem Gespräch einladen«, fuhr die Stimme in beinahe zärtlichem Ton fort.

»Wohin?«, fragte Iwan verzweifelt, während sein Blick an einer gesprungenen weißen Kachel voller erschlagener und vertrockneter Mücken hängen blieb und er aus irgendeinem Grund an einen Notfallkoffer dachte.

»Nach Moskau selbstverständlich«, kam es aus dem Smartphone. »Sie sind momentan doch in Kologriw, nicht wahr? Oblast Kostroma?«

»Ja«, antwortete Iwan und spähte vorsichtig hoch zu der schäbigen Decke, eigentlich aber noch weiter, nämlich zu dem nicht zu sehenden, aber alles sehenden Himmel: Überwachte man ihn etwa?

»Das trifft sich vorzüglich. Morgen früh werden Sie abgeholt. Einverstanden?«

»Jawoll«, antwortete Iwan automatisch. »Das heißt, einen Moment! Ich arbeite morgen. Da müsste ich erst beim TRB ...«

»Mit dem Direktor des Traktorenreparaturbetriebs haben wir bereits gesprochen«, erklärte die Stimme sanft, aber nachdrücklich und zwang Iwan damit zur Kapitulation.

»Und?«, fragte Iwan dennoch stur zurück, denn er ahnte, dass ihm kein leichtes Gespräch bevorstehen würde. »Gibt er mir frei?«

»Iwan Wladimirowitsch.« Die Stimme barst geradezu vor Durchsetzungsvermögen. »Selbstverständlich gibt er Ihnen frei. Wenn wir mit jemandem reden wollen, kooperieren alle, Iwan Wladimirowitsch. Halten Sie sich morgen um neun bereit.«

Daraufhin verließ der mächtige Geist das Telefon, das dann auch keinen einzigen Ton mehr von sich gab.

Iwan blinzelte, seufzte und zog endlich die Hosen hoch.

»Weshalb wollen die mich bloß sprechen?«, fragte Iwan Wladimirowitsch den Fahrer des Wagens von der Kante des breiten Rücksitzes aus.

Die Stretchlimousine mit den getönten Scheiben schnurrte kaum hörbar, schluckte mit leichtem Schnalzen die tiefen Schlaglöcher, von denen man halb im Scherz, halb im Ernst sagte, sie seien eigens angelegt worden, um die Panzer des Feindes auf ihrem Weg nach Moskau aufzuhalten. Der Schiguli der Verkehrspolizei, der mit seinem elenden Blaulicht vor ihnen herfuhr, bewältigte sie jedenfalls nur mit höchst auffälligem Gehopse.

Der in eine schwarze Stoffrüstung eingenähte Fahrer von Iwans Limousine hüllte sich in Schweigen. Nicht einmal die Falten in seinem tiefroten Stiernacken rührten sich.

Hab ich irgendwie Mist gebaut?, fragte sich Iwan daraufhin panisch.

Sehnsüchtig schaute er zu den Birken am Straßenrand hinüber, die bei dem Tempo zu einem platt gewalzten Zebra verschwammen.

Was konnte man ihm vorwerfen?

Er saß ganz allein in der Maschine der Fluggesellschaft Rossija – von der hatte er nie zuvor gehört –, die ihn die lächerlichen vierhundert Kilometer von Kostroma in die Hauptstadt brachte. Wie immer in solchen Momenten lief vor Iwans innerem Auge sein ganzes belangloses und idiotisches Leben ab.

Die Kindheit in Leningrad, die ewige Odyssee – Aschgabad, Kemerowo, Wladiwostok –, immer dem Vater hinterher, diesem Sklaven von Militärexperten, ohne dass die Familie je gefragt worden wäre. Die Flucht in die Technische Berufsfachschule, die erste Liebe beim Ernteeinsatz, der Aufschub der Gefühle wegen des Armeedienstes, die Hochzeit mit der geduldigen Bäuerin, die sehnsüchtig auf seine Rückkehr gewartet und durch die Sublimation während dieser Zeit enorm zugelegt hatte, der Verzicht auf höhere Ambitionen, um die weißblonde Kinderschar durchzufüttern, die wie aus dem Nichts entstanden war, die erstbeste Arbeit, eben eine Stelle im Traktorenreparaturbetrieb, die Karriereleiter, die zu erklimmen ihm nicht recht gelingen wollte, weil er unverhohlen der Überzeugung anhing, die Leitung bestünde nur aus Knallköpfen. So war er an seinem Fünfzigsten zwar Meister, aber immer noch kein Obermeister, worüber er nach ein paar Gläschen aus Anlass des runden Geburtstags ausgiebig gezetert hatte.

Sollte ihm daraus ein Strick gedreht werden?

Denn sosehr er sich auch den Kopf zerbrach, mehr hatte er sich nicht zuschulden kommen lassen.

Das lasterhafte, fette Moskau zog träge an ihm vorbei. Iwan war das letzte Mal kurz vor seiner Entlassung aus der Armee hier gewesen, als die Stadt noch bescheiden, hungrig und verführerisch gewesen war und ihn mühelos verzaubert hatte.

Vor der schwarzen Limousine düste der Ford der Polizei mit flackerndem Blaulicht dahin und brachte den fließenden Verkehr völlig aus dem Fahrwasser.

Die gealterte, aufgehübschte Twerskaja streckte ihre steinernen Schenkel vor ihnen aus, die Limousine bretterte über den Roten Platz, vorbei am Rund des Lobnoje Mesto, und bohrte sich durch das Mark des Erlöserturms.

Die Limousine penetrierte die Kremlmauer, stieß vor einem großen gelben Palast in einen Parkplatz, und so landete Iwan Wladimirowitsch im Kreml wie ein einsames, völlig verblüfftes Spermatozoid in einem Präservativ aus Stein.

Völlig mitgenommen saß Iwan in dem pompösen, schummrigen Vorzimmer, das mit einem lebensgroßen Porträt des Nationalen Führers geschmückt war. Aus irgendeinem Grund trug dieser eine Zarenuniform, weiß und mit Schulterstücken. Vom Himmel strömte kaum hörbar staatstragende Orchestermusik herab.

Während er Minute um Minute an dem Stuhlpolster klebte, das sich wie erkaltendes Gelee anfühlte, wurde Iwan immer unruhiger. Er sah sich im Raum um und vertrat sich ein wenig die Beine, dann aber siegte die Unsicherheit wieder, und er kauerte sich erneut auf seinen Stuhl.

An der Tür standen, warum auch immer, Marinekadetten in Paradeuniform. Der Sekretär säuselte etwas in ein weißes Telefon. Iwan, den einzigen Besucher, ignorierte er völlig. Dieser war ihm dafür nur dankbar, denn er fürchtete, ein einziger Blick dieser in gusseiserne Augäpfel eingebohrten Pupillen würde ihn für immer zu Stein erstarren lassen.

Und so schmorte Iwan vor sich hin, vertrocknete wie eine Qualle, die ein grausamer Pionier in den heißen Sand geworfen hatte, verendete, indem er die gesamten achtzig Prozent Feuchtigkeit, die einem Menschen zustehen, über die Achselhöhlen absonderte. Sein Anzug hatte sich während der nervösen Warterei unter den Armen bereits dunkel verfärbt.

Dann aber richtete der Sekretär mit einem Mal das Wort an ihn.

»Gehen Sie rein«, sagte er in völlig ausdruckslosem Ton.

Nicht einmal jetzt sah er Iwan an.

Dieser erhob sich auf watteweichen Knien und tastete sich langsam wie in einem Albtraum vorwärts in das aufgesperrte Maul des unbekannten Büros.

Dort erwartete ihn ein recht überraschendes Interieur. Ein gläserner Schreibtisch, ein riesiger Flachbildschirm an der Wand und ein windschnittiger Mann, den er aus dem Fernsehen kannte, mehr noch, ohne den die Nachrichten kaum vorstellbar waren.

Der Punkt war also erreicht. Nun würde die Entscheidung fallen. Entweder erschießen oder ...

»Iwan Wladimirowitsch«, begann der Herr des Arbeitszimmers. »Gestatten Sie mir, Ihnen zur Beförderung zu gratulieren. Von morgen an leiten Sie das Unternehmen StaatsRohr-Ost. Als Präsident.«

»Aber wofür ...?«, stieß Iwan völlig unpassend die einzige Frage aus, die ihm schon die ganze Zeit auf der Zunge lag.

»Für Ihre Verdienste«, erklärte der Mann. »Ihnen wird ein Gehalt von fünftausend Dollar pro Monat überwiesen. Sie werden sich natürlich fragen, warum das Gehalt nicht ganz dem marktüblichen entspricht ...«

»Genau.«

Iwan hatte kein einziges Wort von dem begriffen, was dieser windschnittige Mann von sich gab, nickte aber vorsichtshalber eifrig.

»Ihr Gehalt ist eine reine Formalität. Damit etwas auf Ihrem Konto eingeht und Sie Ihrer Frau und der Presse Rede und Antwort stehen können. Wir beide wissen doch nur zu gut, dass dies lediglich die Spitze des Eisberges ist, nicht wahr, Iwan Wladimirowitsch?«

»Selbstverständlich«, erwiderte dieser mit dem von ihm erwarteten Nicken.

»Das wär's, Sie können gehen«, teilte ihm der Windschnittige mit. »Sie treten Ihren Posten morgen an.«

»Dann darf ich nach Hause?«, fragte Iwan, dem ein Stein vom Herzen fiel, denn obwohl er nur Bahnhof verstanden hatte, ahnte er, dass das Gespräch überstanden und die Erschießung abgeblasen worden war. »Wissen Sie zufällig, ob ich den Zug noch erwische?«

»Ihr Zug ist längst abgefahren«, sagte der Mann lächelnd. »Aber Ihr S-Klasse-Mercedes wartet unten auf Sie.«

»Einen Moment.« Mit einem Mal kriegte der Damm von Iwans Begriffsstutzigkeit einen Riss. »Wozu hat man mich ernannt? Aber das ist doch ... Wieso ich?«

»Sie haben doch als Meister im Werk gearbeitet?«

»Ja. Das tue ich sogar immer noch!«

»Das bedeutet, dass Sie mit dieser Aufgabe zurecht-kommen werden«, versicherte ihm der Mann aufmun-ternd. »Zerbrechen Sie sich darüber nicht den Kopf, Iwan Wladimirowitsch. Dazu haben Sie ohnehin kein Recht. Wenn die Heimat ruft ... Sind Sie eigentlich im Bilde darüber, dass unser Staat völlig ausgehungert ist, was gute Kräfte angeht?«

»Für die Heimat bin ich immer einsatzbereit! Aber Sie müssen begreifen, ich bin nur ein einfacher ...«

»Gerade das ist von Vorteil, Iwan Wladimirowitsch«, fiel ihm der Herr des Arbeitszimmers ins Wort, den das Gespräch allmählich lzu langweilen schien. »Kom-plizierte Menschen brauchen wir nicht.«

Obwohl Iwan fest damit rechnete, am nächsten Morgen mit furchtbaren Kopfschmerzen, aber einem glückseli-gen Lächeln zu erwachen, hatte er nichts von diesen Ereignissen geträumt.

Das alles war Wirklichkeit. Der Mercedes mit dem dicken Hintern und die Bezüge, mit denen er halb Kologriw aufkaufen könnte, dazu das Arbeitszimmer von der Größe einer Werkhalle und die großzügige Wohnung am Gogol-Boulevard, in die Alewtina in trau-ter Eintracht mit ihrem gemeinsamen, noch nie für eine Auslandsreise benutzten Koffer einzog. Noch fand sich seine Frau nicht ganz in die Rolle einer Moskauer Uraltadligen ein.

Iwan kam seiner Arbeit äußerst gewissenhaft nach. Er unterschrieb brav stapelweise Dokumente, die ihm sein allwissender Assistent vorlegte, nahm fleißig an Besprechungen teil und blies mit aller Kraft die Wangen auf, um vor seinen Untergebenen ja nicht als belanglose Nummer dazustehen, gab sich auch sonst ein – soweit seine berufliche Vergangenheit dies erlaubte – tiefsinniges Gebaren, bekreuzigte sich in seinem Büro inbrünstig vor der Ikone des Nationalen Führers, überwies einer Gesellschaft irgendwo in der Schweiz die ihm genannten Summen und stellte keine überflüssigen Fragen. Kurzum, er gab sein Bestes.

Die ganze Zeit über fragte er sich allerdings: Wo lag hier eigentlich der Hund begraben?

Hatte man ihn womöglich nur zum Kalifen auf Zeit gemacht, dem man Kaviar und Stör servierte, um ihm dann dem Gott des Staatsapparats zu opfern oder an die Große Schlange namens Korruptionsbekämpfung zu verfüttern, damit diese sich am Ende nicht selbst auffraß?

Nein, mit den Gründen dieser sonderbaren Beförderung musste er sich eingehender befassen.

Und das tat er. Zunächst fragte er seinen allwissenden Assistenten, doch dieser mied seinen Blick und hüllte sich in Schweigen. Dann erlaubte sich Iwan den Hauch einer Andeutung gegenüber den hübschesten seiner Untergebenen, doch diese erröteten nur ...

Eines Tages stieß er jedoch rein zufällig auf einen Anhaltspunkt.

Ein Arbeitsessen mit dem Präsidenten der Gesellschaft StaatsRohr-West stand an. Auf die Existenz dieses Unternehmens hatte Iwan bislang nur aufgrund der Bezeichnung seiner eigenen Position geschlossen, ein handfester Beweis lag ihm bisher jedoch nicht vor.

Der Chef der Weströhre, Konstantin Petrowitsch, besaß offenbar exakt den gleichen S-Klasse-Wagen wie Iwan. Wer ihn sah, hätte ihn aber niemals für den Präsidenten von irgendwas gehalten, sondern für einen saufenden Klempner, der den Zeugen Jehovas in die Klauen geraten war, die ihn umgehend in einen feierlichen Beerdigungsanzug gesteckt und gezwungen hatten, dem Alkohol abzuschwören.

Nachdem sie sich zu Tisch gesetzt hatten, folgten sie dem alten Ritual: Sie ächzten und seufzten ein Weilchen. Der völlig verwirrte Iwan fürchtete sich zunächst, auch nur ein vernünftiges Wort von sich zu geben, schließlich erkannte jeder Profi einen Hochstapler auf den ersten Blick.

Dann aber brachte man das Hauptgericht.

»Zum Teufel aber auch, mit dem Fraß hat man uns schon im Kindergarten gequält«, schnaubte Konstantin Petrowitsch. »Und wie der gestunken hat ... echt vergammelt!«

»Genau wie bei uns«, sagte Iwan. »Derselbe Gestank. Wir hatten da so ein widerwärtiges Rührei, das war irgendwie würfelförmig.«

»Kenn ich!«, rief Konstantin Petrowitsch begeistert. »Dazu Fleischbällchen mit Reis, da hättest du am liebsten losgeheult!«

»Genau!«, bemerkte Iwan mit einem versonnenen Lächeln. »Wahrscheinlich wurden die Kinder in der gesamten Sowjetunion damit vergiftet. Ich bin übrigens aus Leningrad.«

»Genau wie ich«, erwiderte der Direktor der West-röhre. »Mein Kindergarten war auf der Wassiljewski-Insel. Die Nummer 14.«

»Moment mal … Nummer 14, sagen Sie? Das war auch meiner!«

»Unmöglich!«

»Meine Erzieherin war Antonina Stepanowna, die hatte so giftviolettes Haar. Die werde ich mein Lebtag nicht vergessen!«

»Violett? So eine hatte ich auch in der Gruppe!«

»Das wird ja immer schöner! Welcher Jahrgang sind Sie?«

»Zweiundfünfzig.«

»Dann sind wir ja … Moment. Allmählich dämmert mir etwas. Sie sind Kostja … Kostja Stinkmorchel?«

»Also, Iwan Wladimirowitsch … das ist doch Schnee von gestern. Vergeben und vergessen. Wozu noch daran rühren?«

Sie umarmten sich und stießen an.

Danach entließen sie erst die Assistenten und schließ-lich auch die Fahrer in den Feierabend.

»Weißt du was, Wanka?«, dröhnte ein bereits knall-roter Kostja. »Unseren Kindergarten, den habe ich nie gemocht. Das reinste Schlangennest. Und dieser Ge-ruch … Ich bin erst sehr viel später dahintergekommen, was das war!«

»Und?«, fragte Iwan mit echter Neugier.

»Kinderkacke und Chlorkalk, halb und halb gemischt! Der ganze Kindergarten hat nach unserem Spezialdün-ger gestunken! Aber wer ihn nicht alles besucht hat!«

»Wer denn alles?«, fragte Iwan fassungslos, während er sich Wodka nachschenkte, der laut Etikett unter dem

Gebet der Starzen aus dem Optina-Kloster destilliert worden war.

»Wir verlegen doch die Leitung nach Westen, nicht wahr? Unser Partner ist die SteelFinance, an der auch der Staat seine Anteile hat. Über diese Gesellschaft wickeln wir die Zahlungen für den Stahl ab. Und ob du's glaubst oder nicht, aber der Generaldirektor da ist auch aus unserer alten Gruppe!«

»Hör mir auf!«

»Ich geb dir mein Wort! Mit ihm habe ich auch so beim Wodka zusammengesessen und mich an die alten Zeiten erinnert! ›Weißt du noch‹, sag ich zu ihm, ›wie ich dir mit dem Kochlöffel eins über den Schädel gezogen hab? Und heute wandert jeder Cent für jedes Gramm Metall über deinen Tisch. Das Leben steckt doch voller Überraschungen, oder nicht?‹ Bei der Gelegenheit hat er mir erzählt, dass bei StaaTech ein anderer Junge von uns sitzt, als Stellvertreter des Generaldirektors. Er ist für Finanzsachen verantwortlich. Entscheidet, wie viel hierbleibt und wie viel in die Schweiz geht. Sewa heißt er, erinnerst du dich noch an den?«

»Sag mal ...« Mit einem Mal hatte Iwan eine Erleuchtung. »Bevor du zur StaatsRohr gekommen bist, als was hast du da gearbeitet?«

Aus Konstantin Petrowitschs Gesicht wich sofort alles Blut. Er stierte in sein Portemonnaie, warf einen Fünftausender auf den Tisch und verschwand, ohne ein weiteres Wort zu sagen.

Iwan blieb traurig zurück.

Kinderkacke und Chlorkalk ... Nie und immer hätte er das für möglich gehalten.

Ein anderer an seiner Stelle hätte nun, von Konstantin Petrowitschs Reaktion eingeschüchtert, seine Nachforschungen womöglich aufgegeben, doch Iwan Wladimirowitsch wurde dadurch erst recht angestachelt.

Fortan würde er jedem Generaldirektor oder Präsidenten der großen Gesellschaften, dem er begegnete oder auch nur schrieb, die Frage nach seinem Kindergarten stellen. Vielleicht war ja noch jemand in seiner Gruppe gewesen. Er spürte ganz genau, dass die Wahrheit zum Greifen nahe war, selbst wenn er sie bisher nicht zu fassen kriegte, weil sie ihm wie eine Karausche im Eimer ständig entglitt.

Die alten Gefährten aus dem Kindergarten entdeckte er nun überall, und sie alle saßen heute auf wichtigen Posten. Mit einiger Mühe erinnerte sich Iwan wieder an die Jungen von damals. Die Gruppe war vollständig, doch die Antwort auf seine Frage hatte er noch immer nicht.

Dafür fand er jemanden, der über die seltsamen Beförderungen genauso verwundert war wie er.

In der BarKasse, der Rententochter einer großen Bank, arbeitete ein gewisser Arkadi Walerjewitsch. Im Unterschied zu Kostja Stinkmorchel nahm er bei der Frage nach dem beruflichen Werdegang nicht Reißaus, sondern überwand die Hürde der eigenen Scham und gab offen zu: Bis vor Kurzem hatte er als Tierarzt gearbeitet und mit wechselndem Erfolg Kühe in landwirtschaftlichen Betrieben behandelt, bis er er dann von Himmelshand am Kragen gepackt und erst in der Hauptstadt wieder abgesetzt worden war.

Der einstige Veterinär war ebenfalls Iwans Jahrgang und ebenfalls – was für ein mystischer Zufall – aus

Leningrad. An einen Kindergarten mit violetthaariger Erzieherin konnte er sich aber beim besten Willen nicht erinnern. Außerdem war ihm bisher kein Junge aus seinem Kindergarten wieder begegnet. Allerdings konnte er nur staunen, wie viele Kameraden aus seiner Leningrader Schule Nr. 193 ihm in der Finanzwelt – von der AussIntelBank bis zur kürzlich zu Grabe getragenen staatlichen Bank MosTau – über den Weg liefen. Eine Erklärung dafür konnte er partout nicht finden, und in seinem Unverständnis zeigte er sich sogar willens, an Vorsehung zu glauben.

»Ich reime mir das folgendermaßen zusammen«, sagte der Tierarzt, vom Kognakrausch davongetragen. »Vielleicht sind wir ja auserwählt? Also ... Vielleicht war es ja kein Zufall, dass wir dort waren, du im Kindergarten, ich in der Schule. Es gibt da diesen Roman der Strugatzkis, *Ein Käfer im Ameisenhaufen*. Da geht es um die Kinder von Außerirdischen, die genau wie normale Menschen aussehen und auch gar nicht wissen, dass sie Außerirdische sind. Aber jeder Schritt in ihrem Leben wird beobachtet. Entweder für irgendeine Mission oder ohne besonderen Grund, vorsichtshalber sozusagen ... Wer weiß, vielleicht sind wir ja auch so ein Sonderfall? Womöglich haben wir eine Mission?«

»Die Schweiz?«, schlug Iwan vor und zwinkerte ihm verschwörerisch zu.

»Das ist mein völliger Ernst! Die Schweiz ist doch keine Mission!« Der Tierarzt stellte keine Fragen – offenbar spielte die Schweiz auch in seiner Arbeit eine gewisse Rolle –, sondern fuchtelte nur ungeduldig mit der Hand. »Die Schweiz ist bloß das täglich Brot. Ich aber spreche von einem höheren Sinn!«

Er stieß einen sehnsüchtigen Seufzer aus.

»Hör mal!«, setzte Iwan an. »Du und ich und die Auss-Intel ... Wenn man alles zusammenzählt, könnte darin ein ganz bestimmter Jemand durchaus einen höheren Sinn sehen.«

»Aber wer?«, sagte Arkadi mit überraschender Härte. »Du solltest solche ketzerischen Reden mal lieber schön sein lassen!«

Nach diesen Worten bekreuzigte sich Arkadi Waler-jewitsch über einer Ikone des Nationalen Führers im Hosentaschenformat.

Unsinn! Natürlich steckte hinter alldem keine Logik und erst recht kein göttlicher Plan. Sosehr Iwan sich auch plagte, die einzelnen Teile des Puzzles zusammenzu-fügen, die Zapfen wollten nie in die Aussparungen pas-sen. Und wenn doch, erkannte Iwan trotzdem kein Bild.

Nur eines fiel ihm auf, aber auch das bedeutete nicht viel. Nach einer Weile zeichnete sich nämlich ab, aus welchen Einrichtungen jene Auserwählten hervorge-gangen waren. Iwans Kindergarten, die allgemeinbil-dende Schule Nr. 193, außerdem – und um das heraus-zufinden, waren erhebliche Mühen und lang erprobte Beziehungen nötig gewesen – die KGB-Schule Nr. 401 und schließlich die juristische Fakultät der Staatlichen Universität Leningrad.

Sollten sich hinter der Fassade dieser banalen Ein-richtungen etwa Geheimschulen verbergen, in denen die künftige Wirtschaftselite des Landes ausgebildet wurde? Aber warum ließ man die Gebieter über die Zukunft dann über ihre wahre Bestimmung im Unkla-ren? Warum tunkte man sie erst in die Scheiße des menschlichen Lebens, bevor man sie in den göttlichen Olymp erhob? Versprach man sich davon etwa ein besseres Verständnis für diejenigen, über deren Schicksale sie bestimmen sollten?

Eine verrückte Theorie, sicher, aber trotzdem ...

»Jetzt habe ich es begriffen!«, raunte ihm Arkadi Walerjewitsch ins Ohr. »Endlich habe ich das Rätsel gelöst!«

Der drückende Moskauer Sommer rollte über sie hinweg und blies ihnen seinen heißen Atem ins Gesicht. Iwan wusste daher nicht ganz genau, ob er Arkadis neuer Eröffnung Glauben schenken durfte oder ob er sie den jahreszeitlichen Herausforderungen zuschreiben musste.

Der Kellner ließ die Kronkorken zischen und taperte leicht schwankend davon. Arkadi schickte ihm einen misstrauischen Blick hinterher.

»Wir sind Apostel«, sagte er dann.

Iwan wäre beinahe vom Stuhl gekippt, kühlte seine Fantasie aber sofort mit dem rationalen deutschen Bier und verlangte nach einer Erklärung.

»Genau wie du suche ich nach Antworten. Was du weißt, weiß ich auch. Die 193 und die 401, dann die Leningrader Staatliche«, zählte Arkadi auf, wobei er immer wieder aufgeregt nach Luft rang. »Am Anfang habe ich gedacht, dass es wie in Frankreich ist, irgendeine Nationale Hochschule für Verwaltung. Bei denen werden alle Minister ausgebildet. Und bei uns gehört die 401 zum KGB.«

»Stell dir vor, das ist mir auch schon aufgefallen«, bemerkte Iwan grinsend.

»Aber dann ist mir klar geworden, dass hier etwas nicht stimmt!«, platzte es aus Arkadi heraus. »Warum macht aus dem ganzen Kindergarten nur eine einzige Gruppe Karriere? Und aus der Schule nur eine Klasse? Warum nur ein Kurs von der juristischen Fakultät? Warum? Taugen die anderen denn gar nichts?«

»Und?«

Iwan konnte es selbst kaum fassen, dass er die Antwort auf die Frage nicht wusste.

»Ganz einfach! Weil wir in Seiner Nähe gewesen sind!«

»Aber in wessen Nähe denn?«, fragte Iwan und starrte Arkadi ungläubig an. »Wer soll dieser Er sein?«

»Unser Retter!«, verkündete Arkadi und riss den Finger hoch. »Der gekommen ist, uns zu erlösen! Er beschreitet einen gewöhnlichen, irdischen Weg. Und diejenigen, die Ihm begegnen, sind gesegnet. Wir sind Seine Apostel, und unser Name ist Legion!«

Iwan verschluckte sich an seinen Gedanken und brachte kein Wort mehr heraus. Der Tierarzt kostete seinen bedeutungsvollen Moment schweigend aus. Eine herumschwirrende Fliege klatschte plötzlich auf ihren Tisch und verreckte ganz ohne ihr Zutun.

»Warte mal, mein Freund!«, verlangte Iwan schließlich. »Deine Theorie ist ja schön und gut, aber etwas fehlt noch! Wer ist denn bitte sehr dieser Retter?«

»Das ist es ja«, gab Arkadi schweren Herzens zu. »Das weiß ich nicht.«

»In diesem Fall ... also ...« In Iwans Augen loderte Spielfieber auf. »Lass uns gemeinsam überlegen. Ich erinnere mich an alle Jungen, die in meiner Kindergartengruppe waren! Vergleichen wir sie mit denen aus deiner Klasse. Wenn du recht hast, müsste es eine Schnittmenge geben, und das wäre Er dann. Na? Was sagst du dazu?«

Sie saßen bis zwei Uhr nachts zusammen, warfen Namen aufs Papier und riefen alte Freunde an.

Sie erinnerten sich an alle.

Einen Treffer landeten sie nicht.

»Iwan Wladimirowitsch!«, schnurrte ein samtweicher Bariton aus dem Smartphone. »Jemand aus der Präsidialverwaltung möchte Sie sprechen. Direktion für Innenpolitik. Würde es Ihnen gleich passen?«

»Jawoll!«, stieß Iwan aus, nahm Haltung an und warf die Angel mitsamt dem frisch gefangenen Karpfen von sich.

»Wir planen eine kleine Feierlichkeit, Iwan Wladimirowitsch. In Bälde soll ein Treffen von Vertretern großer Unternehmen und staatlicher Gesellschaften mit dem Nationalen Führer stattfinden. Sie sind dazu eingeladen. Werden Sie kommen?«

»Jawoll!«, krächzte Iwan.

»Besten Dank, Iwan Wladimirowitsch. Wir gehen davon aus, dass es eine äußerst interessante Begegnung werden wird. Vermutlich werden Sie Antworten auf zahllose Fragen erhalten, die Ihnen in Ihren Geschäften Kummer bereiten.«

Dann flog der Geist weiter, und das Smartphone erstarb. Trotzdem kläffte Iwan noch mal: »Jawoll!«

Der Georgssaal im Kreml, von Tadschiken auf Hochglanz gebracht, strahlte.

Ein Tisch aus poliertem Mahagoni mit schier unglaublichen Ausmaßen zog sich zwischen gewundenen Säulen dahin. An ihm saßen Männer im Frack und Frauen im Abendkleid. Äußerlich verband sie wenig, vom Alter einmal abgesehen. Ja, so würde vermutlich ein Klassentreffen nach vierzig Jahren aussehen, falls denn irgendjemand seine einstigen Mitschüler, vom unvorhersehbaren Leben längst in alle Himmelsrichtungen verstreut, hätte zusammentrommeln können.

Hier und da erkannte man sich tatsächlich wieder, mal freudig, mal überrascht. Und da nicht alle der Frage nachgingen, was die Welt im Innersten zusammenhält, bedeutete es für die meisten die Überraschung schlechthin, gemeinsam mit alten Kameraden an dieser bedeutsamen Tafel zu sitzen.

Sandkastenliebe und Teenagerfeindschaft, zarte Freundschaftsbande und solche, die über Jahre gestählt worden waren, fanden hier, an diesem endlosen Mahagonitisch, Platz. Nicht alle kannten einander: Die 401 und die 193 waren nicht völlig deckungsgleich, die Leningrader Staatliche hatte mit dem Kindergarten auf der Wassiljewski-Insel sogar überhaupt keine Schnittmenge.

In Erinnerungen schwelgend, lachten und schwatzten die fünfzigjährigen Industriekapitäne und Businessfrauen wie Kinder – und genau das sahen sie im jeweils anderen: kleine Jungen und Mädchen.

Und dann wurde es auf einmal ganz still.

Vom Himmel strömte eine feierliche, großmächtige Musik in den Raum herab, und das Tor an einem Ende des riesigen Saals tat sich einen Spalt weit auf.

Von einer Sekunde auf die nächste mutete der aufs Feinste herausgeputzte Kremlsaal, der von Lüstern, grell wie die Sonne selbst, zum Strahlen gebracht wurde, wie eine düstere, stickige Kerkerzelle an, und all die distinguierten, wohlgekleideten Menschen an der Tafel glichen mindestens Sklaven, wenn nicht gar Ratten.

Denn durch den schmalen Ritz strömte in das Unterdeck des Georgssaals das wahre Licht. Das göttliche Licht. Und vom Licht ward zu den Menschen herangetragen ein Mann, den alle aus dem Fernsehen kannten, wo in letzter Zeit freilich kaum etwas anderes als Er gezeigt wurde.

Der Nationale Führer. In Fleisch und Blut. Unverfälscht.

Etwas war da in seinem Auftreten, in seinem schlingerndern Gang, in seiner ganzen nachlässigen Art, den leeren Raum zu überwinden, vor allem aber in seinem Blick, das in Iwan den dringenden Wunsch weckte, sich ihm zu Füßen zu werfen. Einige der Anwesenden fielen tatsächlich auf die Knie.

Er durchquerte den Saal, und das Flüstern der Vergötterung kroch ihm hinterher wie Laub, das vor lauter Dankbarkeit dafür, von seinen Füßen berührt zu werden, raschelte.

Er nahm an der Stirnseite des Tisches Platz und richtete das Licht seiner Augen auf die Anwesenden. Diese schauten zu Boden oder blinzelten, da sie um ihre Netzhaut fürchteten.

Warum hatte Er sie einbestellt?

Was wollte Er von ihnen?

Würde Er den Schießbefehl geben oder sie begnadigen?

Im Saal kein einziger Laut, nur in einer Ecke quietschte ab und zu ein Tadschike mit seinem Poliermittel.

»Leute!«, sagte der Nationale Führer mit einem Mal ganz menschlich. »Wie sieht es aus? Seid ihr zufrieden mit euren Jobs?«

Ihm antwortete Schweigen, ein steifes, unbeholfenes Schweigen.

»Nun habt euch nicht so. Für die andern, da bin ich der Nationale Führer. Aber ihr kennt mich doch!«

Niemand wagte es, den Blick zu heben.

»Was seid ihr so verklemmt? Seid locker! Und jetzt: Langt zu!«

Nicht eine Gabel klirrte.

»Ich freue mich so, euch alle zu sehen! Arkascha! Kostja! Wie geht's euch?«

Die beiden angesprochenen Männer rangen sich ein Lächeln ab und wagten es, dem Nationalen Führer für den Bruchteil einer Sekunde aufs Kinn zu lugen, bevor sie sich wieder in das Schneckenhaus stillschweigender Devotion zurückzogen.

»Wassja! Die Zehn A! Unsere Lehrerin, Jekaterina Andrejewna, so eine ganz junge, in Literatur ... Erinnerst du dich an sie?«

Wassja nickte heftig.

»Serjoscha! Von der 401! Weißt du noch, wie du im Sport vom Klettertau gefallen bist? Wir haben dich damals zur Notaufnahme gebracht. Na?«

Serjoscha wurde schlaganfallrot und salutierte dann aus unerfindlichen Gründen.

»Die Sache mit den Skiern? Erinnerst du dich noch daran?«, fragte ihn der Nationale Führer lächelnd. »Und an den Schnaps, den wir gebrannt haben?«

»Um des heiligen Felix willen, vergeben Sie mir ... Ich habe gedient. Eine Lüge verbietet sich für mich von selbst. Ich erinnere mich nicht. Ich erinnere mich auch nicht an Sie. Verzeihen Sie ...«

Die Miene des Nationalen Führers verdüsterte sich, trotzdem lief er nun den Tisch ab.

»Tanjuscha! Der Abschlussball! Die Damenwahl ...«

Tanja, eine stattliche Matrone mit aufwendig toupiertem Haar, errötete und machte einen Knicks.

Iwan beobachtete sie und wusste sofort: Sie erinnerte sich an nichts. An rein gar nichts.

»Kostja! Kostja Stinkmorchel!«, sprach der Nationale Führer ihn nicht ganz so sicher an. »Alter Freund! Erinnerst du dich noch an die Kochlöffel? Und den Staub? Weißt du noch, wie wir zusammen gespielt haben?«

Kostja sah wortlos am Nationalen Führer vorbei, Iwan direkt in die Augen. Auch dieser erinnerte sich nicht, diesen lebenden Gott als Kind gekannt zu haben. Niemand erinnerte sich an ihn.

»Leute ... Was ist denn mit euch? Ich habe mir solche Mühe gegeben. Ihr wisst doch genau, wie schwer es hier oben auf dem Gipfel ist. Ringsum nichts als Feinde und Neider. Niemandem darf man den Rücken zukehren, denn ehe man sich's versieht, ist der Cäsar abgestochen. Aber ihr ... ihr seid doch meine Freunde! Euch kenne ich seit meiner Kindheit! Vielleicht gab's in der Schule den einen oder anderen Streit. Aber heute ... Was zählt das heute noch? Oder? Wanja!«

Iwan erschauderte.

Der Nationale Führer stand unmittelbar vor ihm – und das Strahlen in seinen Augen erlosch.

»Jawoll ...«, hauchte Iwan.

»Erinnerst du dich noch an den ewigen Gestank im Kindergarten? Wie merkwürdig es da gerochen hat?«

»Jawoll«, stieß Iwan erleichtert aus. »Natürlich erinnere ich mich daran!«

»Wie viel wir doch gemeinsam haben!«, stellte der Nationale Führer lächelnd fest. »Und an den Staub?«

»Jawoll!«

»Wunderbar!«, freute sich dieser. »Und erinnerst du dich noch, wie wir mit den Zinnmatrosen gespielt haben?«

»Jawoll!«, log Wanja.

»Und weißt du was?«, flüsterte der Nationale Führer mit einem Mal ganz leise. »Ich habe sie noch. Wollen wir eine Runde spielen gehen?«

FUTTER FÜR
THAILÄNDISCHE WELSE

»Geht das wirklich nicht anders?«, fragte der Präsident zaghaft.

»Nein«, erwiderte der Premier kalt.

»Mir steckt noch die letzte Dienstreise in den Knochen«, jammerte der Präsident. »Dieser höllische Jetlag! Unser Land ist so riesig, all die Zeitzonen ... Die gehören abgeschafft! Dauernd sitze ich im Flugzeug! Ständig! Rund um die Uhr! Und weißt du was? Manchmal, da wache ich mitten in der Nacht auf und weiß nicht, wo ich bin. Zu Hause? Im Hotel? Im Flugzeug? Und in welcher Stadt überhaupt?«

Der Premier rang sich ein halb offizielles Nicken ab, schaute dabei aber demonstrativ auf die Uhr, die er kämpferisch männlich am rechten Handgelenk trug. Die Breguet rief bereits zum Mittagessen, doch der Präsident jammerte unbeirrt weiter.

»Anders geht es nicht«, versicherte der Premier. »Mein Leben sieht im Übrigen genauso aus. Und für alle anderen gilt das ebenfalls.«

»Am Anfang habe ich ja noch gedacht, ich könnte dadurch meine Besitztümer besser kennenlernen«, gestand der Präsident. »Also gut, dachte ich mir, begrüßen wir halt die Untertanen hier und da. Hören wir uns ihre Probleme an. Krasnodar im Süden ist schließlich nicht Krasnojarsk in Sibirien. Aber dann, nach einer Weile ... Dieses Land ist doch irgendwie überall gleich! Nichts als leere Straßen, vierstöckige Mietskasernen, Gouverneure in ehemaligen Kreiskomitees und Verkehrspolizisten, die vor mir salutieren.«

»So ist es nun mal«, bestätigte der Premier. »Aber du reist ja nicht zu deinem Vergnügen.«

»Aber welchen Sinn hat das?«, fragte der Präsident mit einem flehenden Lächeln. »Und ständig diese Maskerade! Mal muss ich mich in einen Arztkittel zwängen, mal in eine kugelsichere Weste oder mir einen Bauarbeiterhelm überstülpen ... Wozu? Würde ich meine Zeit nicht sinnvoller nutzen, wenn ich im Kreml säße und meine Papiere durcharbeite?«

»Wie oft soll ich dir das eigentlich noch sagen?« Der Premier fuchtelte ungeduldig mit der Hand. »Schreib es dir ein für alle Mal hinter die Ohren: Der Präsident in unserem großen Land ist nicht einfach ein Amtsträger. Er ist ein Heiliger. Du bist gottgleich und gesalbt. Ein Auserwählter des Himmels. Ein heiliges Symbol. Wann geht das endlich in deinen Kopf? Um die Papiere kümmere ich mich, du brauchst dir damit nicht die Hände schmutzig zu machen.«

»Stimmt schon. Aber die vielen Flüge ... wozu?«, maulte der Präsident weiter. »Mein Sohn hat heute Geburtstag, aber ich muss nach Chabarowsk. Das ist doch gemein.«

Der Premier seufzte leidgeprüft und trat an die Karte heran, die an der schier endlosen Wand seines Arbeitszimmers hing: die Karte der Heimat. Er nahm einen Laserpointer mit Wappen vom Tisch und zog damit die Grenzen des Landes nach.

»Siehst du, wie groß es ist?«, fragte er in einem Ton, in dem sich Ärger und Begeisterung gleichmäßig mischten.

»Ja ...«

»Es ist das größte Land der Welt, nebenbei bemerkt«, fuhr der Premier fort.

»Das ist mir klar ...«

»Wären an unserer Stelle die Engländer, die Franzosen oder die Amerikaner, dann wäre längst alles den Bach runtergegangen«, versicherte der Premier im Brustton der Überzeugung. »Aber die sind das ja gewohnt, wegen der Gewaltenteilung, der Wa...ahlen ... bitte vielmals um Entschuldigung ... wegen des Föderalismus. Führ so was bei uns ein – und man klaut uns das Land unterm Hintern weg! Die teilen es auf und stecken es in Offshores!«

»Aber was ist es, das Russland im Innersten zusammenhält?«, fragte der Präsident nachdenklich. Offenbar beschäftigte er sich zum ersten Mal mit dieser Frage. »Was macht ein einziges Ganzes aus ihm?«

»Allein die Ansicht«, dozierte der Premier, »dass unsere Heimat ein einziges Ganzes ist, hält unsere Heimat als ein einziges Ganzes zusammen.«

»Das heißt?«

»Ganz einfach. Solange das Volk die Ansicht vertritt, dass Wladiwostok und Wladikawkas zu ein und demselben Land gehören, wird das so sein. Wenn ihm dieses Gefühl abhandenkommt, dann war's das.«

»Trotzdem!«, maulte der Präsident schon wieder. »Wozu die ganzen Flüge?«

»Wozu schon?«, entgegnete der Premier unwirsch. »Damit du das ganze Land zusammenhältst! Du musst dir das so vorstellen: Unsere Heimat ist ein Teppich aus Tausenden von Flicken. Diese Flicken wurden mit einem alten und brüchigen Faden zusammengenäht. Deine Iljuschin ist wie eine Nadel, durch deren Öhr ein neuer Faden verläuft. Ein sehr straffer Faden. Wo du landest, da ist das Loch für den Stich. Dann fliegst du weiter zum nächsten Stich. Auf diese Weise hältst du das Land zusammen, damit es nicht auseinanderfällt. Hast du das verstanden?«

»Ja«, sagte der Präsident vorsichtshalber. »Aber wie?«

»Das begreifst du schon noch«, versprach der Premier. »Und jetzt pack endlich deinen Koffer!«

Die majestätische Iljuschin des Präsidenten setzte mit weit gespannten Schwanenflügeln zur Landung auf dem lieblich inmitten von moosbewachsenen Hügeln gelegenen Flughafen an. Der Schatten der Maschine glitt über den grünen Boden dahin und spendete den Ackerflicken der hiesigen Bauern, dem grauen Spinnennetz der Straßen und der Streichholzschachtel des Flughafengebäudes seinen göttlichen Segen.

Aus den Wolken herabschwebend, breitete sich der Präsident darauf vor, im genauen Gegenteil des Garten Eden auszusteigen: in Chabarowsk.

Flieger Nummer Eins quietschte unheilvoll mit seiner modernen Technik, setzte schmatzend seine Gummiräder auf dem rauen Beton der Landebahn auf, sträubte fauchend die Landeklappen, heulte, klammerte sich an der Luft fest und kam zum Stillstand.

Der Präsident sah zum Fenster hinaus.

Vor dem Gebäude zogen sich in einer Schlange klobige schwarze Särge auf Rädern dahin: Die lokalen

Feudalherren waren herbeigebraust, um sich vor ihrem aus der fernen Hauptstadt eingeflogenen Souverän zu verbeugen. Noch schafften es die Mitarbeiter des Föderalen Schutzdienstes, die Begeisterung der Beamten im Zaum zu halten, doch die Huldigungswelle drohte, die Absperrung schon in der nächsten Sekunde einzureißen.

Der Präsident erschauderte und machte sich daran, das Poloshirt mit dem kleinen Krokodil gegen einen streng geschnittenen, schwarzen Anzug und einen schwarzen Rollkragenpulli zu tauschen, beides von Stylisten eigens für diese Reise ausgesucht.

Hier in Chabarowsk funktionierte das System der Machtrotation tadellos: Staatsbeamte und Clans wechselten sich regelmäßig ab, wodurch der Staatsapparat kontinuierlich Menschen mit frischen Ansichten und unabhängigem Blick gewann. Einziger Nachteil: In Fragen des Lifestyles folgten die hiesigen Eliten den Gepflogenheiten des Gangstermilieus, weshalb selbst der Präsident, wenn er diese erstaunliche Stadt besuchte, wie ein waschechter Ganove aussehen musste.

Eine Pullman-Limousine ohne Nummernschild fuhr an die Gangway. Es war sein eigener Wagen, aus Moskau hergebracht. Nachdem der Präsident den Gouverneur und andere lokale Autoritäten heuchlerisch begrüßt hatte – mit Kuss, aber ohne Gefühl –, schlüpfte er glücklich in das angenehme Halbdunkel der Limousine. Der Wagen schnurrte los und fuhr durch leere Straßen davon, ließ die salutierenden Verkehrspolizisten hinter sich und steuerte das einstige Kreiskomitee der Partei an, heute die Gouverneursbastion von Chabarowsk.

»Für ein derart großes Land wie unseres hat das Internet eine immense Bedeutung«, erklärte der Präsident dort, während er sein iPad 2 fest umklammerte.

Die um den Eichentisch sitzenden Beamten aus Chabarowsk legten ihre windgegerbten Stirnen in zustimmende Falten und ahmten ihren Souverän etwas ungeschickt nach, indem sie mit ihren zerschundenen, schwieligen Fingern auf ihre eigenen iPads – natürlich alles Geräte der ersten Generation, die Rangordnung musste ja gewahrt bleiben – einhackten. Doch während über das Display des präsidialen Tablets irgendwelche ausgeklügelten Zeitpläne krochen, blieben alle anderen Bildschirme leer und schwarz. Von den lokalen Feudalherren verstand kaum einer, wozu dieses merkwürdige Ding gut sein sollte, allerdings hielten sich hartnäckig Gerüchte, dass es seinen Besitzer wie ein Talisman vor Präsidentenzorn und Entlassung schützen würde. Obendrein konnte man damit hervorragend Wanzen erschlagen.

»Mit seiner Hilfe«, fuhr der Präsident fort, »lässt sich auch die effiziente Ausübung der Macht steigern.«

Er musterte seine Vasallen nacheinander. Von rechts nach links.

Diese schauten jäh von ihren Talismanen auf und folgten dem Blick des Präsidenten wie Sonnenblumen, die ihre Köpfe der Sonne zudrehten. Mit geschärften Sinnen erahnten sie, wann die Präsidentenaugen auf ihnen ruhen würden, damit sie voller Demut hineinsehen konnten. Tapfer hielten sie dem durchdringenden Präsidentenblick stand. Sobald dieser sie freigab, ließen die wackeren Feudalherren jedoch den Kopf hängen und sackten kraftlos in ihren Sesseln zusammen.

»Wir brauchen Modernisierung und innovatives Denken ebenso dringend wie die Luft zum Atmen!«, beteuerte der Präsident, der die versammelten Golems mit seinem Blick wiederbelebte, diesmal im Uhrzeigersinn.

Die Feudalherren zuckten hoch und nickten heftig, als würden sie tatsächlich verstehen, wovon die Rede war.

»Nur so können wir ein neues, starkes und modernes Russland aufbauen!«, las der Präsident von seinem iPad ab.

Und er las voller Inbrunst.

Dann löste er sich kurz von dem Text und spähte klammheimlich mit gesenkter Stirn in die Runde: Was machten diese Männer eigentlich, wenn er sie nicht mit seinem Blick durchbohrte? Begriffen sie überhaupt, wovon er redete?

Die Augen aller Männer an diesem Tisch nahmen sich aus wie Zinnknöpfe an einem alten Mantel. Undurchdringlich. Ausdruckslos. Hinter der trüben, verkratzten Oberfläche gab es nichts. Gar nichts. Nur kalten Zinn.

Es versetzte dem Präsidenten einen jähen Stich: Ja interessierte sie das alles denn gar nicht?

»Deshalb haben wir beschlossen«, fuhr er fort, »den Ausbau der kommunikativen Infrastruktur in der Region und die Anbindung des Staatsapparats an das Internet mit einem Etat von 800 Millionen zu fördern.«

Mit einem Mal leuchteten die Zinnknöpfe auf und glänzten, als wären sie mit einem derben Tuch poliert worden. Oder als würden sich die Strahlen der hellen Maisonne am Tag der Siegesparade in ihnen spiegeln.

Ein triumphierendes Lächeln legte sich auf die Lippen des Präsidenten. Wenn er nur beharrlich genug klopfte, erhielt er selbst in ihre schwieligen Herzen Einlass! Der Premier hatte ganz recht: Diese Flüge waren nicht sinnlos! Und ja, es war möglich, ganz ohne Frage, aus diesem Land einen modernen Staat zu machen! Einholen und überholen ...

Er legte sein iPad zur Seite und knackte voller Kampfesgeist mit den Fingern.

Und ein Dutzend schwieliger Finger antwortete ihm wie ein Echo.

Zehn Stunden Flug – und unter den Flügeln der Iljuschin erstreckte sich das endlose Sotschi. Vielleicht verwunschen, vielleicht verhext ...

Von Natur aus war die Stadt mürrisch, gefräßig und dem Frohsinn kaum zugeneigt, doch unsere übliche Alternativlosigkeit hatte sie zur Olympiastadt gemacht, weshalb sie nun mit allen Kräften des starken Staats aufgemöbelt wurde, damit sie ihre heilige Mission erfüllen konnte: sich vom Internationalen Olympischen Komitee und Millionen von Sportfans martern zu lassen.

Man hätte Sotschi mit einer schamhaften jungen Griechin vergleichen können, die herausgeputzt wird, bevor man sie Minotaurus opfert. Treffender wäre jedoch die Behauptung, dass Sotschi wie eine mürrische Lesbe aus dem Frauenlager war, die von der Gefängnisleitung zurechtgeschminkt wurde, bevor man sie dem Kontrolleur aus Moskau ins Bett legte. Die Falten und Wunden mochte man übertünchen können, den Charakter überschmierte man nicht.

Der Flughafen war ein gläserner und spiegelnder Bau, fast wie aus Luft geschaffen. Er lebte und atmete. Auf dem Rollfeld standen bereits die Flugzeuge des präsidialen Gefolges: die Dienstmaschine mit der Limousine und der moderne Flieger mit den Journalisten. Etwas weiter hinten ragten die Silhouetten aller anderen Linienmaschinen – offenbar sogar der westlichen – auf, die der Sicherheitsdienst auf die Ersatzlandebahn abgeschoben hatte.

Am Rand des Rollfeldes parkten die üblichen schwarzen Särge, zwischen denen hier und da allerdings ein knallroter Sportwagen aufleuchtete. Damit musste man sich abfinden, so war der Süden eben. Das Temperament der hiesigen Feudalherren gewann gelegentlich die Oberhand über jedes Gefühl von Maß. Auch in dieser Region folgte die Rotation der Macht dem bekannten Prinzip. Deshalb musste man mit Verständnis darauf reagieren, wenn eine Autorität sich nicht beim ersten Ruf der Heimat den Anstecker mit der dreifarbigen Fahne ans Revers heftete. Der Mensch war schließlich ein Gewohnheitstier, er würde auch als Duma-Abgeordneter im Ferrari durch die Schlaglöcher seines Kosakendorfs brettern oder aus hart erkämpftem Überlegenheitsgefühl den einen oder anderen Schädel mit einem soliden Holzscheit einschlagen ... Aber all das war verständlich und verzeihlich.

Die Gangway wurde herangeschoben, der Pullman fuhr vor, Bilderbuchkosakinnen mit waschechtem Kokoschnik auf dem Kopf brachten Brot und Salz.

»Herzlich willkommen in Sotschi auf unserem supermodernen Flughafen Fürst Potemkin!«, sagte der braun gebrannte Gouverneur mit strahlendem Lächeln.

Der Mann glänzte in der Schwarzmeersonne, gegen die er sich mit einer italienischen Sonnenbrille schützte.

Der Präsident nickte nur und betrachtete das Flughafengebäude, das wie ein Eisberg über den Köpfen der Empfangsdelegation aufragte. Im Innern des Glaskastens brodelte das Leben: Silhouetten geschäftiger Herren im Anzug und mit Rollkoffern wuselten umher, eilten zum Check-in oder wollten noch voller Begeisterung den Duty-free-Shop stürmen.

»Der Flughafen hat den Betrieb bereits aufgenommen! Nach Ansicht der Europäischen Vereinigung der zivilen Luftfahrt ist unser Flughafen der ...«

Der gepanzerte Pullman warf seine Türen auf und lockte den Präsidenten in sein anheimelndes Nest. Er stieg mit einigem Bedauern ein. Der Gouverneur hätte freilich noch ewig weiterreden können ...

Es ging durch leere Straßen. Auf dem Plan standen die olympischen Anlagen – was ungefähr so war wie eine Fahrt durch Dresden nach der Bombardierung. Ganze Hektar aufgerissenen und geschundenen Bodens, in dem sich die Bulldozer wohlfühlten wie die Maden im Speck. Mal gruben sie etwas um, mal versuchten sie, das Erdreich möglichst rasch einzuebnen.

Fertig war noch nichts, doch der braun gebrannte Direktor des Konzerns Olymp schaute mit einem Optimismus durch seine teure italienische Sonnenbrille auf die offenen Wunden Sotschis, als sähe er durch diese Zauberbrille vieles, das den Augen der Normalsterblichen verborgen blieb.

»Hier also«, sagte er und deutete mit einer ausladenden Handbewegung auf einen abgetragenen Hügel, »hätten wir ein Stadion mit zwanzigtausend Plätzen.

Das Glasdach lässt sich öffnen und schließen und imitiert dabei die Bewegungen von Sonnentau-Blättern. Der Architekt ist mit dem Pritzker-Preis ausgezeichnet worden. Inspiration hat er in der Natur seiner Heimat gefunden ... in Kambodscha. Und hier haben wir die Curlingbahn. Es ist die längste der Welt!«

Die blauen Ameisen in den Baugruben fuhrwerkten munter umher, die Maschinen arbeiteten rhythmisch: Fast konnte man meinen, so hätten sie auch in der Sowjetzeit geschuftet, um den Kommunismus für die neue Ära aufzubauen.

Und dann – an einer noch rein hypothetischen Skipiste, die durch einen noch völlig realen Wohnbezirk verlief – durchbrach mit einem Mal ein Mütterchen den dreifachen Ring aus Männern vom Föderalen Sicherheitsdienst, bahnte sich mit einem Netz voller Tomaten einen Weg durch all die Feudalherren, die den Souverän belagerten, und hielt direkt auf den Präsidenten zu. Die Männer vom Sicherheitsdienst zogen ihre Stetschkins, der Präsident kniff ängstlich die Augen zusammen, das Fernsehen schwenkte schamhaft die Kameras zur Seite ...

»Ach, mein Junge!«, begann die Alte zu schimpfen, anstatt zu detonieren. »Hab Dank, dass du gekommen bist! Ohne dich kriegen diese Schmarotzer ja nichts auf die Reihe!«

Der Gouverneur wollte den Ring umgehend wieder schließen und bedeutete seinem Assistenten mit einem einstudierten Heben der Augenbraue, die Frau auf die Abschussliste zu setzen, doch da brach der Präsident in ein gutmütiges Lachen aus.

»Genau deshalb bin ich hier!«, sagte er.

Denn mit einem Mal hatte er eine Erleuchtung: Ja, es gab einen geheimen und heiligen Sinn in diesen endlosen Flügen! Der bestand aber keinesfalls darin, irgendwelchen Brzezińskis zu demonstrieren, dass wir auf der Hut sind und dass es noch zu früh ist, sich über ein Schachmatt zu freuen. Ebenso wenig ging es darum, den chinesischen Nachbarn mit der gebotenen Höflichkeit zu signalisieren, dass wir ihnen Sibirien in absehbarer Zukunft nicht überlassen.

Nein, der Sinn bestand vielmehr darin, mit diesen fiebrigen Flügen und Fahrten, mit den Inspektionen und Kostümen – mal Arztkittel, mal Fußballertrikot, mal Pilotenhelm – jenes Uhrwerk aufzuziehen, das ganz Russland zum Ticken und Laufen brachte. Genau wie bei der berühmten Monumentaluhr im Kaufhaus Kinderwelt.

War der Präsident da, legte man los. Dann besserte man die Straße aus, wusch die Kleinen im Kindergarten und verhaftete ein paar Freischärler. Als Geschenk für den Weißen Zaren.

Wo er seinen Blick hinlenkt, da weicht der ewige Schlummer fieberhaftem Tun. Da erhält das Krankenhaus einen Tomografen, der Wohnbezirk Heizöl und die Fabrik endlich den Staatsauftrag für zehn Zentimeter lange Schrauben, gedacht für die Empfangsgeräte des russischen Navigationssystems Glonass.

Wo der Präsident auftaucht, da brodelt das Leben. Wo der Schatten seines Fliegers hinfällt, da erblühen Blumen, da sprießt das Korn. Da sprudeln Gelder wie frisches Blut in die welken, von Ablagerungen verstopften Gefäße der lokalen Politik, um ihr Jugend und Kraft zurückzugeben und ihr, dieser knotigen und verwesenden Macht, allein durch seine wundertätige Existenz die Fähigkeit zu verleihen, ebenfalls Wunder zu vollbringen.

Doch wo sich der Präsident lange nicht zeigt, da gibt es nur Tod und Verfall, nur Schutt und Asche.

Betet also darum, dass er zu euch kommt. Denn nur er kann euch retten.

Der Gouverneur lachte nun auch, nicht um zu katzbuckeln, sondern von ganzem Herzen. Erleichtert.

»Bei der Gelegenheit!«, bemerkte er ganz ungezwungen. »Um den Bau der olympischen Objekte abzuschließen, bräuchten wir zusätzliche Investitionen. Dreißig Milliarden Rubel sollten wohl genügen.«

Der Präsident nickte nur: kein Problem! Dabei zwinkerte er dem Gouverneur sogar zu. Ob dieser zurückzwinkerte, ließ sich durch die italienische Sonnenbrille nicht erkennen. Allerdings meinte der Präsident, ganz kurz gesehen zu haben, wie hinter den braunen Gläsern kalter Zinn auffunkelte.

Aber nein, das hatte er sich wohl nur eingebildet.

»Jetzt ist mir klar, warum wir ständig durch die Gegend fliegen!«, erklärte der Präsident stolz, als er sich in dem niedrigen Besuchersessel ausstreckte.

»Und?«, fragte der Premier hinterm Schreibtisch argwöhnisch. »Wozu?«

»Damit die Feudalherren sehen: Mich gibt es wirklich. Ich bin nicht nur ein Bild im Fernsehen! Ich bin der Herr, sozusagen, und ihr solltet notfalls auf einiges gefasst sein. Denn kaum komme ich angeflogen, legen alle noch mehr Tempo vor! Würde ich nicht heute hier, morgen da auftauchen, würden sie sich gehen lassen.

Deshalb muss mein Besuch wie ein Blitz aus heiterem Himmel erfolgen. Und los! Nach Oimjakon. Damit haben sie nicht gerechnet? Pech gehabt! Und los! Nach Kamjanez-Podilskyj!«

»Das ist in der Ukraine«, korrigierte ihn der Premier.

»Allerdings könnte es denen auch nicht schaden, ein wenig auf der Hut zu sein.«

»Was ist?«, fragte der Präsident, und in seiner Stimme schwang die Freude eines kleinen Jungen mit. »Habe ich alles richtig verstanden?«

»Völlig richtig«, antwortete der Premier zerstreut und lächelte entspannt. »Gut gemacht! Und jetzt muss ich diese Papiere durcharbeiten.«

»Wohin geht es als Nächstes?«, fragte der Präsident aufgeräumt.

»Nach Kemerowo«, antwortete der Kapitän nach einem Blick auf seinen Plan.

»Und was steht auf dem Programm?«, wollte der Präsident vom Protokollchef wissen.

»Ein Gespräch mit dem Gouverneur. Anschließend der Besuch eines Bergwerks. Da wird die entsprechende Kleidung nötig sein, für die Kameras. Die Bedingungen der Arbeiter sollen überprüft werden. Anschließend werden Probleme der Branche diskutiert und Fragen der Finanzierung erörtert.«

»Bestens!« Der Präsident rieb sich die Hände. »Wir hören uns alles an und lassen uns etwas einfallen!«

Er schäumte vor Energie. Wie elektrischer Strom brauste das erregende Gefühl der Allmacht durch seine Glieder. Er wollte leben und schaffen. Der Präsident lehnte sich im Sessel zurück und schloss die Augen,

doch der Schlaf stellte sich nicht ein. Wie eine Sprung-
feder schnellte er wieder von seinem Platz auf, tigerte
durch den Gang und begab sich dann durch den Kabi-
nenabschnitt für seine Helfershelfer zum Cockpit.

Der Pilot drehte sich erstaunt zu ihm um.

»Sag mal«, druckste der Präsident herum. »Ob ich
wohl ... Anstelle des Co-Piloten? Ich würde zu gern mal ...
also, in echt, ohne Kameras ...«

Aus der Vogelperspektive erinnerte die einsame
Landebahn des Flughafens von Kemerowo an die lako-
nische Form eines Schlagstocks der Miliz, Marke Argument: bestens geeignet, um effektiv auf einen Schädel einzudreschen.

Bereits aus dieser Höhe ließen sich die schwarzen
Särge auf Rädern erkennen. Die hiesigen Feudalherren
ballten sich auf dem Rollfeld zusammen und vergingen
in Vorfreude auf die Herabkunft ihres Souveräns.

»Futter für thailändische Welse«, brummte der Pilot.

»Bitte?«, fragte der Präsident verwirrt.

»Also, meine Frau und ich, wir waren mal in Thailand.
Da macht man sich einen Spaß daraus, abends zum Pier
zu gehen. Mit ein paar Essensresten aus dem Hotel. Am
Hafen macht man es sich dann bequem und wirft ein
paar Happen ins Wasser«, erklärte der Pilot etwas schüchtern. »Sofort schäumt das Wasser auf, weil die Fische
in rauen Massen angeschwommen kommen, vor allem
Welse. Im Grunde sieht man gar kein Wasser mehr. Es
wimmelt nur so von diesen Welsen. Man könnte sie
mit der bloßen Hand fangen, einfach so, weil sie so nah
sind. Allerdings spüren sie irgendwie, wann das Futter
zur Neige geht. Dann – so schnell kannst du gar nicht
schauen – sind sie weg. Nicht ein Fisch ist mehr da. Und

das Wasser ist wieder kristallklar ... Zehn Meter kann man in die Tiefe gucken, bis zum Boden.«

Nachdem der Präsident den Piloten aufmerksam gemustert hatte, richtete er seinen Blick auf das Rollfeld. Er runzelte die Stirn.

»Wie viel Kerosin haben wir noch?«

»Genug, um einmal um die halbe Welt zu fliegen«, antwortete der Pilot lächelnd. »Wir sind immer auf den Extremfall vorbereitet. Falls morgen ein Krieg ausbricht oder so etwas.«

»Wir landen nicht in Kemerowo«, ordnete der Präsident unvermittelt an. »Wir drehen ab.«

»Wohin?«, wollte der Pilot entsetzt wissen.

»Melde dem Tower, nach Moskau. Aber in Wirklichkeit fliegen wir nach Sotschi.«

»Aber wieso nach Sotschi? Da waren wir doch erst.«

»Ich will da ins Wasser gucken«, antwortete der Präsident kichernd.

Sie mussten blind landen.

Flieger Nummer Eins hüpfte etwas unsicher vom Himmel auf den Beton der Landebahn, raste über den rauen Bodenbelag und blieb endlich in der Nähe des Flughafengebäudes stehen.

Der gewaltige Glaskasten war dunkel und schien völlig verlassen. Er ragte auch jetzt über dem Ärmel der Fluggastbrücke auf, schwarz und gefährlich wie jener nächtliche Eisberg, der der Titanic zum Verhängnis geworden war.

»Hier ist niemand«, brachte der Pilot hervor, nachdem er sich, vor Kälte zitternd, umgesehen hatte. »Nicht mal die Gangway schiebt jemand ran.«

»Wir haben doch sicherlich eine Nottreppe an Bord«, entgegnete der Präsident. »Ich steige jetzt jedenfalls aus.«

Er gelangte über die aufblasbare orangefarbene Notrutsche nach unten, klopfte sich die Hose ab und sah sich um. In der Ferne machte er Airbus-Maschinen mit dem Logo der Lufthansa aus, aber aus irgendeinem Grund waren sie in der Mitte zersägt worden.

Sonst gab es nichts, an dem der Blick hätte hängen bleiben können. Der Präsident kam sich vor wie das kleine blinde Mädchen aus Stephen Kings Roman *Langoliers*, das zusammen mit einigen anderen Passagieren in einem Flugzeug auf einem ausgestorbenen Flughafen landet und feststellen muss, dass die Erde menschenleer ist und die Ruinen unserer Zivilisation von Legionen von Monstern aufgefressen werden ... Ein gutes Buch. Den Präsidenten erfasste sogar ein Schauder: Was, wenn diese Langoliers gleich auftauchten, um die Welt zu verschlingen? Er an ihrer Stelle hätte auch mit Sotschi angefangen ...

Da! In dem schwarzen Glaskasten funkelte ein Licht auf.

Der Präsident stimmte die Marseillaise an, um seine Angst zu vertreiben, und marschierte auf den hellen Fleck zu. Mit reichlich Verspätung glitten nun auch die verschlafenen Angehörigen des Sicherheitsdienstes über die Notrutsche heraus und blickten sich hektisch um. Vergeblich. Der Präsident war bereits in der Dunkelheit verschwunden.

Das gespenstische Licht zog ihn an. Spielte mit ihm. Mal verschwand es, mal leuchtete es wieder auf. Er setzte alles daran, es nicht aus dem Blick zu verlieren, entdeckte in dem gläsernen Monolithen eine Tür, drückte die Klinke herunter – und hielt sie in der Hand. Er fand einen anderen Zugang – und stellte fest, dass dieser nur an die Wand gezeichnet war. Die dritte Tür machte eigentlich einen ziemlich echten Eindruck, ließ sich aber nicht öffnen. Daraufhin klaubte der Präsident eine verrostete Eisenstange vom Boden auf und rammte sie mit solcher Wucht in das dunkle Glas, als wäre sie die Heilige Lanze.

Eine erstaunliche Welle wogte über die Wand, ein singendes Plätschern ließ sich vernehmen, und mit einem Mal barst die Fassade, zerfiel zu Glassand und rieselte vor die Füße des Präsidenten. Der Beton im Innern, das Treppengerüst und die Deckenträger lagen nackt vor ihm.

Immerhin war das Licht echt: Rechts oben, im ersten Stock brannte etwas. Möglicherweise war da jemand! Na, der würde ihm jetzt Rede und Antwort stehen!

Er kraxelte über die baufällige Treppe nach oben und rannte dann fast. Unter seinen Füßen knirschte der Zementstaub, ein paar Mal schmatzten auch Exkremente. Die grauen Wände waren mit wüsten Fäkalausdrücken beschmiert, von irgendwoher zog es. Die abgestandene Luft, irgendwann in diesem Glaslabyrinth eingefangen, war nun dazu verdammt, ewig hier drinnen ihr Klagelied anzustimmen.

Was war das für ein Licht?

Waren das vielleicht gar keine Menschen? Sondern Gespenster? Der Teufel? Die unglückseligen Geister derjenigen, die man umgesiedelt hatte, weil an der Stelle ihrer bisherigen Wohnung die längste Curlingbahn der Welt gebaut werden musste?

Schließlich hatte er sich dem Licht so weit genähert, dass er es genauer erkennen konnte. In der riesigen leeren Halle, von der man das verlassene Rollfeld überblicken konnte, brannte ein Lagerfeuer. Darum kauerten bucklige Gestalten. Eine leise Totenklage in einer unbekannten Sprache war zu hören, die dem Präsidenten das Blut in den Adern gefrieren ließ. Neben dem Lagerfeuer ragte ein kleiner Grabhügel auf. Weiß der Teufel, woraus der bestand.

Der Präsident stockte kurz, fasste sich dann aber ein Herz und ging weiter. Ob das nun Dschinns waren, das Wachpersonal des Konzerns Olymp, eine Karawane, die es durch einen Zeitwirbel aus dem mittelalterlichen Magreb hierherverschlagen hatte, oder der Gouverneur mit seinem Gefolge – er würde das auf der Stelle klären!

»Ein Mensch!«, rief eine der Gestalten und sprang auf. »Da ist ein Mensch!«

»Ein Mensch«, nahmen die anderen die Worte auf. »Da kommt ein Mensch!«

Waren es etwa Kannibalen? Der Präsident blieb stehen und machte verunsichert sogar einen Schritt zurück.

»Nein! Warten Sie! Laufen Sie nicht weg!«, riefen die Gestalten am Lagerfeuer sofort. »Bringen Sie uns von hier fort!«

In ihren Schreien lag eine solch unverfälschte Verzweiflung, dass sich der Präsident dem Feuer wieder näherte. Von dort kam ihm ein seltsamer Mann entgegen: Rein äußerlich hätte er als rußbeschmierter Arbeiter aus Kirgisistan durchgehen können, wäre da nicht der streng geschnittene Anzug gewesen, den er ohne Hemd auf dem nackten Körper trug. Die anderen Männer am Feuer sahen genauso aus, allerdings fehlten einigen die Hosen, anderen das Jackett.

Der Grabhügel bestand aus einem Haufen leerer Rollkoffer.

»Wer sind Sie?«, fragte der Präsident und blieb erneut stehen.

Und dann erkannte er sie: Vor sich hatte er die Männer, die bei seinem Besuch neulich so geschäftig in dem Glaskasten herumgewuselt waren, um ihm Leben vorzugaukeln. Dafür hatte man sie eigens aus Tadschikistan eingeflogen, ihnen gutes Essen und Lohn versprochen, sobald sie ihren Auftritt absolviert hatten.

Da die Tadschiken die Organisatoren seit jenem Tag nicht mehr gesehen hatten, wussten sie nicht, ob die Vorstellung als beendet gelten durfte oder nicht. In dem ausgestorbenen Flughafen hatten sie keine Tür finden können. Tagsüber eilten sie daher mit ihren Rollkoffern vor den Fenstern umher, nachts fingen sie Ratten und grillten sie über dem Lagerfeuer. Gerade wegen dieser Schicksalsergebenheit liebten die russischen Sklavenhalter ihre Tadschiken.

»Wissen Sie, verehrter Herr, vielleicht, ob unsere Arbeit getan ist?«, fragte der tadschikische Unterhändler scheu. »Können wir nach Hause fahren?«

»Das können Sie«, antwortete der Präsident mit klarer Stimme. »Denn ich bin gekommen, um euch die Freiheit zu schenken.«

»Berichte!«

Der Chef der Kontrollabteilung – ein zuverlässiger Mann, bedingungslos ergeben, sozusagen aus der präsidialen Rippe geschaffen – hüllte sich in hilfloses Schweigen.

»Was ist mit Chabarowsk? Was mit den Mitteln aus dem Staatsetat?«

»Also ... äh ...«, stammelte der Mann mit einem dümmlichen Lächeln. »Die Mittel aus dem Staatsetat ...?«

»Genau! Sind die geflossen?«

»Ja«, antwortete der Chef der Kontrollabteilung lächelnd.

»Und wo sind die Ergebnisse zur Internetanbindung der Machtorgane?«

»Ja!«, kam das Echo. »Wo?«

»Und die Gelder, die wir nach Workuta überwiesen haben?«

»Nach Workuta ...?«

»Die sind doch nicht etwa veruntreut worden?«

»Veruntreut?«

»Warum muss ich das alles selbst überprüfen?«

»Selbst überprüfen ...?«

»Wofür hast du denn deinen Posten? Ja, doch wohl dazu, damit du die Kontrolle behältst!«, platzte es aus dem Präsidenten heraus, während der Chef der Kontrollabteilung noch verzweifelt nach Worten rang. »Was machst du eigentlich den lieben langen Tag? Steckst du mit denen unter einer Decke? Sieh mich an, wenn ich mit dir rede! In die Augen!«

Gehorsam hob der Mann den Blick.

Seine Augen tot. Zinnern.

»Stell dir das vor! Der Flughafen wurde aufgegeben, kaum dass meine Maschine in der Luft war! Diese armen Tadschiken hat man dort vergessen, ja man hat sich nicht einmal die Mühe gemacht, sie herauszulassen! In den olympischen Anlagen ist niemand. Ich bin von dort aus weiter nach Kemerowo. Leider bin ich einen Tag später eingetroffen als ursprünglich geplant. Und niemand am Flughafen! In einem Lada bin ich durch die Stadt gefahren. Du hättest meinen können, die Deutschen hätten sie gerade bombardiert. Aufgerissene Straßen, Staus, nirgends auch nur ein Posten von der Verkehrspolizei. Nur Schwachköpfe mit ihren Nokias, die mich gefilmt haben, das bringen die jetzt auf YouTube. Der reinste Wahnsinn! Ich also wieder in den Flieger und weiter nach Chabarowsk, um mir anzusehen, was da los ist ...«

Wild gestikulierend, tigerte der Präsident durch das Büro des Premiers. Er kochte vor Wut, doch der Premier dachte gar nicht daran, ihm den Weg aufzuzeigen, wie er Dampf ablassen konnte, sondern warf ihm nur einen kalten, desinteressierten Blick zu.

»Die Kontrollabteilung kontrolliert überhaupt nichts! Aber egal, kümmere ich mich eben selbst drum. Als Nächstes werde ich anordnen, dass wir nach Nachodka fliegen, dann weiter nach Kaliningrad ... anschließend nach Tiksi und danach nach Petersburg.«

»Schluss jetzt!«, fiel ihm der Premier ins Wort. »Was faselst du da wie ein altes Weib?«

»Was?« Der Präsident sah ihn verständnislos an. »Wie ...?«

»Du kannst nicht das ganze Land kontrollieren! Dafür ist es zu groß! Wie oft soll ich dir das eigentlich noch sagen?« Der Premier zeigte mit dem Finger auf die Karte. »Es ist gigantisch! Während du durch die Gegend fliegst, zetteln die Oligarchen in Moskau hundert Verschwörungen an!«

»Aber ... ohne persönliche Kontrolle ist doch alles ...«, brachte der Präsident heraus. »Alles hängt doch davon ab, oder nicht?«

Der Premier seufzte schwer, sichtlich bemüht, die Beherrschung nicht zu verlieren.

»So läuft das nicht«, sagte er schließlich ruhig, beinahe sanft. »Auf gar keinen Fall geht das so.«

»Aber warum fliege ich dann überhaupt ständig im Land herum?«, fragte der Präsident völlig entkräftet.

»Das ist nicht so einfach zu erklären«, antwortete der Premier nach kurzem Schweigen. »Hast du schon einmal von der Fütterung der thailändischen Welse gehört?«

»Hmm, ja ... schon.«

»Welse sind wilde und hirnlose Riesenfische. Aber wenn man sie regelmäßig füttert, kommen sie regelmäßig zur selben Zeit an den Pier geschwommen. Sie akzeptieren dich dann als ihren Herrn. Genauso ist es bei uns.«

»Warte mal, nicht so schnell. Dann ist das alles ... Diese ganzen nationalen Projekte, die Olympiade, der Straßenbau ...«

»Das Aufrüstungsprogramm, der bezahlbare Wohnraum, die Nanotechnologie ...«, fuhr der Premier für ihn fort.

»Sogar die Nanotechnologie?«, fragte der Präsident kleinlaut zurück.

»Ganz besonders die Nanotechnologie!«, bekräftigte der Premier. »All das ist nichts anderes als Futter für thailändische Welse. Exakt nach Plan, verstehst du? Damit sie uns nicht zu fett werden. Diesen Plan hast nicht du aufgestellt, und du tätest gut daran, ihn nicht durcheinanderzubringen.«

»Von mir aus. Aber mal angenommen … Also, was ihr Interesse ist, das verstehe ich ja … Aber unsers? Warum füttern wir sie?«

»Weil auch wir ein Interesse daran haben.« Der Premier lächelte. »Aber jetzt geh nur, und erhol dich ein bisschen! Irgendwann verstehst du es schon. Ich muss derweil noch diese Papiere durcharbeiten.«

Der Präsident nickte brav, sah dem Premier in die zinnernen Augen und stapfte mutlos zur Tür. An der Schwelle blieb er kurz stehen und warf einen letzten Blick auf die Wand, an der die gigantische Karte der Heimat hing.

»Wie verdammt groß sie doch ist«, murmelte er. »Wenn wir ein kleines Land wären, wie irgendein Benelux-Staat … dann könnten wir für Ordnung sorgen. Aber so … Manchmal möchte man am liebsten weglaufen«, sagte er kaum noch hörbar zu sich selbst.

Und da kam ihm die Erleuchtung.

»Und so soll hier entstehen ein Innovationszentrum, und sein Name sei Skolkowo!«

Der nanotechnologische Grundstein wurde in die Grube gelegt, und der Präsident schaufelte sterilen Lehmboden darauf.

»Ausschließlich hochmoderne Technologien!«, flüsterte der Präsident seinem iPad verheißungsvoll zu. »Keine Steuern. Wolkenkratzer. Westliche Unternehmen. Alle werden sie zu uns kommen … Die besten Köpfe des Landes, ach was, der ganzen Welt! Stoppen wir endlich die Talentflucht. Ein ideales Investitionsklima. Keine administrativen Barrieren! Ich kümmere mich um alles! Persönlich! Das vertraue ich niemandem sonst an. Wir können sogar Grenzen ziehen und Posten aufstellen ... Visa verlangen. Damit ja kein Unterbelichteter hier reinschlüpft. Wir könnten sogar eine eigene Währung einführen ... den Inno. Spielt überhaupt keine Rolle, dass es nur ein kleiner Staat ist. Monaco ist auch nicht größer. Dafür wird hier Ordnung herrschen. Europa wird grün vor Neid ... Amerika auch! Die werden alle aus Cupertino hier antanzen, um Erfahrungen zu sammeln.«

Endlich war der nanotechnologische Grundstein zugeschaufelt, und der Präsident trat mit strahlendem Lächeln an die Phalanx der Journalisten heran, die sich mit ihren langen Mikrofonangeln aufgestellt hatten, als wären es Lanzen.

»Wir werden sie einholen und überholen!«, versprach der Präsident den Fernsehjournalisten. »Warten Sie's nur ab!«

»Sagen Sie«, fragte der Korrespondent Ogurzow scheu und zweifellos ohne vorherige Absprache, »in welcher Höhe sind die Kosten für die Errichtung des Innovationszentrums Skolkowo in etwa anzusetzen?«

»Nun ...« Der Präsident breitete die Arme aus. »Das muss noch ermittelt werden! Aber bei einem solchen Projekt sollte man nicht knausern. Immerhin steht das Prestige des Landes auf dem Spiel!«

Und seine Augen funkelten herausfordernd.

Zinnern.

TELEFONJUSTIZ

Über Moskau spannte sich ein strahlend blauer Himmel, und in der Ferne, dort, wo der Leninski-Prospekt vom Horizont verschlungen wurde, loderte das Feuerrot der gewaltigen untergehenden Sonne. Angesichts dieser geradezu magischen rotblauen Glocke schien es, als hätte sich die Hauptstadt die übergroße Uniformmütze der NKWD-Offiziere aufgesetzt.

Iwanow grinste bei diesen wonnigen Gedanken in sich hinein.

Irgendwann steckte er die Hand in die Plastiktüte und tastete nach dem Griff der in eine alte Zeitung eingewickelten Stetschkin, als wäre die Waffe ein kleines Spielzeug für den Weihnachtsbaum. Anschließend hielt er sich sein Mobiltelefon mit der eingegangenen MMS dicht vor die Nase. Von dem 5-Zoll-Display schaute ihn eine bildschöne junge Frau mit strengem Blick an.

Neun Uhr. Gleich würde sie aus der Metro kommen. Bis zu ihm bräuchte sie acht Minuten, sofern sie sich schnurstracks nach Hause begab. Doch wo sollte sie schon einen Zwischenstopp einlegen? Sie hatte nichts und niemanden. Konnte das auch gar nicht. Deshalb ...

Iwanow sah noch einmal auf das Bild. Die blauen Augen zogen ihn magnetisch an, hielten ihn fest in ihrem Bann. Dabei wusste er genau: Das waren Kontaktlinsen. Auch die Haare waren nicht echt. Trotzdem schaffte er es nicht, sich von dem Bild loszureißen. Eine ungeheure Kraftanstrengung war nötig, den Blick vom Display zu lösen und durch die getönte, fast schwarze Scheibe all die kreuzdämlichen Leute da draußen in den Blick zu nehmen.

Neun Uhr zwei.

Es ging los.

Er öffnete die Tür und stieg aus seinem kleinen schwarzen Lexus, der ein wenig an ein Spaceshuttle erinnerte. Die Tüte trug er in der linken Hand. Er würde schießen, ohne die Waffe herauszuholen. In einer Minute würde der Krankenwagen mit dem speziellen Kennzeichen eintreffen. Die Leiche würde auf die Bahre gelegt werden, doch bei der Ankunft am Zielort wäre der Krankenwagen leer.

Die Frau mit den blauen Augen wäre wie vom Erdboden verschluckt. Als hätte es sie nie gegeben.

Bevor er sie umbrachte, musste er ihr jedoch eine Frage stellen.

»Stattgegeben«, erklärte die Richterin. »Der Angeklagte ist auf der Stelle in die Freiheit zu entlassen.«

Tumult brach aus. Journalisten zischten etwas in ihre Telefone, kamen sich gegenseitig ins Gehege und schrien einander an, die Staatsanwälte standen kreidebleich da, ihre kornblumenblauen Uniformen verloren von einer Sekunde zur nächsten ihren Glanz, die selbstsicheren Herren in Schwarz, die im Hintergrund die Strippen des Prozesses zogen, steckten sich noch im Saal ihre Zigaretten an und griffen ebenfalls nach ihren Smartphones, ohnehin schon eindrucksvolle

Apparate, denen das Staatswappen aber noch zusätzliches Gewicht verlieh.

»Sternchen, zehn, Raute«, raunte einer von ihnen seinem Gegenüber zu.

»Das weiß ich!«, fuhr dieser ihn an, während er auf dem Display tippte.

Der in Ungnade gefallene Oligarch, der sich noch bei der Urteilsverkündung mit dem Kreuzworträtsel aus einem bunten Heftchen abgemüht hatte, war im Grunde darauf vorbereitet, dass die kommenden zehn Jahre seines Lebens sich in keiner Weise von den vergangenen zehn unterscheiden würden, und starrte die Richterin jetzt durch das dicke Panzerglas voller Unglauben und Argwohn an, als hätte sie gerade ein Abführmittel in sein Aquarium rieseln lassen.

Die Richterin raffte ihre Papiere zusammen, zog das Telefonkabel aus der Steckdose und eilte mit klackernden Absätzen über das nach einer Politur flehende Parkett des Gerichtssaals davon, zwängte sich durch die aufgebrachte Menge und war verschwunden, noch ehe die Herren in Schwarz per Handy aufgefordert worden waren, sie sich zu schnappen.

Damit war die Richterin aus den Augen, aus dem Sinn. Nun galt alle Aufmerksamkeit dem freigesprochenen Oligarchen, der bereits zaghaft mit den vom Kreuzworträtsellösen steifen Fingern ein Victory-Zeichen à la Churchill formte.

Ende der Aufnahme. Zurück blieb nur ein schwarzer Bildschirm.

Der General drückte eine Taste auf der Fernbedienung, drehte sich zu Iwanow um und musterte ihn aufmerksam. Beide hatten die gleichen Augen – ziemlich blass, sehr russisch und wachsam wie die Lenins –, und beide hatten das gleiche Gesicht, ein Allerweltsgesicht, bestens geeignet, um in der Menge unterzutauchen. Deshalb erkannte sich der General in Iwanow wieder wie in seinem zehn Jahre jüngeren Spiegelbild, während Iwanow nur zu gern in ihm sein zukünftiges Ich auszumachen hoffte. Sogar ihre Kleidung stimmte überein. Anzüge im Hellgrau des FSB-Hauptgebäudes, keine teuren, aber tadellose Krawatten. Kein einziges Rangabzeichen. Wozu auch? Die Streifen des Oberstleutnants waren Iwanow, die des Generals dem General direkt auf die nackte Seele tätowiert worden.

In der Lubjanka gab es verschiedene Abteilungen. Viele davon arbeiteten schon seit Langem rein gewinnorientiert und lebten von der vielgestaltigen Wirtschaft unserer Heimat wie der Dichter Jessenin von der russischen Natur: Vom Stand am Straßenrand angefangen über Walzgut bis hin zu Gas-Transfer und Drogenhandel pressten diese Abteilungen aus allem und jedem Geld. Nur hier und da existierten noch solche, die der Heimat dienten. Iwanows war eine davon.

»Wir müssen uns alle Beteiligten vornehmen«, sagte der General beinahe sanft.

»Die ganze Kette?«, hakte Iwanow nach. »Oder nur das Objekt selbst?«

»Alle!«, wiederholte der General.

»Aber was, wenn das lediglich eine einmalige Störung war? Ein Kurzschluss?«

»Und wenn nicht? Wenn es einen Fehler im System gibt? Oder wenn das Ausschussware ist? Von Sabotage ganz zu schweigen! Nein, mein guter Iwanow, wir müssen die ganze Kette aus der Welt schaffen! Jedes einzelne Glied, von ganz oben bis ganz unten!«

»Das ist doch ein neues Modell, oder?«, warf Iwanow ein. »Ein optimiertes?«

»Ebendarum geht es ja«, sagte der General und seufzte schicksalsergeben. »Wenn du so willst, liegt genau hier der Hund begraben. Wir haben nämlich keine Ahnung, worin diese Optimierung eigentlich besteht. Deshalb musst du im Zuge der Liquidierung unbedingt die Frage klären, ob hier ein Einzelfall vorliegt oder die gesamte Produktion betroffen ist. In dem Fall müssen wir die jüngste Lieferung sofort zurückrufen.«

Iwanow erhob sich.

»Darf ich gehen?«

»Nur zu«, sagte der General, der ebenfalls aufstand und seinen Untergebenen zur Tür begleitete. »Und merke dir eins, Iwanow: Wir beauftragen dich nicht ohne Grund mit dieser Geschichte. Du bist unser bester Mann auf diesem Gebiet. Von dieser Sache hängt das Schicksal des Staates ab. Der Systemadministrator persönlich hat mir das per Skype mitgeteilt. Außerdem hat er angedeutet, dass der Präsident besorgt ist. Dir ist natürlich klar, dass es hier um sein Steckenpferd geht. Wir rechnen mit dem Schlimmsten. Sollten wir die gesamte Lieferung zurückrufen müssen, dürfte es zu einer Justizreform kommen, bei der sämtliche Kader ausgetauscht werden. Das Ganze ginge in die Milliarden, selbst wenn wir außen vor lassen, was hier und da in die eigene Tasche wandert. Du hast es in der Hand, dieses Szenario zu verhindern, Iwanow.«

»Zu Befehl«, erwiderte Iwanow und salutierte voller Entschlossenheit.

»Möge Gott dir beistehen«, sagte der General lächelnd –
und bekreuzigte sich vor dem Ölgemälde, das den Eisernen Felix noch auf dem Lubjanka-Platz zeigte, wie
er unerschütterlich auf seinem ureigenen Golgatha aufragte, damals, vor seiner Himmelfahrt ...

Die Geheimfabrik Dux versteckte sich in der Straße
der Wahrheit zwischen der Festung der Russischen
Volkseigenen Funk- und Fernsehgesellschaft und dem
Hauptspeicher der Zentralbank. Zu Sowjetzeiten wurden hier Fahrräder, Staubsauger und Jagdflieger produziert, seit Anbruch der neuen Ära und der Umstel-
lung auf die Produktion von Konsumgütern vermietete
man die Räumlichkeiten an Vietnamesen, die dort illegale Schneidereien unterhielten.

Die flinken, unermüdlichen Schneider ließ man in
diesem Allerheiligsten jedoch nur gewähren, damit sich
im Außenministerium der USA niemand eingehender
mit dem Werk befasste. In dem Geratter der Nähma-
schinen drang durch die hohen, staubbedeckten Berge
gefakter Armani-Anzüge nach wie vor der nur allmählich verstummende Herzschlag des einstigen russischen Maschinenbaus an das geschärfte Ohr. Hinter
der Schneiderei wiederum, in der für den Kleidermarkt im Viertel Konkowo produziert wurde, lagen die
Geheimzugänge zu jenen Hallen verborgen, in denen
für den einheimischen Staatsapparat geschuftet wurde.

Iwanow durchquerte die Hallen, in denen auf vor-
sintflutliche Art und Weise strassbesetzte Jeans, die
neuesten Blusen oder Prada-Taschen genäht wurden,
und gelangte in ein staubiges Lager, wo ein fülliger
Wachsoldat auf einem morschen Stuhl lümmelte.

Jeder Spion wäre an der Aufgabe gescheitert, die längst in Vergessenheit geratene Parole zu erraten, doch Iwanow wusste, wie er sich Einlass verschaffte. Ein Tausender, in der Mitte gefaltet, landete auf dem Tisch – und die Visage des Wachhabenden, normalerweise rot vor Misstrauen, nahm eine krankhaft grüne Farbe an. Die Ampel war umgesprungen, der Weg frei.

Iwanow trat durch die Tür und sah sich um. Er war schon oft in diesen Hallen gewesen, denn ihm oblag, die Produktion im Auge zu behalten. Wieder und wieder hatte er sich davon überzeugt, dass alles seine Richtigkeit hatte. Ebendeshalb war der General ja nervös: Seine Abteilung trug die Verantwortung. Folglich musste Iwanow den Karren aus dem Dreck ziehen.

Alles war bestens und innovativ organisiert. Arbeitstische, sterile Böden, schneeweiße Wände, Männer und Frauen in Chirurgenkitteln, die mit präzise abgestimmten Bewegungen gleich einem einzigen Kolben das gigantische Dampfschiff der russischen Forschung zu einem geradezu obszönen Tempo antrieben.

Nach einem kurzen Blick auf den Lageplan lief Iwanow durch einen Gang zu seiner Linken, bis er vor dem Raum stand, den er suchte.

Ein Mann im vorgeschriebenen Overall arbeitete im Schweiße seines Angesichts an irgendwelchen Mikrochips. In der Luft hing der Geruch erhitzten Kolophoniums. Die Glatze des Mannes wirkte im Schein der Quecksilberlampen hochintelligent.

Das Schloss klackte leise – noch leiser klackte es, als Iwanow die Pistole entsicherte. Erschrocken drehte der Mann sich um.

»Kennen Sie diese Dame?«, fragte Iwanow den Tüftler und hielt ihm sein Smartphone mit dem Bild hin.

Dieser nickte und nuschelte rasch ein paar unverständliche Worte, an denen er beinahe erstickte.

»Was ist da passiert?«, erkundigte sich Iwanow höflich und völlig gelassen, presste dem Mann dabei aber den Lauf der Stetschkin an die Kehle.

»Es war ... es war alles einwandfrei«, röchelte der Mann. »Die Qualitätsprüfung hat keine Mängel ergeben.«

Iwanow schüttelte den Kopf.

»Sehen Sie gelegentlich fern?«, fragte er dann.

Der Mann wurde noch bleicher und versuchte, den Kloß in seinem Hals hinunterzuschlucken, doch der Lauf der Pistole verhinderte es.

»Und was ist Ihnen da aufgefallen?«, fuhr Iwanow fort. »Entweder haben wir es hier mit kriminellem Schlendrian zu tun oder mit Sabotage durch einen potenziellen Gegner. Die Antwort auf diese Frage würde mich brennend interessieren.«

Der Mann verrenkte sich halb das Genick und suchte nach Worten.

»Ich war nur für die Montage zuständig. Genau wie bei allen anderen ... Das schwöre ich!«

»Sicher, dass Sie keinen Pfusch gemacht haben?«, hakte Iwanow streng nach, presste die Waffe aber nicht mehr ganz so fest gegen den Hals des Mannes.

»Verfickt noch mal, nein!«, entfuhr es diesem in seiner Panik. »Wie soll man da überhaupt Mist bauen können? Jede aufblasbare Puppe ist komplizierter konstruiert! Allerdings ...«

»Allerdings?«, bohrte Iwanow sofort nach.

»Bei der letzten Kontrolle habe ich ein neues Bauteil entdeckt. Das habe ich nicht angerührt. Ich hatte angenommen, es stamme vom Konstrukteur. Am besten fragen Sie ihn ...«

Iwanow ließ sich die Worte schweigend durch den Kopf gehen, seufzte dann fast mitleidig und zuckte die Achseln.

»Gut, fragen wir den Konstrukteur«, sagte er und drückte ab.

Als der Mann zu Boden fiel, achtete Iwanow darauf, dass er nirgends mit dem Kopf anschlug, und zog sich dann zurück, wobei er jeden Schritt mit Bedacht setzte, damit er sich ja nicht die Schuhe in der langsam anwachsenden tiefroten Lache einsaute.

Dem Konstrukteur lauerte Iwanow im Treppenhaus auf. Sobald jener dort auftauchte, rannte Iwanow die Stufen hinunter, zwängte sich in letzter Sekunde in den winzigen Fahrstuhl, der längst von Rowdys demoliert worden war, und presste die Brillenschlange gegen die Kabinenwand.

»Michail Semjonowitsch?«, fragte er lächelnd und ließ vor seiner Nase irgendein magisches Dokument flattern wie einen Schmetterling. »Sehr schön! Ich will Ihnen nämlich einen kleinen Besuch abstatten.«

Den Spaniel des Konstrukteurs sperrte Iwanow sofort in der Toilette ein, damit er ihnen nicht zwischen den Füßen herumsprang.

Während das Teewasser auf dem Herd zu kochen begann und der Lötkolben sich langsam erwärmte, schlossen die beiden weitere Bekanntschaft. Michail Semjonowitsch zappelte freilich die ganze Zeit herum und jammerte, die Handschellen würden ihm die Haut aufscheuern, doch Iwanow setzte ihm ruhig auseinander, dass er, ein intelligenter Mensch, durchaus Mitleid mit seiner, also Michail Semjonowitschs, Lage empfinde, als Profi jedoch gezwungen sei, seine Gefühle unter Kontrolle zu halten.

Anfangs stritt Michail Semjonowitsch alles ab. Er versicherte, nichts zu wissen und keine Ahnung zu haben, worum es gehe. Dann allerdings kam das nunmehr erwärmte Werkzeug ins Spiel. Danach plapperte der Konstrukteur ohne Punkt und Komma.

Offenbar hatte er weder von Soros noch von Ford, dem British Council oder anderen Unterabteilungen der CIA Zuwendungen erhalten. Das sowjetisch-spartanische Mobiliar der kargen Junggesellenwohnung mit nur zwei Zimmern weit im Süden Moskaus verlieh seinen Worten eine gewisse Glaubwürdigkeit. Iwanow kaufte ihm die Geschichte dann auch ab. Überhaupt war er ein von Natur aus vertrauensseliger Mann – es war sein Beruf, der ihn Misstrauen gelehrt hatte.

Wenn jedoch nicht Sabotage dahintersteckte, was dann? Pfusch? Ein Betriebsunfall?

»Gehen wir das Ganze noch mal gemeinsam durch!«, schlug Iwanow dem Konstrukteur vor. Der war bereits krebsrot angelaufen. »Dies ist der Bauplan von JUS-2010, mit dem alle unsere Gerichte ausgestattet sind. Individuelles Design, Gestaltung als Mensch. Dux produziert sechzig Prozent als Frauen, vierzig als Männer.«

Selbstverständlich holte Iwanow nicht ohne Grund derart weit aus. Während er so vor sich hin schwatzte, hantierte er weiter mit dem Lötkolben herum. So war es in Michail Semjonowitschs ureigenem Interesse, möglichst rasch zur Sache zu kommen. Mittlerweile geriet der Konstrukteur ins Schwitzen, hielt sich aber noch tadellos.

»Der Aufbau ist simpel«, erklärte Iwanow mit einem Blick auf den Plan. »Hier ist der Lautsprecher, hier der Sprachsynthesizer. Er ist direkt an die Festplatte mit der Strafprozessordnung angeschlossen. In der nachgebildeten Analöffnung eines jeden JUS befindet sich der Standardanschluss fürs Telefon. Hier ist das Bauteil, das wir dank unserer Wirtschaftsspionage von den amerikanischen *BabyBorn*-Puppen übernehmen konnten. Es ermöglicht den Maschinen, das Verhalten eines Menschen zu simulieren, zu blinzeln, unartikulierte Laute von sich zu geben und zu rülpsen. Mehr gibt es laut Plan nicht.« Daraufhin stopfte er dem schweißüberströmten Michail Semjonowitsch die auf Whatmanpapier gezeichnete Skizze in den Mund, ließ sie ein wenig in dessen Speichel einweichen und drückte dann mit dem Schalldämpfer seiner Pistole nach.

»Habe ich irgendwas vergessen?«, fragte Iwanow pro forma, um sich sogleich selbst die Antwort zu geben: »Aber ja!«

Dieses seltsame Bauteil, das der Mann bei Dux erwähnt hatte.

»Michail Semjonowitsch«, fuhr Iwanow in offiziellem Ton fort, damit der Konstrukteur gleich wusste, woher der Wind wehte. »Sie behaupten, keinerlei Sabotageakte vorgenommen zu haben, doch haben Sie unserem Roboter höchst fragwürdige Innereien verpasst. Das Modell JUS-2011, das diesen peinlichen Ausfall bei der Verkündung eines Urteils von eminenter Bedeutung hatte, war mit genau diesem Element ausgestattet.«

»Ich habe das nicht eingebaut!«, jaulte der Konstrukteur, nachdem er das Papier hinuntergeschluckt hatte. »Sicher, wir haben Arbeiten zur Optimierung von JUS durchgeführt, aber ...«

»Michail Semjonowitsch!«, ermahnte ihn Iwanow streng. »Früher war bei Ihren Geräten stets alles schlicht und einwandfrei. Kein überflüssiger Schnickschnack! Mehr als ein telefonisches Tonsignal an Justitias Unbarmherziges Schwert war nicht nötig. Sternchen, Dauer der Gefängnisstrafe in Zahlen, Raute. Das erledigt der zuständige Mann während des Prozesses hinter den Kulissen. Anschließend verkündet JUS das Urteil gemäß Signal. Was braucht ein Richter in unserem Land mehr? Ihr Mechanismus war längst perfekt, eine weitere Perfektionierung daher völlig unmöglich! Was für ein Ding haben Sie JUS-2011 also eingebaut?!«

Das letzte Fragezeichen samt Ausrufezeichen unterstrich er mit dem Lötkolben. Offenbar übertrieb er es dabei ein wenig. Der Konstrukteur röchelte, sackte zu Boden und zappelte wie ein Fisch auf dem Trockenen. Aus seinem Mundwinkel lief ein schmales Rinnsal Blut.

Hastig kniete sich Iwanow neben ihn hin – hier zählte jede Sekunde! –, doch es war schon zu spät. Verflucht aber auch, in letzter Zeit hatte er sich zu sehr an kräftige Burschen gewöhnt und den Umgang mit schmächtigen Gelehrten völlig verlernt. Er hätte wohl etwas zartfühlender, womöglich psychologischer vorgehen müssen ...

Der Entwickler lag in seinem Blut und Erbrochenen, krächzte aber noch etwas.

Iwanow beugte sich hinab: Was, wenn dieses Stehaufmännchen doch noch ein Geständnis ablegen wollte? »Da war ... dieser Student ... der Student hat ihr ...« Mehr kam nicht.

Das Schwein war tot.

Da kam sie.

Klack, klack, klack. Ihre High Heels.

Es war nicht leicht gewesen, sie aufzuspüren. Normalerweise laufen alle Richter mit Aktenkoffern herum, in denen die Sender des Globalen Satellitennavigationssystems steckten. Ältere Modelle hatten noch diese karierten Einkaufstrolleys auf Rollen hinter sich hergezogen, aber das umstrittene Design hatte das Vertrauen der Bevölkerung in das Rechtssystem untergraben. Infolge verschiedener Innovationen und nanotechnologischer Verfahren – Tschubais' Staatskonzern sei Dank – sowie der Einführung ebendieser Innovationen konnte der Sender derart verkleinert werden, dass er in einen gewöhnlichen Aktenkoffer passte – allerdings musste man schon ein wenig drücken, wenn man ihn schloss, genau wie bei einem vollgestopften Koffer. Aber gut, damit konnte man leben ...

Diese Richterin war jedoch von allen Radaren verschwunden, denn sie hatte ihren Koffer einfach weggeworfen. Noch so eine Merkwürdigkeit!

Sie hatten sie nur aufspüren können, indem sie auf das Agentennetz zurückgriffen, das sie vom NKWD geerbt hatten: alte Omas, die den lieben langen Tag auf der Bank vor dem Haus saßen.

Wohin die Richterin jetzt wohl ging? Was wollte sie in dieser Gegend?

Iwanow schaute sich nach allen Seiten um und schlich der Richterin mit den blauen Augen leise wie eine Katze nach. Ein heruntergekommener, vierstöckiger Block. Dritter Aufgang. O nein, so etwas hatten sie den *BabyBorns* mit Sicherheit nicht beigebracht ... Ob – und bei dem Gedanken erschauderte Iwanow – der MI6 ihr dieses verflixte Bauteil eingesetzt hatte? Zuzutrauen wäre es denen ja, nach der Geschichte mit den Spionage-Steinen ... Ob sie jetzt per Funksteuerung hierhergelotst worden war?

Konnte das ...?

Mit Sicherheit!

Nur so passte eins zum anderen. Aber er würde diese konspirative Wohnung der britischen Kollegen jetzt hochnehmen. Das würde ihm einen Orden einbringen, für Verdienste um das Vaterland ...

Iwanow entsicherte seine Stetschkin und beobachtete von der Treppe aus, wie die Frau mit den blauen Augen klingelte. Kaum hatte sich die Tür einen Spaltbreit geöffnet, rannte er die letzten Stufen hinauf und trat mit aller Wucht gegen das Schloss. Die Tür flog auf, Iwanow fegte an ihr vorbei in die Wohnung.

Das Licht flackerte kurz und erlosch, dann klirrte etwas. Hitze traf ihn, sein Schädel explodierte.

Benommen schüttelte Iwanow den Kopf und riss die Pistole von links nach rechts, ohne auch nur das Geringste zu sehen.

»Lauf! Flieh!«, erklang da ein fast noch kindliches Tenorstimmchen. »Ich geb dir Deckung!«

Blindlings feuerte Iwanow einen Schuss auf die Stimme ab.

Jemand ächzte, der Tenor verstummte. Dann war ein Flüstern zu hören, ein leises, müdes Flüstern.

»Ich bitte dich ... Lauf ...«

Klack, klack, klack ... Die Tür fiel ins Schloss.

Mit einem Mal wurde es wieder hell, denn Iwanows Sehvermögen kehrte zurück. Er atmete tief durch, kniff die Augen kurz zusammen und schlug sie erneut auf.

Er kauerte auf dem Fußboden einer winzigen, verranzten Diele mit einer Kommode aus Spanplatten und kotzbrauner Streifentapete. Nicht weit von ihm entfernt lag ein rotblonder, pickelgesichtiger Junge von höchstens zwanzig Jahren, der sich das Loch in seinem Bauch mehr schlecht als recht zuhielt. Durch die offene Tür konnte Iwanow ins Zimmer spähen. Von der Decke hingen selbst gebastelte Modellflugzeuge an Nylonschnüren herab. Auf dem Boden lag eine Bratpfanne, daneben ein noch halb rohes Spiegelei. Alles klar, damit hatte er ihn ausgeknockt ...

»Sind Sie wegen ihr ...«, flüsterte der junge Mann. »Oder wegen mir ...?«

»Ich bin deinetwegen hier«, log Iwanow.

Die rebellische JUS würde er später suchen. Dieser Bursche aber wusste etwas.

»Gut«, sagte der Rotschopf leise.

»Na dann, erzähl mal!«, befahl Iwanow. »Was hast du mit diesem Automaten angestellt?«

»Selber Automat!«, schrie der junge Mann, japste aber sofort und verzog das Gesicht vor Schmerz. »Sie ... sie ist echt. Katja heißt sie.«

»So steht es in ihrem Gerätepass«, sagte Iwanow bloß. »Anstelle der Seriennummer. Sie ist und bleibt aber Apparat JUS-2011.«

»Sie ist kein Apparat«, brachte der Rotschopf heraus, der inzwischen kreidebleich war. »Sie ist eine Frau!«

»Wie jetzt, Kleiner, hast du dich in sie vergafft?«, fragte Iwanow amüsiert. »In eine Maschine?«

»Sie ist keine ...« Der Kopf des jungen Mannes kippte nach vorn, er drohte, das Bewusstsein zu verlieren.

»He! Hallo! Du stirbst mir hier nicht weg!« Iwanow schüttelte den Jungen nervös. »Einverstanden, sie ist keine Maschine! Sondern eine sehr schöne ...«

»Eine wunderschöne ...«, bestätigte der Junge mit schwacher Stimme. »Ich habe diesen Prozess im Fernsehen gesehen, mit dem Oligarchen ... Auf den ersten Blick habe ich mich in sie ... Dann habe ich sie getroffen ... Ich hatte Blumen dabei, weil ich ja dachte, sie ist ein Mensch. Ich wusste doch nicht, dass ...«

»Unsere Richter sind keine Menschen«, weihte Iwanow den Sterbenden in ein Staatsgeheimnis ein. »Menschen darf man diese Dinge nicht anvertrauen. Was, wenn sie plötzlich eigenständige Entscheidungen treffen? Dann müssen wir die Suppe hinterher auslöffeln.«

»Als ich begriffen habe, was Sache ist, da ... Ich habe ihr ein Upgrade verpasst.«

Hört, hört! Von diesem Jüngelchen stammte also das geheimnisvolle Bauteil! Hatte der verblichene Konstrukteur nicht etwas von einem Studenten gefaselt?

»Wo studierst du, mein Junge?«, fragte Iwanow sehr ernst.

»An der Bauman-Uni ...«

»Soso. Dann solltest du aber klüger sein und dich nicht irgendwelchen Mannequins an den Hals werfen«, bemerkte Iwanow und kratzte sich am Kinn. Der junge Mann tat ihm beinahe leid.

»Ich habe ihr einen Chip ... den habe ich selbst ... Ich wollte mit ihr ... Aber nur, wenn wir beide ... also, dass sie mich auch liebt ...«

»Was für einen Chip?«, fragte Iwanow nun höchst interessiert.

»Also, ich habe ihr ... eine Seele ... habe ich ihr installiert.«

»Willst du mich verarschen?«, blaffte Iwanow ihn an. »Was bitte für eine Seele? Es gibt keine Seele!«

Der Rotschopf widersprach nicht – er hatte den Löffel abgegeben.

»Ja fick dich doch auf links«, gestattete sich der ansonsten so zurückhaltende Iwanow einmal ein klares Wort.

Wenn er bloß wüsste, was dieser Bursche ihr installiert hatte! Was, wenn sie mit einem Mal Englisch spricht? Wenn sie schon auf dem Weg zur Botschaft ist, sich in die Schlange einreiht und politisches Asyl beantragt, während er hier mit ihrem Pygmalion geplaudert hat?

Beim Verlassen der Wohnung spielte Iwanow bereits mit dem Gedanken, den General anzurufen und ihm den Plan »Abfangmanöver« auseinanderzusetzen ...

Doch da hockte sie, einen Absatz tiefer auf der Treppe, die Arme um die Knie geschlungen, das Kinn darauf gebettet. Iwanow zog die Stetschkin und schraubte den Schalldämpfer auf. Die Nachbarn brauchten davon nichts mitzubekommen. Und er bräuchte den General nicht anzurufen, sondern würde schlicht den Krankenwagen holen, damit man ihren Körper ausschlachtete.

Als sie ihn hörte, drehte sie sich um. Iwanow meinte, in ihren blauen Augen Tränen schimmern zu sehen, wusste aber ganz genau: Das kann nicht sein. Das sind keine Augen, sondern Linsen.

»Könnte ich noch eine letzte Zigarette rauchen?«, fragte sie mit einem angedeuteten Lächeln.

»Von mir aus«, erteilte ihr Iwanow die Erlaubnis, blieb aber auf der Hut.

»Aber ich habe gar keine. Woher sollte ich auch eine Zigarette haben? Ich bin ein Apparat.« Ihre Stimme wurde zu einem Krächzen, und sie musste erst einmal husten, um sie zu klären. »Deshalb wollte ich eigentlich Sie um eine bitten«, fügte sie dann mit einer teenagerhaften Koketterie hinzu, die sich etwas ungeschickt ausnahm.

»Ich rauche nicht«, erklärte Iwanow frostig.

»Und ich habe gedacht, Männer wie Sie würden immer rauchen«, bemerkte sie geistesabwesend.

»Männer wie ich?«

»Männer, die andere umbringen. Irgendwie müssen Sie doch Ihre Nerven beruhigen.«

»Und weshalb rauchen Sie dann?«, fragte Iwanow zurück, sehr zu seiner eigenen Überraschung. »Die Todesstrafe ist bei uns im Land ausgesetzt, solche Urteile haben Sie nie verkündet.«

»Stimmt«, sagte sie und lächelte erneut, diesmal nicht kokett, sondern müde.

»Also, weshalb?«

»Ich habe es noch nie ausprobiert«, gestand sie. »Aber ich möchte es unbedingt mal versuchen. Wann also, wenn nicht jetzt?«

Von unten drang das Sirenengeheul des eingetroffenen Krankenwagens herauf.

Mit einem Mal wünschte Iwanow nichts sehnlicher, als dass der Wagen später eintraf. Vielleicht in einer Stunde, vielleicht in zwei ...

»Nun schießen Sie schon«, sagte sie. »An der Stelle hier bin ich verwundbar. Da hat er nämlich aus irgendeinem Grund dieses Ding eingepflanzt.« Sie legte zwei Finger auf die linke Seite ihrer Brust. »Was für ein hoffnungsloser Romantiker ...«

Sie sah wirklich atemberaubend aus, besaß eine überirdische, strenge Schönheit – wie die Frauen auf den Gemälden von Velázquez.

»Sagen Sie ...« Iwanow verstummte. »Bevor ich Sie ... Bevor ich laut Befehl ... Ich muss Sie etwas fragen!«

»Aber eine Zigarette haben Sie nicht?«, entgegnete die Frau mit einem leisen Seufzer.

»Ich ... ich könnte runter zum Kiosk gehen ... im Prinzip ...«

»Genau das können Sie nicht«, erwiderte sie achselzuckend. »Dann müssten Sie mich ja unbeaufsichtigt lassen, und ich könnte fliehen.«

»Die Gelegenheit hatten Sie bereits«, hielt er dagegen, »aber Sie haben sie nicht genutzt.«

»Stimmt«, sagte sie. »Wozu auch? Und wohin?«

Eine ganze Weile brachte Iwanow keinen Ton hervor.

»Und ... Wie ist das?«, wollte er dann unvermittelt wissen. »So zu sein wie Sie?«

»Seltsam. Wunderbar und grauenvoll. Als ob ich eine Eintagsfliege wäre. Du freust dich wie verrückt deines Lebens – und plötzlich wird dir klar, dass es vorbei ist. Denn so etwas wie mich kann und darf es doch gar nicht geben. Das lässt man nicht zu. Und natürlich ist es sehr einsam.«

Unten fing nun der Krankenwagen ungeduldig an zu hupen. Jemand betrat das Haus, die Stahltür schepperte.

»Sie wollten mich etwas fragen«, rief sie ihm in Erinnerung. »Das sollten Sie jetzt tun, denn viel Zeit bleibt Ihnen vermutlich nicht mehr.«

»Richtig.« Iwanow mahnte sich innerlich zur Ordnung. »Völlig richtig. Sie ... Warum haben Sie ihn freigesprochen?«

Sie sah ihn lange an, wandte sich dann aber ab.

»Das verstehen Sie nicht.«

»Werd ich schon.«

Er steckte die Pistole weg.

»Seine Mutter hat mir einmal vorgeworfen, dass ich keine Seele hätte. Dass ich eine gottverdammte Maschine sei.«

»Aber das konnte sie doch nicht wissen!«, entfuhr es Iwanow. »Auf gar keinen Fall! Das ist ein Staatsgeheimnis.«

»Was spielt das für eine Rolle?«, entgegnete sie und sah ihn mit ihren blauen Augen fest an. »Es war einfach so. Mit einem Mal habe ich mich geschämt. Als wäre ein Hebel in mir umgelegt worden. Ich wollte ihr beweisen, ihr und der ganzen Welt, dass ich eine Seele habe, dass ich ...«

»Es gibt keine Seele«, stellte Iwanow automatisch fest.

»Sie tun mir unendlich leid.« Sie schmiegte ihre elfenbeinhelle Schläfe gegen die verdreckte Wand.

Von unten drang das Gepolter schwerer Kampfstiefel herauf.

»Da sitzt sie! Knall sie ab!«

Durch den Schalldämpfer klangen die Schüsse, als würde jemand einen Teppich ausklopfen. Iwanow hatte seine Stetschkin gezogen und zwei Kugeln auf die Männer abgefeuert. Sofort kehrte wieder Ruhe ein.

»Warum haben Sie das getan?«, fragte sie leise.

»Keine Ahnung«, antwortete Iwanow ehrlich. »Ich versteh es selbst nicht.«

»Damit werden Sie nicht ungestraft davonkommen.«

»Hören Sie, Katja«, fuhr Iwanow heiser fort. »Ich werde für alles sorgen. Wir entfernen nur dieses idiotische Ding aus Ihnen, mehr nicht. Danach können Sie Ihre Arbeit wieder aufnehmen. Und Sie werden ... leben. Einverstanden? Ich regle das. Dann muss ich Sie jetzt nicht töten. Bitte!«

»Aber weshalb?«

»Ja, wollen Sie denn nicht leben?«

»Doch, schon«, antwortete sie leise.

»Was soll das heißen, er hat auf eigene Faust gehandelt?«, schrie der Systemadministrator, der offenbar das schmale Skype-Fenster sprengen wollte. »Für wen bitte hält der sich, dass er sich dergleichen herausnimmt? Und für wen hältst du dich?!«

»Ich ... Wir ... Er ist mein bester Mann. Ich musste ihm vertrauen. Er hat versprochen ...«

Der General wurde blass, sobald er daran dachte, dass seine Karriereleiter jetzt zusammenbrechen würde wie ein von Partisanen angegriffener Panzerzug der Deutschen. Dann aber lief er sogleich krebsrot an, weil er sich vergegenwärtigte, dass er sich diese Fragen von einem anhören musste, der nie gedient und eine rabenschwarze Vergangenheit als PR-Berater hatte.

»Hier geht es um unser gesamtes Rechtssystem! Ums ganze! Alles hängt von diesen bekloppten Automaten ab! Kapierst du das? Wenn die jetzt alle anfangen, eigene Entscheidungen zu treffen! Urteile zu fällen! Sich auf das Strafgesetzbuch zu berufen! Hast du dir mal überlegt, was das für das Land bedeuten würde? Was dann aus unserer Heimat wird? Ist dir das überhaupt klar, du Mistkerl?!«

»Ja ... Nein ... Das heißt, ja ...«

»Das ist ein Desaster! Das Ende! Für mich und für dich! Auf uns beide wartet jetzt das Jüngste Gericht! Denn in unserem Land basiert nichts auf dem Recht und auch nicht auf irgendwelchen Scheiß-Gerichten, sondern einzig und allein darauf, dass einer für den anderen den Kopf hinhält, verdammt! Willst du Hurensohn unserem althergebrachten Staatsapparat etwa am Zeug flicken? Dann sei gewarnt! Wo's schlecht gelötet ist, bricht mit Sicherheit was auseinander – und dann gute Nacht!«

»Ich ... Er ... Er sagt, dass alles wieder ins Lot kommt. Dass er sie jetzt unter Kontrolle hat. Dass sie jetzt das richtige Urteil verkündet.«

»Komm mir einfach nie wieder unter die Augen, Oberst!«

Der Systemadministrator maß den General mit einem letzten, eisigen Blick und schaltete sich aus.

»Du solltest besser mir nicht mehr unter die Augen kommen, du Hundesohn!«, murmelte der General, wenn auch ohne rechte Entschlossenheit, und kramte in seiner Schreibtischschublade nach den Beruhigungstropfen.

Der kleine Saal des Bezirksgerichts im Viertel Basmanny war so gerammelt voll wie ein Güterwagen auf dem Weg ins sibirische Kolyma. Die Journalisten saßen einander fast auf dem Schoß. Die Leute von der Staatsanwaltschaft waren ziemlich blass um die Nase, die Herren in Schwarz wechselten nervöse Blicke.

Die Richterin, eine strenge und ernsthafte Frau mit blauen Augen, schlug die Akte auf.

Der in Ungnade gefallene Oligarch war diesmal auf frischer Tat ertappt worden und steckte vorsichtshalber in einer Zwangsjacke. Voller Hoffnung schaute er zur Richterin hinauf.

Der General bekreuzigte sich. Iwanow ließ die Richterin nicht eine Sekunde aus den Augen, erpicht darauf, ihren Blick zu erhaschen – und ihr aufmunternd zuzulächeln. Doch die Richterin hatte nur Augen für die Akte.

»Schuldig. Wegen Überquerung einer Straße an nicht ausgewiesener Stelle wird der Angeklagte zu ...«

In der stickigen Stille des Saals war das Piepsen einer Telefontastatur zu vernehmen. Iwanow erkannte die Kombination an der Tonfolge. Sternchen – acht – Raute.

»... zu acht Jahren Lagerhaft im allgemeinen Strafvollzug verurteilt«, brachte die Richterin im nächsten Moment hervor.

Der in Ungnade gefallene Oligarch schluchzte auf wie ein hungriger Waisenknabe.

Der General nahm einen großen Schluck von dem Kognak in seinem Flachmann.

»Du bist unübertroffen! Einfach großartig, Katja!« Iwanow öffnete den Veuve Cliquot und goss den schäumenden Champagner in die Kelche.

Auf dem Tisch wartete eine akkurat in zwölf Stücke geteilte Torte, daneben stand ein Strauß roter Rosen. Der Flachbildschirm von Sony in der Ecke des Zimmers zeigte groß das traurige Gesicht des in Ungnade gefallenen Oligarchen, die deprimierten Menschenrechtler und die wie aufgescheuchte Bienen herumschwirrenden Journalisten.

»Ich bin stolz auf dich!«, prostete Iwanow der anwesenden Katja zu, während er sich an dem Anblick der Katja auf dem Bildschirm weidete. »Weißt du, ich bin sogar ...«

Katja sah ihn aufmerksam an, brachte aber kein Wort über die Lippen.

»Ich habe es dir bisher noch nicht gesagt ... Das habe ich überhaupt keiner Frau mehr gesagt, seit ich kein sechzehnjähriger Nichtsnutz mehr bin. Ich ... Ich liebe dich ...«

Noch immer brachte Katja kein Wort heraus, doch ihren glänzenden Augen entnahm Iwanow, dass dieses Gefühl auf Gegenseitigkeit beruhte.

»Du also auch? Du liebst mich auch? Lass uns anstoßen, ja?«, sagte er. »Sonst reden wir die ganze Zeit ja nur ... reden und reden ...«

Er leerte seinen Kelch, rückte dicht an Katja heran und versuchte, ihr den Fuß des Glases in die hölzernen Finger zu drücken, schaffte es aber nicht. Daraufhin hielt er das Glas an ihre Lippen und benetzte diese ein wenig mit Champagner – worauf Katja völlig überraschend der Kiefer herunterklappte. Der Champagner rann an ihr herab.

»Na so was! Aber halb so wild ...«, wiegelte Iwanow ab. »Ich hab auch schon einen im Tee ...«

Sie verdrehte die Augen. Verdrehte sie auf eine unnatürliche, unheimliche Weise.

»Du bist müde, nicht wahr?«, fragte Iwanow dennoch völlig ruhig. »Was ist, wollen wir ins Bett gehen? Allerdings ... Ich will doch hoffen, dass du nicht zu müde bist, um ... Also, ich habe mir gedacht ... Was uns dieser Tag an Nerven gekostet hat ... Vielleicht sollten wir da, sozusagen, etwas Dampf ablassen?«

Und er kicherte glücklich in sich hinein.

OPPENHEIMER

»Runter mit der Hose, mein Hübscher!« Said drückte die muskulösen Schultern durch, kratzte sich genüsslich und legte die Hand an die Schnalle seines Gürtels.

»Was soll das?«, fragte Serjoga und wich ein paar Schritte zurück. »Was hast du vor?«

»Du wirst mein mein kleiner Liebling sein«, sagte Said fast zärtlich. »Denn du brauchst hier doch einen, der dich beschützt, oder nicht? Wie willst du denn ohne Papa klarkommen, hier, in der Taiga? Die Bären würden dich ja fressen.«

»Was faselst du da, Said?«, krächzte Serjoga panisch. »Ich melde das den anderen ... dem Oberst ...«

»Ach, mein Hübscher, du kannst es ja mal versuchen.« Said bleckte die Zähne. Schneeweiße Wolfsfänge blitzten auf. »Aber denk dran! Übermorgen geht es für uns in den Schacht. Für eine Woche. Nur du, ich und Daud. Niemand sonst. Auch kein Genosse Oberst. Wir drei feiern ganz allein Silvester.«

»Was faselst du da, Said?«, wiederholte Serjoga entsetzt.

»Wart's nur ab, wir werden noch die besten Freunde.« Said spuckte aus, und eine zähflüssige, braune Masse landete auf dem Betonboden. »Denn glaub mir, mein Hübscher, wir gehen besser als Freunde in den Schacht!«

Er machte den Gürtel auf.

Serjoga schüttelte verzweifelt den Kopf, holte aus und rammte seine Faust in die bläulich schimmernden Stoppeln auf der Wange des Dagestaners: Erst heute Morgen hatte Said sich rasiert, doch schon gegen Mittag spross da schon wieder ein Bart.

Es war ein ungeschickter, läppischer Kinnhaken. Aber Serjoga war nun einmal im Zentrum von Petersburg aufgewachsen, sein Vater war Lehrer für Geschichte, seine Mutter für Biologie, kurzum statt Kindheit ein Leben im Brutkasten. Hätten seine Eltern das nötige Kleingeld besessen, sie hätten ihn von der Armee freigekauft. Aber leider hatten sie es nicht zusammenkratzen können.

Said wankte nicht einmal. Mit einem einzigen Ruck zog er den Gürtel aus den Schlaufen, schaltete den schmächtigen Serjoga mit einem lässigen Schlag aus und schlang ihm das schwarze Leder mit der Steppnaht um den mageren Hals, der eigentlich nur aus dem Kehlkopf bestand. Anschließend wickelte er sich den Gürtel um seine Hand.

»Schluss mit lustig, mein Hübscher«, zischte er lauter als Serjogas Röcheln.

Doch da knallte die grüne Sperrholztür der Latrine gegen die Wand.

»Magomedow!«, drang es durch den Vorhang aus Haschischrauch zu den beiden heran. »Bist du hier?«

»Bin ich, Genosse Major«, brummte Said träge. »Worum geht's?«

»Da will jemand mit dir reden!«

Der Major blieb an der Tür stehen und dachte gar nicht daran, zu Said hereinzukommen.

Said lockerte die Schlinge um Serjogas Hals, bevor dieser erstickte, und boxte ihn in den Magen. »Kein Wort, verstanden!«, zischte er. »Sonst machen ich und Daud dich heute Nacht kalt. Halt also besser die Schnauze!«

Im Stützpunkt waren alle Wände bis auf Hüfthöhe mit grüner Ölfarbe gestrichen, darüber bis zur Decke mit weißer. Anders sah es im Rest des Landes auch nicht aus. Nur für das Offizierskasino hatte man sich eine Wandverkleidung mit schludrig gebeizten Nut- und Federbrettern gegönnt. Für hiesige Verhältnisse war das direkt gemütlich. In einer Ecke stand auf einer völlig deplatziert wirkenden – ohne Frage in irgendeinem Privathaushalt akquirierten – Kommode mit albernen Schnörkeln ein schrottreifer Fernseher, der wohl irgendwann mal von den Chinesen auf dem Markt gekauft oder gegen soldatische Sklavenarbeit in deren Gemüsegärten eingetauscht worden war.

Der Fernseher, ihr Fenster ins ferne Moskau, zeigte durch fallenden Störungsschnee den Wichtigsten Kanal. Die Abendnachrichten waren bereits verkündet, bis Programmende lief nun in Dauerschleife etwas aus Amerika. Von hier aus war Amerika wesentlich näher als Moskau. Genau deshalb hatte man den Stützpunkt ja eingerichtet: Bis San Francisco waren es bloß sieben Flugminuten.

Barack Obama sprach gerade zu den Armeeangehörigen der amerikanischen Basis in Kandahar. Militärs in allen Regenbogenfarben, Weiber wie Kerle gleichermaßen, gemästet, als sollten sie demnächst geschlachtet werden – und jeder einzelne mit einem Kiefer wie ein Bernhardiner. Oder ein Moskauer Wachhund.

Glänzende Visagen, nigelnagelneue Uniformen. Was für Hundesöhne ...

Der Präsident – kaffeebraun, sportlich und segelohrig – redete lang und breit über nationale Interessen, wollte auf gar keinen Fall aus Afghanistan abziehen und überschüttete all die heldenhaften Frauen und Männer mit Lob, die die Bürde ihrer Pflicht mit großer Würde trugen. Die Frauen und Männer wiederum rissen begeistert ihre ausdruckslosen Zinnaugen auf und ließen mechanisch die Wangenmuskeln spielen.

»Was will'n der bei denen, Alexander Iwanytsch?«, fragte Suren, zündete sich eine Marlboro an und vertrieb mit knorriger Hand den blauen Dunst, der vor Obama hing.

»Diese Woche hatten die ihr amerikanisches Weihnachten«, antwortete der Oberst und zog die Nase hoch. »Du weißt schon, Gasarjan, da muss er auftauchen, die Kampfmoral hochhalten, von wegen: Die Heimat wird euch nie vergessen, bla, bla, bla ...«

»Zu uns sollte auch mal jemand kommen, nicht wahr, Genosse Oberst?«, erwiderte Gasarjan und stieß eine weitere Wolke blauen Dunst aus.

»Spar dir den Scheiß!«, entgegnete dieser.

»Nein, wirklich! Warum dienen die wie normale Menschen, kriegen anständig was in die Tasche, und Weihnachten kommt auch noch ihr Präsident vorbei?«, seufzte Suren neidisch. »Wahrscheinlich bringt der denen was zu futtern mit ...«

Da klopfte jemand ganz sacht an die Tür.

Der Oberst reagierte nicht: Er und der kaffeebraune Präsident sahen sich gerade herausfordernd in die Augen, und keiner von beiden wollte den Blick zuerst abwenden. Also erhob Suren sich, zog sein Hemd zurecht und öffnete.

Vor der Tür stand Sergeant Kolossow, der erst vor Kurzem von einer anderen Einheit zu ihnen versetzt worden war. Keinen Hintern in der Hose, ungesellig und hier völlig fehl am Platz, denn die eine Hälfte der Mannschaft kam aus Dagestan, die andere aus Sibirien. Was sollten sie mit einem Leningrader? Immerhin konnte er was wegstecken – sooft er auch schon durchgeprügelt worden war, weichgekocht hatten sie ihn noch nicht. Für solche Sturköpfe hatte der Oberst was übrig: Da man mit denen eh nicht warm wurde, durfte man ihnen die Fresse polieren, bis sie glänzte. Gerade angekommen – und ab, eine Woche in den Schacht. Über die Feiertage. Er maulte? Bitte!

»Was gibt's?«, fragte Suren, ohne Kolossow anzusehen.

»Genosse Major, ich muss den Genossen Oberst sprechen.«

»Berichten Sie mir!«, erwiderte Gasarjan mit finsterer Miene.

»Ich bitte Sie ... Können Sie mich für eine andere Schicht einteilen? Ich ... ich kann jetzt nicht fahren. Zum Schacht, meine ich. Bitte!«

»Abgelehnt!«, brüllte Suren derart laut, dass sogar der Schnee im Fernseher noch einen Zahn zulegte. »Es gibt einen Dienstplan! Es gibt Befehle! Führen Sie die gefälligst aus!«

»Ich ... Das ist mein Ende, Genosse Major. Wenn ich fahre, dann kehre ich nicht zurück. Die Dagestaner und ich ...«

Gasarjan wurde rot vor Zorn und blähte theatralisch die Backen auf.

»Hier gibt es keine Dagestaner, Sergeant! Wir sind alle Angehörige der russischen Armee! Sie fahren, und nach einer Woche sind Sie ein eingespieltes Trio!«

Daraufhin stieß er den sprachlosen Kolossow in den Gang zurück und knallte ihm zornig die Tür vor der Nase zu. Während er zu seinem Platz zurückstapfte, schüttelte er die Locken auf seinem quadratischen Kopf. Die Zigarette war natürlich ausgegangen, klar, das war ja auch keine echte Marlboro, sondern eine chinesische Fälschung. Garantiert hatten diese schlitzäugigen Gauner sie mit Teeblättern gestopft.

»Das übersteht er schon«, sagte der Oberst kalt. »Ich hab mein erstes Silvester in der Armee auch im Schacht verbracht. Mit irgendwelchen kaukasischen Ziegenfickern. Alles halb so wild, ich leb ja auch noch.«

Auf dem Bildschirm übergab Barack Obama den glücklichen und stolzen amerikanischen Soldaten ihre Geschenke. Als wäre es die natürlichste Sache der Welt, ging er anschließend zusammen mit ihnen in die Truppenküche, um ein paar Hamburger zu essen.

»Du schwarzärschiger Hurensohn!«, fluchte Alexander Petrowitsch und spuckte in den Aschenbecher. »Damit meine ich nicht dich, Gasarjan.«

Der Geländewagen rumpelte und schlitterte über den Harsch, der unter dem frisch gefallenen lockeren Schnee verborgen lag. Sie mussten von der Basis bis fast zum äußersten Punkt ihres Regiments. Über eine auf Google Maps nicht zu erkennende Schneise ging es durch die Märchenlandschaft der weißen Taiga zu einer tief im Wald verborgenen Anlage. Der Fahrer, ein mürrischer und einsilbiger Mann, konzentrierte sich ganz auf den Weg, denn passte man eine Sekunde nicht auf, hatte man sich in diesem Schneegestöber schon verfahren.

Neben ihm saß Serjoga und hielt seine Dienstwaffe so fest gepackt, dass seine Knöchel weiß hervortraten, hinter ihm, ganz die Paschas, Said und Daud. Von der Windschutzscheibe blickte der Nationale Führer mit Jagdfliegerhelm und verhaltener Neugier auf die unheilvolle Szenerie, neben ihm rekelte sich frivol ein nacktes Luder mit knallrosa Zuckerhut-Titten auf einer herausgerissenen Seite aus der Zeitschrift *SPEED*.

Serjoga zog zum Schacht wie zum letzten Gefecht. Von seiner letzten Einheit her wusste er bereits genau, was er von Dagestanern zu erwarten hatte. Auf Gnade brauchte er nicht zu hoffen. Solange jemand in der Nähe war, ließen sie ihn in Frieden, aber wenn sie erst allein mit ihm waren, dreißig Meter unter der Erde, dann gute Nacht.

Es gibt Dinge, mit denen kannst du nicht weiterleben. Wenn du halb totgeprügelt wirst – na und, dann berappelst du dich halt wieder. Wenn sie dich zum Krüppel machen, ist dein Leben kein Honigschlecken, aber irgendwie klappt's schon. Aber wenn sie dich rannehmen, dann ... Das vergisst du nie. Dann schon lieber ein Krüppel. Oder abkratzen. Das wäre sogar noch besser.

Vielleicht hatte er ja Glück ... Wenn die Dagestaner zuerst ausstiegen, könnte er sich vielleicht unbemerkt in den Wald schlagen. Wenn sie ihn dann schnappten, würden sie ihn entweder erschießen, als Deserteur, der Widerstand geleistet hatte, oder verhaften und zu einem Dagestaner in die Zelle stecken. Hatte es alles schon gegeben ...

Wenn er Pech hatte, kriegte seine Mama ihn im Zinksarg zurück. Aber den dürfte sie nicht öffnen. Es würde heißen, er habe sich eine Erkältung eingefangen, eine beidseitige Lungenentzündung, da sei nichts mehr zu machen gewesen. Oder irgendeine andere Diagnose. Für ihn zählte dabei nur, dass seine Mutter den Deckel nicht öffnete. Die Starrköpfigkeit, die hatte Serjoga nämlich von ihr. Sollte sie darauf bestehen, dass der Sarg aufgeschweißt wird, dann war's das, dann würde sie keine Ruhe mehr finden. Sie würde sich bis ans Ende ihrer Tage quälen.

Serjoga stellte sich vor, wie seine Mutter in ihrer Zweizimmerwohnung in Kuptschino, im sechsten Stock, gleich links vom Müllschlucker, ans Telefon ging und man ihr mitteilte, es habe ein Unglück gegeben ...

Früher, bevor seine Eltern sich getrennt hatten, hatten sie am Ligowski-Prospekt gewohnt, in einer großen Altbauwohnung mit fast vier Meter hohen Decken. Aus dieser prachtvollen Wohnung wurden zwei beengte, aus einem gemeinsamen Leben drei zerrissene. Seine Mutter hatte die Trennung mit jedem einzelnen Seitensprung des Vaters kommen sehen, aber für den fünfjährigen Serjoga war es ein Donnerschlag aus strahlend blauem Himmel gewesen, den Verlust des Vaters hatte er kaum verkraftet.

Selbst Silvester feierten sie nach dem Umzug an den südlichen Stadtrand nie wieder so wie früher. Von heute auf morgen war das kein schönes Fest mehr, sondern ein nutzloser Tag im Jahr. Deshalb hatte Serjoga Väterchen Frost auch zum letzten Mal vor der Scheidung erlebt.

Er war immer eine halbe Stunde vor dem Glockengeläut aufgetaucht. Sobald es klingelte, rannte Serjoga in den Flur, schob den Hocker dicht an die Tür mit der Kunstlederpolsterung, linste durch den Spion, stieß einen Triumphschrei aus und schloss auf. Ein alter Mann mit grauem Bart trat ein, manchmal mit Schneeflocken auf der Kleidung, manchmal so warm, als käme er von nebenan. Er steckte die Hand in seinen Sack und holte daraus zielsicher das Geschenk heraus, das sich Serjoga am allermeisten auf der ganzen Welt gewünscht hatte. Anschließend befahl er ihm, immer brav zu sein und, wenn er erst einmal zur Schule ging, in Geschichte besser aufzupassen als in Biologie. Dann verabschiedete er sich von ihm wie von einem erwachsenen Mann, richtig mit Handschlag, und verschwand wieder. Kurz darauf kam sein Vater von der Arbeit oder von einem Besuch bei Freunden nach Hause. Beim letzten Mal hatte Väterchen Frost Serjoga ein Feuerwehrauto gebracht.

Als Serjoga im Jahr darauf andeutete, dass er schon sehnsüchtig auf den Silvesterzauberer warte, da wurde ihm in mitleidlosem Kasernenton erklärt, es gebe überhaupt kein Väterchen Frost, seine Kindheit sei vorbei und er, ein aufgeweckter Junge, solle endlich aufhören, an Märchen zu glauben. Nach diesen Worten hatte sich seine Mutter im Bad eingeschlossen und den Wasserhahn aufgedreht. Später hatte sie sich natürlich bei ihm entschuldigt. Beide hatten sich vertragen, waren sich um den Hals gefallen, doch Serjogas Kindheit war danach zu Ende gewesen.

Das Feuerwehrauto überlebte sein ganzes anderes Spielzeug. Selbst als Serjoga zur Musterung fuhr, stand es noch oben auf dem Kleiderschrank in seinem Zimmer. Wenn seine Mutter bei ihm sauber machte, stieg sie jedes Mal auf einen Hocker, nahm es herunter, staubte es ab und stellte es dann an seinen angestammten Platz zurück.

Seinen Vater hatte er seitdem nicht mehr gesehen.

»Wir sind da!«, teilte der Fahrer den beiden Dagestanern mit, zu denen er sich extra umdrehte. »Wartet noch mit dem Aussteigen, ich sage unseren Leuten, dass sie die Alarmanlage abschalten sollen.«

Das Gelände rund um das zwischen ausladenden Tannen verborgene Haus war vermint, außerdem zog sich um die gesamte Anlage ein Palisadenzaun mit Stacheldraht, der jetzt gut einen Meter im Schnee versank. Um zu dem kleinen Gebäude zu gelangen, musste man sich entweder mit den Männern dort drinnen in Verbindung setzen oder einen Geheimcode an dem unscheinbaren Tor im Zaun eingeben. Mit seinen hellen Kalksandziegeln hätte man das Häuschen glatt mit einer Garage Marke Eigenbau verwechseln können, wäre da nicht der runde Aufsatz auf dem Dach gewesen, bei dem es sich um nichts anderes als ein großkalibriges Maschinengewehr handelte, das von unten gesteuert wurde.

Das Funkgerät lispelte, die Flügel des Tors erzitterten, blieben aber im Schnee stecken. Fluchend hantierte der Fahrer an seiner festgefrorenen Tür und sprang aus dem Wagen. Mit Händen und Füßen schob er den Schnee beiseite, öffnete das Tor und fuhr aufs Gelände.

Das war's. Nun gab es kein Entkommen mehr.

In dem schlichten Steinbau gab es einen Keller. Einhundertfünfzig Stufen führten hinunter ins tiefste Innere der Anlage. Eine riesige hohle Zigarre, ein in dieser gottverlassenen Gegend gestrandetes und nun senkrecht aufragendes U-Boot, das genauso wie fahrtaugliche Schiffe in Sektionen unterteilt war. Nur die letzte davon, die elfte, war spärlich eingerichtet. Ein vorsintflutlicher Computer, ein paar Betten und ein durchgesessener, zerschlissener grauer Ledersessel. Die Wände, der Fußboden und die Decke – alles aus Eisen. Hier musste Serjoga die nächste Woche verbringen. Zusammen mit Said und Daud.

Fünfhundert Meter weiter nördlich lag ein zweiter Schacht, ein dritter einen Kilometer nach Westen. Darin schlummerten sanft wie in einer Wiege je zwei ballistische Interkontinentalraketen vom Typ Topol. Bereits eine davon würde ausreichen, um die Westküste der USA in Schutt und Asche zu legen.

Die achthundert Kilo schwere Tür des Raketenschachts bewegte sich wimmernd, und aus seinen Eingeweiden tauchten die bleichen, unterirdischen Bewohner auf. Was ihnen in dieser Woche widerfahren war ... niemand könnte es sagen.

Ein pickliger Leutnant begrüßte Serjoga feixend, indem er vor ihm salutierte. »Frohes neues Jahr!«

So musste es ja kommen.

Ausgerechnet an Silvester war der Oberst mit seiner Frau Gemahlin aneinandergeraten. Angefangen hatte es mit der Frage, wer die Kartoffeln schält, geendet bei der verlorenen Jugend und dem erbärmlichen Leben in diesem gottverlassenen Loch, bei dem sich die Lippen weigerten, das Wort »Dorf« über sich zu bringen. Genauer gesagt, war es damit noch nicht getan: Es folgten noch die Freundinnen, die Ingenieure geheiratet hatten und jetzt in Nowosibirsk lebten, natürlich in Saus und Braus, es folgten das liebe Geld und die miese Wohnung, ganz generell die Armee samt ihrem Oberkommandierenden im Allgemeinen und Alexander Petrowitsch im Speziellen. Bis zum Oberkommandierenden hörte sich der Oberst das Gezeter an, dann war Schluss: Er schmiss die feuchten Kartoffeln in die Schüssel und stürmte aus der engen Wohnung.

Wütend trabte er zum Offizierskasino, wo der unverheiratete Hauptmann, die Leutnants und – wie auch immer er zu diesem Kreis gestoßen war – Gasarjan bereits auf Hochtouren Sprotten vertilgten. Gut! Nur Männer, kein Gezeter!

Der Wodka war leider ein ziemlich trübes Gesöff aus China, vermutlich aus Reis zusammengepanscht, eventuell aber auch reiner Fusel. Das würde er erst nach dem ersten Glas wissen. Also dann, eingeschenkt!

Los ging es ganz patriotisch, mit Räucherwurst zum Schnaps und dem klassischen Hurra, zweimal kurz, einmal lang, hurra, hurra, hurraaa!

Danach vollführten die Sprotten ihre letzten Flossenschläge in diesem Feuerfluss, der blaue Bildschirm wich den bunt geschminkten Visagen irgendwelcher Moskauer Arschficker, in ein paar Stündchen würde der Präsident seinen Untertanen voll Innigkeit in die

Seele schauen – unserer übrigens, nicht dieser ausländische Abklatsch.

Die feierliche Atmosphäre erfasste alle. Der Seelenschmerz war wie Sonnenblumenöl: Der Wodka des potenziellen Gegners vermischte sich mit ihm, ohne eine Spur zu hinterlassen. Aber auch dieses Bollwerk würde unweigerlich brechen, und dann würde der Reisschnaps mit einem Riesenschwall vorwärtsbranden und verheerende Folgen haben. Genau wie damals bei der Dammsprengung am Gelben Fluss. Diese schlitzäugigen Hundesöhne!

Der Durchbruch erfolgte sogar noch, bevor der Oberkommandierende das Wort ergriff – und von unerwarteter Seite.

»Die Atombombe wurde von Oppenheimer entwickelt. Robert. Er hat bei den Amis das Atomprogramm geleitet«, erklärte Suren in eine plötzlich eintretende Stille hinein. Die berühmte Ruhe vor dem Sturm. Er sprach unsicher, fast schüchtern. »Das habe ich gelesen. Und dann, als die erste Bombe explodiert ist, weißt du, was er da gesagt hat? Ich, hat er gesagt, ich bin ab heute der Tod, der Zerstörer der Welten. Krass, oder?«

»Lass mich zufrieden mit deinem Schmoppenheimer«, kommentierte Alexander Petrowitsch unwirsch. Der finstere Blick, den er Gasarjan zuwarf, musste sich erst einmal seinen Weg unter diesen Augenbrauen hervorbahnen, die eines Neandertalers würdig gewesen wären. »Hier ist jeder Sergeant der Tod und der Zerstörer der Welten. Ja, und?«

»Oppenheimer hat auch Hiroshima und Nagasaki gesehen«, fuhr Suren unbeirrt fort. »Danach hat er den Rest seines Lebens gegen Atomwaffen gekämpft.«

»Was zu beweisen war!« Der Oberst trank auf ex und rülpste kernig. »Die Schlappschwänze, die trauen sich doch niemals mit gezogenem Schwert zu uns!«

»Nie und nimmer«, stieß Hauptmann Simonow ins gleiche Horn. »Wenn dagegen irgendein Magomedow mal eben Los Angeles ausradiert, wird seine einzige Sorge der Urlaubsschein sein, damit er zur Belohnung für seinen Heldenmut in der Stadt ordentlich rum-vögeln kann.«

»Warum sollte er das auch nicht?« Alexander Petro-witsch richtete seinen bleischweren Blick auf den Haupt-mann. »Ich würde dieses Los Angeles auch ausradie-ren, wenn die Heimat es mir befiehlt. Oder einfach nur so. Trifft eh nur Drecksäcke!«

Den Offizieren verschlug es kurz die Sprache. Eine nicht sanktionierte Vernichtung von Los Angeles durf-ten sie natürlich nicht so ohne Weiteres billigen – aber würden sie mit ihrer Zurückhaltung nicht den gebüh-renden Respekt gegenüber ihrem Vorgesetzten missen lassen? Der Oberkommandierende hatte sich bislang noch nicht geäußert ...

»Gasarjan!«, rief der Oberst. »Lass uns pissen gehen!«

Unter dem dumpfen Taigahimmel griff Alexander Petrowitsch mit gelbem Strahl den weißen Schnee an und zielte aus reinem Übermut auch ein paar Mal auf einen heranspringenden Wachhund, der sich ein paar Streicheleinheiten abholen wollte. Gasarjan stand recht lässig neben ihm. Er urinierte eher aus Respekt vor dem Ranghöheren als aus eigenem Bedürfnis.

Und er urinierte in der Gewissheit, dass ihm der Oberst gleich sein Herz ausschütten würde. Womit er völlig richtiglag.

»Als ich heute deren Obama gesehen habe«, bemerkte der Oberst, als er den Hosenstall schloss, »da habe ich mich irgendwie für unsere Heimat geschämt. Wir versauern hier in diesem Nest, Suren. Unser Einsatz hier ... was für ein Scheiß. Mit unseren Topols können wir Europa und Asien plattmachen ... Ja, und?«, zischte er bitter. »Wen interessiert das?«

Gasarjan mahlte ein wenig mit den Kiefern, aber das war auf dem dunklen Platz, der nur spärlich von den gelben quadratischen Fenstern beleuchtet wurde, nicht zu erkennen. In der Nähe jaulten Wölfe. Die Wachhunde, die über das Gelände liefen, antworteten ihnen mit dem gleichen Gejaule. Fast wie ein Echo.

»Das alles, Suren, ist doch völlig unsinnig ... Das Land braucht die Armee nicht, die Armee braucht uns beide nicht, und wir beide können getrost auf die gemeinen Soldaten verzichten. Ich habe auch mal ein Silvester, mein erstes in der Armee, im Schacht verbracht. Ein Trauerspiel ... mit irgendwelchen Kaukasiern. Das geht nicht gegen dich, Suren. Mein einziger Gedanke war: Nimm's nicht so schwer! Die Heimat wird es dir danken. Die Heimat vergisst das nicht ... Ja, Scheiße aber auch!« Alexander Petrowitsch rammte die Faust gegen den vereisten Türpfosten. »Ich hocke immer noch hier, und ich werde auch noch hier hocken, wenn meine Eier längst verfault sind. Wir verteidigen ja nicht mal was, sondern schlagen bloß die Zeit tot und warten darauf, dass wir endlich verrecken! Und die Heimat? Die haben wir längst nicht mehr! Die ist nämlich schon verschachert worden.«

»Noch einen Wodka, Genosse Oberst?«, fragte Suren voller Anteilnahme.

»Unbedingt«, sagte dieser und verströmte dabei seinen Fuselatem.

Der Major rannte los und kehrte mit einer halb geleerten Flasche zurück. Selbstverständlich überließ er beim Trinken dem Oberst den Vortritt.

»Du mit deinem Oppenheimer ... Der war wenigstens ein erwachsener Mann. Aber unsere Jungs? Alles noch Kinder! Von zu Hause weggeschleift oder in den Dörfern wie Tiere zusammengetrieben ... damit meine ich jetzt nicht dich. Jedenfalls, hierhergetrieben, zu uns, an den Rand des Landes. Milchbärte! Rotznasen! Und an Silvester, da stecken die im Schacht. Wenn denen wenigstens jemand ein gesundes Neues wünschen würde ... oder uns ... Aber es braucht uns eben niemand.«

In diesem Augenblick brachen die letzten Dämme. Der Wodka war offenbar wirklich miserabel gewesen. Überall Pfusch! Verrat!

»Nun ... große Reden schwingen, das können wir«, entfuhr es Gasarjan, und wie er seinen eigenen Worten nachlauschte, gefror innerlich alles in ihm. »Aber etwas tun ... Was weiß ich, zu ihnen fahren ... zum Raketenschacht, meine ich, und ...«

»Was erlaubst du dir eigentlich?«, fragte der Oberst streng. »Ziehst du etwa das Wort eines Offiziers in Zweifel, du Kaukasusfresse? Aber pass auf!« Er redete sich mit jedem Wort weiter in Rage. »Ich mach das! Verfickte Scheiße noch eins, sogar als Väterchen Frost! Wollen wir wetten?«

»Also ... da wäre ...« Zunächst nickte Suren, dann schüttelte er den Kopf. »Genosse Oberst ... Da ist noch ...

von Weihnachten ... Also, für die Kinder bei uns in der Militärsiedlung ... Da ist alles ... Also, ein roter Mantel, ein Bart ...«

»Her damit!«, schrie der Oberst und rollte wütend mit den Augen. »Bereiten wir den Jungs ein Fest! Zum Neu... pah ... zum Neuen Jahr. Fahren wir! Zum Schacht! Zur ... Inspi... pah ... Spi...«

Die achthundert Kilogramm schwere Tür ging langsam zu. Die Riegel schepperten. Draußen polterte der Geländewagen, der mit seinen Scheinwerfern den Schneesturm durchbohrte und nun die Soldaten wegbrachte, deren Dienst hier vorbei war. Hinter dem Wagen schloss sich das Tor.

»Frohes neues Jahr, mein Hübscher«, bemerkte Said grinsend und stieß Serjoga weiter die Treppe runter. »Heute haben wir was zu feiern. Bist du schon in Stimmung?«

»Verpiss dich!«

Serjoga brachte seine Kalaschnikow in Anschlag, doch Said umfasste bloß den Lauf und stieß Serjoga mühelos mit dem Schaft die Stufen runter. Dann trottete er ihm gemächlich hinterher, packte ihn am Kragen, riss ihn in die Höhe wie eine Spielzeugpuppe und schleuderte ihn weiter in die Tiefe. Blut troff aus Serjogas aufgeschlagener Augenbraue. Vor Schmerzen wurde er fast ohnmächtig. Von oben stiefelte nun auch Daud herunter. Er prügelte nicht mit, hielt Said aber auch nicht zurück.

»Es gibt hier einhundertfünfzig Stufen«, teilte Said Serjoga mit, als er ihm hinterherkam. »Und deine Fresse, mein Hübscher, wird mit jeder einzelnen von ihnen Bekanntschaft machen. Und dann kümmere ich mich erst mal um dich ... Wenn du dann ausrastest und uns angreifst, während wir im Dienst sind – na, was dann geschieht, brauch ich dir nicht zu sagen. Schließlich sind wir im Dienst, da können wir gar nicht anders ...«

Mit letzter Kraft schaffte Serjoga es, aufzustehen und Said, dessen Schritt sich schon merklich wölbte, in die Eier zu treten. Ächzend ging dieser zu Boden. Daraufhin griff Daud doch ein. Er packte Serjoga bei den Haaren und knallte seinen Kopf gegen die Wand. Gegen den Beton.

»Und danach kümmern wir uns um deine Mama.«, zischte er.

Ein Stich mitten in Serjogas Herz.

Rasend vor Wut wand er sich aus der Umklammerung, wirbelte herum, biss Daud ins Kinn, riss an seiner Jacke – etwas behielt er in der Hand zurück –, zerrte an seinem Ohr und stürmte dann die Treppe hinunter. Im Hals ein Brodeln, im Herzen ein Brand, im Kopf eine Trommel. Hass! Die Angst eines Tieres und der Hass eines Tieres!

Tiefer, immer tiefer hinab! Hinter ihm knackte es, als eine Waffe entsichert wurde, doch niemand schoss auf ihn. Unter wildem Gefluche stürzten die beiden Serjoga hinterher, doch dieser hatte sich einen soliden Vorsprung herausgearbeitet. Er erreichte die letzte Tür, schlüpfte hindurch – und knallte Said den Stahl in die Fresse.

Er öffnete die geballte Faust. Auf dem Handteller lag ein Schlüssel. Der zweite. Den ersten hatte ihm der picklige Leutnant vorhin gegeben. Als Neujahrsgeschenk.

Mehr benötigte er nicht für die Aktivierung, nur diese beiden Schlüssel und den Code. Allerdings mussten die Schlüssel gleichzeitig gedreht werden ... Aber auch da gab es einen Trick, dafür brauchte er nur einen Schrubber und ein Stück Draht.

Serjoga schaltete das Licht ein.

»Mach sofort auf!«, knurrte Said dumpf auf der anderen Seite der dicken Eisentür. »Du kommst hier sowieso nicht mehr lebendig raus! Hast du gehört?«

»Zieh ab!«, zischte Serjoga.

»Wir schlachten dich ab!«, drohte Said weiter. »Die Kehle schlitzen wir dir auf. Und dann fahren wir in dein Petersburg ...«

Serjoga erwiderte kein Wort, sondern ermahnte sich zur Ruhe und nahm die Anlage genauer in Augenschein.

»Früher oder später kommst du da eh rausgekrochen! Dafür sorgt schon der Hunger! Der treibt dich direkt in unsere Arme! Wir können nämlich warten!«

Unmittelbar darauf stieg Serjoga der leichte, kaum wahrnehmbare Geruch nach Haschisch in die Nase. Für einen kurzen Moment hielt Said die Klappe. Wahrscheinlich nahm er gerade einen Zug. Dann ging es wieder los.

»Hat's dir da drinnen die Sprache verschlagen, mein Hübscher?«, feixte er. »Dann mach ruhig auf!«

»Woher kommst du eigentlich, Said?«, fragte Serjoga und lehnte die Stirn gegen die Tür.

»Aus der Nähe von Machatschkala! Was spielt das für eine Rolle?«

»Gar keine, Said!«, schrie Serjoga, der spürte, wie er neuen Mut fasste und ein hässliches Triumphgefühl seinen Brustkorb weitete. »Denn es trifft sowieso ganz Dagestan!«

»Red keinen Schwachsinn, du Arsch! Wo willst du denn den Code hernehmen? Oder den zweiten Schlüssel?«

Sollte er diesen beiden die Geschichte von seiner alten Einheit erzählen? Bei der er gewesen war, bevor er zu dieser elenden Truppe versetzt worden war? Sollte er ihnen wirklich sagen, dass dort einmal Kriegsalarm ausgelöst worden war? Angeblich ein Computerabsturz. Gut, damals konnte in letzter Sekunde noch alles abgeblasen werden. Doch da hatten er und der zweite Diensthabende den Code schon erfahren. Im Anschluss war die Einheit vorschriftsgemäß aufgelöst und die Offiziere und Soldaten neu verteilt worden.

Aber den Code würde Serjoga nie vergessen. Solche Momente brennen sich für immer ins Gedächtnis ein. Vielleicht war dieser Code inzwischen geändert worden. Vielleicht aber auch nicht.

Serjoga zitterte am ganzen Körper.

Er wollte nur noch eins: dass dieser Abschaum verreckte. Und ihr ganzes Dorf gleich mit. Sie alle wollte er ausrotten, bis in die siebte Generation hinein. Zu Schutt und Asche ... Schutt und Asche! Sie alle sollten zu Asche werden, Said und Daud, der Oberst und der Major, die ganze Basis, sogar er selbst, Serjoga, mit seinem ganzen versauten Leben. Besser verrecken als zu Abschaum werden.

Der Bildschirm erwachte zum Leben. Serjogas Finger strichen über die Tasten. Er hatte nur eine sehr vage Vorstellung davon, wo Dagestan eigentlich lag. Egal, auf Präzision kam es nicht an ...

Hier gab es sogar noch eine manuelle Steuerung. Für den Fall, dass die Zentrale in Odinzowo nicht mehr existierte. Oder Moskau. Für den Fall, dass es niemanden mehr gab, der Befehle erteilen konnte, und der diensthabende Offizier ganz allein die Entscheidung treffen musste, ob er zum Zerstörer der Welten werden wollte oder nicht.

Die traf nun er, Serjoga. Verzeih mir, Mama.

Das System fuhr hoch, ein Signal ertönte. Zwei Schlüssel. Er musste sie nur in die Schlösser stecken und gleichzeitig herumdrehen ... Mit einer Abweichung von höchstens einer halben Sekunde. Dann der Code ...

Das Blut rauschte in seinen Ohren, kochte und brodelte. Er meinte, in dem purpurroten Flirren vor sich Saids Visage zu sehen, seine ausdruckslosen Augen hinter dem Rauch des Joints, das verschlagene Grinsen, die weißen Zähne ... Ich bring dich um, du Schwein. Und wenn ich dabei selbst verrecke, egal, Hauptsache, dich trifft es auch, dich, dein ganzes Land und deine Stadt ... Alle.

»Was machst du da?«, fragte Said besorgt. »Was, bitte, machst du da?«

Jetzt der Code.

Das hier war nicht Windows. Kein Zufallsgenerator, sondern Technik aus den Sechzigern. Fast schon Steampunk. Und diese Hinterwäldler hatten nach dem Alarm damals nicht mal den Code geändert.

Nun brauchte er nur noch einen einzigen Knopf zu drücken. Serjoga legte den Finger auf die Taste. Sie war sehr glatt, fast zart und ganz kalt. Wie die Wange einer Romanfigur, Natascha Rostowa aus *Krieg und Frieden* vielleicht.

»Das wagst du nicht!«, keifte Said. »Wir knöpfen uns deine ganze Familie in Petersburg vor ... deine Mutter und deinen Vater, und deine Großmutter und deine kleine Tochter ...«

»Dazu kommst du nicht mehr«, widersprach Serjoga und lehnte sich wieder gegen die Tür. »Hier sind zwei Raketen! Zwei, Said! Mit der einen jage ich dein Dorf in die Luft, mit der anderen uns!«

»Mach sofort die Tür auf, du Schwein!«, schrie dieser. »Mach aaauf!«

Und dann verstummte er jäh.

Hinter der Tür herrschte auf einmal eine vollkommene, eine wattige und irreale Stille. Als ob die Rakete schon eingeschlagen wäre.

Serjoga runzelte die Stirn.

»Was ist das?«, brachte Said in ungläubigem Flüsterton heraus.

Die Frage galt nicht Serjoga. Womöglich wandte er sich an Daud, womöglich an sich selbst, womöglich aber auch schon an Gott.

»Siehst du das auch, Daud?«

Die Stimme dieses beinharten Mannes klang, als hätte er gerade eben seine Mutter erblickt. Oder ein Gespenst.

»Ja ...«, antwortete Daud ebenso fassungslos.

»Das ist doch ... Väterchen Frost ... da draußen vor der Tür ...«

Wollten die ihn verarschen? Oder hatten sich für sie, bekifft wie sie waren, schon alle Dimensionen verschoben, sodass sie in einem Paralleluniversum gelandet waren? Allerdings stand auf der anderen Seite der Tür tatsächlich das Schaltpult des Überwachungssystems. Uralte Bildschirme lieferten wacklige Darstellungen in Grau, aufgenommen von ebenso uralten Außenkameras.

Natürlich alles ohne Ton. Was also sahen die beiden gerade? Serjoga presste das Ohr an das kalte Eisen.

»Wie ist der durchs Tor gekommen?«, fragte Daud belämmert.

»Ja Scheiße, wer ist das überhaupt?«, fragte Said erneut. »Knall ihn ab, diesen Hund!«

Auch das großkalibrige Maschinengewehr wurde von diesem Raum aus bedient. Offenbar richteten sie gerade den Lauf auf einen Fremden, gleich würden sie den Abzug betätigen – und im nächsten Augenblick wäre der Mann völlig zerfetzt, denn Kugeln aus diesem Lauf blieben nicht im Körper stecken, sondern zerhäckselten ihn.

»Hör mal, Kumpel«, sagte Daud jetzt. »Lass uns besser noch warten, ja? Das ist doch ... na, eben ... Väterchen Frost.«

»Was für ein Väterchen Frost, Kumpel? Das ist ein Unbefugter auf dem Gelände!«

»Wo sollte hier ein Unbefugter herkommen? Wir sind hier mitten in der Taiga! Bis zur Basis sind es zehn Kilometer, bis zur Stadt zweihundert! Dazu die Minen! Die Alarmanlagen! Außerdem ist Neujahr ...«

Serjoga schaute automatisch auf seine Armbanduhr. Bis Mitternacht fehlte noch eine Viertelstunde. Am liebsten hätte er die Tür nun doch geöffnet und selbst einen Blick auf den Bildschirm geworfen. Was, wenn plötzlich ... wenn also plötzlich doch ... ganz plötzlich?

»Komm raus!«, schrie Said nun wieder. »Bist du ein Mann oder ein bartloser Schlappschwanz? Komm raus, oder ich erschieße den Kerl!«

Es lässt sich nicht beschreiben, was in Serjoga vorging. Es war, als verschwämme alles, als würde der

Raum in zwei Teile auseinanderfallen, als würde er selbst auf ein Drittel seiner Größe zusammenschrumpfen und die Welt ins Gigantische anwachsen. Als würde die Zeit stehen bleiben und die Luft gefrieren. Nur sein Herz hämmerte weiter wie wild...

»Wag es ja nicht, Said!«, schrie er in seiner Verzweiflung.»Wehe, du schießt!«

Und gegen seinen Willen öffnete er die Tür.

Wegen des dicken Haschischqualms bekam er kaum Luft. Die beiden kräftigen Dagestaner erstarrten mitten im Kampf, die Hände jeweils an der Kehle des anderen, ein Bild, als wäre Serjoga ins Finale der Meisterschaften im Freistilringen geraten.

Auf dem Monitor war recht klar der helle Steinbau zu erkennen, außerdem, direkt vor dem Eingangstor, genau im Fadenkreuz des Maschinengewehrs, die Figur eines stattlichen Mannes. Ein bodenlanger Mantel, eine weiß verbrämte Mütze, ein Stock und ein Sack über der Schulter. Der Fremde klopfte an die Tür. Dann wandte er den Kopf und blickte in die Kamera ... Das Gesicht war nicht zu erkennen, nur die buschigen weißen Augenbrauen und der lange, schneeweiße Bart.

»Hilf mir, ihn ...«, verlangte Daud krächzend von Serjoga.

Dieser schaffte es nicht, den Blick vom Bildschirm zu lösen, hob aber halb in Trance die Kalaschnikow vom Boden auf und stieß den Schaft mit voller Wucht in Saids Stiernacken. Der grunzte unschön und ging zu Boden.

»Tut mir leid, Kumpel«, stieß Daud aus. »Der hat Mist gebaut. Einfach zu viel gekifft. Und dann völlig den Verstand verloren. Aber ich sag ihm ... also, dass er dich in Ruhe lassen soll.«

Serjoga nickte geistesabwesend.

Seine Augen brannten.

Das Zifferblatt zeigte fünf nach zwölf.

»Frohes neues Jahr«, flüsterte er lautlos.

Väterchen Frost stapfte noch ein paarmal auf der Stelle, dann verschwand er im Wald.

»Wir haben doch alles richtig gemacht, oder?«, fragte Daud irgendwie hilflos. »Aber sag niemandem etwas davon. Okay?«

»Wir sind zu spät? Scheiße!«, sagte der Oberst traurig, zog den Wattebart herunter und ließ ihn am Gummi baumeln. »Aber gut ... wir ... also ... Komm, wir gratulieren trotzdem! ... Ein Offizier hält, was er ...«

Das Geländefahrzeug steckte mit einer Raupenkette im Straßengraben, ächzte und knurrte. Bis zum Tor waren es noch dreißig Meter. Der Oberst sprang hinaus, zog die Filzstiefel mit Mühe aus dem tiefen Schnee und humpelte auf den Zaun des Geländes zu. Suren versuchte über Funk Kontakt zu den drei diensthabenden Männern aufzunehmen, erreichte aber niemanden.

Am Tor hackte Alexander Petrowitsch mit tauben Fingern auf die Tasten des Zahlenschlosses ein, ebenfalls ohne Erfolg. Völlig entkräftet, landete er mit dem Hintern in einer weichen Schneewehe und starrte schwermütig vor sich hin.

Durch den Drahtzaun hindurch spähte er zu dem unerreichbaren weißen Steinbau hinüber, zu den Tannen in ihrem Raureifkleid und zu dem hellen Lichtfleck an der Tür ... Und auch zu der gedrungenen Gestalt dort, die in ihrem schneebedeckten Mantel gerade in den Wald watschelte. Ins Nirgendwo. Ja, er meinte sogar, den Stock und den Sack über der Schulter erkannt zu haben.

Alles war im Fluss, existierte und verschwand.

»Fff...«, krächzte der Oberst und spuckte aus. »Fuckenheimer.«

EIN JAHR WIE DREI

Im Spülbecken starb eine Kakerlake eines natürlichen Todes, angestrengt und qualvoll.

Andrej schaute dabei zu – und konnte ihr weder den Todesstoß versetzen noch die Sauerei mit Wasser wegspülen.

Sein Schädel schien zu bersten.

Er kramte im Brotkasten herum – zwischen versteinerten Krümeln und speckigen Papierpäckchen mit Aspirintabletten stieß er auf eine gelbe Pille. Wohl auch gegen Kopfschmerzen. Weiß der Teufel, die war noch von seiner Frau. Er schluckte sie trocken runter – die Tablette blieb am Gaumen haften. Verärgert schlug er mit der flachen Hand auf den Tisch (es klirrten die schludrig gespülten, in einen blau-weißen Suppenteller geworfenen Gabeln und Löffel) und goss sich Kognak in eine Teetasse. Runter damit! Die Tablette riss sich los und stürzte in sein Inneres.

Nach kurzem Abwarten kniff Andrej die Augen zusammen und nahm einen weiteren Schluck direkt aus der Flasche.

In der Küche war es stickig, wie morgens im Abteil eines Nachtzugs. Schreckliche Luftnot. Und so zerrte er an den Fensterrahmen, die bereits für den Winter mit Papierstreifen verklebt waren. Das Papier riss, ein

Schaumgummidarm trat hervor, die Straße rülpste ihm Dieselabgase ins Gesicht. Es wurde kühler, aber mehr frische Luft kam trotzdem nicht herein.

Die Hängeschränke und das verschrammte Spülbecken mit der Kakerlake rauschten wie ein Karussell nach links, gefolgt vom Tisch und der Anrichte mit den verstaubten Weingläsern. Andrej griff nach der Lehne des Stuhls, aber auch der stand nicht mehr still. Dann fing er sich wieder, riss sich zusammen, schleppte sich ins große Zimmer, ließ sich auf den dick gepolsterten Lehnsessel vorm Fernseher fallen, wollte die Kiste einschalten, aber zum Aufstehen reichte die Kraft nicht mehr.

Was war da los? Egal, bestimmt war es gleich vorbei. Gleich. Das kam von gestern: zu viel getrunken, sich selbst überschätzt. Alles wegen dem Fusel da, dem ossetischen, dabei hatte er sich doch geschworen, nur den aus Tambow anzurühren. Auf Eigenproduktion ist Verlass. Egal, geht gleich vorbei. Sobald die Kopfschmerztablette wirkt, ist es vorbei. Was könnte er sonst haben? Ist doch gesund, tough. Nächste Woche wird er grad mal fünfzig. Muss 'ne Feier machen. Weiß der Teufel, wie das jetzt gehen soll. Auf Arbeit fragen schon alle. Wenn Tanja, dieses Miststück, sich nicht quergestellt hätte, wär' alles gut. Alles wär' gut. Jetzt wird er die Läden selbst abklappern müssen, Cervelat kaufen, Jagdwurst, zum Kartoffelnausgraben auf die Datscha ... Oder soll er drauf pfeifen? Für die Kollegen einfach eine Flasche kaufen, einen ausgeben und nichts weiter. Sonst wird es so ... Die kommen alle und fragen gleich: Wo ist deine Frau, wo ist die Tochter, wieso ist sie nicht gekommen, mit dem Enkel? Überall

Staub, ohne das Weib ... Das mit dem Staub geht ja noch, und zur Not gehen auch Pelmeni statt Salate. Aber was soll er wegen Tanja sagen? Grässlich, sich das vorzustellen. Soll er einfach sagen, wie's ist? Dass sie weg ist in ihr Provinznest, zu ihrer Mutter, dass sie die Scheidung einreicht?

Soll sie doch abhau'n zu ihrer Mutter, sonst nervt sie bloß!

Auch die Tochter hat sie gegen ihn aufgehetzt, die geht nicht mehr ans Telefon. Gefreut hatte er sich auf den Runden, dachte, sie kommt, bringt den Enkel mit. Dachte, er reitet den Jungen dann auf seinem Knie. Blödes Fest, dieser Geburtstag, besonders dieser runde, aber auch ihn kann man erträglich machen.

Miststück, du Miststück ... Wie konnte das bloß passieren?

Er kriegte Durst auf Wodka und Lust, jemandem in die Fresse zu hauen. Andrej ballte die Faust, wollte vom Sessel aufspringen, fiel aber stattdessen unbeholfen mit dem Gesicht nach unten auf den abgewetzten Teppich: Seine Beine waren unter dem Gewicht des Körpers zusammengesackt wie halb leere Fahrradschläuche.

Er erbrach sich. Was für 'n Scheiß ist das hier bloß?!

Er kroch in der Säurepfütze herum, kam irgendwie raus, konnte aber nicht aufstehen. Das war ungut. Dann bekam er Schüttelfrost – alarmierend, schrecklich.

Soso ... Also! Nur die Ruhe. Kam vom Wodka ... Er brauchte einen Notarzt. Notarzt rufen.

Die eine Hand war völlig taub, die Beine schienen wie abgeschnitten.

Er schaffte es trotzdem, einen Ruck – verzweifelt und schwach – über den Boden zum Telefon zu machen. Packte mit der noch funktionierenden Hand das Kabel, zog das Gerät zu Boden. Tippte mit weichem, taubem Finger auf 0 und auf 3.

Tuut. Tuut. Tuut.

Da war nichts gewesen zwischen ihm und der Nachbarstochter. Tanja hatte sich alles nur ausgedacht, selbst nichts gesehen, nichts gehört, das hatte ihr jemand eingeredet. Da war nichts, Schluss, aus! Na gut, das Mädel hatte mit ihrem mageren Arsch in knackenger Jeans vor ihm herumgewackelt – wollte ihren Macker damit ärgern. Na gut, Andrej hatte ihr ein altmodisches Standardkompliment gemacht. Und sie hatte ihn zu Kuchen eingeladen, und Galina aus dem Zweiten hatte das gehört. Wozu sich rechtfertigen, verdammte Scheiße? Und vor wem noch alles?

Tuut. Tuut. Tuut. Tuut.

Es war nur so: Seine Entlassung hatte gedroht. Der Sperrholzbetrieb war von irgendwelchen Moskauern gekauft worden, die von nichts eine Ahnung hatten, den früheren Direktor rauswarfen und einen Schnösel im feinen Anzug auf dessen Stuhl setzten. Dieser Schnösel begann mit dem Versprechen, das Unternehmen zu optimieren. Im Klartext: Er wollte die Hälfte der Arbeiter unter irgendeinem Vorwand entlassen. Und Andrej hatte gleich dort, bei der Hauptversammlung, bei dieser verfickten Krönung von dem da geschrillt: »Du solltest erst mal bei uns in der Produktion arbeiten, German Soundsowitsch! Wir machen seit zweiunddreißig Sperrholz für die Luftfahrt, ohne Unterbrechung, und da kommst du und willst uns gleich einstampfen!« Der Schnösel hatte gegrinst wie ein Tschekist, da war gleich klar: Sein Äußeres trügt, den hatten sie geschickt, wie Lenin 1921 den Marschall Tuchatschewski ins Gouvernement Tambow geschickt hatte – um den Hunger der Bauern mit Kavallerie und Giftgas niederzudrücken.

Tuut. Tuut.

Und so war Andrej vom Sperrholzbetrieb nach der Versammlung nach Hause gekommen, ein Rauschen in den Ohren, vor den Augen einen blutroten Schleier, das Gemüt trüb und finster wie in einem Drei-Liter-Glas mit Salzlake, und dann kam Tanja mit ihrer Eifersucht. Das war zu viel des Guten gewesen.

Er widersprach ihr nicht, er schlug sofort zu.

Schlug einfach zu. Ja. So war das. Bis Blut kam.

Tuut.

»Hier ist das Krankenhaus.«

Andrej zuckte zusammen, kam aus jenem Tag zurück in diesen. »Aaahhh ...«

»Kotowski, Notaufnahme!«, näselte jemand gereizt durch den Apparat.

»Ahh ... P-p...«, stammelte Andrej mit schweren Lippen. »Ahh ...«

»Was soll die Pöbelei? Ich rufe die Polizei!«

Alle Luft schien aus seiner Lunge entwichen, nichts war mehr da, womit er Worte artikulieren konnte. Sogar um den Mund zuzuklappen, fehlte ihm die Kraft.

Gleich würden die auflegen. Und er bliebe hier auf dem Boden, um langsam zu krepieren, weil er es nicht schaffte, diese beiden Ziffern ein zweites Mal zu wählen.

Er bekam solche Angst, dass er doch noch aus sich herausquetschte: »Lenin, fünf ... Lenin, fünf ... hm ... hm ...«

»Was? Leninstraße fünf?«, wurde mürrisch gefragt.

»Lenin fünf ...«, murmelte Andrej verzweifelt und bereits unhörbar.

Eine Dose ist für Sprotten im Grunde ein Fischsarg, dachte Alexej und kniff die Augen vom ätzenden Rauch zusammen. Gerade war diese hier bis zum Rand mit Asche gefüllt, als hätte man eine ganze Kompanie toter Sprotten eingeäschert.

Die Ärmel seines weißen Kittels waren hochgekrempelt, auf seinem straffen Unterarm schimmerte neben den tätowierten Fallschirmen blau der heilige Leitspruch der Luftlandetruppen: »Niemand außer uns«. Nach der Entlassung aus dem Militärdienst wollten ihn die Banditen, doch Alexej wurde Sanitäter.

»Die neue Ausrüstung ist da. Bitte hier unterschreiben.«

Der Wirtschaftsleiter fletschte die Zähne zu einem spöttischen Lächeln.

»Für einen Notarztwagen genau das Richtige.«

»Na ja, gut«, meinte der Wirtschaftsleiter zwinkernd. »Immerhin kümmern sich Partei und Staatsführung. Schaffen gute Arbeitsbedingungen. Ja, oder? Hier, schau. Griffe an beiden Enden. Bequem und zeitgemäß.«

»Verflucht innovativ«, murmelte Alexej und zog die Nase hoch.

»Also, nimm sie. Drei davon stehen dir zu.«

»Wieso so viele? Sind die Einweg?«

»Von wegen Einweg! Bei uns in der Medizin gibt's nirgends Einweg!« Der Wirtschaftsleiter drohte ihm mit seinem krummen Finger. »Geh mir bloß pfleglich damit um! Bei uns sind einfach dreihundert davon angekommen und beim Gebietskrankenhaus genauso viele. Also bringen wir sie unters Volk.«

»Dreihundert?« Alexej drückte am Zinksarg der Sprotten seine üble vietnamesische Pall Mall aus. »Wollen die da etwa die Quote vorgeben?«

»Ich denke«, der Wirtschaftsleiter unterbrach sich, um einen Rauchschwall in die Luft zu blasen, »die wollen damit einfach nur für sich was abzweigen. Mit den Tomografen wurde wohl jemand geschnappt, ist ja nicht alle Tage Kirmes, also wollen sie zumindest mit den Dingern hier einen Reibach machen. Fällt nicht so auf wie die Tomografen. Wer weiß, wie viel so was wirklich kostet? Und so, dreihundert hierhin, dreihundert dorthin ... Da kann man sich schon 'ne kleine Datscha bauen.«

»Neid?«, fragte Alexej grinsend.

»Bewunderung.«

Alexej zuckte mit den Schultern. Das Handy in seiner Jeans klingelte mit der wehmütigen und fatalistischen Melodie aus dem Actionfilm *Bumer*.

»Einsatz. Lenin fünf, mit Trofimow«, spuckte die Notdienstleiterin aus.

»Was ist da?«

»Weiß der Kuckuck. Irgendein Alki hat sich halb totgesoffen, lallt nur noch.«

»Wie öde. Und von der Kohle her mau. Gibt's noch was anderes, Nadja?«, fragte Alexej hoffnungsvoll.

»Auf der Woroschilow ist 'ne Omi abgekratzt«, seufzte die Notdienstleiterin.

»Ein Scheiß in dieser Nacht. Und da kommt sicher nix bei raus«, wägte Alexej ab. »Ich nehm den Alki. Bin gleich da.«

Aber selbstverständlich ratschte er noch eine Weile mit dem Wirtschaftsleiter, sie rauchten jeder noch eine, erörterten das Gesäß der Empfangsschwester, schimpften auf den Minister, zogen über das Virostatikum Arbidol her, und erst dann war es Zeit, Abschied zu nehmen.

»Also, nimm sie«, klopfte ihm der Wirtschaftsleiter auf die Schulter. »Kannst du sicher brauchen.«

Alexej setzte seinen Krakel auf den Nachweis und griff sich die Ausrüstung. Als er sie zu dem rostigen weiß-roten Krankenwagen Marke GAZelle trug, musste er irgendwie an für einen Sprung gepackte Fallschirme denken. Pure Nostalgie.

Er holte den Arzt ab, den kahlköpfigen, schludrigen Michal Wassilitsch, schüttelte ihm die krallige Hand.

Er ging runter zum Krankenwagen am Eingang und warf die vom Wirtschaftsleiter erhaltenen neumodischen, schwarzen, importierten, aus besonders strapazierfähigem Kunststoff und mit einem Sicherheitsreißverschluss gefertigten sowie zum erleichterten Tragen vorn und hinten mit zwei Griffen versehenen Leichensäcke dort hinein.

Sie kommen. Sie kommen.

Notruf angenommen, wurde ihm gesagt. Gesagt wurde es widerwillig, als hätte er darum gebeten, ihm den Hintern abzuwischen, und nicht, ihn dem Jenseits zu entreißen. Es wurde so gesagt, dass klar war: Das ist jetzt aber ein ganz großer Gefallen. Egal, sollten sie machen.

Da hast du nun deinen runden Geburtstag, Andrej Andrejewitsch. Jetzt bloß nicht den Löffel abgeben – das war die Aufgabe.

Es hätte ja schön werden können, wenn … Tanja ist ja in derselben Woche dran, auch sie wird fünfzig. Sie hätten zusammen feiern müssen, wie immer. Wie sie die letzten neunundzwanzig Jahre gefeiert hatten, so hätten sie es auch jetzt tun müssen. Er hatte ja etwas vorbereitet. War, ohne ihr was zu sagen, nach Tambow gefahren, ins Reisebüro. Hatte einen Feriengutschein nach Gelendschik gekauft, ins Sanatorium. Ans Meer. Am Meer waren sie seit genau neunundzwanzig Jahren nicht mehr gewesen, seit der Hochzeitsreise, und damals waren sie ebenfalls in Gelendschik gewesen, mit Vaters Geld. Danach hatte ihr Urlaub immer so ausgesehen: auf der Datscha Kartoffeln pflanzen, dann jäten, dann ausgraben, dann wieder pflanzen.

Und so hatte Andrej beschlossen, alles so zu wiederholen, wie es damals gewesen war. Neunundzwanzig Jahre zurückzuspulen. Ein halbes Jahr hatte er gespart, wollte ins selbe Sanatorium. Die im Reisebüro sagten, in die Türkei sei es billiger. Er wollte aber nicht in die Türkei, er wollte in seine Jugend. Mit ihr. Mit Tanja wollte er. Mit dieser dummen Gans!

Ein halbes Jahr! Und sie beschuldigt ihn wegen dieser Nachbarsgöre! Ist das zu fassen? Macht man so was?

Wie kann es sein, dass schon neunundzwanzig Jahre vorbei sind? Warum hat ihn kein Idiot gewarnt, dass neunundzwanzig Jahre so kurz sind? Ja, in der Kindheit hatten sich selbst die Sommerferien länger hingezogen als diese neunundzwanzig Jahre.

Er schielte auf die Uhr mit dem Kuckuck, der sich eines Tages verschluckt hatte und krepiert war – schon eine halbe Stunde war vergangen; kein Krankenwagen da. Egal, das ist normal, wahrscheinlich gab's noch mehr Notrufe.

Das Sanatorium Schwarzmeermatrose stand an der rissigen Lunatscharski-Straße und war ein Kasten mit viel Glas. Die Luft hatte nach hitzesiechen Tannen und berauschenden Kräutern des Südens gerochen, an der Ecke hatten sie tropfendes Eis und kalte Limonade mit Seifengeschmack feilgeboten, in der Mittagshitze konnte man sich nichts Herrlicheres vorstellen. Die schnurrbärtigen Marktweiber mit ausladendem Heck und weißen Kopftüchern hatten nasse, gelbe Süßkirschen in Papiertüten aus Zeitungen angeboten. Der gedruckte Breschnew war vom Kirschsaft ganz durchnässt gewesen, die *Prawda* zergangen und zerfallen, die *Iswestija* befleckt. Für Limonade und Früchte wurde mit feuchten Münzen und zerknitterten Rubelscheinen bezahlt. Irgendwo in der Ferne hatte ein Vorkriegslautsprecher mit der Stimme von Alla Pugatschowa geträllert – der jungen, frechen und verführerischen.

An einem warmen, duftenden Abend, an dem Strandhits und schlaflose Zikaden tönten, hatte Andrej mit einem Draht das Schloss zum geteerten Dach des Schwarzmeermatrosen geknackt, aus dem Beutel eine Flasche mit säuerlichem bulgarischen Wein und ein Kilo Pfirsiche geholt, Tanja die Augen verbunden und sie nach oben geführt, um auf die orangefarbene untergehende Sonne und das dickflüssig werdende Abendmeer zu schauen, die unzähligen Sterne des Südens zu zählen ...

»Werden wir das ganze Leben zusammen sein?«, hatte ihn Tanja gefragt, ganz dünn und großäugig, und sich über ihr zu Weißgold geblichenes Haar gestrichen. »Natürlich werden wir das«, hatte Andrej zuversichtlich geantwortet. »Wozu heiraten, wenn nicht fürs Leben?«

Worüber hätte man sonst sprechen sollen, wenn man aus der Stadt Kotowsk, Region Tambow, das erste Mal ans Meer gefahren ist? Über nichts weiter. Nur über Liebe und Ewigkeit.

»Schrecklich«, hatte Tanja auf einmal gesagt.

»Was ist schrecklich?« Er hatte einen Schluck aus der Flasche genommen und sie ihr gereicht.

»Schrecklich, sich vorzustellen, dass es fürs ganze Leben ist. Nein! Dich meine ich nicht. Ganz allgemein. Verstehst du nicht? Das Leben ... Das ganze Leben ... Das ist doch so lang. Unendlich lang. Und dieses ganze Leben lang tust du immer dasselbe. Gruselig!«

»Also sag mal!«, hatte Andrej gekränkt entgegnet. »Schämst du dich nicht?«

Ohne zu antworten, hatte sie die Flasche mit dem warmen Wein genommen und einen riesigen Schluck genommen. Dann hatte sie zu Andrej geschaut, war unter seinen Arm gekrochen – als hätte er sie selbst umfasst – und hatte sich an ihn geschmiegt, ein wenig fröstelnd.

»Aber ohne dich ist es noch schrecklicher«, hatte Tanja gesagt.

Und ihn geküsst.

Kann er da jetzt bitte wieder hin? In den Schwarz-meermatrosen? Aufs Dach? Es ist dringend ...

Zwei Tage nach der Hauptversammlung hatte ihn der Tuchatschewski-Schnösel zu sich ins Büro gerufen. Verärgert hatte Andrej sich geschworen, mit dem abgesandten Halsabschneider überhaupt nicht zu sprechen, geschweige denn um Gnade zu bitten. Wie die sechsundzwanzig Kommissare aus Baku zu ihrer Hinrichtung war er hocherhobenen Hauptes hingegangen und hatte schon vorher gewusst, wie das Ganze ausgeht.

Wo blieb der Krankenwagen? Wo?

Doch da war es erst losgegangen ...

»Andrej Andrejewitsch«, hatte ihn Tuchatschewski unerwartet ohne Hass, Triumph oder Hohn angesprochen. »Danke für Ihre Aufrichtigkeit. Sie dürfen nicht denken, wir wollten hier mit der Tür ins Haus fallen. Lassen Sie uns einen Ausschuss einrichten. Sie haben Autorität. Übernehmen Sie den Vorsitz? Halten Sie mich auf dem Laufenden. Ich stimme die Personalentscheidungen mit Ihnen ab, und auch sonst ... Teilen Sie Ihre Erfahrungen mit mir. Wissen Sie, ich schätze Direktheit. Mit Speichelleckern zu arbeiten, das ist Selbstverachtung. Wir brauchen einen dritten Stellvertreter. Den Posten wollte ich Ihnen anbieten.«

Da war er zur Erschießung angetreten und erlebte einen Tag des Sieges. Das Büro verließ Andrej völlig perplex, immer noch ungläubig, doch jubilierte er innerlich, auch wenn er es noch nicht wirklich wahrhaben wollte: Da war sie, die Beförderung, auf die er zehn

Jahre gewartet hatte, und was für eine! Sofort griff er nach der Gürteltasche, in der sein Handy steckte, um Tanja anzurufen, um es ihr mitzuteilen, sich zu beraten, zu prahlen.

Und er nahm ja auch das Telefon und wählte sogar – aber kurz vor dem Freizeichen fiel es ihm Gott sei Dank wieder ein. Er riss die Finger vom Telefon los wie von einem siedend heißen Topf und stopfte das Handy in seine Tasche zurück.

Sonst hatte er es niemandem erzählen wollen.

Als Anjuta zur Welt gekommen war, hatte Andrej natürlich überhaupt keinen Sinn für sie gehabt. Schichtbeginn um neun, Schichtende um sechs, dann noch auf die Datscha, gießen. Bis er zu Hause war und gegessen hatte, schlief sie schon. An den Wochenenden wäre es natürlich gegangen, aber da hatte Andrej wie alle anderen Bürger seiner unermesslichen Heimat im Gemüsegarten gewühlt, damit es überhaupt was zu futtern gab – die Sowjetunion hatte sich schon so gut wie erledigt, und die Regale in den Läden waren besetzt mit Algenkolonien, von denen die krepierende sowjetische Wirtschaft plötzlich auf unerklärliche Weise Unmengen produzierte.

Algen sind doch kein Fraß für einen Russen!

Er hatte seine Tochter also kaum gesehen.

»Ich hab doch drum gebeten, heute etwas früher!«

»Tanja! Wie, früher? Wie denn früher? Ich habe extra die zweite Schicht genommen, um ihr dieses Kleid zu kaufen, wie du gesagt hast! Für Silvester!«

»Das ist nicht für Silvester, Andrjuscha. Das ist zum Geburtstag. Und der war heute.«

»Und wo ist sie?«

»Schläft. Das Kind ist sechs ... sieben Jahre alt. Es schläft.«

Eine gewöhnliche Geschichte, ganz normal. Hat sich von den Kerlen etwa jemals einer um die Kinder gekümmert? Das war schließlich Frauensache. Wieso sich also rechtfertigen?

In der Schule kein Ärger, keine Vorladungen zur Miliz, keine Schwangerschaft mit dreizehn – da ist man schon froh.

Sie hatten in derselben Wohnung und auf verschiedenen Planeten gelebt.

»Papa, darf ich in den Club? Alle von uns gehen hin ...«

»Und alle sind wie Bordsteinschwalben rausgeputzt?«

Den Vater muss sie zuallererst respektieren, basta! Klar?

Und wann hat sie es geschafft, sich solche Brüste wachsen zu lassen? Gerade noch hat er sie aus der Entbindungsklinik abgeholt – ganz gelb, keine Augen zu sehen, nur ein Mund übers ganze Gesicht ... Zweitausendvierhundert Gramm.

Dann, irgendwo zwischen seinem Sperrholz und dem Gemüsegarten, war Anjuta zum Studium nach Tambow gezogen, kam in den Ferien zu Besuch und war ein geradezu unbekannter, völlig erwachsener Mensch. Dann ging sie noch weiter weg, nach Petersburg, und kam dort unter die Haube.

Irgendwas war mit der Zeit passiert ... Andrej wusste plötzlich nicht mehr, ob der Notarzt schon lange unterwegs war, denn mal schien ihm, dass eine Stunde um sei, dabei war der Minutenzeiger nur ein wenig vorgerückt, und dann wieder dachte er, da, noch eine Minute, dann noch eine, doch der Zeiger war schon auf die andere Hälfte des Zifferblatts gehüpft. Schließlich versank Andrej immer mehr in der Finsternis, und wenn er mit Mühe daraus auftauchte, dann wusste er nicht mehr, wann er angerufen hatte ...

Die letzten beiden Male war sie mit dem Kindchen gekommen; es war ein Junge, Serjoscha.

Als er geboren wurde, hatten sie sie angerufen.

»Er ähnelt dir«, hatte Anjuta scheinbar widerstrebend zugegeben.

»Wahrscheinlich sieht er aus wie ein nasses Kätzchen«, hatte er gemurmelt.

Und dann hatte sie ihn mitgebracht – tatsächlich, er war ihm ähnlich. Anjuta sah ganz wie seine Frau aus und hatte nur die Augenfarbe von ihm. Doch der Enkel ... Der Enkel war ganz Andrej. Seine Fingerchen drollige Abgüsse von Andrejs krummen Männerfingern, die Wangenknochen hoch, genau wie bei Opa, und die Augen dort, wo sie hingehörten.

Am Wochenende hatte Andrej mit seinen Freunden in die Sauna gewollt, in den Wald; von sich selbst überrascht, log er, er sei krank geworden, und blieb einfach bei seiner Tochter – und vor allem bei Serjoscha. Ohne dass ihn irgendwer darum gebeten hätte.

Er lernte Windeln wechseln. Er!

Weiß der Teufel, was da passiert war. Häuslich war er geworden.

Und jetzt hatte er Sehnsucht. Hoffte, dass die Tochter zum Geburtstag käme. Wegen des Enkels.

Nicht nur wegen des Enkels.

Er wollte wenigstens ein Mal mit ihr von Mensch zu Mensch reden. Wie mit einer Erwachsenen. Und wie mit seinem Kind. Sich endlich mal aussprechen. Sich Mut antrinken und reinen Tisch machen. Sonst wäre es irgendwie ...

Hauptsache, sie holten ihn jetzt zurück.

Es ging noch. Alles ging noch. Noch ging alles.

Was denn, er war doch noch jung. Grad erst fünfzig. Er musste jetzt nur Tanja anrufen ... Nein, besser hinfahren. Blumen kaufen, von Gelendschik erzählen. Sie verzeiht ihm. Das tut sie. Und dann verzeiht ihm auch seine Tochter ... Ein Fest wird das. Der runde Geburtstag. Sie bringen Serjoscha mit, er geht mit ihm in den Park, zum Karussell, zu dieser Schaukel da ... Und dann verkündet er ihnen: Auf Arbeit wird's jetzt anders. Alles wird jetzt anders.

An der Tür klingelte es.

»Ich komme!«

Nein, es kam Andrej nur so vor, als ob er das laut sagte. Die Zunge gehorchte nicht: Geschwollen war sie, lag bloß im Mund rum. Keine Macht mehr über die Finger. Weg war alle Kraft, reichte nur noch dafür, die Augen zu bewegen.

So lag er nun da – ein Auge sah das Muster auf dem Teppich, das andere die Hälfte des Zimmers und den gelähmten Kuckuck.

Wieder ein Klingeln. Und noch mal – ungeduldig.

Rote Tinte begann, von der Decke zu fließen, das Zimmer zu überziehen.

Klingeln.

»Tanja, mach auf!«

Alles still.

»Taaaanja! Sie sind da!«

»Gleich, warte mal ...«

Gott sei Dank, sonst würde er noch sonst wie lange hier rumliegen.

»Tanja? Bist du da?«

»Ja ...«, seufzte sie.

»Wie ... Wie geht es deiner Mutter?«

»Ganz gut.«

»Und dir ... Wie geht's?«

»Du hast mir gefehlt.«

»Hast du mir verziehen, Tanja, sag?«

Schweigen.

»Verzeihst du mir?«

»Ich weiß nicht.«

»Tanja ... Ich ... Ich versteh das doch. Für mich ist es doch jetzt auch, weißt du, wie ... Nicht nur du wirst ja fünfzig ...«

»Was verstehst du?«

»Dass ... Dass das schrecklich ist. Dass bald das Alter kommt. Dass im Spiegel ... So was. Nein! Dich finde ich schön. Ich spreche von mir, Tanja, von mir, ehrlich. Ich dachte, dann ... Früher hast du dich ja nie so reingesteigert. Da war nichts, Tanja, wirklich! Die ist doch nur eine halbe Portion. Die wollte nur ihren Typen ärgern, sie hat das zu mir gesagt, damit er es hört. Das war mir gleich klar ... Ja, und ich hätte auch nie! Sie ist doch jünger als unsere Anjuta, das geht doch nicht. Glaubst du mir?«

Seufzen.

»Ich liebe dich, Tanja. Nie würde ich dich verlassen. Wohin sollte ich jetzt noch? Wir sind das ganze Leben zusammen, und auch jetzt müssen wir zusammen sein. Wegen irgendeinem Flittchen? Deswegen bin ich auch so wütend geworden. Verzeih mir doch, ja?«

»Du bist jung. Die Mädchen laufen dir nur so nach. Und ich?«

»Tanja! Erzähl doch keinen Stuss! Du bist noch … du bist für mich noch …«

Es wummerte gegen die Tür – die Wattepolsterung unter dem kreuzweise mit Riemen bespannten Kunstleder dämpfte den Lärm, und es war, als riefen sie durch ein Kissen: »Aufmachen, Polizei!«

»Tanja, hast du etwa noch nicht aufgemacht?«

»Nicht geschafft, zu viel gequatscht …«

»Polizei!«

»Warte, Tanja … Worüber haben wir grad geredet?«

Ein Krachen aus dem Flur, die Stiefel von irgendwem schmatzten feucht von der novemberlichen Straße über das lackierte Parkett.

»He! Ruhe da!«, rief Andrej ihnen streng zu.

Jetzt war das Wichtigste, mit seiner Frau zu sprechen – er musste ihr alles erklären, damit sie nicht dachte … damit sie zurückkam.

Da waren sie, diese Stiefel.

»Totgesoffen, Idiot?«

»Atmet er überhaupt? Oder soll ich den Sack holen?«

»Schau an, der hat Puls … Da ist was. He, du! Mann! Die Augen bewegen sich …«

»Scheiß auf seine Augen. Das ist doch ein Schlaganfall, Wassilitsch.«

»Willst mal wieder schneller sein als Papa! Lass mich erst mal schauen …«

»Als ob ich noch keinen Schlaganfall gesehen hätte. Vier allein in dieser Woche! Das isses!«

»Hör mal, Alexej, wenn ich sage, lass mich schauen, dann heißt das, du sitzt da und guckst zu.«

Bullenkampfstiefel kreisten räuberisch umher, mit taubengrauen, schmutzfleckigen Hosenbeinen darüber.

»Was ist es denn? Das Herz?«

»Genosse Wachtmeister, stören Sie mich nicht bei der Arbeit.«

»Wie denn das ... Wann kam der Notruf?«

»Wann er eben kam. Warum kümmert dich das?«

»Darum. Habt ihr etwa keine Richtlinien?«

»Und was ist mit euren Richtlinien? Wieso, verflucht, haben wir eine Stunde auf dich gewartet? Hast wohl bei den Huren die Papiere geprüft?«

»Werd mal nicht frech ...«

»Komm mir nicht so, klar? Mein Kittel hier hat nichts zu sagen, verdammt, es ist erst ein Jahr her, dass ich die Koppel abgelegt habe ...«

»Ach, leck mich!«

»He, Männer! Hier ist immerhin eine Frau anwesend.« Andrej konnte nicht an sich halten. »Tanja, vielleicht wartest du in der Küche?«

»Was brabbelt er da?«

»Nicht zu verstehen ...«

»Hör mal, Wassilitsch, wir müssen ihn einladen. Dem geht's nicht gut. Wie lange liegt der schon hier?«

»Der Notruf kam um halb acht.«

»Na bitte. Und jetzt ist es elf.«

»Wo wart ihr denn, verfluchte Scheiße?«

»Hör mal, Wachtmeister, mach mich nicht wütend, klar! Wir waren ... wo wir sein sollten.«

»Na gut, verdammt. Dann schreib ich das Protokoll. Die Wohnung haben wir Viertel vor zehn geöffnet, richtig?«

»Genosse Wachtmeister, keine Eile.«

»Michal Wassilitsch, wir müssen ihn einladen. Bei einem Schlaganfall zählt jede Minute.«

»Alexej, was redest du da? Verdammt, wie ein kleiner Junge ... Schau ihn dir an. Hier sind beide Seiten schon ... Völlige Scheiße.«

»Tanja, hör nicht hin, sie reden Unsinn. Ich habe einfach nur ... Weißt du, was? Der Wodka war schlecht. Ich hab den ossetischen gekippt. Ich komme ins Krankenhaus, und die kriegen mich wieder hin. Alles wird gut. Ist Anjuta nicht da?«

»Doch. Hier ist sie, Andrjuscha.«

»Hier bin ich, Pa.«

»An... Anjuta. Gut, dass du ... Solange es noch geht. Die bringen mich ins Krankenhaus, und da weiß man nicht, wie das mit Besuchen ist ...«

»Keine Sorge, Pa.«

»Wie alt bist du jetzt, Anjuta? Sieben?«

»Achtundzwanzig, Pa. Bleib liegen.«

»Aber du siehst aus wie sieben. Das Kleid, das du anhast, ist es das? Das von mir, ja?«

»Das von dir. Ich mag es sehr.«

»Anj... Du sagst, du bist acht...«

»Achtundzwanzig.«

»Ja ... Also bist du schon groß. Ich wollte mich damals ... entschuldigen oder so. Ein Scheißvater bin ich ...«

»Alles gut, Pa. Ich verstehe das. Du hast gearbeitet.«

»Was blökt er da rum?«

»Irgendwas vom Krankenhaus. Ich ruf da an, Michal Wassilitsch, oder? Im städtischen?«

»So ein Mist ... Na gut, ruf an. Die haben da sowieso keine Geräte. Und bis zum Bezirkskrankenhaus kriegen wir ihn nicht mehr. Der stirbt so oder so.«

»Und was sagen wir denen?«

»Was schon? Dass es kein Schlaganfall ist. Sondern Alkoholvergiftung.«

»Und die Autopsie?«

»Das mit der Autopsie regeln wir, keine Sorge. Als wir kamen, war er schon hinüber.«

»Nein, Leute, da spiel ich nicht mit! Ihr könnt bei euch schummeln, aber mich zieht ihr da nicht rein! Als ich kam, war bei mir keiner abgekratzt!«

»Genosse Wachtmeister, warum so unsozial? Müsst ihr etwa keine Berichte schreiben? Habt ihr keine Statistik? Könnt ihr uns nicht verstehen?«

»Doch, ich verstehe sehr wohl! Aber ihr verderbt mir mit euren Berichten nicht meine Berichte!«

»Leute, haltet doch endlich die Klappe! Ihr seht doch, ich rede mit meiner Tochter! Ewig nicht gesehen!«

»Mit wem sprichst du, Pa? Hier ist niemand – nur Mama und ich.«

»Hast du Serjoscha nicht mitgebracht?«

»Den hab ich zu Hause gelassen. Ich bring ihn zum Fest mit.«

»Wie geht's ihm, dem kleinen Ganoven?«

»Der hat vorgestern zu laufen angefangen. Direkt von selbst, ohne Hilfe, stell dir vor!« Anjuta lachte leise auf.

»Hier, ich habe seinen Pass gefunden. Also ... Serafimow, Andrej Andrejewitsch, geboren ... Der Mann ist neunundvierzig. Also, dann fülle ich es aus?«

»Warte mal, Genosse Wachtmeister. Das Ausfüllen hat doch keine Eile, oder?«

»Hallo. Krankenwagen fünf, Kotowsk. Wir haben hier einen Anfall ... Verdacht auf Hirnschlag. Lebensgefahr.«

»Verflucht, Alexej! Was machst du?«

»Was soll das heißen, nichts frei? Dann eben auf den Flur ... Na, wenigstens an den Tropf! Sicher verstehe ich das ... Und ich, soll ich ihn etwa hierlassen? Wenn er von selbst stirbt, ist das eine Sache ... Ja. Wir kommen.«

»Du willst dich wohl einschleimen, ja, Alexej? Und bei wem? Du weißt doch, für die Schlaganfälle müssen wir einstehen.«

»Ja, was soll ich denn machen? Der ist erst neunundvierzig! Tut einem doch leid.«

»Klar tut der einem leid, und wie. Bei uns im Land sterben die Männer im Schnitt mit achtundfünfzig. Wenn der hier mit neunundvierzig hopsgeht, schafft ein anderer dafür siebenundsechzig.«

»An... Anjuta. Und damals, weißt du noch, mit deiner Disco? Nun ... Verzeih mir. Das mit der ›Bordsteinschwalbe‹. Ich hab mir nur Sorgen gemacht, du warst so rausgeputzt, da kann ja sonst was passieren. Du bist doch so hübsch ... Wie deine Mutter ...«

»Lebt der hier allein? Im Pass ist ein Stempel: verheiratet, ein Kind ... Nein, Leute. Als ich kam, war er ganz sicher am Leben.«

»Wachtmeister ... Genosse Wachtmeister. Vielleicht sprechen wir dann über den zeitlichen Ablauf? Wann waren Sie hier und wann wir?«

»Das geht, das hab ich noch nicht ausgefüllt.«

»Also, dann wenigstens ein Stündchen früher?«

»Na, wenn's ein Stündchen ist ... Ich hatte gerade einen Notruf. Und dann kam was?«

»Und dann ... Zuerst haben wir die Wohnung gesucht. Er hat die Wohnungsnummer nicht genannt. Dann konnten wir nicht rein. Dann die Diagnostik. Der Tropf. Dann sprang das Auto nicht an. Wichtig ist nur, wann wir hier waren. Vor Ort.«

»Sag mal, Herr Doktor, wieso wart ihr eigentlich so spät dran?«

»Wir haben euren Kollegen geholfen, Herr Wachtmeister. Von der Verkehrspolizei. Auf der Autobahn, die brauchten Zeugen. Da konnten wir nicht ablehnen. Reicht das?«

»Das reicht. Das sind Wölfe für uns, keine Kollegen ... Na gut, das wärs dann ... Also, ihr fahrt? Dann mache ich die Wohnung selber zu?«

»Und da, wo der Pass war, ist sonst nichts Interessantes mehr?«

»Na ja ... ein Zehner.«

»Ein Zehner?«

»Bisher, ja.«

»Halbe-halbe.«

»Wieso, verfickt, halbe-halbe?«

»Sie, Genosse Wachtmeister, müssen ja noch die Wohnung zuschließen. Kann sein, dass Sie noch was Interessantes finden. Wir sind eh zu zweit, der Kollege und ich.«

»Hör mal, Michal Wassilitsch, ich brauch nichts. Nehmen tu ich nur von Lebenden.«

»Der lebt, Alexej, also mach hier keine Zicken. Die werden später was von dir wollen. So sauber ist dein Scheißbericht ja auch nicht.«

»Nee ... Nimm du dir, wenn du willst, ich brauch nichts.«

»Die Landetruppe ist also raus? Dann kriegst du zweieinhalb, Doktor, und ich den Rest?«

»Nichts da. Gib mir 'n Fünfer, und von mir aus stell die Wohnung auf den Kopf, bevor die Verwandtschaft wieder da ist.«

»Alter Raffzahn! Da haste, und jetzt haut schon ab ...«

»Danke für die schöne Zusammenarbeit. So, lass mich an die Arme ... Los geht's ... Vorsicht, der fällt gleich raus, siehst du das denn nicht? Ja, mit 'nem Sack wär's besser ... Was überlegst du, Alexej?«

»Na, neunundvierzig Jahre ... Das ist irgendwie zu früh für ihn. Der hat vielleicht noch was zu erledigen ...«

»Dafür sind wir ja am Leben! So ... Nein, du voran, ja, mit seinen Füßen ... So ...«

»Wir leben im Schnelldurchlauf. In diesem Drecksland ist ein Jahr so lang wie drei, genau wie an der Front ...«

»Schwund, Alexej, das ist der Schwund. Du hast recht. Ich hab mir die Statistiken angeschaut. Seit neunundachtzig hat sich die Bevölkerung in der Stadt um zwanzig Prozent verringert – Hoppla! Entschuldige, Mann ... Hab seinen Kopf gegen irgendwas gestoßen. Aber noch arbeiten wir in unserem Beruf! Mancher hat selbst das nicht.«

Und an Andrej vorbei schwebten die in der Anrichte ausgestellten Bärenjungen aus Porzellan, verblichene Tapeten, die schäbigen und zerkratzten Wände des Treppenhauses, das Sperrholz und Kunstleder der Nachbartüren, die feuchte, braune Novembernacht, die von Kötern angepissten Laternenpfähle, Stämme irgendwelcher Bäume, Zypressen wahrscheinlich – genau, es waren Zypressen –, die Säulen des Kulturhauses, das an der Uferstraße stand, dann die Kioske der Eisver-

käuferinnen und schließlich der sanftwarm atmende
Abend von Gelendschik in tiefem Blau, und das Meer,
das Meer, das Meer ...

»Tanja ...«, sagte Andrej leise und nahm die Hand
seiner Frau.»Gott sei Dank konnte ich dir noch alles
sagen ...«

DIE OFFENBARUNG

»Mit Quittung. Fürs Gas. Hundertneunzig Rubel«, präzisierte Walerik und hielt sich dabei sicherheitshalber die Hand vor den Mund, obwohl die Kassiererin hinter einer dicken Glasscheibe saß. Sich auf den Beinen zu halten war schwer. Grässlich, diese Schwäche, und von Zeit zu Zeit tauchte Walerik ab ins Dunkel, vergaß sich für eine Sekunde, fing sich aber gleich wieder. Seine offene Flasche Starkbier schaute ihn unter dem Schalter hervor an – verlockend, schmachtend, ganz überzogen mit Kondenswasser. Für die Kassiererin unsichtbar, liebkoste Walerik sie mit seinen leicht zitternden Fingern und bat unhörbar um Aufschub. Das war immerhin die Sparkasse. Eine Institution! Irgendwas musste einem auf dieser Welt doch heilig sein.

»Ich bekomme zweihundert von Ihnen. Wir haben kein Wechselgeld da. Nehmen Sie sich stattdessen ein Los«, knurrte die Kassiererin mit strengem Blick auf Walerik durch das kugelsichere Glas.

Da war kein fragender Tonfall in ihrer Stimme oder wenigstens ein entschuldigender. Nein. Im Gegenteil – eine versteckte Drohung: Muck bloß nicht auf, du Säufer.

Das war unnötig. Walerik war kein Alkoholiker. Er war ein einsamer Mann, der aus Gründen, die sich seiner Kontrolle entzogen, gescheitert war, dazu unberührt von weiblicher Zuneigung oder sonstigen Leidenschaften, außer dem Fußball, nicht ganz gepflegt und ein wenig trübsinnig. Seine Hose hatte zwar eine Bügelfalte, war jedoch mit Eigelb und Sardinenöl befleckt. Auch sein Jackett war zerknittert, aber wenigstens hatte er eins an? Das hatte er! Walerik kämpfte nach Kräften mit den grausamen Schlägen des Schicksals und benutzte Eau de Cologne, aber manchmal gewannen diese Schläge einfach die Oberhand, und dann wendete er das Eau de Cologne innerlich an. Man konnte Walerik also nicht als verkommen bezeichnen, o nein! Als verkommend? Möglicherweise.

Er wollte aufbrausen. Mit der Faust auf den Schalter hauen!

Das ist Betrug am Werktätigen! Die hat doch neben sich noch das Silbergeld gestapelt, das sie gerade eben einer Omi abgeknöpft hat. Die will nur ihr Plansoll erfüllen – nämlich der Bevölkerung täglich tausend Lottoscheine andrehen. Dem Volk noch mehr Geld abnehmen und ihm ein wenig Hoffnung auf ein Wunder aufschwatzen, das sich verflüchtigt, noch bevor man die Sparkasse verlassen hat: Express-Lotterie, rubble das Los mit einer Münze und finde dich endlich mit deinem idiotischen Schicksal ab.

Wie lange noch?

»Geben Sie her«, brummte Walerik.

Die Kassiererin grinste triumphierend – was für eine Null du doch bist – und warf ihm zusammen mit der bezahlten Quittung ein Los mit der trostlosen Trikolore durch den Schlitz. Ein chancenloses, wie Waleriks Jugend. Da. Friss.

Walerik nahm das Los, drehte es in den Händen, steckte seine Hand in die löchrige Tasche und ertastete den Wohnungsschlüssel, der sich wie durch ein Wunder dort verhakt hatte. Er kratzte mit dem Schlüssel auf dem Feld herum ...

»Was denn, wollen Sie hier einziehen?«, fragte die Kassiererin scharf.

Die hinter ihm stehende, schwangere Madame drängte Walerik mit ihrem Bauch Richtung Ausgang. Walerik seufzte traurig, da er das Los noch nicht freigekratzt hatte, nahm seine Bierflasche und trollte sich nach Hause.

In der Küche legte er das Los auf die Wachstuchtischdecke mit Sonnenblumenaufdruck, schlurfte in den Flur, die Schlüssel holen, und kratzte die restlichen Felder frei.

Zwei Mini-Autos, eine Mini-Sonne, zwei spöttische Barbies, ein Transistorradio, drei stilisierte Dollarbündel. Walerik wendete das Los und las sich alles durch. Wendete es wieder und betrachtete die Felder. Ihm brach der Schweiß aus. Wieder wendete er es auf die Seite mit den Regeln. Drehte am aufbrüllenden Wasserhahn, trank vom rostigen Wasser, benetzte seinen Hals und betrachtete erneut die aufgekratzten Felder.

Sah so aus, als hätte er eine Million Rubel gewonnen.

Walerik ging zum Fenster, zog das in den Ritzen angetrocknete Schaumband ab, riss den Fensterflügel auf und atmete die gammlige Nowokusnezker Luft ein. Begann zu zählen. Das hieß, das Geld würde für neun Lebensjahre reichen – wenn man sein derzeitiges Gehalt nahm.

Ein solch unverdientes Glück machte Walerik Angst.

Neun Jahre? Lächerlich!

Zusammen mit dem Reichtum waren Versuchungen über Walerik gekommen, an deren Existenz er zuvor nicht zu denken gewagt hatte. Ein Auto. Mehr Wohnraum. Eine Reise. Restaurantbesuche. Prostituierte.

Dann meinte er auf einmal, sein Wohlergehen sei bedroht. Die Finanzkrise hatte gerade ein wenig nachgelassen, aber Walerik, bei dem unerwartet das Interesse an Wirtschaftsnachrichten erwacht war, ging ganz sicher von ihrer Wiederkehr aus. Das Geld musste gerettet werden. Er musste es verstecken.

Und so begann Walerik, in den Zeitungen die Angebote von Teilzeitnutzungsrechten, Finanzpyramiden und offenen Investmentfonds zu studieren. Von den Perspektiven wurde ihm schwindlig, aber er bekam auch ein wenig Schiss. Unfähig, eine Wahl zu treffen, und den Banken misstrauend, wälzte sich Walerik Nacht um Nacht auf einer Plastiktüte mit der Million hin und her und konnte nicht einschlafen. Verging vor Ungewissheit.

Die Lösung kam unerwartet, war aber gleichzeitig vorhersehbar: Walerik fiel Gaunern in die Hände. Auf dem übel riechenden Obst- und Gemüsemarkt erkannte ihn ein Mann mit pechschwarzem Schnauzbart anhand eines Zeitungsfotos und klopfte ihm auf die Schulter.

»Hör mal, Bruder! Du hast deinen Zaster noch, oder?«
Walerik bekam Schluckauf, zog den Kopf in den
Harnisch seines vom Schweiß gehärteten Jacketts und
wollte gerade mit seinem Bärlauch und den restlichen
Einkäufen um die Ecke entwischen, aber der Schnauzbärtige lächelte mit einem Charme, zu dem nur Schnauzbärtige fähig sind, und hielt Walerik fest.

»Kurz gesagt, da lässt sich was drehen«, zwinkerte er
Walerik zu. »Stadtverwaltung. Ich krieg dich da unter.
Ins gemachte Nest. In der Kommunalverwaltung ist was
frei geworden.«

Walerik verstand rein gar nichts, aber der Schnauzbärtige blieb hartnäckig und erklärte: Wenn Walerik
gewissen Gewalten neunhundertachtzigtausend zahle,
könne er den Posten des stellvertretenden Amtsleiters
in einem Bezirk von Nowokusnezk übernehmen. Gleich
jetzt.

Walerik glaubte das natürlich nicht. Dass Ämter
zum Verkauf standen? Nein, die Welt konnte nicht so
einfach eingerichtet sein. Aber er war dermaßen erschöpft von der Notwendigkeit, über die Zukunft der
unglücklichen Million zu entscheiden, dass er sich durch-
rang und zustimmte – und damit wie ein überreifer
Apfel in die geschickten Hände des Schnauzbärtigen
fiel.

»Ich lauf nur schnell nach Hause«, seufzte Walerik
leise und dachte unwillkürlich, dass er es mit der ver-
bleibenden Summe von zwanzigtausend Rubeln viel
leichter und entspannter haben würde.

»Nein! Nicht doch, Bruder! Das ist nicht für mich!«
Der Schnauzbärtige schien erschrocken zu sein. »Du
weißt, wo die Stadtverwaltung ist? Da muss es hin.

Vierter Eingang, da gehst du rein, an der Wache vorbei zum Lift. Da legst du das Geld rein und drückst den Knopf für den ersten Stock. Und leg einen Zettel dazu: Du willst diesen und jenen Posten.«

»Mehr nicht?«

»Mehr nicht«, lächelte ihn der Schnauzbärtige an, biss mit seinen Goldzähnen von einem knackigen Apfel ab und verschwand.

Noch völlig benebelt, lief Walerik nach Hause, holte die Tüte unter der fleckigen Matratze hervor und zog los Richtung Stadtverwaltung. Der gesuchte Eingang war schnell gefunden – so hoffnungslos düster, dass man gleich dort mit einer Reform der Wohnungs- und Kommunalwirtschaft beginnen wollte. Ein Wachmann war nicht da, der Lift hingegen schon. Altersschwach, mit angekokelten – gleichsam tränenden – Knöpfen und natürlich mit dem unverzichtbaren Gerüchlein.

Walerik zählte die ihm zustehenden zwanzigtausend für sich ab, steckte sie in die Brusttasche, legte den Bittzettel in die Tüte – als würde er ihn in die Klagemauer stecken –, bekreuzigte das Geld gebührlich, drückte den Knopf für den ersten Stock und sprang gottesfürchtig im letzten Moment aus der Kabine. Die Aufzugtüren klapperten, verschlangen die Opfergabe, dann fuhr der Lift schwerfällig nach oben.

So verabschiedete sich Walerik von seinem Geld.

Drei Tage kam von der Tüte keine Nachricht, und Walerik hatte sich schon damit abgefunden: Schließlich erwartet der Russe vom Schicksal ständig etwas in der Art, und wenn das Leben plötzlich entgegen allen Regeln in die richtigen Bahnen kommt, ergreift ihn eine unerklärliche Besorgnis. Am vierten Tag erhielt Walerik einen Anruf mit der Bitte, in die Verwaltung zu kommen. Er griff sich den für alle Fälle gepackten Notkoffer mit Wäsche zum Wechseln, einem Stück Haushaltsseife, einem Löffel, einem Becher und einer Packung Graupen und stieg in den Bus.

In der Verwaltung brachte man ihn zum Amtsleiter, nahm ihm den Ausweis ab, dann wurde er hineingerufen. Walerik verfluchte sich für seine Leichtgläubigkeit, kratzte noch etwas Eigelb vom Hosenbein, sagte sich dann, dass man den Brunnen nicht erst dann zudecken sollte, wenn das Kind schon hineingefallen ist, und betrat das Amtszimmer der Obrigkeit.

Der Amtsleiter war ein schwerfälliger und verschlissener Mann. Ständig schaukelte er hin und her, verlagerte sein Gewicht von der linken Gesäßhälfte auf die rechte und zurück, als säße er nicht im Ledersessel, sondern in einer Pfanne mit zischendem Öl, das immer heißer wurde.

Die Zusammenkunft war überraschend kurz und formell.

»Ich gratuliere Ihnen natürlich«, sagte der Chef matt. »Aber Sie haben viel Arbeit vor sich. Einen Monat kriegen Sie, um sich umzusehen, und ab dem nächsten werden Sie je die Hälfte in den Lift legen.«

»Die Hälfte wovon?«, fragte Walerik verlegen.

»Von einer Million. Jeden Monat«, erklärte ihm der müde Präfekt geduldig.

»Und wo soll ich die hernehmen?«, fragte Walerik erstaunt.

»Von den Leibeigenen. Woher sonst?«, fragte der Amtsleiter nicht minder erstaunt zurück. »Sie sind mit der Wirtschaft betraut. Also holen Sie's da raus.«

»Das kann ich nicht ...«, stammelte Walerik mit fiebrig heißem Kopf und fröstelnden Händen.

»Wenn nach Abschluss des zweiten Monats die Hälfte nicht kommt«, seufzte der Präfekt und schaute so mitfühlend wie Pontius Pilatus bei bewusstem Gespräch, »gibt's ein nettes kleines Strafverfahren wegen Finanzvergehen. Die Obrigkeit fordert, die Reihen zu säubern. Hast du das über deinen Vorgänger in der Chronik der Vorkommnisse nicht gelesen?«

Walerik schüttelte schwerfällig den Kopf.

»Na, dann los«, sagte der Präfekt kummervoll. »Die Heimat zählt auf dich.«

Die erste Woche verharrte Walera in Schockstarre. Aus dem Sog des Wodkawirbels herauszurudern schaffte er erst Mitte der zweiten Woche, nachdem er zufällig in einer alten Zeitung jene Chronik der Vorkommnisse gelesen hatte. Danach ging er in die städtische Badeanstalt, sammelte zu Hause alles zusammen, was nach Alkohol roch, und brachte es zum Müll – will sagen: übergab es einer gemeinnützigen Stiftung.

Er hatte sich berappelt.

Und fuhr zur Inspektion der örtlichen Versorgungswirtschaft des Wohngebiets Nowobaidajewka, eines heruntergekommenen Wohnkomplexes, der mit Nachkommen von Kohlekumpeln besiedelt war.

In Nowobaidajewka war alles zum Gotterbarmen – im Katerzustand empfand Walera das besonders scharf. Es gab kein warmes Wasser, in den Hauseingängen standen Blut und Urin knöchelhoch, und an den gelben Gasrohren in den Höfen der Neunstöcker machten dynamische Jungs mit Undercut-Haarschnitten Klimmzüge.

Zuerst lechzte Walera nach Starkbier, dann nach Beruhigungstropfen, aber beide Male blieb er standhaft. Er klapperte die Wohnungsämter ab, trommelte die Chefs zusammen und hielt in der Aula der Schule Nr. 99 schwitzend vor Aufregung eine Rede.

»Genossen!«, sprach Walera mit sich überschlagendem Falsett zur vielköpfigen, trübäugigen und alkoholausdünstenden Hydra, die ihn versteinert ansah und dabei rätselte, wie sie ihn am geschicktesten verschlingen konnte.

»Genossen! Nowobaidajewka ist in beklagenswertem Zustand!«, kam Walera hitzig wie der Revolutionär Ordschonikidse zur Sache.

Im Saal schnarchte jemand flegelhaft.

»Entlassen!«, donnerte Walera.

Der Schnarcher kratzte sich an einer obszönen Stelle und machte es sich in Seitenlage bequem. Die anderen aber waren aufgewacht.

»Heute ist Nowobaidajewka eine Hochburg des Sozialismus«, sagte Walera aus irgendeinem Grund. »Doch ich möchte Sie mitnehmen in den Kapitalismus!«

»Demokröte!«

Ein Tantchen mit Dauerwelle und einer eckigen Brille wie die von Serienmörder Tschikatilo stand auf, schnäuzte sich und stapfte zum Ausgang.

»Lasst uns der Bevölkerung dienen!« Walera ließ nicht locker. »Warum sollte der Klempner einen Wasserhahn oder ein Rohr nicht reparieren? Warum sollten die Gasarbeiter bei einem Notfall nicht spätestens am dritten Tag eintreffen? Vielleicht schaffen wir es bis Neujahr, dass warmes Wasser kommt!«

Die Blicke der Zuhörer wurden glashart.

»Nicht unentgeltlich, natürlich«, sagte Walera leise, aber eindringlich, er hatte diese wundertätige Intonation vom Ministerpräsidenten im Fernsehen gelernt.

Der glasige Glanz wurde ölig.

»Aber wie?«, fragte zaghaft ein kleines Kerlchen mit behaarten Fingern.

»Durch Arbeit!«, antwortete Walera so selbstsicher wie möglich und kniff nach dieser Kühnheit die Augen zusammen.

Wunder gibt es selbstverständlich nicht, und warmes Wasser begann auch nicht zu fließen. Doch immerhin nüchterten sich die Klempner teilweise aus und gingen als erste Tributeintreiber durch alle Wohnungen, wo der Wasserhahn tropfte oder ein Rohr geplatzt war. Die Leute von Nowobaidajewka, vom Leben kaum verwöhnt, waren bereit zu zahlen – der eine hundert Rubel, ein anderer zweihundert. Die eine Hälfte behielten die Installateure für sich, die andere trugen sie ins Wohnungsamt. In den Wohnungsämtern wurde ebenso verfahren: Die Hälfte der Kasse ging an Walera. Ebenso war es mit den Gasmonteuren und Hausmeistern. Den Omis – stillen Agenten des Sozialismus – reparierten sie alles kostenlos und mischten ihnen Baldrian in den Tee. Das Geld tropfte zunächst wie Wasser aus einem gerade reparierten Wasserhahn, dann floss es in einem dünnen, inkontinenten Strahl, und schließlich rauschte es wie ein fröhlicher Bach, als käme es aus einer von Randalierern zertrümmerten Fernheiz-leitung.

Im zweiten Monat kam die halbe Million mit Ach und Krach zusammen, im dritten schon spielerisch. Walera bog die Schultern gerade und schmückte sie mit einem neuen Nadelstreifenanzug. Betrat er Wohn-siedlungen, die ihm nicht rechenschaftspflichtig waren, schaute er sich dort bereits auf Herrenart um, wür-digte an einer Stelle gebührend den Einfallsreichtum der Lokalverwaltung und notierte sich an anderer Stelle die örtlichen Fehleinschätzungen. Hier standen zum Beispiel zwei Verkaufskioske ohne Strom, sie boten Zi-garetten feil. Da konnte man doch schwarz ein Kabel hinverlegen und sich monatlich zweitausend abschnei-den. Tausend für den Strom, tausend dafür, dass keine Kontrolle kam. Schade nur, dass er keine Handelsgeneh-migungen erteilen konnte!

Das Geld legte Walera in den magischen Lift. Der Lift fuhr in den ersten Stock hinauf – obwohl, dem Knir-schen im Schacht nach zu urteilen, befand sich die-ser erste Stock ziemlich weit oben – und Walera setzte seine Arbeit fort.

Im Büro des Präfekten begutachtete er bereits auf-merksam die Details der Einrichtung, fand allmählich Geschmack am Leben. Ein Ledersessel. Ein Computer. Die Holzverkleidung der Wände ganz ebenmäßig. So sollte es sein!

Der Präfekt jedoch wurde immer dünner, immer blas-ser, als ob ihn eine Krebserkrankung von innen auffraß.

Und als Walera einmal wegen der Schneeräumung zum Termin kam, stieß er auf den erschrockenen Blick seiner Sekretärin.

Emmotschka errötete.

»Also, gegen Pjotr Wassilitsch wurde doch da ... Anklage erhoben ...«

Walera überlief es heiß. Er raste nach Hause, raffte alle nicht durch eigene Arbeit erzielten Einkünfte zusammen – es waren schon zwei Millionen zusammengekommen – und wollte sie zunächst in ein Waisenhaus bringen, dann verbrennen, doch dann erinnerte er sich auf einmal an sein allererstes Gespräch mit dem Präfekten. Er steckte das ganze Geld in eine Tüte und eilte zum vierten Eingang der Verwaltung. Am tief schlafenden Wachmann schlich er sich vorbei, rutschte auf Knien in den vollgepissten Lift, legte seine Ersparnisse auf den Boden, und – ohne auch nur um irgendetwas zu bitten! – nur eine Notiz mit seinem Namen hinterlassend, streckte er seine Hand zu den Knöpfen aus.

Zuerst wollte er wie gewohnt den ersten drücken, kam dann jedoch ins Grübeln. Sicher musste das nicht mehr in den ersten, sondern in den zweiten geschickt werden, wenn man logisch überlegte.

Er riskierte es. Schickte es in den zweiten.

Wenn sie ihn nur verschonten ... Wenn sie ihn nur nicht anrührten ...

Völlig desolat fuhr Walera nach Hause und gab sich zum ersten Mal im laufenden Quartal die Kante.

Einen Tag später kam ein Anruf aus der Verwaltung.

Sie bestellten ihn ein.

Und ernannten ihn zum Präfekten. Als Auszeichnung für den Erfolg bei der Verbesserung der Tätigkeit der Wohnungs- und Kommunalwirtschaft, sagten sie.

Anfangs war das natürlich beängstigend. Das frei gewordene Büro betrat Walera schleichend, unsicher setzte er sich an den Tisch, als fürchte er, das Andenken des vorigen Besitzers zu verletzen, den die wachsame russische Themis irgendwohin in die Nähe von Bratsk verbannt hatte.

Emmotschka half ihm, sich zurechtzufinden. Sie klopfte an die Tür – schicksalsergeben und sogar in einem aufreizenden Mini. Ganz und gar die flotte Biene.

»Also, äh ... soll ich morgen anfangen?«, fragte sie mit gesenktem Blick und beugte sich beim Abstellen des Tees so weit vor, dass ihr Dekolleté sich fast entleert hätte.

Waleras Kehle war ausgetrocknet – und er beschloss, dem Schicksal keinen Widerstand zu leisten.

»Schließ die Tür, Häschen«, sagte er mit fremder Stimme zu Emmotschka. »Wir führen jetzt eine Prüfung auf Diensttauglichkeit durch.«

Außer einer schamlosen Sekretärin standen Walera auf seinem neuen Posten auch ein Dienstwagen, eine Wohnung zum Sonderpreis in einem gerade fertiggestellten Neubau sowie ganz andere Freunde zu.

Aber es gab auch jede Menge zu tun. Bei einem zwanglosen Gespräch am Grill wurde Walera erklärt, in den zweiten Stock müsse von nun an jeden Monat eine ganze Million geschickt werden: So sei das Universum eingerichtet.

Seine neuen Freunde waren ein Assistent des Staatsanwalts, ein stellvertretender Leiter der Abteilung Inneres und der Leiter des Gesundheitsamts. Sie fuhren verbeulte deutsche Autos, waren insgesamt aber mit ihrem Leben zufrieden. Fiel in einem Gespräch mit ihnen versehentlich das Wort »Lift«, rief es stets ein verschwörerisches Freimaurerlächeln hervor.

Doch Walera, der den Geschmack des schnellen Erfolgs gekostet hatte, verspürte nach einiger Zeit Langeweile. Die Holzverkleidung an den Wänden seines Büros erschien ihm schon nicht mehr so luxuriös, da lockte ihn eher die Wappentapete im Empfangszimmer des stellvertretenden Bürgermeisters, denn die versprach verbotene Freuden.

Zunächst versuchte er, sich mit Ausschweifungen abzulenken, und stellte eine zweite Sekretärin ein. Doch schon bald setzte sich sein Tatendrang durch, und er konzentrierte sich gänzlich auf die Bedarfsdeckungswirtschaft. Neben Nowobaidajewka unterstanden ihm jetzt Baidajewka, Montasch, Werchnjaja Kolonija, Abaschewo, Belyje Doma und die Siedlung Drei-Vier. Schwieriger war es, die Tribute aus den Wohnsiedlungen des Ordschonikidsewski-Bezirks einzutreiben. Hier mussten die Kader auf Vordermann gebracht und Aufklärungsarbeit geleistet werden. Einige dieser Kader verschickte er Richtung Bratsk und andere, Gott sei ihren Seelen gnädig, noch ganz woandershin. Glücklicherweise gab es unter Waleras neuen Freunden auch solche, deren Namen man nicht ungestraft missbrauchte.

Es kam so viel Geld zusammen, dass es Walera unangenehm wurde, alle Überschüsse für sich zu behalten. Da war er schon als Erster in seinem Kreis auf einen ziemlich neuen BMW umgestiegen. Da hatte er schon seinen Neubau renoviert und sogar angefangen, ein Wochenendhäuschen zu bauen. Aber es blieb trotzdem noch Geld übrig.

Wie sehr Walera auch kapitalistische Ideale predigte, war er doch im Sozialismus aufgewachsen und sein genetisches Gedächtnis erste Sahne. Was ihm aus heiterem Himmel zugefallen war, beschloss er zur Beruhigung seines Gewissens zu teilen. Zunächst legte er anderthalb Millionen in den Lift, dann zwei.

Der stellvertretende Bürgermeister zeigte sich wenig erfreut über Waleras Eifer, wurde nörglerisch und launisch. Und dann wollten Walera auf einmal die netten, wohlerzogenen Leute vom Inlandsgeheimdienst kennenlernen.

Der Knilch fürchtet um seinen Posten, ging Walera plötzlich ein Licht auf. Er merkt, dass er unproduktiv ist. Nicht zurechtkommt. Und nun schmeißt er Walera einfach raus, wie er zuvor Pjotr Wassilitsch rausgeschmissen hat. Wie im Schachspiel. Zack – und das Feld des frech gewordenen Springers belegt ein hirnloser Bauer.

Warum?, rebellierte Walera auf einmal. War er wirklich ein Waschlappen geblieben? Warum sollte auf dem Stuhl des stellvertretenden Bürgermeisters ein nichtsnutziger Blutsauger sitzen, wenn ich seiner würdiger bin – da, die Leistungen im Lift sprechen für sich, die Summen stellt niemand infrage!

Aufgebracht von Angst und Wut, hetzte Walera nach Hause. Nahm alles Geld, was da war, riss ein Blatt aus einem Heft, schrieb alle seine Wünsche darauf – und ab damit zum Lift. Selbstbewusst drückte er auf den Knopf für den dritten Stock und schickte die Opfergabe hinauf.

Eine Woche später wurde der stellvertretende Bürgermeister versetzt, und auf den frei gewordenen

Posten – ins Büro mit der Wappentapete – berief man Walera.

Kleine Rochade.

Waleras Kumpanen von seinem vorherigen Posten befanden sich nun alle in einer gewissen Abhängigkeit von ihm, und wenn sie in seinem Büro vorbeischauten, krümmten sie sich tief hinab, damit Walera es leichter hatte, seine Dominanz zu behaupten. Aber Walera erniedrigte niemanden ohne Notwendigkeit. Wozu auch? Walera brauchte ein einmütiges Team, sonst war das Geld für die nächste Beförderung nicht zusammenzukratzen.

Aufhören konnte er schon nicht mehr. Er schielte nach dem gepanzerten Mercedes des Bürgermeisters, fuhr absichtlich an seinem Landhaus vorbei, brachte ihm nach dem gemeinsamen Mittelspiel kalten Kwas in die Sauna und dachte dabei: Wie viel muss ich zusammenbringen, um Sie wegzuschieben, Andrej Palytsch?

Er sparte, wo er konnte. Belegte die Lebensmittelgroßmärkte, die Miliz, die Stadtwerke und die Feuerwehr mit Tribut. Natürlich ächzte die Miliz – sie musste ihren eigenen Lift füttern –, aber sie zahlte.

Doch Walera dachte ständig: Herrgott, wenn ich schon einen solchen Umsatz mache, wie sieht das dann beim Bürgermeister aus?

Andrej Palytsch war eigentlich ein passabler Kerl, und Walera hatte Skrupel, ihm ganz offen ein Bein zu stellen. Da kam der Herzinfarkt gerade recht.

Die verwaisten Bürgermeistergemächer betrat Walera so, als wolle er einige Dokumente zur Unterschrift bringen. Als er dann aber drin war, wusste er: Von hier gab es kein Zurück. Nur ein Höher! Die Möblierung war schlicht: Porträts des Präsidenten und des Ministerpräsidenten, unseres Doppeladlers, der eine mit blauer Krawatte, der andere mit roter, das Inventar recht armselig, noch sowjetisch, der Blick aus dem Fenster auf den rauchenden Höllenofen des Westsibirischen Metallurgischen Kombinats, aber, klar: alles Tarnung. Irreführung. Kratz mal an der Spanplatte – da sieht man, der Tisch ist ganz aus Gold, die Stühle auch. Wenn man nicht gerade zwei linke Hände hatte, wurde auf einem solchen Posten alles, was man anfasste, zu Gold. König Midas wäre mit diesem Posten wohl zufrieden gewesen – aber für Walera zeichnete sich in der Ferne schon der Gouverneursstuhl ab!

Nachdem er mit titanischer Anstrengung so viel zusammengesammelt hatte, dass es durchaus für eine Villa und einen Mercedes gereicht hätte, riss Walera ein Blatt aus dem Heft und beichtete darauf dem Lift seine dunklen Wünsche. Nein, es war nicht so, dass er dem Bürgermeister keine Genesung wünschte, er wollte nur, dass dieser für den Rest seines Lebens keinen Stress mehr hätte. Und diese Arbeit war nun einmal stressig ...

Einen Tag später verschlimmerte sich der Zustand des Bürgermeisters, man brachte ihn nach Moskau. Und dort geschah dann das, was eben geschah, und Walera hatte damit nichts zu tun.

Das Amtszimmer war ihm rechtmäßig zugefallen.

Emmotschka befehligte nun einen ganzen Staat langbeiniger Hinterwäldlerinnen, und niemand wagte es noch, Walera mit Walera anzusprechen. Nur noch mit dem ehrerbietenden »Waleri Iljitsch«.

Bei der neuen Arbeitsstelle war alles nach Waleri Iljitschs Geschmack. Die Intuition hatte ihn nicht getrogen: Was sollte er noch mit Lebensmittelmärkten oder der Feuerwehr, wenn es das Westsibirische, das Nowokusnezker und all die anderen großen Stahlwerke gab – und das war nur die Metallurgie, dazu kam ja noch die Kohle! Der einzige Wermutstropfen: Er harmonierte nicht mit dem Gouverneur.

Der Gouverneur saß ungefähr seit jener Zeit auf seinem Posten, als die Kosaken an der Stelle des heutigen Nowokusnezk die erste Siedlung gegründet hatten. Und während Waleri Iljitsch mit seinen Scheinen einen stummen Lift fütterte, hatte der Gouverneur anscheinend schon vor langer Zeit eine Übereinkunft mit viel finstereren Kräften getroffen – er war ja nicht umsonst früher Bergmann gewesen. Klar, der hatte sicher bei der Arbeit Kontakte geknüpft.

Aber Waleri Iljitsch war nicht mehr zu bremsen. Sein Lottoschein von damals schien ihm mittlerweile nur ein Fingerzeig des Schicksals – und der Finger wies jetzt eindeutig auf den Gouverneursposten.

Wie viel war wohl nötig, um auch dieses Rodeo zu reiten? Zehn Millionen Dollar? Zwanzig?

An der Spitze der städtischen Versorgungswirtschaft von Nowokusnezk war es öde und einsam. Das von den Schornsteinen des Metallurgiekombinats erzeugte Gewölk überragte nur der Olymp des Gouverneurs – aber hinsichtlich seiner Besteigung gab es niemanden, mit dem sich Waleri Iljitsch hätte beraten können. Sieger bleiben bekanntlich immer allein.

Nach der Belegung der Stadt mit dem Zehnten – die Kirchen übrigens eingeschlossen, denn auch das war ein herrliches Geschäft – hatte Waleri Iljitsch fünfzig Millionen zusammen. Rund fünf Minuten lang schleppte er aus seinem japanischen Geländewagen Säcke mit Geld in den verwahrlosten Eingang – in so einen Inkasso-Sack passten eben nicht mehr als zwei Millionen.

Er befüllte den Lift fast mannshoch, langte zu den Knöpfen ... und erstarrte.

Der vierte Knopf war der letzte auf dem Tableau, und dorthin hatte er das Geld schon beim letzten Mal geschickt, als er Bürgermeister werden wollte.

Waleri Iljitsch wurde klar, dass er an die Decke gestoßen war.

Verwirrt und traurig setzte er sich direkt auf die grünen Leinensäcke und zündete sich eine Zigarette an. Und während er die ihm bereits überdrüssig gewordene Sobranie qualmte, kam er auf einen kühnen Gedanken. Er richtete sich auf, schob die aufgehäuften Geldsäcke vom Tableau weg und drückte den Notrufknopf.

»Ich höre«, kam eine näselnde Stimme aus dem Metallgitter.

»Höher als bis zum vierten Stock geht es nicht?«, fragte Waleri Iljitsch.

»Hier nicht«, sagte die Stimme.

»Wo dann?«, fragte Waleri Iljitsch vorsichtig.

»In Moskau dann«, antwortete die Stimme träge.

»Darf ich zu Ihnen hoch?«, schluchzte Waleri Iljitsch auf einmal. »Ich möchte so gern reden! Und habe niemanden ...«

»Wohin hoch?« In der Stimme lag ein Hauch von Überraschung.

»Na, zu Ihnen. Aufs Dach?«

»Das Dach ist in Moskau«, erklärte die Stimme müde.

»Notieren Sie die Adresse.«

Für Moskau kleidete sich Waleri Iljitsch sorgfältig, damit ihn niemand als Provinzlusche erkannte: schlangenlederne Schuhe, schwarze Hosen, eine Jacke aus weichem italienischem Leder mit Pelzkragen und eine warme Mütze mit Nerzbesatz außen.

Er nahm ein Taxi direkt zum Alten Platz, wo sich, den Anweisungen nach, sein nächster Lift befand. Die Dollar tauschte er, klare Sache, in Fünfhunderteuroscheine, denn diese erstaunlich dicken Scheine waren wie geschaffen für die umsatzstarke russische Wirtschaft – und besonders für Bestechung.

Da war er nun. Zuerst lief er auf ein unnahbares imperiales Gebäude hinter einem Eisenzaun zu, aber die Hausnummer stimmte nicht. Dann vertiefte er sich in die Gassen, die Höfe, er suchte und suchte, und schließlich stieß er auf die richtige Adresse. Erstaunlich: Ihm kam es so vor, als habe er halb Moskau durchquert, war aber praktisch zum selben Gebäude zurückgekehrt, nur zu dessen Rückseite. Offenbar führten in Moskau alle Wege hierhin. Zumindest die der Beamten.

Der Eingang hier war selbstverständlich ganz anders, nicht wie in Nowokusnezk. Eine breite Treppe, ein schlafender Concierge, ein bronzener Kronleuchter – und ein gediegener alter Lift mit zwei Holztüren.

Waleri Iljitsch legte vorsichtig seinen Aktenkoffer aus Krokodilleder auf den Boden, schaute zu den Knöpfen – und erstarrte: Da war nur ein Knopf, keinerlei

Stockwerke, nur der Pfeil nach oben:»Hoch«. Abgesehen vom Alarmglöckchen.

Er hätte einfach gehen können, natürlich; aber Waleri Iljitsch hatte noch so viel zu sagen! Ihn ritt der Teufel, also drückte er auf das Glöckchen.

»Ich komme aus Nowokusnezk«, teilte er dem Lift mit. »Hier, ich habe Geschenke mitgebracht.«

»Ich blättere bereits in Ihrer Akte«, antwortete der Lift. »Gouverneur wollen Sie werden?«

»Und ...« Waleri Iljitschs Kehle war ausgetrocknet. »Und was ginge noch?«

»Und was wollen Sie denn?«, erkundigte sich der Lift durchaus freundlich. »Wollen Sie zu uns, nach Moskau?«

»Ich ... äh ... Wie viel?«

»Kommt drauf an, wohin.«

»Nun, ich würde gern ... in ein Ministerium.«

»In ein Ministerium, das geht. Zur Auswahl stehen: Stellvertretender Minister im Ministerium für regionale Entwicklung, im Ministerium für wirtschaftliche Entwicklung oder im Ministerium für Kommunikation. Wofür schlägt am ehesten Ihr Herz?«

»Ich ... Mir ...« Von diesen Aussichten wurde Waleri Iljitsch schwindlig. »Ministerium für wirtschaftliche Entwicklung! Das passt am besten zu meinen persönlichen Zielen.«

»Drücken Sie den Knopf, und dann werden Sie schon sehen«, riet ihm der Lift.

»Und habe ... Habe ich genug dabei?«, fragte Waleri Iljitsch erregt.

»Haben Sie's in Fünfhundertern?«, fragte der Lift scharfsinnig. »Dann findet sich alles. Ist ja nur die erste Rate, Sie verstehen.«

Das rauschhafte Moskau zog Waleri Iljitsch in einen Wirbel von Ereignissen: ein neuer Arbeitsplatz, schlanke Frauen mit reiner Haut, der Kauf einer Wohnung auf der Petrowka, Besprechungen, Besprechungen, Besprechungen ... Mit der Karriere ging es steil bergauf. Als Wechselgeld vom erworbenen Posten bekam Waleri Iljitsch ein Auto mit Blaulicht, und bald schon schienen ihm die Lichter vom Neuen Arbat und dem Kutusowski-Prospekt so vertraut wie die unregelmäßig flackernden Fenster von Nowobaidajewka oder Montasch.

Doch es gab ein Problem – die Macht ließ ihn nicht mehr los. Es war wie beim Kokain: Die vorherigen Dosen waren nie genug, mussten ständig erhöht werden. Vom dritten Stellvertreter zum ersten, eine Datscha nicht in Gorki-10, sondern im noch luxuriöseren Ussowo, ein Fuhrpark von nicht drei Autos, sondern sieben. Dann – Minister. Trotzdem zu wenig! Zu wenig! Mehr! Privatjets, Urlaub in Courchevel, eigene Unternehmen. Und trotzdem: mehr!

Im Inneren von Waleri Iljitsch klaffte ein schreckliches, unersättliches schwarzes Loch, das all diese himmelblauen Maybachs und Penthouses auf der Ostoschenka und den grandiosen gelb-violetten Tornado aus Myriaden von Zweihundert- und Fünfhunderteuroscheinen einsog. Besorgnis. Zweifel. Was wäre aus ihm geworden, wenn er damals nicht seine erste Million gewonnen hätte?

Als er dem Lift ein weiteres Opfer darbrachte, nahm er einen großen Schluck X.O.-Cognac, um sich Mut anzutrinken, und rückte damit heraus.

»Darf ich noch was fragen?«, sagte Waleri Iljitsch

zum Alarmglöckchen.»Kann etwa jeder hier unangemeldet reinkommen und stellvertretender Minister werden?«

Der Lift schwieg, und Waleri Iljitsch bedauerte schon, gefragt zu haben. Aber es juckte ihn doch sehr – zu gern wollte er an seine Auserwähltheit glauben.

»Unser Land wurde so eingerichtet, dass das Volk regieren kann«, antwortete der Lift schließlich streng und belehrend.»Schon unter Lenin wurde alles so aufeinander abgestimmt, dass jede Köchin den Durchbruch schaffen und regieren konnte. Man musste sich nur mit den richtigen Studienfreunden, Sparringspartnern oder Zellengenossen umgeben, wie Stalin. Das System der sozialen Lifte wurde über Jahrzehnte justiert, mit Bremsen und Gegengewichten versehen. Heute funktioniert es reibungslos. Ob Suffkopp oder Krimineller – gibt man ihm irgendeinen Posten, hält das System es aus. Das ist die wahre Macht des Volkes. Und nicht diese Demagogie mit den Wahlmännern wie anderswo.«

»Ich verstehe.« Waleri Iljitsch errötete.»Entschuldigen Sie die Frage, aber ... wozu dann das Geld?«

Der Fahrstuhl schnaubte vor Erstaunen über die Taktlosigkeit des Passagiers. Dann schien ihm wieder einzufallen, woher dieser kam, und er erbarmte sich.

»Sagt Ihnen das Wort Meritokratie etwas?«, fragte er herablassend.»Die Macht muss denen in die Hände fallen, die sie verdienen. Den Unternehmungsfreudigsten, Geschicktesten, Aggressivsten. An der Macht müssen Alphamännchen sein. Und in unserem Land herrscht eine echte Meritokratie. Dafür gibt es ein universelles Maß – das, was Sie gerade in Ihrem Koffer haben. Von violetter Farbe. Auf diese Weise siebt das System die Spreu aus und wählt effektive Führungspersönlichkeiten. So baut sich die Pyramide auf.«

»Das heißt, das Geld ist nur ein Symbol?«, staunte Waleri Iljitsch.

»Ein Symbol, ja, genau. Drücken Sie schon auf den Knopf.«

»Halt, warten Sie!«, flehte Waleri Iljitsch. »Kann ich so wirklich alles Mögliche werden?«

»Nur so geht es überhaupt. Einen anderen Weg gibt es nicht. Was wollen Sie denn werden?«, fragte der Lift müde.

»Nun ... Präsident?«

»Na klar!«, versicherte ihm der Lift. »Ich habe es doch erklärt: Meritokratie. An der Macht sind jene, die es verdient haben. Sparen Sie nur, sparen Sie.«

»Und ... Ministerpräsident?«

»Also, das nicht«, antwortete der Lift verlegen. »Daraus wird nichts. Dieser Posten ist in unserem System sowohl Bremse als auch Gegengewicht. Was denn, Präsident möchten Sie nicht werden?«

Waleri Iljitsch senkte den Kopf, schickte einen weiteren Aktenkoffer aus Krokodilleder nach oben und gab sich zum ersten Mal im laufenden Quartal die Kante.

Eingetaucht in die goldene Neureichen-Pracht der Christ-Erlöser-Kathedrale, bekreuzigte sich Waleri Iljitsch mechanisch, schaute sich verstohlen um und dachte darüber nach, warum es im Leben keine Gerechtigkeit gibt.

Er hatte keinen anderen Wunsch mehr, als, umgeben von drei SUVs, in einer über den Kutusowski-Prospekt fliegenden, majestätischen Pullman-Limousine zu sitzen ... Doch diese Magistrale war für ihn gesperrt.

Doch dann, als Waleri Iljitsch mit dreistem Blick das lichte Antlitz auf den Ikonen betrachtete, kam ihm plötzlich eine Idee. Wenn nicht Ministerpräsident, dann ...

Von der Kathedrale aus stürzte er sofort zum Alten Platz. Warf den Fahrer raus, setzte sich selbst ans Steuer und gab so viel Gas, dass der Sechsliter-Motor fast kochte.

Er raste zum Geheimeingang, flog am schläfrigen Türwächter vorbei die Treppe hinauf, drückte mehrmals die Ruftaste, bis der Lift kam ...

»Der Herrgott will ich sein!«, raunte er dem Wunderglöckchen heiser zu, drückte den Knopf und ließ ihn nicht mehr los. »Wie viel braucht es dazu, sag? Ich bin bereit!«

Doch gleich darauf kam er zu sich, erschrak und kniff die Augen zusammen in Erwartung der Bestrafung.

Ein Blitz? Ein Schlaganfall?

Der Fahrstuhl war erfüllt von schwerer, wattiger Stille.

Dann raschelte etwas, als blättere jemand Unsichtbares in einem dicken, papiernen Band – entweder der Großen Sowjetischen Enzyklopädie oder der Strafprozessordnung. Oder gar der Bibel?

»Gott?«, wiederholte die Stimme.

»Ja ...«, flüsterte Waleri Iljitsch tollkühn, bekräftigte damit sein Urteil.

»Also, das haben Sie schon übersprungen, Verehrtester. Das ist zwischen dem Verwaltungschef von Chimki und dem Bürgermeister von Sotschi.«

»Dann will ich nichts weiter!«, sagte Waleri Iljitsch launisch. »Keine Karriere, keine Lifte, keine Lotterielose, nichts! Hören Sie? Rein gar nichts!«

»Schon gut, beruhigen Sie sich!« Die Kassiererin schaute Walerik erschrocken an. »Wenn Sie kein Los wollen, dann eben nicht. Hier haben Sie Ihre zehn Rubel Rückgeld. Der Nächste!«

SCHWEFEL

»Leutnant Walentina Sergejewna Skaredowa. Also, ich zeichne auf, zu Ihrer Kenntnis. Mit dem Telefon, genau. Mir wurde Ihr Fall übergeben. Guten Tag.«

»Guten Tag.«

»Also … Das ist für die Aufzeichnung … In der Sache betreffs Ihres Ehemanns, Maxim Alexandrowitsch Petrenko, geboren 1973. Mit dem Sie im Eheverhältnis wohnhaft waren in der Leningradskaja Straße 21, Wohnung 5, achter Wohnkomplex im Zentralbezirk, Stadt Norilsk.«

»Waren wir.«

»Am 26. Dezember 2018 erschien Maxim Alexandrowitsch Petrenko, Mitarbeiter des Kupferwerks in der Dienststellung eines Vorarbeiters für Instandsetzung der Produktionsanlagen des Schwefelsäurewerks, nicht zur vorgeschriebenen Zeit zur Arbeit. Beim Anruf vom Mitarbeiter der Personalabteilung der Norilsk Nickel GmbH gaben Sie an, Ihr Mann Maxim Alexandrowitsch sei krank zu Hause, konkret laboriere er an einer Lebensmittelvergiftung. Richtig?«

»Ja.«

»Am nächsten Tag kam Maxim Alexandrowitsch Petrenko erneut nicht zur Arbeit, womit er einen weiteren Anruf aus der Verwaltung auslöste, der ebenfalls von Ihnen entgegengenommen wurde. Sie gaben an,

Maxim Alexandrowitsch sei weiterhin krankgemeldet wegen einer Lebensmittelvergiftung oder Infektion. Dasselbe wiederholte sich am Mittwoch. Ist das von mir so richtig dargelegt?«

»Alles richtig.«

»Dann setzten Sie sich aus eigener Initiative mit der Personalabteilung des Kupferwerks in Verbindung und teilten mit, Maxim Alexandrowitsch setze sein Fernbleiben vom Arbeitsplatz bis zu den Neujahrs- feiertagen fort. Anschließend wolle er über Silvester und Weihnachten seine Überstunden abbauen.«

»Ja.«

»Am 7. Januar meldete eine Brigade der städtischen Müllabfuhr, namentlich D. K. Kowaltschuk, der Ersten Polizeidienststelle in der Abteilung für innere Angele- genheiten der Stadt Norilsk den Auffund einer Plastik- tüte der Supermarktkette Magnit mit dem Kopf eines Mannes mittleren Alters.«

»Fund.«

»Was?«

»Es heißt Fund, nicht Auffund.«

»Fürs Protokoll spielt das keine Rolle.«

»Ich meine ja nur, für Sie.«

»Bei uns sagen alle Auffund. Früher habe ich auch Fund gesagt, vorm Lehrregiment, aber dann habe ich mich dran gewöhnt.«

»Entschuldigen Sie.«

»Kein Problem. Mit dem Kopf eines Mannes mittle- ren Alters, der als Ihr Gatte Maxim Alexandrowitsch Petrenko identifiziert wurde.«

»Das ist wohl Ihr Polizeijargon.«

»Was?«

»Auffund. Bei uns sagen alle Stolle statt Stollen, zum Beispiel. Als wäre es Einzahl. (Hustet.) Bin es schon leid, das zu sagen.«

»Ist es das, was Ihnen gerade am meisten Sorgen macht?«

»Nein. Das war nur so, nebenbei. Entschuldigung. Machen Sie weiter.«

»Augenblick. Sie haben mich aus dem Konzept gebracht. Wo war ich? Ach, hier. Der als Ihr Gatte Maxim Alexandrowitsch Petrenko identifiziert wurde.«

»Genau, da waren wir.«

»Die Identifizierung wurde von einem Mitarbeiter der Personalabteilung der Norilsk Nickel GmbH vorgenommen ... So. Nach Verlauf ... Nach Ablauf ... Nach ungefähr zwei Wochen. Während der gesamten Zeit haben Sie gegenüber dem Arbeitgeber Ihres Ehepartners von seinem Unwohlsein gesprochen.«

»Richtig.«

»Als das Einsatzkommando am Wohnort von M. A. Petrenko eintraf, teilten Sie mit, Maxim Alexandrowitsch sei im Dienst.«

»Ja.«

»Dabei wurden im Gefrierfach Ihres Kühlschranks der Marke Candy Hand und Fuß eines Menschen gefunden, die durch ein Gutachten als M. A. Petrenko zugehörige Körperteile bestimmt wurden ... Das bestreiten Sie nicht?«

»Das bestreite ich nicht.«

»Bei der Identifizierung des Kopfes des Opfers im Leichenschauhaus sagten Sie aus, ich zitiere, am Tod von M. A. Petrenko sind die Toten schuld, die Sie veranlasst haben, dieses Verbrechen zu begehen.«

»Exakt.«

»Polizeihauptmann A. P. Sergejew, der Ihre Festnahme vornahm, berichtet, dass Sie, ich zitiere, ruhig und konzentriert wirkten.«

»Keine Ahnung. Das muss er besser wissen.«

»Jelena Konstantinowna ...«

»Ja?«

»Haben Sie Ihren Mann Maxim Alexandrowitsch getötet?«

»Ich habe doch schon ein Geständnis abgelegt.«

»Haben Sie das Opfer allein oder mit fremder Hilfe zerstückelt?«

»Physischer?«

»Was?«

»Meinen Sie physische oder geistige Hilfe?«

»Physische.«

»Allein.«

»Und ... Und geistige?«

»Ich wurde geleitet.«

»Von wem?«

»Ich wurde von den Toten geleitet.«

»Von welchen Toten?«

»Von den Toten, die unter uns sind. Die Namen weiß ich nicht. Tote. Die unterm Berg begraben sind.«

»Unter welchem Berg?«

»Unterm Schmidtchen. So sagen wir hier ... Unterm Schmidtberg.«

»Das ist ... Wer von ihnen ist dort begraben?«

»Sie sind neu hier, oder? Alle, die die Stadt erbaut haben. Die Gründer von Norilsk sozusagen. Häftlinge. Lesen Sie das mal nach.«

»Und es waren die Toten, die von Ihnen forderten, ein Verbrechen nach Paragraf einhundertfünf des Strafgesetzbuchs der Russischen Föderation in Bezug auf Ihren Ehemann zu begehen?«

»Die haben keine Paragrafen. Mir wurde einfach klar, dass es notwendig für sie ist, dass auch mein Mann stirbt. Sie haben ihn zu sich gerufen, aber er sträubte sich, wollte nicht gehen. Ich habe nur geholfen.«

»Warten Sie ... Ich muss was nachschauen. Es zeichnet noch auf. Wer ist noch gestorben?«

»Was?«

»Sie sagten, es war notwendig, dass auch er stirbt. Auch – wie wer noch?«

»Wie die Toten.«

»Und Sie ... Sie haben nicht zufällig ... noch jemanden umgebracht?«

»Nein.«

»Und die Toten, wie haben die Ihnen ... Wie haben die Sie über die Notwendigkeit in Kenntnis gesetzt, dass Ihr Mann getötet werden muss?«

»Das haben sie mir zugeflüstert. Zugeraunt.«

»Etwas präziser?«

»Nun, das hier ist ja eine Todesstadt. Eine Todesstadt, Walja. Hier findet das Leben kaum Halt, und wenn, dann nur kurz. Darf ich Walja zu Ihnen sagen?«

»Sie müssen mich mit ›Genosse Leutnant‹ ansprechen.«

»Sie sind erst seit Kurzem hier, ja?« (Hustet.)

»Was hat das mit der Sache zu tun?«

»Man sieht, dass Sie nicht von hier sind. So rosig. Frisch. Sie wurden hierherversetzt, richtig? Als Ermittler. Für wie lange? Ein Jahr?«

»Folgendes: Ich glaube, Sie simulieren. Sie wollen keine Verantwortung übernehmen. Als Bekloppte davonkommen. Sie sind kein bisschen verrückt.«

»Ich habe auch nicht gesagt, dass ich verrückt bin. Das hat Ihr Hauptmann gesagt. Ich will nicht in die Klapse, Walja. Besser Strafkolonie.«

»Wir ordnen ein psychiatrisches Gutachten für Sie an. Da können Sie dann Ihren Zirkus aufführen.«

»Na, von mir aus. Also, kann ich zurück in die Zelle?«

»Nein, können Sie nicht. Erzählen Sie mir für die Aufzeichnung, wie genau Sie ihn getötet haben.«

»Mit dem Messer. Dem Küchenmesser. Hab's ihm in den Hals gestoßen.«

»Hat er sich gewehrt?«

»Nein. Er war betrunken. Schlief.«

»In der Wohnung waren keine Blutspuren. Wo haben Sie ihn ...«

»Im Bad. Ich hab ihn ins Bad geschleppt, wie üblich. Abgelegt. Und dort dann.«

»Und weiter ... Auch allein? Ohne Komplizen?«

»Was?«

»Nun ... der Kopf. Die Hände.«

»Na sicher. Wer hätte mir da geholfen?«

»Sie sind nur ... Vom Aussehen her ... Ganz gewöhnliche Statur. Obwohl ... kann schon sein. Und wie?«

»Ich hab die Metallsäge aus unserem Schuppen geholt, und das war's. Da braucht man nicht viel Verstand. Nur etwas Zeit. War's das?«

»Nein, noch nicht. Sie haben Brandwunden von Zigaretten auf der Brust. Und Narben wurden entdeckt.«

»Ja.«

»Ich will es verstehen. Hat er Sie geschlagen?«

»Hat er.«

»Haben Sie es deshalb getan?«

»Natürlich nicht. Wer wird nicht geschlagen? Das ist verständlich.«

»Inwiefern?«

»Ist doch klar. Leb mal 'ne Weile hier. Warst du schon in der Produktion?«

»Noch nicht.«

»Geh mal hin, mach das. Geh ins Schwefelsäurewerk. Ins Nickelwerk. Geh einfach mal durchs Kombinat, sag dem Wachmann, du brauchst das für einen Fall. Geh runter in den Stollen. Schau dir an, wie sie arbeiten. Womit sie arbeiten. Die Leute sitzen Stunden unter der Erde. Atmen das. Kommen hoch, und hier ist es dunkel. Den ganzen Winter keine Sonne. Die Gehälter – weißt du, wie die sind? Die Preise hast du ja gesehen. Und zu Hause die Frau. Da muss man trinken. Da kann man nicht anders. Das ist so bedrückend, so beengend. Und die Toten sitzen da und rufen ...«

»Also ... Na gut. Kannten Sie Stanislaw Antonowitsch Prochorow?«

»Wer ist das?«

»Wurde mit Stichwunden im Halsbereich am Strand vom Lehmsee gefunden.«

»Und?«

»Ich habe nur so gefragt. Ähnliche Handschrift.«

»Hier wird so mancher getötet. Hast du die Nachrichten nicht gelesen? Junger Bursche, verheiratet, mit Kind, ging zu den Nachbarn hoch und erschlug die ganze Familie mit einer Eisenstange. (Hustet.) Das Weib, den Kerl und die dreijährige Tochter. Mit einer Eisenstange hat er sie alle erschlagen. Google das mal.«

»Ich weiß.«

»Und den anderen haben sie auch verurteilt ... Diesen Rentner. Der seine Frau an ihrem Geburtstag aufgeschlitzt hat. Die waren doch beide sechzig, oder?«

»Ja.«

»Was glaubst du, warum bringen die sich gegenseitig um?«

»Warum?«

»Weil sie kein echtes Leben haben. Weil so viel Tod ringsum ist, dass der Tod überwiegt. Die Leute sind froh, wenn sie verrecken, und töten auch andere gern. Damit das vorbei ist. In eurem Moskau oder woher du kommst ...«

»Aus Moskau.«

»In eurem Moskau kommt es euch so vor, dass das Leben echt ist. Aber hier ist es ... als würde man träumen. Abzukratzen ist einfacher. Hier ist der Tod nah. Und der da, am Strand ... (Hustet.) Vielleicht waren es Junkies.«

»Da sind wir dran ...«

»Junkies können die Toten besser hören. Besser hören und sehen.«

»Fangen Sie schon wieder damit an? Sparen Sie sich die Mühe ... Das können Sie dem Psychiater erzählen.«

»Von mir aus. Dann eben dem Psychiater. Lass mich jetzt gehen, ja? Es ist immerhin fünf Uhr morgens. Ich wehre mich ja nicht. Ich sage alles.«

»Wir sind noch nicht am Ende.«

»Die Psychiater. Bevor man bei Norilsk Nickel eingestellt wird, muss man zweimal zum Psychiater. Und einen Fragebogen mit achthundert Fragen ausfüllen. Und, hilft das was? Ein Psychiater bringt gar nichts.«

»Was dann?«

»Du bist noch nicht lang genug hier, deswegen hörst du sie nicht. Wenn du ein Weilchen in Norilsk lebst, horchst du auf. Das tust du, glaub mir. Und dann hörst du, wie sie dich zu sich rufen. Sie rufen und rufen ... Hier gibt es viele, ganz viele ... Viele. Unterm Berg. Und dann ... Die Häuser, was glaubst du, warum sie auf Pfählen stehen und nicht auf Fundamenten?«

»Das ist wegen dem Permafrostboden. Damit der nicht auftaut. Sonst rutscht das Fundament.«

»Das dachte ich auch, als ich herkam. Nein, Walja, das ist so, damit man weiter weg ist von den Toten. Das Luftpolster schützt nicht vor Erwärmung, sondern gegen die Totenkälte. Gegen ihr Flüstern. Sonst, verstehst du, weiß man nicht, wo die Toten sind und wo die Lebenden. Die Toten verwesen bei uns ja nicht, wie du dir denken kannst. Und die Lebenden sind alle grau. Da irrt man sich leicht. Man fühlt den Unterschied zwischen Leben und Tod nicht. Verwechselt sie. Und so werden die Leute verwirrt.«

»Hier steht, bei Ihnen wurde ein Tumor entdeckt.«

»Ja, wurde er.«

»In der Brust.«

»Ja, und? Das haben viele hier. Wir atmen Schwefel. Die Frauen, das geht ja noch ... aber die Kinder tun einem leid.«

»Vor zwei Jahren. Wurden Sie operiert?«

»Wurde ich. Bin nach Krasnojarsk übern Fluss in dem Sommer.«

»Und?«

»Wächst weiter. Nichts zu machen. Wenn sie mal jemanden am Wickel haben, lassen sie ihn nicht mehr los. Wie einen Fisch am Haken, weißt du. Ein starker

Fisch zuckt, zieht, will auf den Grund und entkommen, aber eines Tages gehen auch den Stärksten die Kräfte aus.«

»Sie‹, das sind wieder die Toten, ja?«

»Genau. Die haben richtig viel Kraft hier, weißt du. Ziehen einen leicht zu sich rüber. Hier gibt's so viele von ihnen ... mehr als wir. Sie flüstern im Chor.«

»Die haben Sie gebeten, Ihren Mann zu töten?«

»Ja.«

»Und zu zerstückeln?«

»Nein. Das ist ihnen dann egal. Das habe ich selbst ... Ich war erschrocken. Zuerst war es schrecklich, aber dann hab ich mich zusammengerissen. Ich musste ihn irgendwohin fortschaffen. Er lag ja da und erzählte. Und die anderen redeten ihm nach dem Mund.« (Hustet.)

»Wo sind die restlichen Teile hin?«

»Tja, wohin. Denkst du, das weiß ich noch? Da war Schneesturm, ein schwarzer Schneesturm. Bist du schon mal in einen schwarzen Schneesturm geraten?«

»Noch nicht.«

»Hast du gesehen, zwischen den Häusern ist von einem Eingang zum anderen ein Draht gespannt. Der ist dafür da, dass man im schwarzen Schneesturm an seinem Ziel ankommt, sich nicht verläuft. Sonst finden sie einen später ... Da geht einer zum Nachbarn rüber oder in den Laden ... Und im Sommer wird er dann gefunden. Vor allem die Alten, wenn sie niemand vermisst. Man sieht die Hand vor Augen nicht. Schneewehen so hoch wie ein Laster. Darin bleiben die Busse stecken. Die Passagiere steigen aus, schieben den Bus zusammen an ... Ist ja noch gut, wenn das in der Stadt passiert. Der Wind ist so stark, der bläst Hunde einfach so weg. Da brauchte ich auch nichts zu verstecken. Ich hab die Tüte einfach weggeworfen und bin nach Hause, die nächste holen.«

»Noch eine Frage. Bei der Arbeit wurde nichts Seltsames bemerkt?«

»Die hatten doch auch frei. Feiertage.«

»Das heißt, Sie haben die ganzen Feiertage so verbracht ... Mit ihm?«

»Was sollte ich sonst tun?«

»Und nach den Feiertagen sind Sie wieder zur Arbeit.«

»Ja.«

»Haben Sie da keinen ... fest angestellte Psychologen?«

»Wozu? Das ist doch nicht die Produktion, Walja, sondern der Kindergarten.«

»Sie haben also den Dienst wieder angetreten? Als Erzieherin?«

»Wieso nicht, sollte ich etwa zu Hause rumhocken? Der Schneesturm ließ nach, der Kindergarten machte wieder auf, also bin ich los.«

»Also ... na gut.«

»Denk jetzt bloß nicht ... Ich mag die Kleinen sehr.«

»Gut. Darum geht's nicht.«

»Gott hat mir ja keine gegeben.«

»Ich weiß.«

»Was weißt du?«

»Dass Sie keine haben.«

»Nun ja. Und manchmal denkst du, wie wäre es, wenn da welche wären? Wie ginge es ihnen hier im Winter, in völliger Finsternis? Ohne Sonne. Die Erwachsenen, na gut, aber die Kleinen. Anderthalb Monate überhaupt keine Sonne, verstehst du? Dunkel, nur dunkel. Und dann geht's ein bisschen los, ganz langsam. Kurz. (Hustet.) Sie sind alle so schwächlich ... Wir malen ihnen das Meer an die Wände im Kindergarten, und Palmen. Malen wir auf. Dazu die Blaulichtlampe ... Ganz altmodisch. Die sind hier alle solche Kümmerlinge. Aschfahl.«

»Warum?«

»Na, was meinst du denn? Ohne Sonne. Und was atmen sie? Der Schwefelgrenzwert in der Luft ist hier achtundzwanzigmal überschritten, für Kobalt sogar fünfunddreißigmal. Hast du die Wolken über der Stadt gesehen? Das kommt alles aus den Schornsteinen. Das sind keine Wolken. Das ist Schwefel. Die Augen, merkst du nicht, wie es brennt? Schwefel.«

»Und für die Schwangeren, wie ist es für die hier?«

»Na ja, so, wie es halt ist. Was denkst du denn? Dass es bei uns nie geklappt hätte? Ich war ja schon, aber ... Das ging dann jedes Mal so. Da wachst du nachts auf, denkst, es ist ein Traum. Aber es ist vorbei. Blut, Blut und alles kommt raus.«

»Und du ... Wie lange lebst du schon hier?«

»Das steht doch in der Akte. 2005 kamen wir her. Aus Lipezk. Aus Nowo-Lipezk. Und dachten, hier wäre es besser. Komfortabler.«

»Dreizehn Jahre? Das ist eine lange Zeit.«

»Achtzig gab's als Gehalt, darauf sind wir reingefallen, wir Idioten. Achtzig ... muss für alles reichen.«

»Achtzigtausend?«

»Achtzigtausend.«

»Ein gutes Gehalt, nebenbei bemerkt! Wir sind da noch längst nicht ...«

»Das kriegen die im Schwefelsäurewerk oder in den Stollen. Dafür wird gezahlt, für die Gesundheit. Für das Leben, für die Jahre. Die Männer werden im Schnitt fünfzig ... kannst du auf deine umrechnen. Eine Fahrkarte ins Mutterland – sechzig! Und dann noch die Preise in den Läden ... Da kannst du nichts zurücklegen. Du kommst ins Hamsterrad, und dann heißt es ›Lauf!‹«

»Und ... Passiert das oft?«

»Was?«

»Nun ... Das mit den Fehlgeburten?«

»Den Fehlgeburten? Ja, ständig.«

»Na ja, dafür muss man wohl schon eine Weile hier sein ... nicht sofort ...«

»Ja, nicht sofort.«

»Sofort passiert wohl nichts, wahrscheinlich.«

»Sofort ... Du ... Was? Hast du etwa? Eins mitgebracht? (Hustet.) Herrgott ... Wieso hast du nicht abgelehnt?«

»Meinst du, man kann sich das aussuchen? Wohin sie dich schicken, dorthin gehst du.«

»Wohin sie dich schicken ... Und dein Kavalier ist wo?«

»In Karaganda.«

»O Mann.«

»Okay, lass gut sein. Das war's. Ich denke, jetzt hab ich alles. Ich komme morgen noch mal. Ich muss das alles noch ins Reine schreiben.«

»Mach das.«

»Ja. Das war's. Willst du eine rauchen?«

»Nein. Kann ich Tee haben?«

»Ja. Bring ich dir. Ich hol ihn gleich.«

»Danke.«

»Hat er dich schlimm geschlagen?«

»Du hast es gesehen.«

»Und warum?«

»Warum ... Weil es irgendwie rausmuss. Die kriegen es im Werk ab und bringen es mit nach Hause. Das Werk ... Hast du Bilder von ihm gesehen? Haben sie's dir gezeigt?«

»Nun, ja.«

»Nachdem er die Verbrennung hatte?«

»Ich habe den Kopf gesehen.«

»Ach ja, stimmt. Also nach der Verbrennung. Nach der Verbrennung wurde es richtig schlimm. Jeden Tag zugelötet. Die sagten ihm, er wird entlassen. Es war ihm egal. Gesagt haben sie viel, aber entlassen haben sie ihn trotzdem nicht. Wer sonst würde auch ins Schwefelsäurewerk gehen? Für achtzig? Die jungen Leute sind ja nicht blöd. Die ziehen ins Mutterland. Die wollen leben, aber hier ist alles leblos. Nickel, Kupfer, Schwefel. Und die da unter dem Berg ... (Hustet.) Siehst du. Die wurden auch hierhergeschickt. Die Heimat befiehlt ... Die sind wahrscheinlich mehr als wir. Rufen uns zu sich.«

»Hab einen Schluck Kognak reingetan.«

»Kriegst du keinen Ärger?«

»Es ist Nacht, merkt eh keiner.«

»Gut. Das glättet innen alles. Macht ruhiger. Danke.«

»Also ... Du solltest das auch bei der Begutachtung sagen. Sprich von deinen Toten, das ist gut. Und ich auch ... Ich schreibe, dass ...«

»Ist mir doch scheißegal. Schreib, was du willst.«

»Wie jetzt?«

»Der war fällig, der Maxim. Schon längst. Damit ich dumme Kuh das nicht mehr ertragen muss, und er nicht mehr leiden. So oder so. Ich wollte ihn vergiften, wusste aber nicht, womit, dass es auch klappt. Und dann war meine Geduld am Ende. Als er mich wieder in den Bauch … Hab's kaum abwarten können, bis er einschläft.«

»Erzähl ihnen das von den Toten, bei der Begutachtung. Sprich über die Toten. Die Gutachter bei euch hier … die glauben das.«

»Scheiß drauf. Ich gestehe.«

»Wozu?«

»Keine Kraft mehr. Ich will nicht. In der Strafkolonie geht's schneller vorbei. Ich will, dass es endlich vorbei ist.«

DIE REFORM

»Gut sieht er aus, oder? Frisch«, seufzte Inna.

»Vielleicht eine Aufzeichnung? Die nehmen das normalerweise vorher auf, beim Fernsehen nennt man das ›Konserve‹«, vermeldete Tanja kennerhaft.

Der Flachbildfernseher reflektierte leicht: Auf dem Bildschirm zeigte sich das Kunststoffkristall des Kronleuchters, vor Mayonnaise stockende Salate, Cellulite-Mandarinen aus dem Kopejetschka-Laden, das stachelige Gold von Lametta. Als habe sich ein schwarzes, rechteckiges Eisloch rasch wieder mit einer hauchdünnen Eisschicht überzogen, die alles spiegelte, was sich auf dieser Seite befand. Und auf der anderen Seite war ein Abgrund. In diesem Abgrund lag die versunkene Stadt Kitesch, erbaut aus rotem und weißem Ziegelstein und aus Dukatengold, und dort rieselte ein nicht irdischer Schnee – gemessen und feierlich, was unter Wasser undenkbar und daher wohl gar kein Schnee war, sondern abgestorbenes, eine Million Jahre altes Plankton; und dort stand ein ergrauender, aber noch nicht völlig ergrauter Mann mit Bratapfelbäckchen und einem schwarzen, sackartigen Mantel. Wie ein Arzt einen unheilbar Kranken ansieht, so schaute er aus dieser tiefen Ewigkeit gütig auf die geschäftigen Wesen diesseits der Eisschicht.

Matwej zog die Nase hoch.

»Früher konnte man es wenigstens anhand der Kreml-turmuhr überprüfen. Aber jetzt?«

Vor der Reform hatte es an der Kremlturmuhr Zeiger gegeben, aber dann montierte man sie eines Nachts ab, und es blieben nur die römischen Ziffern zurück, aus denen ein Russe vor allem drei Buchstaben herauslas, deren gängigste Kombination »f*ck« ergab. Ohne Zeiger wirkte die Turmuhr wie ein im Lichtstrahl der Laterne einer Haltestelle erstarrtes Lokomotivrad oder eine verfinsterte, vom schwarzen Schatten im Feuer-kranz verschluckte Sonnenscheibe.

»Dann eben scheiß drauf«, sagte Andrej kategorisch, hielt inne, schaute zu den anderen Gästen und präzisierte: »Auf die Kremlturmuhr.«

Der Mann im schwarzen Mantel hielt ein Sektglas in der Hand. Schaute man genauer hin, sah man im blassgelben Glas winzige Bläschen aufsteigen, wodurch es Matwej wie der obere Kolben einer Sanduhr vorkam. Phantomschmerzen, grinste er in sich hinein: Dem Hammer ist alles Nagel.

Vor der Reform hatte Matwej einen guten Job gehabt. Auf dem Kutusowski-Prospekt hatte es drei Uhren-pfandhäuser gegeben, wo Menschen Schweizer Uhren mit Tourbillon oder ohne angekauft oder abgegeben hatten. Diesen Menschen ging es damals zu ihrer eigenen Überraschung auf einmal viel zu gut, weshalb sie ständig einen Beweis für die Echtheit dieses Wunders bei sich tragen wollten, bis es ihnen wieder schlecht zu gehen begann und sie gezwungen waren, diesen Beweis in Geld zurückzuverwandeln. Von solchen Leuten waren auf dem Kutusowski-Prospekt so einige unterwegs gewesen. Genau dort verlief eine wichtige Verkehrsader auf der topografischen Karte ihres Schicksals. Matwej hatte in einem dieser Pfandhäuser gearbeitet und dort einen guten Stand gehabt.

Seine Aufgaben waren die Annahme von Uhren, ihre Schätzung (und Unterschätzung) sowie die Justierung und die Reparatur rheumatischer Tourbillons gewesen, sodass die Uhren nach einer Neubewertung an die nächste Generation von Neureichen weiterverkauft werden konnten, die gerade erst auf den aufsteigenden Ast gekommen und daher noch bereit waren, sich vorerst mit fremden Uhren zu begnügen. Infolge der natürlichen Auslese und der Verringerung der Ressourcen hatte es immer weniger Menschen gegeben, denen das gelungen war. Aber es waren neue auf die Welt gekommen mit denselben Begierden und Verhaltensklischees wie ihre Vorgänger, deswegen hatte der Handel nicht nachgelassen.

Einige ruinierten sich gründlich, und vor ihrer Verwandlung in Planktonsuppe hatten sie die ihnen einst ausgehändigten Insignien den Geldverleihern überlassen und vielleicht Trost bei dem Gedanken gefunden, die Tourbillon-Uhren könnten doch noch zurückgedreht und die Dinge wieder besser werden. Doch der Lauf der Zeit und die damit verbundenen Evolutionsgesetze waren unerbittlich, und nie war jemand gekommen, um sich seine Uhr zurückzuholen.

Dafür kamen andere, um sich fremde Uhren zu holen.

Mit scharfem Geierblick und der feinen Nase eines Schakals, stets auf ihren eigenen Vorteil bedacht, hatten sie für jede von einem menschlichen Wesen auf dem teuren Schweizer Uhrwerk hinterlassene Spur, für jeden Beweis, dass diese Uhr ihre Unschuld einem anderen überlassen und bereits die Sekunden eines fremden Lebens gezählt hatte, den Preis so weit wie möglich heruntergehandelt. Als ob sie das in irgendeiner Weise in Verruf hätte bringen können!

Vorbei war die Ära der Rohstoff-Gangster, zu Ende ging die Epoche der Etat-Schmarotzer, es brach die Periode der epikureischen Opritschniks an. Die Epochen fossilierten immer schneller, aber Matwej hatte stets an die Zukunft geglaubt: Nach den Opritschniks kämen andere Epikureer, denn in Russland waren der Epikureismus und das Bedürfnis, sich der Echtheit eines Wunders zu versichern, zu allen Zeiten unerschütterlich geblieben und würden während des Wechsels der Aushängeschilder an der Fassade des Imperiums und der Ikonen in den Amtsstuben auch weiterhin alles unter sich begraben.

Und dann kam die Reform.

Man konnte nicht sagen, sie wäre wie ein Blitz aus heiterem Himmel gekommen, denn in gewissem Sinne waren die Dinge auf sie hinausgelaufen. Wäre Matwej etwas weniger optimistisch gewesen oder seiner Arbeit etwas weniger leidenschaftlich nachgegangen, und hätte er seinen Blick, der durch das Lupenmonokular auf das Drehen der Uhrenzahnräder gerichtet gewesen war, mit derselben Aufmerksamkeit auf die Mechanismen gelenkt, die den russischen Makrokosmos steuerten, dann hätte er rechtzeitig bemerken können, dass sich die gigantischen Zahnräder dieser Welt knirschend verlangsamten. Er hätte sich rechtzeitig absichern können wie seine Kollegen aus den beiden anderen Uhrenpfandhäusern, die sich damals auf den

Verleih von Schmuck verlegten, zumal der in Russland auch jetzt nicht verboten war und ebenso nach einem Wechsel von Fingern und Hälsen verlangte wie zuvor die Uhren nach immer neuen Handgelenken.

Für den Paradigmenwechsel ließ man dem Volk kein bisschen Zeit: Innerhalb eines Tages wurde die Reform in beiden Kammern der Föderalen Versammlung beschlossen, und sofort rasten UAZ-Geländewagen von der Farbe einer Sommernacht und mit roten Streifen durch die Straßen. Ihnen entstiegen Männer mit Sturmhauben und Schulterstücken, und in allen Uhrengeschäften, Werkstätten und Pfandhäusern ertönten gleichzeitig die Türklingeln. Die Händler, Geldverleiher und einfachen Uhrmacher konnten kaum »Ach!« rufen, da war alles schon wieder vorbei. Der gesamte, unverkaufte Bestand an Uhren wurde zugunsten des Staates beschlagnahmt, und der Staat verfügte dann nach eigenem Ermessen darüber; verwandelte ihn offenbar in Devisen und nährte damit seiner Gewohnheit entsprechend die Armen.

Die Übrigen bekamen eine Woche Zeit, um sich aller Uhren zu entledigen, sowohl der mechanischen als auch der elektronischen, wobei diese in speziellen Behältern gesammelt wurden, die an jeder Metrostation aufgestellt worden waren. Wer es innerhalb der ersten Woche nicht geschafft hatte, seine Uhr zu entsorgen, dem drohte im ersten Monat eine Ordnungsstrafe, später dann schon ein Strafverfahren. Es kam sogar zu zwei aufsehenerregenden Gerichtsprozessen: einer gegen einen oppositionellen Aktivisten, der andere gegen einen vollgefressenen Kleptokraten. Beide standen nun nicht nur wegen ihres obstinaten Willens, dem

Vaterland zu schaden, auf einer Stufe, sondern auch aufgrund ihres obstinaten Unwillens, eine nutzlose, veraltete Gewohnheit aufzugeben, die eigentlich nur Trägheit war und die alle anderen leichten Herzens abgelegt hatten.

Vergessen wurden die Sekunden, vergessen wurden die Minuten, sogar die Stunden wurden vergessen, obwohl die Menschen vorerst noch versuchten, sie am Sonnenstand zu erraten. Doch dann hieß es nur noch mittags, morgens, abends; nur war es im Winter schwierig, den Morgen vom Abend zu unterscheiden, deswegen wurde dafür ein einfacherer Ausdruck gefunden – »damals« und »nachher«. Und das bürgerte sich leicht ein und wurde fruchtbar, denn es ebnete den Weg für den nächsten Teil der Reform: die Abschaffung des Kalenders.

Einige nostalgische Relikte waren geblieben, wie etwa jetzt die Neujahrsansprache im Fernsehen, anhand derer man immerhin noch die Jahre zählen konnte. Aber auch das hatte eine Kehrseite, deswegen standen, wie Tanja verriet, die Neujahrsansprachen ebenfalls vor dem Aus: Auch sie sollten abgeschafft werden, weil sie Kerben ins lebendige Gewebe einer großen Zeit schnitten. Dieser auch nur in Gedanken Schnitte zuzufügen war schon Blasphemie.

»Trotzdem verstehe ich nicht, ob das wirklich nötig war.«

Erneut zog Matwej die Nase hoch und polierte seine Brille mit einem löchrigen Taschentuch.

»Als wäre er jünger geworden«, seufzte Inna.

TANGO

»Tanja, wo bleibst du? Der schält sich schon aus dem Auto!«

»Komme schon! Bin gleich da!«

»Was dauert das denn so lange? Bist du in die Kloschüssel gefallen oder was?«

»Flegel.«

Endlich kommt Tatjana aus dem Badezimmer. Ihre Wimpern wie Fächer in den Händen von Sklavinnen eines Sultans, ihre Lippen so rot wie eine Bataillonsfahne, ausgerollt vor der entscheidenden Schlacht, ihre Augen glänzen wie die eines schwindsüchtigen Fräuleins auf einem Ball, den der Doktor ihr untersagt hat. Ihr Haar wellt sich, angeleitet von Lockenwicklern; eine Haarsträhne fällt ihr kokett ins Auge. Eine Frisur fast wie auf dem Standesamt vor fünfzehn Jahren. Ihren weißen Busen hat sie in den Dessertschalen eines Wonderbras ausgestellt, die Taille eng geschnürt und die Hüften mit nachtblauer Seide umhüllt.

»Genug rausgeputzt?«

»Geh schon und mach ihm auf.«

Ein schwarzer Geländewagen, eckig und streng, qualmt grauen Rauch in den klaren Oktoberabend. Am Steuer ein leidenschaftsloser Fahrer in einem billigen Anzug, ein Kupfer-Buddha mit schutzdienstlicher Stählung.

Durch die aufgerissene Hintertür arbeitet sich Filipp heraus wie eine Schnecke aus ihrem Panzer. Der Geländewagen ist ihm zu eng und unbequem wie ein Korsett; aber wohl genau deswegen notwendig. Fettleibig, schlaff und riesenhaft fließt Filipp wie aufgegangener Teig aus dem kubischen Fahrzeug und gerät sofort aus der Form.

»Filipp! Lieber Filka!« Mit weit ausgebreiteten Armen steigt Timur die Stufen hinab.

»Timurrr! Tanja! Hallo ... Leute«, schnauft Filipp erfreut. »Eine Ewigkeit! Habt euch nicht verändert ...«

»Und diese Ewigkeit hätte noch länger gedauert, wenn es nicht Facebook gäbe.« Timurs Stimme klingt vorwurfsvoll-reumütig. »Als ich deinen Post gelesen habe, konnte ich mich nicht zurückhalten. Glaub nicht, dass ich dir schmeicheln will. Ich war gleich Feuer und Flamme.«

»Ch-ch-ch, ja, immer im Einsatz sozusagen. Wachposten der Heimat, Tag und Nacht. Ch-ch-ch ...«

Filipps glänzende Lippen ziehen sich zu einem satten Lächeln auseinander.

Als sie sich umarmen, versinkt Timur in Filipps weichem Fleisch und in seinem Parfüm, dessen narkotischer, süßlicher Duft mit dem unvermeidlichen Schweißgeruch ein seltsames Gemisch bildet.

»Timka. Und wo ist Tatjana? Tanja, komm schon her.«

Tatjana lächelt ihn warmherzig, aber unnahbar von der erhöhten Veranda aus an, also muss Filipp erst den Berg zu ihr hinaufsteigen.

»Ach, Tanja ... Also, du hast dich kein bisschen ... Das heißt, du bist sogar noch besser, sogar sehr viel ... Wie ein guter Wein ...«

Auch Tatjana versinkt in ihm und beginnt sogleich zu zappeln. Filipps Brillengläser beschlagen. »Überhitz ihn nicht ... den Wein, meine ich. Haha. Also dann! Gehen wir rein?«

Timur befreit seine errötete Frau und zieht Filipp ins Haus. Der quetscht sich durch die Tür und füllt sogleich den gesamten Flur aus. Er legt seinen gewaltigen Mantel ab, bedeckt den gesamten Garderobenständer damit. Schnaubt geräuschvoll, wäscht sich die Hände.

»So. Komm, ich zeig dir das Haus. Hier ist die Küche ...«

»Toll.«

»Dort ist das Kinderzimmer ...«

»Wie viele habt ihr?«

»Zwei. Die haben wir heute zur Oma verfrachtet.«

»Toll, toll. Zwei ... Tanja ist eine Wucht! Oder, Tanja? Eine Wucht!«

»Und du? Hast du ...?«

»Ach, wie denn, Tanja? Ich bin immer im Dienst ...«

»Das hier ist das Wohnzimmer«, fährt Timur fort.

»Und hier arbeite ich.«

»Oh! Toll.«

Das Arbeitszimmer hat sich Timur nicht zufällig fürs Finale aufgehoben. Alles andere im Haus hat Tatjana gestaltet, aber das Arbeitszimmer ist seine Domäne. Er hat die Bibliothek beim Schreiner selbst in Auftrag gegeben, die Bücher persönlich zusammengesammelt, ganz allein den Schreibtisch angeschleppt. Das Ergebnis ist eine Stilfusion: Bücherregale wie aus *Sherlock Holmes*, ein herrschaftlicher Funktionärsschreibtisch, darauf ein patriotischer Briefbeschwerer und ein Retro-Computer, dazu eine künstliche Feuerstelle –

ein LCD-Monitor mit gusseisernem Rahmen. Im Gegensatz dazu sind die Bücher überaus echt.

Was immer sich in Ledereinbänden und mit Goldprägung hat finden lassen, hat Timur gesammelt, alles Übrige ist auf Bestellung nachgefertigt. Karamsin, Solowjow, Medinski. *Nomokanon, Domostroi, Protokolle der Weisen von Zion.* Fünf Bände *Worte und Taten* von Wladimir Putin. *Kleine Tragödien* des Präsidentenberaters Wladislaw Surkow. Gesammelte Werke von Tolstoi. Von Puschkin. Von Dostojewski. Von Leskow. Der redigierte Gogol. Die Kaiserviten. Schriften der Tyrannen. Den frei gebliebenen Raum hat er mit Enzyklopädien abgedichtet.

Solide wirkt das.

Die Bücher stehen in Reih und Glied wie ein Kreml-Regiment: alle gleich groß, alle wie aus einem Guss. Weder thematisch noch alphabetisch geordnet. Nach Stalin kommt der Patriarch, und Medinski stützt sich gegen den *Domostroi.* Dafür sieht es monolithisch aus, stilvoll – so ist das bei uns nun mal üblich. Kein Staubkorn auf den Regalen, und es riecht auch nicht nach Büchern: Die stehen hinter Glas. Unverweslich sind sie, wie Lenin in seinem Kristallsarg, und werden in diesem Hinterglasland auch genauso lang überdauern, bis zum Posaunenklang, bis in alle Ewigkeit.

»Toll!« Filipp lächelt Timur väterlich im Spiegel der Vitrine zu. »Eine gute Auswahl. Die richtige. Was liest du gerade?«

»Gerade? Irgendwas im Internet. Das hier ...« Timur deutet mit dem Kopf auf die Regale und scherzt: »Das ist meine innere Welt.«

»Ja!« Filipps Dreifachkinn wackelt. »Bücher! Sicher. Bücher, mein Freund, das sind ... Na, liebe Hausherrin! Was hast du für uns vorbereitet?«

Auf dem Esstisch warten schon erlesene Salate, duftet schwarzer Kaviar, schwitzt schlichter Krimsekt, all das wirkt recht einladend. Ein runder Tisch, ohne Ecken und Vorteilspositionen, alle, die an ihm sitzen, scheinen gleichberechtigt; doch Filipp hat bereits eine Hälfte unter sich begraben.

»Also, eine tolle Datscha!«, resümiert er gutherzig und kippt gleich mal ein ganzes Glas Sekt runter. »Und Fischeierchen! Wie in unserer Kantine.«

»Danach kommt noch gebackenes Lämmchen«, sagt Tatjana würdevoll.

»Das geht alles rein!«, lacht Filipp, während er die Salate liquidiert.

»Und du? Wie ist es bei dir?«, fragt ihn Timur.

»Bei mir ... Na ja, wir arbeiten. Was zu tun ist, das machen wir eben. Der Feind schläft nicht. Man muss alles im Auge behalten. Und du? Ihr?«

»Ich? Nun ja, ich ... Also ich war im Business. Im Schutz der Staatsanwälte. Eigentlich alles ganz gut. Hab das Haus hier gebaut. Und in Moskau haben wir natürlich eine kleine Wohnung, draußen, in Strogino. Aber ... die Krise. Das ganze Business ging den Bach runter, du verstehst. Trotz der Staatsanwaltschaft. Ihr gebt ja auf solche Dinge acht, nehme ich an ...«

»Auf alles«, versichert ihm Filipp. »Auf alles! Denn wozu tun wir das? Damit alle glücklich sind. Dafür sind wir da. Niemand soll enttäuscht fortgehen, wie man so schön sagt. Ch-ch-ch ... Schließlich hängt das Schicksal unseres Landes vom Glück des Volkes ab.«

»Den Laden musste ich also zumachen«, fasst Timur zusammen. »Na gut. Dafür freut es die Kinder.«

»Nun ja ... Ja. Die Kinder. Sind sie eher dir ähnlich oder dir, Tanja?«

»Timur«, antwortet Tatjana bestimmt. »Sind ja Jungs. Und genauso dickköpfig.«

»Ach, sieh an. Also ... Habt ihr Wodka da?«

»Du beleidigst mich!«, gibt Timur zurück. »Tanjuscha, holst du ihn? Hier, bitte ... Marke Rechtgläubiger.«

»Recht so ... Gläubiger ... Ch-ch-ch ... Wohlsein! Also ... Weißt du ... Ach egal. Trinken wir einfach auf unser Wiedersehen! Wann war eigentlich das letzte Mal? Zweitausendsieben?«

»Genau«, nickt Timur und kneift die Augen zusammen. »Als die Organisation aufgelöst wurde, sind wir zu den Freischwimmern.«

»Gute Jahre waren das, die Nuller! Fette Jahre! Jaaaa ...« Filipp kippt erneut einen runter. »Stimmt, zu den Freischwimmern ... Jeder nach seiner Fasson. Ich jedenfalls bin geblieben. Die Organisation wurde nämlich gar nicht aufgelöst, Timka. Nur das Türschild wurde gewechselt. In unserem Land, weißt du, da werden Organisationen niemals aufgelöst. Aber das Türschild muss ab und zu gewechselt werden. Das wirkt sehr ermunternd.«

»Da war ich ... Da waren wir wohl etwas kurzsichtig«, gibt Timur zu und schenkt nach.

»Kurzsichtig«, wiederholt Filipp grinsend, »aber das Beste aus der Organisation hast du für dich behalten.« Und blickt Tatjana freundschaftlich ins Dekolleté.

Tatjana errötet.

»Jung waren wir damals und dumm ...«

»Jung waren wir damals und haben so wenig gebraucht ... nicht wahr? Weißt du noch, Timka, was du warst? Der Rottenführer. Und als Rottenführer stand dir damals ein Pager zu, kostenlos. Stimmt doch, oder? Dafür, dass du eine Fünfergruppe zusammengestellt hast. Mich hast du damals dazugeholt, dann Tanja. Ich war damals so neidisch auf diesen Pager, ehrlich ... Ch-ch-ch ...«

Timur hebt das Schnapsglas.

»Auf die Nuller?«

»Auf die Nuller! Mann, der Pager, also echt ... Oder, Tanjuscha? Timur war der Held! Der Rottenführer, immer den Pager am Gürtel! Klar, dass man sich in so einen verlieben muss, oder?«

»Das muss man.« Tatjana nippt am Glas.

»Genau.« Filipp lächelt bitter, streicht sich über den fetten Nacken, entlang der Falten, die ihm vom Scheitel bis zum Rücken gehen, nimmt seine Brille ab und poliert sie. »Gute Zeiten waren das. Alles zum ersten Mal. Pager, Mobiltelefon. Nokia-Klapphandy. Von Nokia, stell dir vor! Wohin sind die eigentlich verschwunden? Ach ja ... Das erste eigene Auto. Ein koreanisches zwar, aber ein eigenes. Eine Mietwohnung. Mit einem Zimmer. Aber in Moskau, und eine eigene! Na ja, und die Liebe natürlich ... Die erste ...« Er zwinkert Tatjana zu. »So was alles. Und die volle Dröhnung! Jeden Tag. Und was ist jetzt? Jetzt versuch mal, was Neues zu finden. Alles, was man anpackt, ist irgendwann schon mal da gewesen. Autos, Wohnungen ... Frauen, ja, Tanjuscha, sogar Frauen ... Du siehst dir eine nach der anderen an ... Aber eine solche Liebe triffst du nicht wieder.«

Tatjana leert ihr Glas.

»Ich ... vermisse es auch«, seufzt Timur. »Aber, weißt du, nicht den Pager. Was ist das schon? Sondern den Geist der Freiheit. Diesen Geist der Rebellion und so. Unsere Aktionen damals ... Das war klasse! So mutig! So gewagt! Damals bei der amerikanischen Botschaft oder als wir die Demokröten mit Eiern beworfen haben ... Das war echter Rock 'n' Roll! So was hätte ich gern wieder. Im Business gibt's das nicht, nicht mal unter dem Schutz der Staatsanwaltschaft.«

»Na ja, es gibt ja noch den FSB ... Unter dem Schutz des FSB gibt's wahrscheinlich mehr Rock 'n' Roll.«

Erneut wischt sich Filipp über seinen Mehrfachnacken. Timur schöpft schicksalsergeben den Kaviar mit einem Esslöffel aus der Schale.

»Nein, Fil. Im Business dudelt höchstens das Gaunerchanson.«

»Meinst du, man kann in die Jugend zurück?«, fragt Filipp durch die beschlagenen Brillengläser. Er kommt zur Sache.

»Jungs, ich wechsle mal die Teller fürs Lamm. Könntet ihr euch umquartieren?«, schlägt Tatjana vor. »Und nehmt die Flasche mit, die stört mich hier.«

Filipp erhebt sich, schiebt mit dem Bauch den Tisch beiseite, der bedrohlich klappert.

»Gehen wir ins Arbeitszimmer?«, schlägt Timur vor. »Da ist das Kaminchen ... Rauchst du Zigarre?«

»Soll ich deinem Fahrer was zu essen bringen?«, fragt Tatjana.

»Nein«, winkt Filipp ab. »Sonst gewöhnt er sich noch dran.«

Inmitten der Bücher redet es sich anders. Timur rollt den sechsrädrigen Stuhl hinter seinem massiven Direktorenschreibtisch hervor, der ihm sonst immer als Schutz-wall dient. Es soll nicht so aussehen, als habe Filipp einen Termin bei ihm – schließlich ist es umgekehrt. Filipps Hintern nimmt die lederne Ottomane komplett in Beschlag. Gemütlich glimmt das Feuerstellenimitat, der Zigarrenrauch sticht in den Augen, Jahrhunderte wildwüchsiger russischer Geschichte blicken, gekämmt, gekleidet und in Reih und Glied aufgestellt, dankbar von den Bücherregalen auf sie herab.

»In die Jugend zurück also ...«

Filipp greift das Thema wieder auf. Timur sieht ihn prüfend an.

»Wenn es nur möglich wäre ...«

»Noch mal als Mannschaft zu arbeiten, so wie damals?«, präzisiert Filipp.

»Das ... Das wäre schon ein Traum ...«

An dem sich Timur beinahe verschluckt.

»Um die Herzen der Menschen kämpfen.« Filipp nimmt einen Zug. »Hand in Hand ...«

»Zum Wohle der Heimat«, pflichtet ihm Timur bei.

»Sicher doch. Sicher. Es ist nur so, Timurka, die Jugend ist vorbei. Die Welt ist nicht mehr dieselbe. Die Heimat steht vor anderen Herausforderungen.«

»Das ist mir klar!« Timur streckt sich. »Ich lese ja im Internet. Dem vaterländischen. Und hiermit«, er deutet auf die Bücher, »trainiere ich meine innere Welt.«

Filipp verlagert sein Gewicht. Die Ottomane stöhnt.

»Aber sag mal ...«, spricht er mit Blick auf die Bücher. »Erdrücken die dich nicht?«

Ein wenig baff zuckt Timur mit den Schultern, um Zeit zu gewinnen, sucht nach einer Antwort.

»Sollten sie das?«

»Also, wenn ich sie mir so anschaue«, sagt Filipp und bleckt die Zähne, was aussieht, als habe jemand einen Knödel mit dem Hackbeil zweigeteilt, »muss ich auch an unsere Jugend denken.«

»Klar, Bücher machen deutlich mehr her als so ein Pager. Bücher sind fürs Leben. Von Kindheit an, von der Jugend ... Das bleibt einem für immer in der Seele.«

»Erinnerst du dich an die Aktion vorm Bolschoi?«

»Vorm Bolschoi-Theater?«

»Mit den Büchern.«

»Von Sorokin?«

»Pfui! Den Namen von dieser Pissnelke laut auszusprechen.«

»Ich erinnere mich.«

»Erinnerst du dich an die Kloschüssel, aus Kunststoff? In die wir seine Bücher gestopft haben?«

»Klar. Drei Tage haben wir dran gebastelt ... Lustig war's.«

»Einfach spitze! Damals hatte ich zum ersten Mal das Gefühl, das Richtige zu tun. Und später, erinnerst du dich? Als wir den ganzen Scheiß von ihm rausgeholt und verbrannt haben.«

»*Das Bankett ... Norma ...*«

»Ah ... Du hast dir die Titel gemerkt? Ch-ch-ch ...«

»Na, wir haben das doch selbst gedruckt.«

»Ihr habt gedruckt. Ich war Erfüllungsgehilfe. Aber das hat mir richtig Spaß gemacht, weißt du. Das Papier da stapelweise reinzustopfen. Immer rein damit, hinein in die Kloschüssel. Wie in einen Ofen. Als würde man ihn füttern.«

»Ja. Wenn das kein Rock 'n' Roll war, dann weiß ich auch nicht.«

»Und wie viele Kameras da waren ... Und wie die Journaille geschrieben hat ... Weißt du noch? Wir haben mit dieser Aktion ja einen Nerv getroffen. Und wie all diese Eierköpfe damals gezetert haben ... Gieß ein!«

Timur schenkt nach. Der Wodka geht glatt und satt runter.

»Und er selbst, ist er noch nicht weg? Dieser ... Schreiberling?«, fragt Filipp.

»Ist in Deutschland, sagt man ...«

»Du verfolgst sein Schicksal, ja? Doooch, das machst du! Vielleicht hättest du nicht im Schutz der Staatsanwaltschaft Geschäfte machen, sondern stattdessen gleich beim Ermittlungskomitee anheuern sollen? Oder? Wenn dein Herz so dran hängt ...«, scherzt Filipp.

»Ich will nicht über Körper herrschen, Fil, sondern über Seelen«, entgegnet Timur augenzwinkernd.

»Ach wirklich. Über Seelen ...«

Die Zigarre des Gastes ist kurzlebig wie Lermontow. Filipp reißt die Pobacken hoch, streckt krachend sein Rückgrat, trocknet sich den Mehrfachnacken, stößt die Zigarrenkippe in den vaterländischen Aschenbecher. Aufs Geratewohl öffnet er eine Büchervitrine und befingert die Lederrücken.

»In Deutschland, der Heimat des Faschismus, einquartiert ...«

Timur sieht zu, wie die fetten Finger über die Namen schreiten, und es raucht sich immer schlechter: Sein Atem stockt. Als folge er einer inquisitorischen Eingebung, ist der Gast sogleich auf das schlimmste Regal gestoßen und bewegt sich in die schlimmste Richtung weiter.

»Stolypin ... Skuratow ... Molotow ... Suworow ... *Geschichte des NKWD*, illustrierte Geschenkausgabe ... Das sind die richtigen Bücher, weißt du. Darf ich mir vielleicht was zum Lesen ausleihen?«

Filipp packt die Biografie von Maljuta Skuratow und zieht sie heraus.

»Lass uns in die Küche gehen, ja? Da wartet sicher schon das Lamm. Und der Wodka ist sowieso alle.«

Timur gießt sich hastig den Rest ein und kippt ihn hinunter.

Den Arm um Maljuta gelegt, geht Filipp in die Küche. Eine schwarze Lücke klafft nun in der Regimentsformation; offensichtlich sind die Regale in der Tiefe nicht für eine Bücherreihe, sondern für zwei ausgelegt; aber da ist nichts, um diese Tiefe zu füllen, die Leere gähnt schwarz hinter den Säulen des russischen Denkens, die nun in trunkene Schieflage geraten sind. Das alles weckt Assoziationen mit Potemkinschen Dörfern oder einem doppelten Kofferboden.

Timur schaut über die Schulter hinweg zum schwarzen Loch. Es sticht ihm ins Auge, reizt seine Nerven. Aus der Küche hört er ein Raunen: »Tanjuscha, meine Liebe, lass dir helfen ...«

Und ebenso leise: »Vorsicht, schneide dich nicht. Hier ...«

Und dann: »Was für ein Parfüm trägst du? Was ist das für ein Duft?«

Und sie: »Parfüm? Ich habe heute keins benutzt ...«

Timur beißt sich auf die Zunge. Ein Schritt, und er ist bei den Regalen, steckt die Hand in das schwarze Loch. Holt von dort eine dünne, speckige, unprächtige und unbebilderte, eher nach Samisdat aussehende Broschüre hervor: »W. Sorokin. *Norma*.« Noch einmal

lauscht er auf das, was sich in der Küche abspielt: Abgelenkt? Abgelenkt. Verstohlen schlägt er sie auf.

»*Gussjew stand inmitten seines einzigen Zimmers, das
vollgestellt war mit Büchern. Die vier standen neben ihm.
›Setzen Sie sich, Boris Wladimirowitsch‹, riet der Dürre.
›Zeigen Sie den Haftbefehl... und überhaupt... die Papiere...‹*«,
liest Timur flüsternd ein Fragment aus *Norma*, und ihn
fröstelt.

Er öffnet eine andere Vitrine, zieht eher zufällig *Schuld
und Sühne* heraus, stopft die klein geratene Broschüre
in das von Kurginjan verdeckte Vakuum, stellt den
Band zurück und bekreuzigt sich. Dann bekreuzigt er
sich gleich noch mal, für den Fall, dass die Absicherung
beim ersten Mal nicht anerkannt worden ist.

In der Küche schneiden Filipp und Tatjana das Fleisch:
Ihre rechten Hände halten zusammen den Griff des
Messers. Skuratow liegt kopfüber auf der Schneide-
fläche.

Timur tritt ein, räuspert sich, und sie haken sich lin-
kisch voneinander los.

»So muss es sein, quer zur Faser«, sagt Tatjana streng.
»Das hättest du ruhig mal lernen können, wenn du
schon keine Frau im Haus hast.«

»Na ja, ich bestelle ja immer alles aus dem Restaurant.
Bin total faul geworden.« Filipp wackelt mit seinem
Wanst. »Ich brauche jemanden, der mich an die Kan-
dare nimmt. Sonst bin ich verloren.«

Timur holt eine weitere Flasche Wodka aus dem Ge-
frierschrank. Tatjana richtet das in Streifen zerlegte
Lamm an. Filipp zieht seine Schuhe aus. Draußen wird
es dunkel.

»Schön ist es bei euch«, sagt Filipp.

»Bleib doch«, schlägt Tatjana vor. »Wir quartieren dich im Wohnzimmer ein.«

»Ach, lasst mal.« Eine Welle rollt durch sein Mehrfachkinn. »Bin ja nicht obdachlos. Und dann der Fahrer.«

»Übrigens, soll ich dem nicht doch was bringen?«, fragt Tatjana, während sie bereits aus der Küche flattert.

»Auf keinen Fall«, antwortet Filipp scharf. »Er soll nichts von Fremden annehmen.«

Im Wohnzimmer klappern Kastagnetten, erwachen nervöse Klaviertöne, beginnt eine Geigensaite zu singen.

»Was'n das?«, fragt Filipp, das Lamm schmatzend.

»Tango«, sagt Tatjana knapp von der Türschwelle. »Argentinischer.«

»Russischen habt ihr wohl nicht?«, scherzt Filipp.

Der Tango ist auf ewigen Repeat gestellt. Begleitet von seinen schmachtenden Melodien, wird der Abend zur Nacht.

»Erinnerst du dich, Tanjuscha, wie wir diesen Nichtsnutz im Klo versenkt haben?«

»Wie bitte?«

»Na, diese Aktion vorm Bolschoi. Als wir die Scheißbücher in die Kloschüssel gestopft haben? Da warst du doch auch dabei.«

»Ich ... ja.«

»Du warst damals so hübsch, einfach zauberhaft. Ganz rot im Gesicht von all den Losungen. Die ganze Aktion über hab ich dich angesehen. Hab die Kladden in die Kloschüssel gestampft, aber Augen hatte ich nur für dich. Und dann – wahrscheinlich hast du das längst vergessen – hab ich dich nach der Aktion ins Kino eingeladen.«

»Ich habe es nicht vergessen.«

»Aber du kamst nicht mit. Wolltest nicht. Und hast Timkas Hand genommen. Und ich zu euch: Ene-mene-meck, die Brautleut' sind schon weg. Ch-ch-ch.«

»Wir waren damals schon zusammen.«

»Und Timur, der hat gleich nach seinem Pager gegriffen. Als wäre eine Nachricht gekommen.«

»Ich hab damals wirklich eine Nachricht gekriegt! ›Danke, Mission erfüllt.‹ So was in der Art.«

»Und du hast ihm solche Augen gemacht ... total verliebt ... Timurrr ...«

»Lass gut sein, Fil.«

»Wieso lass gut sein? Wir wollten uns doch an unsre Jugend erinnern! Also machen wir das jetzt. Ich mach dir doch keinen Vorwurf. Timur war damals ja einfach umwerfend! Und ich? Ein Fettwanst von der Tech-Fakultät. Fettwanst war ich, Fettwanst blieb ich.«

»Warum machst du das? Wieso redest du so über dich? Du bist ein Mann ... und voll attraktiv. Du strahlst so eine Dominanz aus, weißt du. Ich wette, die Frauen schmelzen einfach dahin, wenn du sie ansiehst.«

»Die biedern sich nur an, Tanja. Lesen mir jedes Wort von den Lippen ab. Die Macht ... Durch sie wird man einsam. Alle kriechen vor dir, alle katzbuckeln, alle betteln um etwas. Und irgendwie herrschst du über alle, aber deshalb kann es keine Nähe zwischen euch geben. Du schaust sie dir an und denkst: Was will die Kröte von mir? Und wie kann ich sie am schlausten gebrauchen? Verstehst du?«

»Verstehe.«

»Genau. Tolles Lämmchen übrigens.«

»Aber das verstehen die ja auch«, sagt Tanja leise.

»Und sie sind ebenfalls schlau, wenn sie sich gebrauchen lassen. Das ist also ... im gegenseitigen Einvernehmen, sozusagen. Was ist daran so schlecht?«

»Wo ist da die Liebe? Die Liebe eines Menschen zum anderen?«

»Aber ist nicht das Süßeste an der Liebe, dass du einen anderen Menschen zum eigenen Vergnügen gebrauchen kannst? Kein Getränk, keine Droge, sondern einen lebendigen Menschen?«

»Tanja. Ach, Tanja ... Gehen wir eine rauchen, Timur. Auf den Wodka brauch ich eine Zigarre.«

Sie gehen zurück ins Arbeitszimmer.

»Fein, die Bücher, wie sie da stehen ... Wo hast du denn diese Ausgaben alle gefunden?«

»Bestellt. Es gibt hier Könner, die drucken alles Mögliche in dieser Ausstattung.«

»Interessant. Sag mal, kann ich wirklich über Nacht bei euch bleiben?«

In die Augen schaut er ihm nicht, sondern blickt wieder auf die Vitrinen. Studiert sie nachdenklich. Dann tippt er geistesabwesend auf eine, öffnet sie ... Und schon wieder ist der Hexer genau dort gelandet, wo Timur ein Buch aus dem Untergrund versteckt hat.

»Na klar, bleib doch! Lässt du deinen Fahrer nach Hause?«

»Wozu?«

»Oder sollen wir ihn vielleicht mal zum Pinkeln reinlassen?«

»Der ist duldsam. Der soll das aussitzen. Aus-sit-zen. Ch-ch-ch ... Genau. Und du? Wie siehst du deine Zukunft?«

»Ich ... Also ehrlich gestanden, stecke ich in einer Sackgasse, Fil. Das Geld ... Na ja, ich hab einiges verdient. Aber man kann eben nicht alles kaufen. Ich vermisse den Drive. Eine lohnende Sache. Ich brauche eine neue Herausforderung. Ein Level Up, verstehst du?«

»Level Up? Das kriegst du nur bei Videospielen. In unserem Geschäft jedoch« – Filipp trommelt im Takt des Geigengewimmers mit den Fingernägeln über die Buchrücken – »in unserem Geschäft gibt es nur ein Level Down. Bist du bereit für ein Down?«

»Ich bin zu allem bereit«, sagt Timur, der mit heiligem Entsetzen beobachtet, wie Filipps Fingernägel, diese schwarz geränderten Tech-Fakultät-Fingernägel, mit untrüglichem Gespür, gleichsam magnetisch, zur Premium-Ausgabe von *Schuld und Sühne* vordringen, hinter der Sorokins *Norma* die Zeit absitzt.

»Ich würde ...« Filipp hält inne und denkt einen Augenblick nach. »Bei Gott, ich würde jetzt auf dem Roten Platz eine riesige gusseiserne Kloschüssel aufstellen. Und darin die ganze liberale Schwulendrecksbande ersäufen, die das Land noch nicht verlassen hat. Direkt in die Kanalisation damit.«

»Ganz schön mutig!«

»Ist doch wahr ... Das sollte ich mal vorschlagen ... Ch-ch-ch ... Gleich beim nächsten Planungstreffen. Die sagen doch immer, es fehlt an frischen Ideen. Da habt ihr es, euer Frischzeug! Aber im Ernst, Timka, das müsste dir doch eigentlich klar sein. Die Zeiten des Rock 'n' Roll in der Politik sind vorbei. Jetzt ist die Zeit des Alexandrow-Ensembles. Des Vereinigten Chors des Innenministeriums. Der Lieder über den Krieg. Der heiligen Hymnen. ›Gott schütze den Zaren‹«

»Na gut.«

»Na gut?« Filipp kneift die Augen zusammen.

»Na ja, schau doch, meine innere Welt hier ...« – verkrampft lächelnd deutet Timur mit dem Kopf auf seine Regale – »... passe ich entsprechend an.«

»Ja. Bücher!« Filipp streicht über den Buchrücken von *Schuld und Sühne*. »Bücher. Also, Bücher sind natürlich viel schlimmer als Filme. Einen Film muss man ja erst mal drehen. Da sind so viele Leute mit beschäftigt, die alle ihr Geld wollen. Und Kinos gibt es nur wenige im Land. Über den Verleih kommt da nichts rein. Also braucht es staatliche Unterstützung. Und an der Stelle ... kriegen eben nur die richtigen Filme Unterstützung, und die falschen, mein Freund, mit denen können sie Daumenkino machen, ch-ch-ch ... Bücher dagegen! Für die braucht man keine Organisation, keine Tätergruppe, keine Finanzierung. Das ist Ein-Mann-Terrorismus, der gefährlichste von allen! Ein krankes Hirn und einen PC, mehr braucht man nicht. Fertig ist der Briefumschlag mit Milzbrand drin. Den schickt man durchs Internet und schaut zu, wie eine ganze Nation ausstirbt. Faschismus oder irgendein Extremismus – bitte schön! Bücher ... Die sollte man nicht ins Klo werfen, sondern verbrennen. Ihr Besitz sollte bestraft werden. Denn wer so was besitzt, teilt dieselben Ansichten.«

»Ich ... Aber bei Sorokin zum Beispiel ... Was gibt es da schon groß? Wenn man mal überlegt.«

»Bei dem? Der beschmeißt das Imperium mit Dreck. Das ist es. Er sagt, wir waren alle Scheißefresser, Menschenfresser, Homos. Wir! Nicht die da, sondern wir! Ist das Literatur? Das ist Sabotage! Und wer so was auf der Festplatte oder im Regal hat, der muss ins Gefängnis, wie für eine Anleitung zum Bombenbau. Stimmt's?«

»Klar. Natürlich stimmt das.«

»Das Imperium wurde vom Samisdat zerstört, verstehst du?« Und überhaupt.« Filipp nimmt seine beschlagene Brille ab und poliert sie. »Wer auch immer den Menschen Lesen und Schreiben beigebracht hat, war ein Arschloch. Mehr noch, ein Schädling. Ein Analphabet ist nämlich immun gegen Milzbrand. Und jetzt? Kämpfen wir für die Volksgesundheit oder dafür, dass man sich die Augen verdirbt?«

»Für die Gesundheit. Darauf trinken wir einen, oder?«

»Genau.«

Filipp schnippt Dostojewski auf die Nase, kippt den Wodka hinunter, rülpst.

»Ich geh mal frische Luft schnappen«, sagt er und verlässt das Zimmer.

Durch das Rauschen des Blutes in den Ohren dringt erneut der Tango.

Timur zieht *Schuld und Sühne* hervor, ertastet die illegale *Norma*, die er an jenem trüben Tag gerettet und unter der Jacke versteckt, aus rein kindlicher, dummer Neugier auf alles Verbotene begnadigt, fassungslos gelesen und nochmals gelesen und zwischen den »richtigen« Büchern vergraben hat wie eine erbeutete deutsche Parabellum, die im Garten eines angesehenen Veteranen verscharrt liegt. Nicht, um sich der Sowjetmacht zu widersetzen, sondern zum Gedenken an die eigene kämpferische Jugend.

Krampfhaft sieht er sich um.

Fast hätte er *Norma* in den Kamin geworfen, so realistisch brennt das Fernsehfeuerholz. Ihm wird klar, dass Verbrennen keine Option ist, und er gerät ins Schwitzen. Stopft sich die Broschüre in die Hose, läuft zur Toilette, schließt sich ein. Reißt die Seiten in Stücke, weidet das Buch druckbogenweise aus, mit schweißfeuchten Händen – in zwei Hälften, dann noch mal in zwei Hälften und noch mal. Das verdammte Buch zerfetzen. Ganz schnell muss er es loswerden, den Schmutz, das Teufelszeug, das Kreuz über Timurs nahender Wiedergeburt. Erst will er es in den Müll werfen, bekommt es dann aber mit der Angst. Spurlos muss es sein ... Spurlos. Er wirft es in die Toilette, betätigt die Spülung, beeilt sich, die Hände zu waschen.

Der Türknauf bewegt sich.

Timur hält den Atem an.

»Wer ist da drin? Timur?«, fragt Tatjana.

»Ich ... Ja ... Gleich ... Hat mich erwischt ...«

Er schaut in die Toilettenschüssel – und erstarrt.

Das Manuskript sinkt nicht. Die Fetzen sind zusammengeklebt, bilden einen neuen, seltsamen Text, der aus dieser Entfernung sogar lesbar ist, und verstopfen das Eisloch der Kloschüssel wie gefrorene Brocken. *»Olja holte das Tütchen hervor, auf dem Reste von Norma lagen, begann, sich Stückchen davon herauszubröseln und zu essen: Den ganzen Tag knabbere ich daran herum, und immer bleibt was übrig ... Herstellungskosten ... Macht nichts, Schenja, wir kippen jetzt 'ne Pulle, kurieren das aus ...«*

»Timur, was ist los? Du bist nicht allein im Haus!«

»Ein Fiasko ...«, antwortet Timur tonlos.

Nochmals betätigt er die Spülung. Die Fetzen mischen sich neu, sinken aber nicht. *»Lida hatte Norma auf eine Untertasse gelegt. Nikolai Iwanowitsch nahm einen Löffel, zog die Norma heran, schöpfte daraus, kaute* *müde ... Kratzte die braunen Reste von der Untertasse, leckte den Löffel ab und zog den Lammeintopf heran ... Olja warf Norma ins brutzelnde Öl, zerhackte es mit einem Messer ...«*, liest Timur stumpfsinnig.

»Oh! Gibt's hier eine Warteschlange?«, kommt Filipps gutmütiger Bariton durch die Ritze gekrochen. »Nun, dann bin ich der Letzte.«

Timur spült noch mal. Und noch mal. Der Spülkasten verlandet, schluckt nun krampfhaft und trocken – ganz genau wie Timur. Alles ist verloren.

Er wäscht sich mit eiskaltem Wasser, trocknet sich mit einem Frotteehandtuch ab, bekreuzigt sich und öffnet die Tür. Umsonst gespült. Bleich kommt er aus der Toilette, betritt den Flur wie eine Richtstatt. Tatjana und Filipp stehen vor der Tür. Timur findet nicht mal die Kraft zu scherzen, er lügt nur: »Irgendwie liegt das Lämmchen quer.«

Er begibt sich ins Arbeitszimmer, setzt sich auf den sechsrädrigen Stuhl, zündet sich seine letzte Zigarre an. Wie durch Watte in den Ohren hört er, dass die Toilettentür ungeduldig zugeschlagen wird. Wer war das? Tatjana oder Filipp? Wie viel Zeit bleibt ihm noch?

Es ist still. Eine schreckliche Stille herrscht da. Timur stellt sich Filipp vor, wie er durch seine dicken Brillengläser die angeklebten Papierfetzen betrachtet, natürlich den Text sofort erkennt und sein Urteil über Timur verhängt.

Der Tango übertönt alles.

Er kann nicht länger sitzen bleiben.

Lässt seine Zigarre fallen, geht in den Flur hinaus. Leere.

»Tanja?«

Tango. Timur presst das Ohr an die Tür.

»Jugend ...«, flüstert es atemlos hinter der Toilettentür. »Ich hab nur von dir ... Nur von dir geträumt ... Tanjuscha ... Jugend, das bist du für mich ... Nur du allein ... In die Jugend zurück ... Also in dich ... In dich ... Verstehst du? Fühlst du es?«

»Ich verstehe, ich fühl es. Dreh das Wasser auf. Lass mich machen.«

Tango und das Rauschen einer Quelle.

»Es ... gibt einfach nichts ... außer dir ... Komm ... her ... Mach ... Mach ...«

Tango und Chorgesang.

Timur kniet sich vors Schlüsselloch, da flimmern Blau, Schwarz, Körperfarbe, es flimmert und stört ihn dabei, das Wichtigste zu erkennen. Kann Filipp sehen, was in der Kloschüssel ist? Hat die letzte Wasserkaskade den Inhalt weggespült oder nicht?

Er geht in die Küche und saugt sich an einer eiskalten Wodkaflasche fest.

Sitzt da, rätselt.

Liest aus dem Gedächtnis, vom Abdruck auf der Netzhaut, den unsinkbaren Roman.

Nach einiger Zeit kommt Filipp dazu – die Haare verstrubbelt, durchgeschwitzt. Er setzt sich an den Tisch und gießt sich Beerensaft ein.

»Nun ja«, beginnt er. »Das Lämmchen, das war wirklich ...«

Timur schaut auf den Kaviar.

»Und in die Jugend willst du immer noch zurück?«, fragt Filipp.

Timur beginnt, Kaviar auf eine Scheibe Brot zu streichen, denkt an *Norma*.

»Ja, will ich.«

Filipp rülpst satt.

»Aber man kann nicht zurück in die Jugend, Timka. Das geht nicht. Ch-ch-ch ... Weißt du, das habe ich gerade erst begriffen.«

Gequält starrt ihn Timur an.

»Das geht nicht?«

»Nö. Aber! Das reife Alter hat auch seine Vorteile. Kapiert?«

»Kapiert.«

»Bleib locker. Bei mir ist gerade einer von fünf Stellvertretern rausgeflogen. Also dann!« Filipp tätschelt ihn väterlich. »Willkommen im reifen Alter!«

NACHWEISE

Vorwort: Was ist mit Russland passiert? – Originaltitel »Что случилось с Россией?«, Originalveröffentlichung in diesem Band, 2022, übersetzt von M. David Drevs

»Alles hat seinen Preis« – Originaltitel »Че почем?«, zuerst veröffentlicht in Рассказы о Родине, Moskau 2010, übersetzt von M. David Drevs

»From Hell« – Originaltitel »From Hell«, zuerst veröffentlicht in Рассказы о Родине, Moskau 2010, übersetzt von M. David Drevs

»Vor der Flaute« – Originaltitel »Перед штилем«, zuerst veröffentlicht in Рассказы о Родине, Moskau 2010, übersetzt von M. David Drevs

»Eine gute Sache« – Originaltitel »Благое дело«, zuerst veröffentlicht in Рассказы о Родине, Moskau 2010, übersetzt von M. David Drevs

»Sibirische Weisheit« – Originaltitel »Каждому свое«, zuerst veröffentlicht in Рассказы о Родине, Moskau 2010, übersetzt von M. David Drevs

»Die wichtigste Nachricht« – Originaltitel »Главные новости«, zuerst veröffentlicht in Рассказы о Родине, Moskau 2010, übersetzt von M. David Drevs

»Utopia« – Originaltitel »Utopia«, zuerst veröffentlicht in Рассказы о Родине, Moskau 2010, übersetzt von Christiane Pöhlmann

»Eine für alle« – Originaltitel »Одна на всех«, zuerst veröffentlicht in Рассказы о Родине, Moskau 2010, übersetzt von Christiane Pöhlmann

»Die Erscheinung« – Originaltitel »Явление«, zuerst veröffentlicht in Рассказы о Родине, Moskau 2010, übersetzt von Christiane Pöhlmann

»Am Boden« – Originaltitel »На дне«, zuerst veröffentlicht in Рассказы о Родине, Moskau 2010, übersetzt von Christiane Pöhlmann

»Ex Machina« – Originaltitel »Deus ex machina«, zuerst veröffentlicht in Рассказы о Родине, Moskau 2010, übersetzt von Christiane Pöhlmann

»Appell« – Originaltitel »Призыв«, zuerst veröffentlicht in Рассказы о Родине, Том 2 (www.new.rodina.nu), 2012, übersetzt von Christiane Pöhlmann

»Futter für thailändische Welse« – Originaltitel »Кормление тайских сомиков«, zuerst veröffentlicht in Рассказы о Родине, Том 2 (www.new.rodina.nu), 2012, übersetzt von Christiane Pöhlmann

»Telefonjustiz« – Originaltitel »Телефонное право«, zuerst veröffentlicht in Рассказы о Родине, Том 2 (www.new.rodina.nu), 2012, übersetzt von Christiane Pöhlmann

»Oppenheimer« – Originaltitel »Оппенгеймер«, zuerst veröffentlicht in Рассказы о Родине, Том 2 (www.new.rodina.nu), 2012, übersetzt von Christiane Pöhlmann

»Ein Jahr wie drei« – Originaltitel »Год за три«, zuerst veröffentlicht in Рассказы о Родине, Том 2 (www.new.rodina.nu), 2012, übersetzt von Franziska Zwerg

»Die Offenbarung« – Originaltitel »Откровение«, zuerst veröffentlicht in Рассказы о Родине, Том 2 (www.new.rodina.nu), 2012, übersetzt von Franziska Zwerg

»Schwefel« – Originaltitel »Сера«, zuerst veröffentlicht in Esquire, 1. August 2019, übersetzt von Franziska Zwerg

»Die Reform« – Originaltitel »Реформа«, zuerst veröffentlicht in Novaya Gazeta (Новая газета) Nr. 146, 24. 12. 2021, übersetzt von Franziska Zwerg

»Tango« – Originaltitel »Танго«, zuerst veröffentlicht in Esquire, 2016, übersetzt von Franziska Zwerg

DMITRY GLUKHOVSKYS WELTBESTSELLER

978-3-453-32062-8

Alle drei METRO-Romane in einem Band
als Hardcover im Sonderformat mit Lesebändchen
und zwei Bonusgeschichten

Arkadi und Boris Strugatzki

STALKER

Der große Science-Fiction-Klassiker in neuer Übersetzung

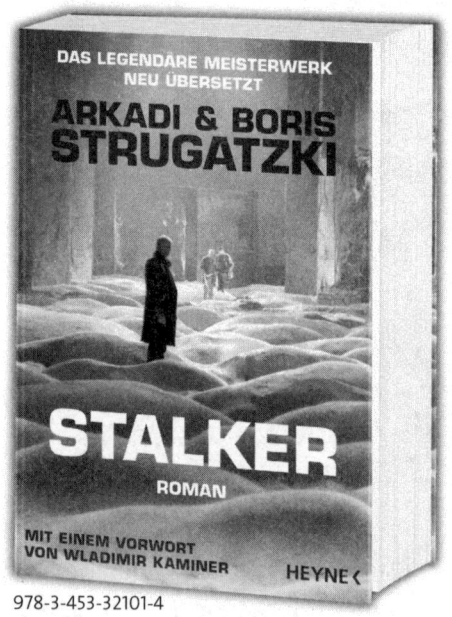

978-3-453-32101-4

Mit einem Vorwort von Wladimir Kaminer und umfangreichem Bonusmaterial

Leseprobe unter **www.heyne.de**

HEYNE‹